Système Financier De La France

by Gaston D' Audiffret

Address:
HardPress
8345 NW 66TH ST #2561
MIAMI FL 33166-2626
USA
Email: info@hardpress.net

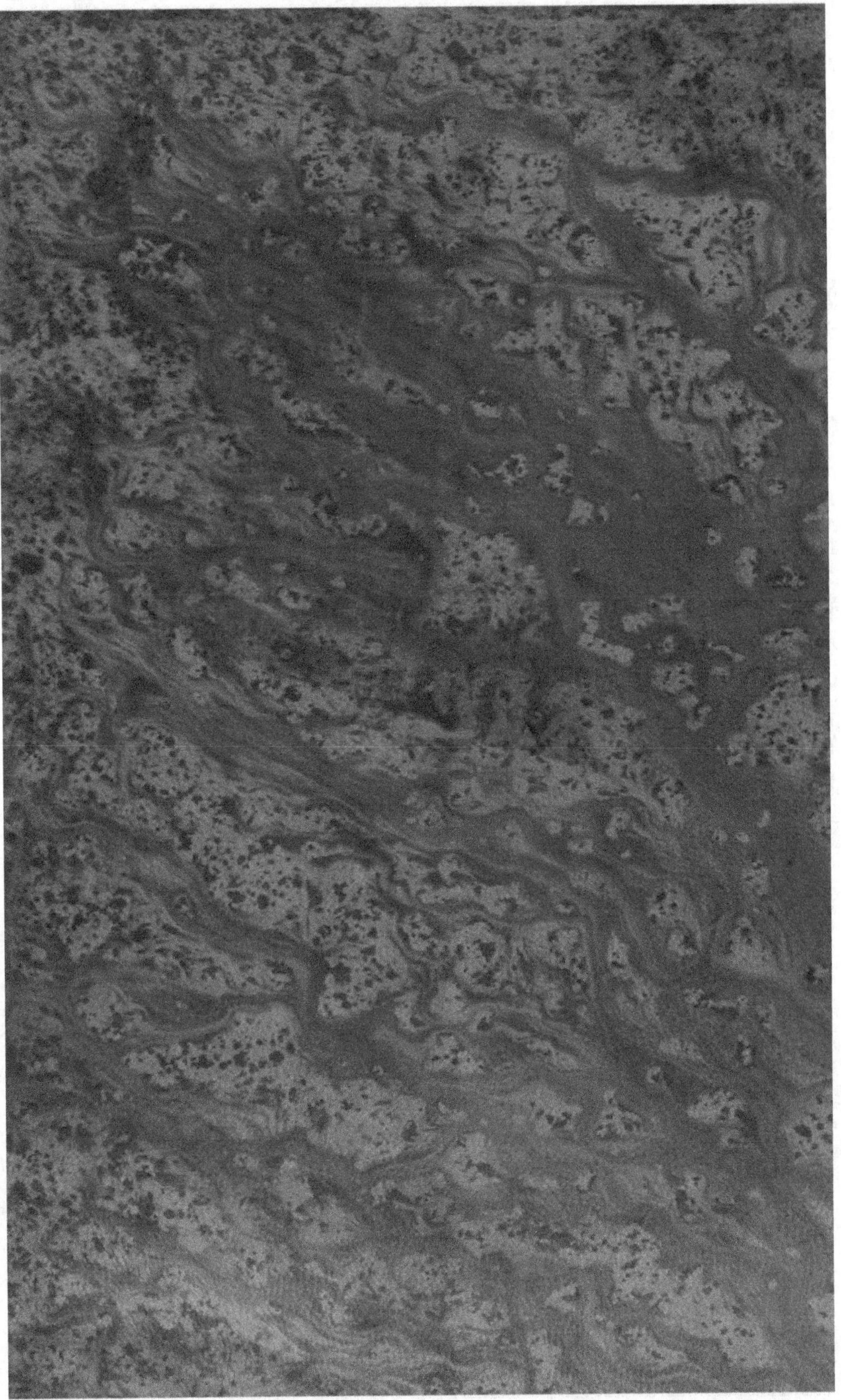

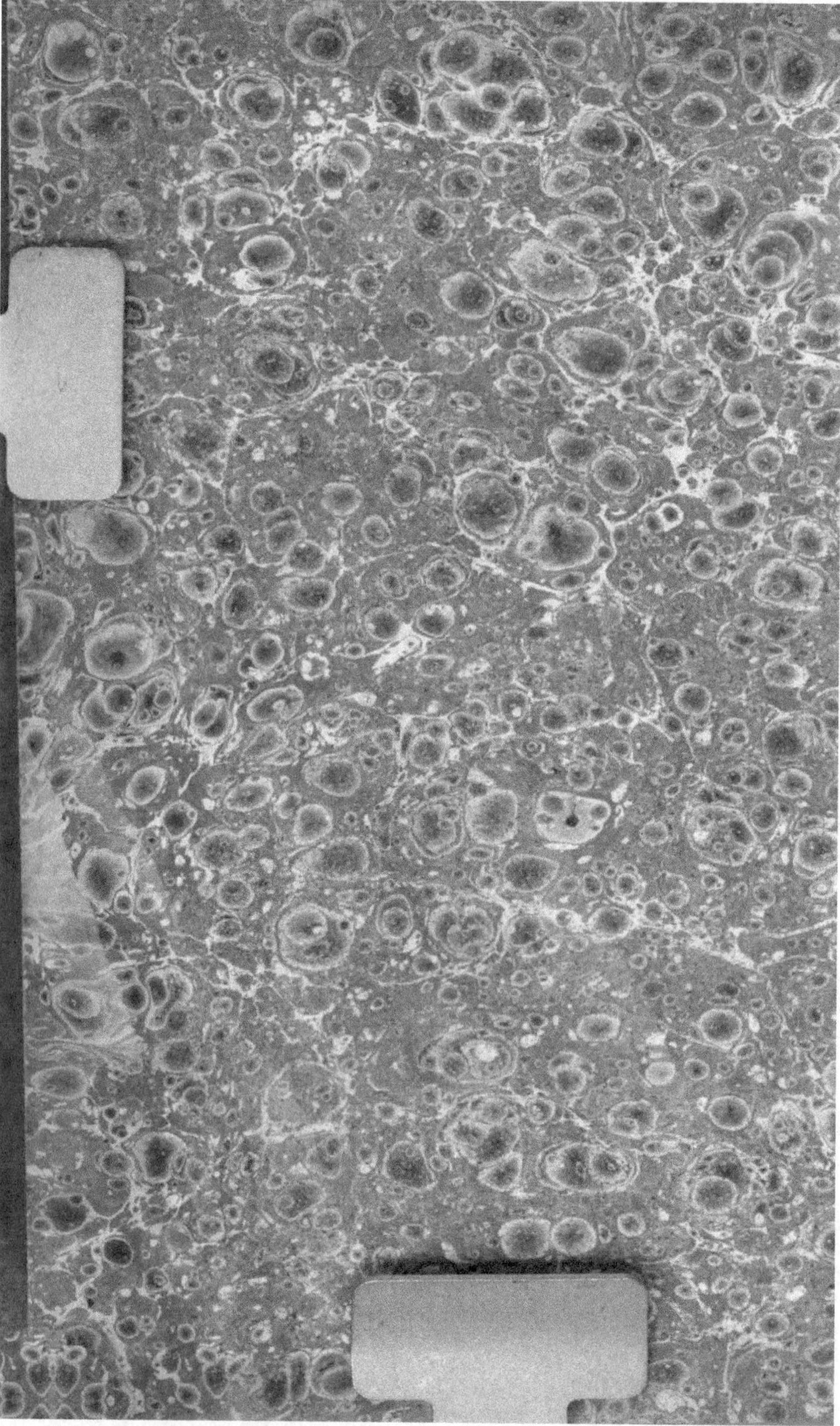

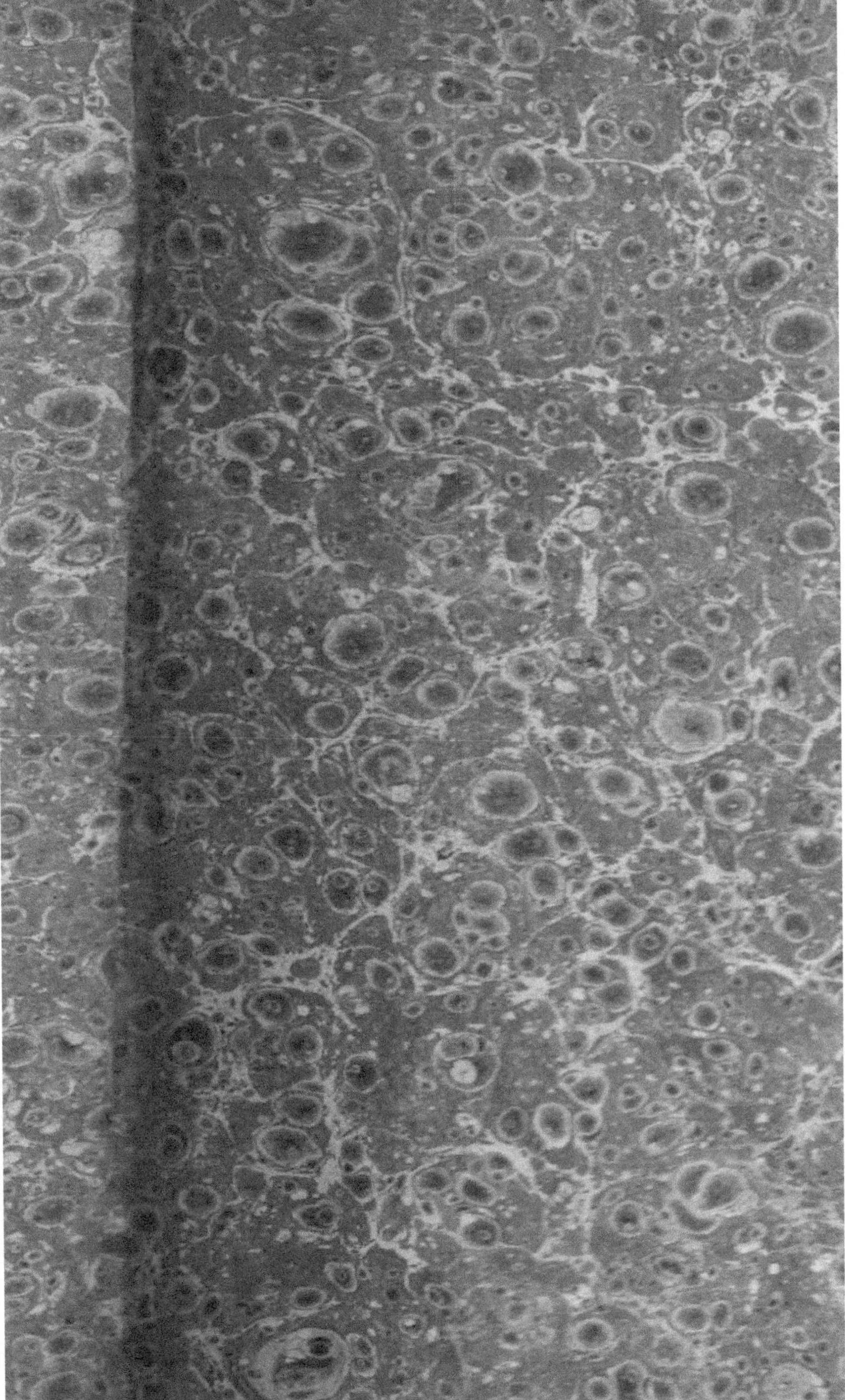

SYSTÈME FINANCIER

DE LA FRANCE.

TOME V

CORBEIL, TYP. ET STÉR. DE CRÉTÉ.

SYSTÈME FINANCIER

DE LA FRANCE

PAR

M. LE Mis D'AUDIFFRET.

DEUXIÈME ÉDITION, REVUE ET CONSIDÉRABLEMENT AUGMENTÉE

RÈGLEMENT GÉNÉRAL SUR LA COMPTABILITÉ PUBLIQUE

DU 31 MAI 1838,

Augmenté et modifié par les dispositions des Lois, Ordonnances et Décrets rendus de 1838 à 1853.

RÈGLEMENTS SUR LES CONTROLES DU TRÉSOR.

TOME CINQUIÈME

PARIS

GUILLAUMIN ET Cie, LIBRAIRES

Éditeurs de la Collection des principaux Économistes, du Journal des Économistes, du Dictionnaire de l'Économie politique, etc.

14, rue Richelieu.

1854

AVERTISSEMENT.

La notice historique que nous avons préparée, en 1838, pour expliquer chronologiquement l'organisation de la comptabilité publique et qui se trouvait annexée au règlement général du 31 mai de la même année, ayant servi de texte au quatrième livre du premier volume de notre nouvelle édition du *Système financier de la France*, nous croyons devoir la remplacer ici par un second travail déjà publié, sur le même sujet, dans l'*Encyclopédie du droit*, et qui présente, par ordre de matières, des éclaircissements non moins instructifs.

Cet exposé plus rapide a également pour but de démontrer les règles et les procédés de l'ordre général et des contrôles administratifs, judiciaires et législatifs, successivement établis par les divers gouvernements pour protéger la fortune de l'Etat contre les désordres et contre les dilapidations. Ce nouveau commentaire résume le premier, dont les développements pourront, au surplus, être utilement consultés, pour la recherche des dates et des détails circonstanciés sur les lois, les ordonnances et les décrets relatifs à la comptabilité publique.

Cette seconde édition du règlement général du 31 mai 1838, augmentée et modifiée par les dispositions prises depuis 1838 jusqu'en 1853, présente les additions et les rectifications apportées, pendant ces quinze dernières années, aux règles précédentes, à la suite de chacun des articles auxquels ces changements se rapportent, et permettent ainsi de se guider avec facilité, pour l'application des principes consacrés et des formes prescrites par le régime légal, actuellement en vigueur.

Le règlement général du 31 mai 1838 et le rapport au roi qui en explique les dispositions, ont été préparés par le président de la commission spéciale chargée de réviser et de délibérer ces travaux, avant leur approbation par le ministre des finances.

On trouve, dans ce tableau analytique de toutes les parties de l'organisation politique, administrative et financière de la France, l'explication des rapports qui lient entre elles les diverses branches du gouvernement, l'exposé de leurs nombreux moyens d'exécution et de contrôle, l'indication du but marqué à chacune des institutions centrales ou locales du pays, enfin le recueil méthodique des principes et des règles qui doivent être constamment observés, dans leurs fonctions respectives, par les membres des assemblées législatives, par ceux des conseils généraux ou municipaux, par les magistrats et par les administrateurs des différents services publics.

RÈGLEMENT GÉNÉRAL

SUR

LA COMPTABILITÉ PUBLIQUE DU 31 MAI 1838,

AUGMENTÉ ET MODIFIÉ

Par les dispositions des lois, ordonnances et décrets rendus de 1838 à 1853.

SYSTÈME FINANCIER
DE LA FRANCE.

EXPOSÉ GÉNÉRAL

SUR

LA COMPTABILITÉ PUBLIQUE ET SUR LA COUR DES COMPTES

CHAPITRE PREMIER.

DE LA COMPTABILITÉ PUBLIQUE ET DE L'INSTITUTION NATIONALE DE LA COUR DES COMPTES.

L'ordre et la lumière sont les premières lois de l'harmonie éternelle que nous admirons dans les créations divines, de la grandeur et de la durée des plus belles œuvres humaines, et surtout de la puissance des institutions qui fondent la gloire des gouvernements et la prospérité des peuples. Les modernes systèmes politiques doivent accomplir cette double condition de notre époque, qui leur permet de concilier les prérogatives du pouvoir souverain avec les garanties d'une sage liberté. Un État soumis au régime de la représentation nationale est obligé d'appuyer sur ces deux bases principales son édifice constitutionnel, et de consolider ainsi l'autorité de la couronne par le concours des mandataires du pays. L'administration des services publics ne saurait obtenir que par l'assistance de ces deux grands moyens de direction et de surveillance la simplicité de son organisation, la régularité de ses mouvements et l'utilité de ses résultats. La religion, la justice, la politique intérieure et extérieure, les armées de terre et de mer, les finances, en définitive l'État tout entier, doivent à l'avenir placer leur existence morale et matérielle sous la protection de l'ordre et de la lumière.

L'ensemble des intérêts de la France se résume et s'expose maintenant au grand jour dans un seul tableau, dans un seul acte de la volonté de tous, dans l'unique et suprême loi du budget annuel. Cette loi universelle pourvoit à l'exécution de toutes les autres, donne la vie et l'impulsion aux nombreux rouages du grand mécanisme du gouvernement, fixe l'étendue et la limite des attributions de chaque fonctionnaire, impose le tribut de chaque contribuable, assure le paiement de chaque créancier et règle la répartition prévoyante des ressources du Trésor entre les besoins de la société.

La comptabilité publique doit éclairer dans toutes ses parties ce vaste ensemble de notre organisation financière et politique, faire pénétrer les rayons lumineux de la méthode et de l'analyse jusque dans les moindres mouvements de ses ressorts, répandre son éclat investigateur sur l'action incessante du pouvoir exécutif, et guider encore, à la clarté de son flambeau, le contrôle des chambres législatives et le jugement du pays.

Cette institution, nouvelle pour notre patrie, jusqu'à présent à peu près inconnue de l'Europe, se divise en trois branches principales : la *comptabilité législative*, qui comprend le vote des fonds primitifs ou supplémentaires du budget, ainsi que le règlement définitif de chaque exercice; la *comptabilité administrative*, qui constate les faits par des écritures officielles et qui les prouve par des pièces régulières; la *comptabilité judiciaire*, qui apure par des arrêts la gestion des préposés du Trésor et qui contrôle publiquement l'exactitude et la légalité de la recette et de la dépense de l'État.

Cette troisième comptabilité est constituée en tribunal souverain, sous le titre de *cour des comptes*, avec l'indépendance d'une magistrature inamovible, gardienne éclairée de la fortune de la France et des plus fortes garanties de la surveillance du pays sur la marche de l'administration.

Toutefois, avant d'obtenir les conditions essentielles de ce contrôle national, il était indispensable de faire parvenir à un très-haut degré de régularité et de perfection les formes et les procédés des deux premières parties de la comptabilité publique, en déterminant d'abord les attributions du pouvoir législatif en matière de finances, et en organisant ensuite le système de description, de justification et de publicité de tous les actes placés sous la responsabilité des ministres.

Ces gages de sécurité et de confiance, si précieux et si difficiles à conquérir, n'ont été sérieusement donnés à la France que sous l'influence du régime constitutionnel, qui lui a fait retrouver, après les événements de 1814 et de 1815, l'ordre, la paix et les franchises d'une émancipation politique si malheureusement retardée et compromise par les discordes intérieures et par les guerres de la république et de l'empire.

La longue désorganisation des institutions de notre ancienne monarchie, l'usurpation par les parlements de la représentation nationale des états généraux, le défaut d'ensemble et d'homogénéité de la constitution spéciale de chacune des provinces composant le royaume, l'aliénation à vil prix de tous les services financiers à des fermiers et à des traitants dont la gestion restait impénétrable à tous les regards, la dispersion des divers éléments de l'administration publique entre les pays d'états et d'élections, l'impossibilité de réunir tous les résultats de la fortune publique dans un centre commun de comptabilité, enfin, la division en treize chambres des comptes séparées de la vérification et du jugement des comptes des manutenteurs des deniers de l'État, opposaient d'insurmontables obstacles à l'établissement, à la manifestation et au contrôle de la situation des finances. C'est à cette complication, à cette confusion des pouvoirs, à cette fatale ignorance des ressources et des besoins du Trésor, avant 1789, que doit remonter la première cause de l'agitation des esprits, du discrédit du gouvernement, de l'effroi d'un déficit inappréciable, de la révolte des peuples et de la chute du trône.

Le génie dissolvant et novateur de la république fit succéder, sous ce rapport, l'anarchie et le désordre à l'incohérence de nos vieilles institutions. C'est en vain que les lois des 17 septembre 1791, 24 juin 1793 et 22 août 1795, voulurent, après la suppression des anciennes chambres des comptes, fonder une comptabilité nationale dans le sein même des assemblées législatives, qui, au milieu des troubles qui agitaient le pays, usurpaient tous les pouvoirs, sans responsabilité régulière, sans limite légale et sans contrôle public.

La lutte sanglante des partis politiques ne laissa, dans la lice révolutionnaire, que des débris et des ruines sous la main puissante du plus glorieux défenseur de la patrie, pour construire le grand édifice du consulat et de l'empire. C'est seulement à cette mémorable époque qu'une volonté supérieure imposa son joug à toutes les autres et sut les diriger, pour le salut commun, par l'énergie de la pensée et par l'unité de l'action du gouvernement. Le pouvoir exécutif et l'ordre social furent alors admirablement reconstitués par le concordat de l'Église, par les statuts du Code civil, par une grande réforme judiciaire, par l'organisation des départements, des communes, des préfectures maritimes, des divisions militaires, de l'administration centrale de chaque service, *enfin*, par l'institution d'une cour des comptes.

La loi du 16 septembre 1807 et le décret d'exécution du 28 du même mois, confièrent à un corps unique de magistrature, placé au sommet de la hiérarchie judiciaire et jouissant des mêmes honneurs et prérogatives que la première cour de l'empire, la haute mission de juger les recettes et les dépenses de l'Etat et de porter à la connaissance de l'empereur, par l'entremise du grand trésorier, ses observations et ses vues de réforme ou d'améliorations dans un rapport annuel préparé en comité secret.

Cette tâche importante et laborieuse, fut répartie, sous la direction d'un premier président, entre trois chambres composées de dix-huit conseillers maîtres, de trois présidents, et de quatre-vingts conseillers référendaires. Ces derniers furent appelés à vérifier, sur pièces, chacun des faits relatifs à la perception et à l'emploi des deniers publics, à instruire les questions, à expliquer les résultats et à préparer, par des rapports circonstanciés, les conclusions des arrêts ou les remarques applicables à la situation des services. Un parquet, intermédiaire officiel des rapports de la cour avec l'administration, et un greffe, gardien des archives, complétèrent enfin l'une des plus utiles créations du génie organisateur de cette époque de renaissance.

On voit néanmoins que le pouvoir despotique et ombrageux de 1807, qui ne voulut tolérer qu'un simulacre de représentation nationale en instituant deux chambres composées de fonctionnaires choisis par l'empereur et rétribués par le Trésor, et en conférant les plus sérieuses attributions de la législature au conseil d'État, se réservait encore à lui seul la muette surveillance de la cour des comptes et réduisait au coup d'œil du maître le contrôle national promis par les lois des 17 septembre 1791, 24 juin 1793, 22 août 1795, 28 pluviôse an III et 20 décembre 1800, mais qu'il redouta toujours de livrer à l'opinion publique. Toutefois, si les longs déchirements de l'anarchie pendant une administration faible et violente, si les dangers qui nous menaçaient incessamment à l'intérieur et au dehors avaient confié sans restriction la toute-puissance à la main la plus forte et la plus habile et lui avaient permis de retenir, pour elle seule, tous les moyens d'action, d'influence et de contrôle du gouvernement, l'harmonieuse uniformité, la liaison intime de toutes les parties de ce nouveau plan d'une grande monarchie, n'avaient pu qu'aplanir les voies de l'ordre et n'y répandirent encore qu'un jour incertain et trompeur.

La comptabilité législative, qui a mis en œuvre le grand principe de la participation directe du pays dans la conduite de ses affaires et dans la haute surveillance de la fortune publique dont la gestion embrasse et résume tous les intérêts nationaux, n'avait été constituée par aucune disposition réglementaire. Le maître absolu de notre généreuse patrie, désormais enchaînée à la victoire et désabusée de la république, s'était rendu le seul arbitre des ressources et des besoins de l'État, en fixait, à son gré, l'étendue et la répartition entre les différents services, et remaniait, à sa volonté souveraine, le budget de l'empire, selon les exigences d'une politique belliqueuse dont les vicissitudes dérangeaient incessamment l'évaluation primitive des recettes et renversaient, par les mêmes causes, les limites nominales des crédits ouverts aux dépenses. On sait d'ailleurs que 150 millions du produit brut de nos impôts annuellement prélevés pour les frais de leur preception, qu'une réserve aussi importante de fonds spéciaux affectés par des décrets impériaux à des destinations particulières, enfin que les tributs considérables de la conquête attribués au domaine extraordinaire de la couronne, n'étaient pas même mentionnés dans cet aperçu inexact et incomplet de notre situation financière.

Aucun vote préalable d'une législature indépendante n'acceptait les calculs de l'avenir, n'approuvait les opérations du présent et ne sanctionnait les résultats définitifs du passé. L'arbitraire du pouvoir était la loi suprême de cette époque où la prévoyance et la conclusion des affaires publiques appartenaient exclusivement au souverain qui créait les revenus et les charges, et qui soldait les comptes de chaque exercice par des rejets à l'arriéré et par des actes de déchéance. Sa parole impériale ouvrait ou fermait le trésor, et faisait inscrire ou effacer les créances sur les pages du grand-livre de la dette nationale.

En même temps que la législature se trouvait ainsi dépourvue de tout concours à l'examen et à la discussion des intérêts nationaux, l'administration elle-même récemment organisée sur un plan uniforme, aussi favorable au retour de l'ordre qu'au rétablissement de l'autorité, n'avait su profiter de ce perfectionnement de son mécanisme que pour obéir partout avec ponctualité et promptitude à la volonté souveraine, et n'avait reconstitué que sur d'anciens souvenirs une comptabilité tardive et insuffisante, qui ne lui a jamais permis, ni d'éclairer sa marche, ni de justifier ses actes, ni d'exposer ses opérations avec clarté par des publications dignes de confiance.

Les nombreux ordonnateurs des dépenses qui engageaient l'État par des entreprises, par des marchés, par des commandements de toute nature, n'étaient assujettis à aucun système d'enregistrement ni de justification de leurs actes. Les droits des créanciers ne se constataient alors dans aucun livre ; on ne parvenait à les connaître que par de laborieuses recherches dans les dossiers de leurs liquidations. Chacun des délégués principaux ou subordonnés des ministères se traçait à lui-même sa méthode, et se créait, selon ses vues, des points de repère à son usage. Les charges s'accumulaient ainsi sur le Trésor, sans qu'il fût possible d'en apprécier l'étendue autrement que par le montant des mandats présentés aux caisses publiques.

La spécialité des chapitres était complétement inconnue, la distinction des exercices n'était pas mieux observée. Aucun rayon de lumière ne pénétrait à travers les obscurités qui cachaient les abus insaisissables de ce gouvernement militaire, dont l'apurement a exigé plus de dix années de persévérance pour révéler à la bonne foi du pays toutes les dettes antérieures à 1814.

Les administrateurs des contributions de la France, accoutumés à ne considérer dans les revenus directs ou indirects que leur produit net, avaient également négligé de constater, avec exactitude, les droits acquis et liquidés sur les redevables, et ne comptaient effectivement que de leurs versements au Trésor.

Les tarifs de nos divers impôts avaient été sans doute améliorés et remis partout en vigueur sous une autorité vigilante autant qu'énergique ; mais chaque branche du revenu public s'était spécialement placée sous l'administration exclusive d'un directeur général mandataire immédiat de l'empereur, auquel il donnait lui-même ses ordres et son impulsion personnelle. Le ministre des finances, relégué dans une sorte d'isolement, n'était effectivement que le directeur spécial des quatre contributions directes, et n'exerçait sur les autres revenus qu'une suprématie nominale.

Aucun lien continu d'écritures n'enchaînait la description journalière des actes qui s'accomplissent par les nombreux préposés de la perception. Des états périodiques de recettes, diversement établis dans les différentes régies financières et presque toujours dénués de preuves, ne procuraient que des informations inexactes ou incomplètes à la surveillance locale ou supérieure, et ne fournissaient que des éléments imparfaits pour la formation des grands comptes d'ordre ou d'exercice que les administrateurs rendaient eux-mêmes, après de longs retards, à la cour des comptes, en substituant leur responsabilité collective et illusoire à celle des véritables receveurs des impôts.

Le régime suranné de ces formes irrégulières, empruntées aux traditions des anciennes fermes générales, favorisait les exactions des agents subalternes, l'accroissement des frais de poursuites, l'augmentation des non-valeurs, les stagnations de numéraire, les détournements de fonds et les déficits de caisse, et ne réservait, contre ces désordres invétérés et inaperçus, aucune action à la sévérité des lois ou à la vigilance d'une magistrature désarmée vis-à-vis de ses justiciables réels, et aussi aveuglée que le gouvernement lui-même sur la situation des services.

Le trésor public, chargé de réaliser les ressources et de pourvoir aux besoins de l'Etat, offrait, au milieu de cette vaste administration de l'empire, le seul département ministériel qui répandît quelque lumière sur les résultats de ses opérations.

Le ministre expérimenté (1) qui fut appelé en 1806 pour entreprendre la tâche difficile du rétablissement de l'ordre trouva, dès son entrée aux affaires, les paiements interrompus, la banque de France gravement embarrassée et toutes les transactions de la place privées de numéraire et de crédit. La caisse générale de la trésorerie était à découvert de cent cinquante millions ; les débets des caisses extérieures présentaient, à la même époque, un vide de plus de trente millions ; le mouvement des fonds de l'Etat s'exécutait tout entier en dehors de l'autorité du gouvernement par une banque particulière, connue sous le nom d'*Agence* ou de *Comité des receveurs généraux*.

Le premier acte de cet habile administrateur fut de

(1) M. le comte Mollien.

ressaisir et de faire rentrer dans son ministère, par l'institution d'une *caisse de service*, les virements et les conversions de valeurs, les négociations et les émissions de traites ou mandats, enfin toutes les opérations relatives à la circulation des fonds du Trésor. Il put ainsi dominer, à son début, et réparer assez promptement la position menaçante qui lui avait été transmise par son prédécesseur, en même temps qu'il parvint à recouvrer en capital et intérêts la totalité des cent cinquante millions antérieurement détournés par le plus audacieux abus de confiance.

La mesure qui contribua le plus efficacement au succès de cette première restauration des finances impériales, fut l'introduction de la méthode des écritures *en parties doubles* dans la comptabilité du ministère et dans celle de tous les agents du Trésor. Mais ces procédés descriptifs plus perfectionnés ne firent pénétrer qu'un jour faible et douteux à travers les nombreux compartiments du vieil édifice de la trésorerie nationale. Si la situation personnelle de chaque comptable fut sensiblement éclaircie, la centralisation et l'enchaînement des résultats furent à peine préparés, et l'établissement d'une situation générale manquait alors de base et de preuves. L'impossibilité de coordonner et de rattacher entre eux les éléments disjoints et incohérents de ce grand ensemble d'administration résultait des vices du mécanisme antérieur, dont on avait cru devoir respecter les anciens rouages en les corrigeant par l'addition de quelques combinaisons nouvelles. Ainsi se trouvaient enchevêtrées les unes dans les autres des écritures d'ordre et des opérations réelles, des mouvements de valeurs fictives, ainsi que des entrées et des sorties matérielles de fonds.

Une caisse générale, assistée d'une caisse des recettes et d'une caisse des dépenses, constituait à Paris la représentation artificielle du Trésor. Les receveurs généraux envoyaient à cette triple caisse des obligations souscrites pour le produit net des contributions directes de chaque exercice, et des bons à vue pour les autres recettes effectives de chaque dizaine, en même temps qu'elle délivrait sur eux des rescriptions à échéance pour une somme approximativement égale aux besoins présumés des payeurs. Ces doubles promesses des comptables extérieurs de recevoir et de verser, soit à Paris, soit sur les lieux, consommaient en apparence leur libération vis-à-vis du caissier général du Trésor. La cour des comptes jugeait ensuite leurs gestions respectives, d'après ces échanges d'engagements et de récépissés provisoires.

Cependant la caisse de service, placée en dehors de la juridiction de cette magistrature, réalisait ultérieurement ces différentes promesses, soit par des remises qui lui étaient faites en numéraire et en effets de commerce, soit par des paiements effectifs et libératoires. Le contrôle judiciaire ne saisissait donc, en quelque sorte, que l'ombre des opérations de la trésorerie, et le ministre seul en restait l'administrateur et le juge.

Par suite d'une combinaison non moins compliquée, quatre payeurs généraux de la guerre, de la marine, de la dette publique et des dépenses diverses, étaient considérés comme les vrais comptables de la dépense de l'Etat. Les payeurs des départements des divisions militaires et des ports n'acquittaient les créances ordonnancées qu'en vertu de la délégation et sous la responsabilité de ces grands comptables d'ordre.

Les préposés des départements étaient dessaisis, par

les mains de ces quatre chefs supérieurs, de leurs acquits et de leurs pièces de dépense, afin de les faire servir d'éléments à quatre grands comptes récapitulatifs ou d'exercice déférés au jugement de la cour des comptes. Ces documents administratifs, et pour ainsi dire impersonnels, n'étaient livrés à ce contrôle judiciaire qu'à des époques très-éloignées de l'exécution des faits, sans autres justifications que celles dont chaque ordonnateur s'attribuait le droit de refuser ou d'accorder la production facultative.

Il importe d'ailleurs d'ajouter que ces résumés des *payeurs généraux* n'ont jamais compris ni les avances à régulariser, ni les paiements provisoires, ni les opérations en suspens, qui encombraient et faussaient, à cette époque, pour des sommes très-considérables et par l'accumulation de pièces très-multipliées, la véritable situation de toutes les caisses du Trésor. Enfin cette tardive et décevante substitution des comptables d'ordre aux agents réels de la dépense, entretenait un échange continuel d'acquits et de récépissés entre le caissier général, les payeurs extérieurs et les payeurs généraux, qui couvrait d'un voile à peu près impénétrable leurs mouvements matériels de fonds et les résultats effectifs de leurs différents services.

Telle était la confusion qui régnait au milieu de ce dédale de réalités et de fictions, de gestions réelles et de convention de deux comptabilités parallèles, de bordereaux et de balances, d'écritures en partie simple et en parties doubles, que la liquidation la plus laborieuse parvenait difficilement à dégager, à la fin de chaque trimestre, un aperçu fort problématique du bilan du Trésor. L'incertitude de cette situation était même si grande que la circonspection du ministre a toujours conseillé de ne pas y comprendre un déficit de 25,719,764 fr. 4 cent. (1), dont l'origine et les causes remontant à une époque très-reculée sont jusqu'à présent restées inconnues et inexplicables.

Cependant l'empereur n'a jamais obtenu que ces aperçus trimestriels pour apprécier l'état de ses finances et pour entrevoir l'équilibre de ses ressources et de ses besoins ; tandis que la cour des comptes, séparée de ses justiciables naturels par des comptables d'ordre, dépourvue des pièces justificatives des ordonnateurs, retardée dans ses travaux par d'interminables lenteurs administratives, n'a jamais pu fixer la position des véritables manutenteurs des deniers publics, ni apprécier la régularité des faits de recette et de dépense, ni apurer un seul exercice, ni remplir la mission nationale de vérifier l'exécution des services et de présenter au chef du gouvernement des observations sérieuses ou des vues générales de réforme et d'améliorations sur l'imperfection de la comptabilité des finances et sur l'impuissance de son contrôle.

Les déchirements de l'anarchie nous avaient asservis au despotisme glorieux de l'empire, qui nous a plus tard conduits, à travers de nouvelles catastrophes, à la renaissance de l'ordre, de la paix et d'une liberté trop peu protégée par les lois contre ses propres excès. Aussitôt que l'ère constitutionnelle s'est ouverte à la réparation des malheurs et des revers de notre patrie, l'administration a dû sortir des nuages qui la dérobaient à elle-même et à tous les regards, pour se montrer au

(1) *Système financier de la France*, p. 394, t. Ier.

grand jour des débats parlementaires et se soumettre au jugement de l'opinion publique. On inscrivit donc dans la charte de 1814 le vote annuel de l'impôt, ou, en d'autres termes, le consentement du pays à la perception et à l'emploi de tous ses tributs. On s'empressa de formuler ensuite cette autorisation nationale, pour chaque exercice, dans une loi fondamentale de finances, intitulée le *budget de l'État*. Cette loi, qui reproduit et qui rassemble comme en un faisceau tous les intérêts de la France et tous les moyens d'action de l'administration publique, ne peut recevoir une seule modification que par la volonté législative, qui doit conserver, en toute occurrence, le droit exclusif d'élever ou d'abaisser les subsides et les crédits primitifs.

Cependant, quelque importante que paraisse une semblable garantie pour assurer le concours des chambres et pour les associer à la marche du gouvernement, il fallait encore fixer à leur égard les obligations de la comptabilité publique : cette grande œuvre de vérité fut immédiatement entreprise et successivement accomplie.

La loi du 25 mars 1817 (tit. 12; ce titre 12, de la loi du 25 mars 1817, a été préparé par le directeur de la comptabilité générale des finances, et remis à la commission du budget avec l'autorisation du ministre) détermina, pour la première fois, le caractère et l'objet des comptes annuels que les ministres auraient à rendre et à publier, pour soumettre à l'examen et à la discussion du pays tous les actes du pouvoir délégué, dont ils étaient devenus désormais responsables envers le roi et la France.

Le compte du produit brut des contributions et des revenus de l'État dut constater l'assiette légale des droits fixés par les tarifs, les recettes effectives et les restes à recouvrer. Celui des dépenses commença à constater les opérations dès l'ouverture des créances, et suivit tous les degrés de leur liquidation et de leur acquittement. Celui des budgets se forma de la comparaison des évaluations et des allocations législatives, avec les faits consommés pour leur exécution. Enfin, les comptes des mouvements de fonds de la trésorerie, du bilan des finances, de la dette flottante et de la dette inscrite, furent exigés pour servir de complément et de preuve aux résultats généraux de tous les services. Le législateur enveloppait ainsi, dans le vaste réseau d'une comptabilité fidèle et explicite, tous les faits qui intéressent la fortune de l'État, c'est-à-dire l'ensemble de son administration, pour les livrer, sans retard et sans réticence, à tous les commentaires et à tous les contrôles extérieurs.

La loi du 15 mai 1818 (art. 102) ajouta bientôt une sanction nouvelle à ces premières dispositions, en ordonnant que le règlement définitif de chaque exercice fût arrêté par une loi spéciale accompagnée des documents que nous venons de décrire, pour être soumis avec ces titres justificatifs aux investigations et à l'assentiment des chambres.

La loi du 27 juin 1819 (art. 20) mit ensuite en demeure le gouvernement de produire les travaux de la cour des comptes à l'appui de cette clôture législative des budgets.

La révolution de 1830, née d'une fatale méfiance contre le pouvoir, étendit sur tous les détails administratifs et fit pénétrer plus profondément que jamais la surveillance du pays dans les moindres circonstances de leur exécution.

La loi du 19 janvier 1831 développa, à cet effet, les

divisions législatives des différents ministères, et resserra les liens des ordonnateurs dans l'étroite limite d'un chapitre voté pour chaque service et progressivement fractionné par nature de dépense, de matériel et de personnel. Cette même loi réussit à dégager l'avenir de nos finances des obscurités et des embarras de l'arriéré, en prononçant la prescription des créances non soldées, cinq ans après l'ouverture de chaque exercice.

Celle du 23 avril 1834 régularisa, plus tard, dans ses dernières conséquences, l'apurement de tous les reliquats des exercices clos, ainsi que l'acquittement exceptionnel des créances périmées, régulièrement relevées de la déchéance. On arrêta, en même temps, par un commandement absolu, la nomenclature des services votés en principe et auxquels est exclusivement réservée la faculté, interdite à tous les autres, de réclamer des suppléments de crédits.

La loi du 21 avril 1832 ordonna la publication du rapport annuel et jusqu'alors secret de la cour des comptes.

Par une disposition du 6 juin 1843, les ministres sont tenus d'organiser dès 1845 la comptablité des matières appartenant à l'État, d'en publier les résultats généraux et détaillés et de les soumettre, par l'entremise des dépositaires de cette richesse nationale, au contrôle de la cour des comptes, en conservant, autant que possible, les formes et les justifications appliquées au maniement des deniers publics.

Le nombre des documents spéciaux à publier par les ministres à l'appui de leurs budgets et de leurs comptes annuels s'est accru dans une porportion considérable, avec les progrès de l'influence parlementaire, sur la marche de l'administration; la surveillance de l'emploi des crédits primitifs ouverts aux ordonnateurs et les conditions imposées à l'association des fonds supplémentaires et extraordinaires sont aussi devenues plus rigoureuses à la fin du régime de 1830, et surtout au commencement de la république de 1848.

Telle est en définitive la série des précautions et des garanties principales qu'une législature vigilante et toujours plus jalouse de ses droits s'est ménagée, par des amendements successifs aux lois de finances, contre les excès et les abus qui ont si longtemps compromis la fortune et la puissance de l'État.

Cependant la prévoyance des chambres pour le rétablissement de leur surveillance serait demeurée inefficace par suite de l'insuffisance de la comptabilité administrative, qui n'avait pas seulement privé le gouvernement des secours de l'ordre et de la lumière, mais qui paralysait encore l'action de la cour des comptes, si le nouveau pouvoir exécutif, énergiquement stimulé par le besoin de la confiance et par le sentiment de sa responsabilité, n'avait pas poursuivi, avec persévérance, la réforme de notre défectueux régime d'écritures, de justifications et de contrôles.

La réunion en un seul ministère de toute l'administration du Trésor et des finances, favorisa les progrès de cette tâche laborieuse, qui fut aussi très-puissamment secondée par l'unité de direction et de mouvement imprimée, dès le début, à tous les rouages de ce grand mécanisme, au-dessus duquel s'éleva bientôt, pour l'éclairer et pour la simplifier, *une comptabilité générale des finances* régulatrice de tous les procédés descriptifs et de toutes les formes des différents services.

Cette double centralisation du pouvoir administratif et des moyens d'ordre qui devaient en régulariser l'exercice fortifia tellement l'action et la surveillance du ministre qu'il parvint à renverser, en quelques années, l'ancien échafaudage du caissier général, des payeurs généraux, des comptables d'ordre, des régies financières interposées entre le Trésor et les véritables manutenteurs de ses ressources, et à replacer, avec un langage sincère appuyé de preuves, tous les agents réels de la recette et de la dépense, ainsi que tous les faits de leur gestion respective, sous leur juste aspect et dans leur *exacte situation* vis-à-vis de l'adminitration des finances et de l'autorité de la cour des comptes. Mais que d'obstacles à surmonter, que de luttes à soutenir pour accomplir cette révolution salutaire, qui a détrôné l'indépendance et l'importance factice des positions personnelles en les mettant en évidence, qui a fait apparaître et détruire un grand nombre d'emplois inutiles, qui a révélé des bénéfices occultes et exagérés, qui a restreint les facilités usurpées par la négligence et par la mauvaise foi pour abuser des deniers publics, enfin qui a produit plus de trente millions de réduction annuelle dans les dépenses du personnel et du matériel des deux précédents ministères du Trésor et des finances (1) !

Un arrêté ministériel du 10 novembre 1816 fit succéder un mode uniforme et régulier d'écritures aux méthodes incomplètes et divergentes de l'ancienne comptabilité des revenus publics. Ce premier retour à l'ordre a permis de restituer à la cour des comptes sa juridiction directe sur

(1) *V.* Le Rapport sur l'administration des finances du 15 mars 1830, t. II.

les receveurs des impôts, en vertu d'une ordonnance du 8 novembre 1820, qui les a tous traduits à son tribunal, avec une responsabilité sérieuse reposant sur une gestion annuelle régulièrement justifiée par des pièces produites à l'appui de chaque fait. Ces résultats individuels présentés par les comptables eux-mêmes ont été aussitôt récapitulés dans un résumé général par branche de service, où les opérations furent classées par chapitre de budget, afin de préparer la comparaison facile et le contrôle judiciaire des comptes administratifs soumis aux chambres législatives, avec les arrêts rendus sur les actes des préposés des finances.

A dater de l'introduction de ces perfectionnements, une magistrature indépendante a pu vérifier l'observation des lois et l'exacte application des tarifs des contributions directes et indirectes.

L'ordonnance du 4 novembre 1824 étendit encore et consolida pour l'avenir les conséquences de ces importantes améliorations, en réunissant dans l'unique hôtel du ministère des finances *les directions générales* si longtemps séparées du ministre et du centre de son administration, en supprimant les caisses spéciales demeurées jusqu'alors auprès de chacune de ces subdivisions isolées, en attribuant à la seule impulsion de la trésorerie tous les mouvements de fonds des caisses publiques, en conférant au secrétariat général la suite du matériel intérieur des bureaux administratifs et de l'ordonnancement des dépenses, en restituant à la dette inscrite la liquidation des retraites des employés et le travail des cautionnements des receveurs, en remettant la poursuite des débets et l'examen des questions contentieuses à l'agence judiciaire du Trésor, et en confiant à la comptabilité générale la direction exclusive des écritures, des justifications et des comptes généraux et individuels.

Le ministre des finances sut reconstituer ainsi, sur toutes les branches du revenu public, son autorité et sa surveillance immédiates, en même temps que le libre exercice du double contrôle de la cour des comptes et des chambres législatives.

Tandis que les régies financières étaient soumises aux nouvelles exigences du régime constitutionnel et ramenées à la dépendance d'un ministre responsable, le Trésor se dégageait rapidement de ses complications, de ses obscurités et de ses entraves. Un seul caissier central, un seul payeur à Paris, se partagèrent les opérations de la caisse générale, de la caisse de service et des quatre payeurs généraux. Le service extérieur fut restreint au maniement de fonds du receveur général et du payeur de chaque département, assisté, pour ses paiements au domicile des créanciers, par les percepteurs, dont le concours supprima l'inutile entremise des préposés spéciaux placés aux chefs-lieux des divisions militaires, des ports et de quelques localités éloignées.

Ces simplifications dans les rouages principaux de la trésorerie se propagèrent dans tous leurs mouvements et firent disparaître les obligations, les bons à vue, les rescriptions, les récépissés et les acquits provisoires, enfin ce mélange confus de réalités et de fictions créé par un jeu compliqué de pièces multipliées, qui substituait continuellement les comptables d'ordre aux comptables réels.

Tout devint simple et clair dans les rapports du ministère des finances et de ses agents ; tout s'expliqua, tout fut démontré dans les comptes de gestion présentés à la cour, non-seulement pour les recettes et les dépenses publiques, mais aussi pour les opérations de banque et de trésorerie qui avaient, jusqu'alors, échappé à son contrôle, et qui lui révélèrent, pour la première fois, la situation matérielle des caisses de l'Etat. Des résumés généraux, par classe de comptables et par chapitre de budget, achevèrent de restituer à cette magistrature sa haute surveillance sur les services et sur l'exécution des lois de finances. Ces mesures salutaires ont été consacrées par des arrêtés ministériels des 7 novembre et 9 décembre 1814, et par des ordonnances royales des 18 novembre 1817, 8 juin 1821, 27 et 29 décembre 1823.

La lumière avait enfin éclairé les détours, jusqu'alors impénétrables, du labyrinthe administratif des revenus et de la trésorerie ; on pouvait, en un jour et à la première vue, constater, sur un seul registre, la position de chaque comptable, et obtenir, en quelques heures, la situation générale des finances par la simple totalisation d'un grand-livre. Les comptes de mois et d'années, autrefois si lents et si difficiles à établir, se produisirent, sans obstacles et sans retard, à la vérification du ministre, au jugement de la cour des comptes et à la sanction des chambres législatives.

Quelle que fût néanmoins l'importance d'une aussi remarquable régénération du système financier, il restait encore à faire accepter le joug d'une comptabilité justificative de tous les faits et tributaire de tous les contrôles aux ordonnateurs des dépenses publiques, qui n'avaient jamais été assujettis, ni à l'empire de la règle, ni aux exigences de l'ordre, ni aux devoirs de la responsabilité.

L'ordonnance du 14 septembre 1822 osa lutter, avec succès, contre les préventions et contre les résistances, pour accomplir cette grande œuvre d'intérêt général. Elle mesura la carrière jusqu'alors illimitée de l'exercice à la durée du service fait pendant une année, et fixa les termes de rigueur de la liquidation de l'ordonnancement et du paiement des droits des créanciers avant l'expiration des douze mois suivants. Elle interdit tout accroissement indirect des crédits législatifs par des ressources qui leur seraient étrangères. Elle défendit expressément aux ordonnateurs de s'immiscer dans le maniement des deniers de l'Etat. Elle imposa la délivrance aux payeurs, à l'appui de chaque mandat, des pièces justificatives, démontrant à ces préposés qu'ils n'ouvrent les caisses du Trésor que pour libérer l'Etat d'une dette exigible et régulièrement constatée. Cette importante garantie couvre désormais la responsabilité du ministre des finances pour l'emploi légal des ressources du budget, et saisit enfin la cour des comptes du contrôle sérieux et indépendant qu'elle n'avait jamais pu exercer sur les dépenses publiques.

La même ordonnance prescrivit des écritures uniformes aux administrateurs des différents services, les obligea à en transmettre périodiquement des extraits appuyés de preuves à la comptabilité centrale tenue *en parties doubles*, instituée dans le sein de chaque ministère et rattachée, par le mutuel enchaînement de leurs résultats, à la comptabilité générale des finances. Elle fournit, dès lors, aux ministres responsables les titres et les éléments des comptes individuels et généraux constatant l'emploi successif de leurs crédits, depuis le moment où l'État s'engage envers ses créanciers et se grève d'une charge publique, jusqu'à celui de sa libération définitive.

On ne saurait numériquement apprécier toute l'influence de ce rétablissement de l'ordre, de cette clarté nouvelle éclairant, à tous les degrés, la marche de l'administration des dépenses, et la livrant sans réserve à la surveillance continue des autorités chargées de la conduire et de la juger. La répression des anciens abus, les progrès incessants d'une régularité jusqu'alors inconnue, ont procuré au pays des avantages dont les conséquences deviennent chaque jour plus incalculables et plus fécondes pour le bien public.

Après avoir rattaché ce dernier anneau à la chaîne d'écritures, de justifications et de contrôles, qui devait embrasser dans toutes ses parties l'administration des revenus, des dépenses et de la trésorerie, l'ordonnance du 14 septembre 1822 appela la cour des comptes, par son article 22, à vérifier et à certifier les résultats définitifs du règlement de chaque exercice.

Mais avant d'atteindre un but aussi élevé, la prudence commandait de fortifier, de perfectionner et de consolider le grand mécanisme de comptabilité administrative qui venait de se fonder dans le sein de chaque ministère. Une ordonnance royale du 10 décembre 1823 détermina les cadres et les divisions uniformes des comptes généraux à présenter annuellement aux chambres législatives, et fit reposer leur exactitude sur les registres en parties doubles et sur les pièces justificatives destinées à constater et à démontrer avec authenticité les opérations consommées par les administrateurs et par les comptables.

Cette ordonnance voulut aussi qu'une commission,

composée de membres des deux chambres, de la cour des comptes et du conseil d'État, fût chargée, à l'ouverture de chaque session, d'arrêter, à la date du 31 décembre, les journaux, les grands-livres et les balances des différents services, de veiller au maintien des règles tracées, de provoquer les améliorations qui paraîtraient susceptibles d'application et de publier, à la suite des investigations les plus scrupuleuses, le procès-verbal de ses travaux, afin d'offrir un premier gage de sincérité à la confiance du pays.

L'administration se livrait ainsi d'elle-même, par des efforts habiles et généreux, à l'examen et à la discussion de l'opinion publique ; elle cherchait à faire pénétrer les regards dans ses mouvements intérieurs et extérieurs, pour échapper, autant que possible, aux injustes reproches de la malveillance et aux soupçons d'une méfiance aveugle. C'est à cette franche et loyale interprétation des obligations inhérentes à notre nouveau régime politique qu'il faut surtout attribuer la succession non interrompue, depuis 1814, des importantes mesures d'ordre et de publicité dont nous venons de tracer le tableau. L'acte du 14 septembre 1822, celui du 10 décembre 1823, en fournissent d'irrécusables témoignages; mais le plus digne de la reconnaissance des peuples par l'esprit constitutionnel et par le sentiment patriotique qui l'ont dicté, porte la date du 9 juillet 1826. Cette ordonnance a complété, par le plus ingénieux des procédés analytiques, l'ensemble des documents qui devaient saisir la *cour des comptes* du libre et entier exercice de son contrôle judiciaire sur l'exécution des lois de finances.

Le gouvernement, après avoir mis ce tribunal en possession des comptes et des pièces qui prouvent l'existence et la régularité des recettes et des dépenses effectuées par les caisses publiques, s'est empressé d'instituer et de traduire encore à sa juridiction un agent responsable de tous les *virements de comptes* opérés par la comptabilité générale des finances dans ses écritures centrales et dans les résultats soumis aux chambres législatives. Ces changements d'imputations de chapitre et d'exercice, ces compensations d'actif et de passif, ces mouvements de comptes courants, ces transpositions de toute nature qui modifient les déclarations primitives des receveurs et des payeurs, et qui donnent une expression complète et définitive aux faits recueillis et constatés par l'administration, avaient toujours manqué aux vérifications d'une magistrature indépendante, faussaient continuellement ses comparaisons partielles, et ne lui permettaient pas de recomposer avec ses arrêts les résultats généraux imprimés dans les comptes publics. C'est donc seulement à dater du jour où le *résumé général de ces virements de comptes* s'est ajouté à tous les moyens de vérification et de rapprochement qui lui avaient été successivement rendus, qu'elle a pu renouer la série des faits de chaque service, établir sur ses documents mieux préparés la situation des budgets, et former, avec ses propres éléments, le bilan des finances. Le ministre éclairé (1) qui n'avait pas craint d'allumer le flambeau de la surveillance et de donner toute sa puissance à l'action indépendante du contrôle extérieur lui imprima, sans hésiter, la plus politique impulsion en réclamant aussitôt des *déclarations publiques de la*

(1) Le comte de Villèle.

cour des comptes, pour attester la conformité des comptes des ministres avec les résultats des arrêts rendus sur les recettes et les dépenses de chaque exercice. On appréciera toute l'importance de cette détermination vraiment libérale, en lisant les termes ci-après de l'exposé de ces motifs :

« Le vœu de la loi du 27 juin 1819, qui n'aurait jamais pu s'accomplir par le seul concours de la législature et de la cour des comptes, sera entièrement satisfait par l'empressement que le gouvernement mettra lui-même à expliquer à des juges inamovibles l'application qu'il a faite, dans ses comptes, des recettes et des dépenses de ses préposés, et l'interprétation qu'il a donnée à toutes les dispositions légales et réglementaires. Cette cour, ainsi associée au travail intérieur du ministère, pourra facilement reconnaître, sur les pièces et sur les comptes individuels, l'emploi qui a été fait dans les comptes publics de tous les résultats dont elle a la preuve sous les yeux. Il n'échappera pas un seul fait à ses investigations ; elle n'en recevra pas un seul sous une expression obscure ou infidèle ; point de réticence ou de dissimulation qui ne doive aussitôt être découverte et révélée. A aucune époque et chez aucun peuple, l'administration ne se sera livrée elle-même à une épreuve aussi difficile, si elle n'était pas le meilleur témoignage de la loyauté de ses principes et de la régularité de son action. »

La cour, en voyant se constituer par degrés les conditions de sa nouvelle existence, s'est hâtée de se dégager des embarras et de l'arriéré de la comptabilité précédente, pour remplir dans toute son étendue la haute mission que le gouvernement venait de lui assigner.

L'accroissement du nombre de ses justiciables, par l'heureux échange des comptables d'ordre contre les comptables réels, l'augmentation considérable survenue dans les vérifications désormais appliquées à de nombreuses gestions individuelles, complétées par les opérations de trésorerie de toutes les caisses publiques, l'examen et la discussion des pièces justificatives de recette et de dépense qui avaient été si longtemps refusées à ses contrôles, la comparaison des résumés administratifs établis par service avec les résultats de ses arrêts et avec ceux des comptes généraux publiés à l'appui du règlement législatif de chaque exercice, tous ces travaux, enfin, ont été rapidement développés dans l'intérêt général, et couronnés dans leurs dernières conséquences, par la plus importante des garanties accordées à la France, par cette libre déclaration d'un corps judiciaire attestant au pays, chaque année, l'exactitude et la régularité de tous les actes qui intéressent la fortune de l'État.

Cette magistrature ainsi reconstituée, en voyant grandir sa tâche et s'élever le but de ses efforts, a scrupuleusement approfondi la vérification des comptables, afin de soumettre ensuite chaque fait au jugement de l'une de ses trois chambres, après la révision d'un conseiller maître, à une discussion assez éclairée, non-seulement pour servir à fixer la ligne de compte avec exactitude, mais aussi pour permettre de statuer sans incertitude sur les irrégularités, les infractions aux lois, les observations et les vues générales qui doivent être mentionnées, soit dans sa *déclaration générale*, soit dans *son rapport public*.

Pour mieux accomplir cette dernière partie de la

mission nationale qui lui est confiée, la chambre du conseil, composée de tous les magistrats qui ont voix délibérative, et subsidiairement des conseillers référendaires rapporteurs, se réunit en assemblée générale, selon le vœu d'une ordonnance du 23 décembre 1826 pour prononcer sur les propositions déjà débattues dans les trois chambres, et qui se reproduisent une seconde fois devant elle dans de nouveaux exposés soumis à la double épreuve d'une seconde révision des pièces et d'une seconde délibération des points à résoudre. C'est avec le concours de ces vérifications contradictoires et de ces discussions, répétées que la cour des comptes procède à l'examen des résumés administratifs par classe de comptables et par service, qu'elle établit la comparaison générale des résultats de ses arrêts avec ceux des comptes des ministres, qu'elle recompose, d'après ses jugements, et qu'elle certifie aux chambres législatives toutes les parties de la gestion et de la situation des finances. C'est également à l'aide de ces précautions multipliées et de la lumière qui s'est successivement répandue sur l'ensemble des travaux de la cour, que son rapport annuel, si longtemps réservé aux seuls regards du souverain, a pu se produire utilement au grand jour et répondre, dans toute sa prévoyance, à la loi du 21 avril 1832 qui en ordonne la publication.

On voit en effet se développer et se consolider avec le temps l'influence protectrice d'un contrôle aussi fortement organisé contre les abus du gouvernement et contre la méfiance publique par un ministre qui l'a fait triompher en 1826 des appréhensions du pouvoir et des doutes qui planaient sur l'administration. Ces témoignages, chaque jour plus rassurants, d'une magistrature inamovible ont conquis la foi des peuples à toutes les déclarations du pouvoir relatives à la fortune de l'État, et sont devenus les plus fermes appuis de l'ordre des finances et du crédit public. Aussi la vérité cherche-t-elle à faire pénétrer chaque jour davantage les rayons de sa lumière sur les détails intérieurs des différents services.

Le département de la guerre a voulu, depuis 1839, que les revues de la solde de l'armée fussent confirmées, dans leurs nombreux décomptes individuels, par une révision spéciale de la cour des comptes; le ministère de la marine s'est soumis à la même épreuve et obtient les mêmes certifications.

La législature lui a déféré, à dater de 1845, les comptes de matières appartenant à l'État; une ordonnance royale du 26 août 1844 a déterminé les moyens d'exécution de cette importante mesure : des règlements spéciaux de la guerre et de la marine, de l'agriculture et du commerce, ont été publiés le 25 janvier, le 1er février et le 13 décembre 1845, pour réaliser les premières conséquences de cette nouvelle surveillance de la richesse mobilière de l'État, qui est le complément indispensable du contrôle que la cour exerce sur le maniement des deniers publics.

Cette longue série de travaux, dont le développement doit s'étendre à l'avenir par une utilité plus évidente et toujours mieux appréciée, exige une exécution ponctuelle qui ne dépasse jamais la limite fixée pour le règlement annuel de chaque exercice. Toutes les gestions sont apurées et jugées, toutes les comparaisons générales s'achèvent, toutes les déclarations publiques se prononcent à l'ouverture de chaque session législative.

La cour des comptes est tenue d'assurer, en outre, le secours de sa justice aux communes, aux établissements de bienfaisance et à tous les services spéciaux subsidiairement rattachés au budget de l'État.

L'accomplissement d'une œuvre aussi laborieuse a été puissamment secondé par l'ordonnance du 31 mai 1838, accordée aux instances de la cour des comptes et préparée, avec son concours ainsi qu'avec la coopération de tous les ministères, dans une commission spéciale, qui est parvenue à réunir en un seul règlement toutes les dispositions législatives et administratives *rendues* pendant vingt-cinq années, pour adapter la comptabilité publique aux autres institutions constitutionnelles de la France.

Voici les termes du rapport au roi, qui exprime l'opinion éclairée de ce corps de magistrature sur le but et sur les précieuses conséquences de ce recueil méthodique de notre législation financière (rapport sur les comptes de 1837, p. 13) : « Ce travail important qui a coordonné, pour toutes les parties du service public, les principes, les procédés et les formes à suivre, a rempli les lacunes que présentait encore une organisation graduellement perfectionnée par des décisions isolées et successives, a formé les liens qui devaient unir les éléments jusqu'alors dispersés d'une matière spéciale, et a constitué pour la première fois le plus bel ensemble de garanties qui ait jamais protégé la fortune de l'État, affermi la sécurité des pouvoirs et mérité la confiance des peuples. Ce nouveau Code est le complément de ceux qui ont fixé nos droits civils et politiques; il a rassemblé comme en un faisceau tous les moyens d'examen et d'appréciation qui avaient été dès longtemps préparés par la sagesse du gouvernement, pour fortifier l'action du pays sur l'exécution des lois, pour éclairer son jugement sur tous les actes des mandataires de l'autorité royale, et pour maintenir constamment les ordonnateurs et les comptables dans les voies de l'ordre et de l'économie.

« Nous possédons aujourd'hui, par ce résumé de la législation spéciale dont nous sommes chargés de vérifier l'application, la série non interrompue des règles qui président au vote des recettes et des dépenses publiques, à la perception et à l'emploi des deniers du Trésor, aux rapports du gouvernement avec les contribuables et les créanciers de l'État, à la marche légale de tous les délégués ministériels, au mécanisme des écritures administratives, à la gestion et à la responsabilité des comptables, à l'action du contrôle judiciaire de la cour des comptes, enfin au règlement définitif du budget par la législature.

« Les mêmes principes, les mêmes formes ont été appliqués par cette ordonnance aux services des départements, des communes, des établissements de bienfaisance, de la caisse des dépôts, de la Légion d'honneur, de la caisse des invalides de la marine, des colonies et des colléges royaux. L'administration de la fortune publique est donc soumise tout entière à l'empire de cet ordre général, qui embrasse dans l'unité de son système les mouvements journaliers des deniers publics, qui parle à tous le même langage, et qui offre les mêmes moyens de surveillance à l'administrateur, au magistrat et à l'homme public, chargés de délibérer sur les intérêts généraux ou spéciaux de la France, dans les conseils de la couronne, dans les assemblées législatives, ou dans les institutions locales et particulières du pays. »

Pour compléter ce tableau fidèle de la situation de la comptabilité publique et de la nouvelle puissance imprimée à son contrôle judiciaire, nous devons ajouter que des règlements spéciaux, délibérés pendant plus de dix années par la même commission, et revêtus de l'approbation royale, ont été publiés par tous les ministères, afin d'appliquer les principes du règlement général du 31 mai 1838 à toutes les branches du service public, et d'y introduire l'uniformité des méthodes et la sincérité des justifications.

Deux mesures récentes, d'une grande importance, ont surtout fortifié l'action et assuré l'efficacité de tous les contrôles. La première, qui a été consacrée par un arrêté du pouvoir exécutif du 21 novembre 1848, par une loi du 8 décembre de la même année, et par un décret du 6 juin 1850, appelle désormais la cour des comptes à recevoir chaque mois et à vérifier successivement les comptes des recettes et des dépenses publiques. La seconde, qui a été ordonnée par un décret du 11 août 1850, abrége de deux mois la durée de l'exercice et rapproche, au 31 août, sa clôture précédemment fixée au 31 octobre de la seconde année. Ces deux dispositions prévoyantes ont rendu facile pour l'avenir la coïncidence que l'on s'efforçait en vain d'établir entre les travaux de la législature et ceux de la cour des comptes, pour le règlement définitif des budgets, et ont enfin restitué aux vérifications de ce corps judiciaire toute leur opportunité, et toute leur utilité sur la gestion des deniers de l'État. Cependant un sénatus-consulte du 25 décembre 1852 a retiré à la législature l'attribution de répartir, par chapitre, les ressources du budget de chaque exercice et a réduit le vote des crédits à l'allocation de la somme totale attribuée à chaque ministère. Cette nouvelle disposition, expliquée dans le quatrième livre du premier volume du *Système financier*, abroge un assez grand nombre d'articles du règlement général du 31 mai 1838 et renferme la participation du corps législatif à l'œuvre du budget, dans des limites plus étroites.

La cour des comptes conserve et propage désormais les saines doctrines et les meilleurs procédés du système financier ; elle tend sans cesse à les simplifier en les éclairant par ses vérifications, par ses vues de réformes et par ses observations publiques ; elle est devenue l'institution la plus fortement organisée pour la défense de l'ordre et pour le maintien de la confiance des peuples, la plus puissante garantie contre les malversations des comptables et contre les abus des administrateurs, enfin l'auxiliaire vigilant des chambres législatives pour l'appréciation de tous les faits qui se rattachent au maniement de la fortune de la France.

CHAPITRE II.

DE LA COUR DES COMPTES CONSIDÉRÉE COMME CORPS JUDICIAIRE.

SECTION Ire. — COMPÉTENCE ET AUTORITÉ DE LA COUR DES COMPTES.

Ainsi qu'on a pu le voir d'après l'exposé qui précède, la juridiction souveraine de la cour des comptes s'étend, dans tout le territoire de la France et de ses colonies, à toutes les comptabilités qui concernent les recettes et les dépenses publiques.

La cour statue tantôt directement, et tout à la fois en premier et dernier ressort, tantôt au second degré seulement, et comme tribunal d'appel.

Elle juge directement les comptes des recettes et des dépenses qui lui sont présentés, chaque année, par les receveurs généraux des finances, les payeurs du Trésor public, les receveurs de l'enregistrement, du timbre et des domaines, les receveurs des douanes et sels, les receveurs des contributions indirectes, les directeurs comptables des postes, les directeurs des monnaies, le caissier central du Trésor public et l'*agent responsable* des virements de comptes. Elle juge aussi les comptes annuels des trésoriers des colonies, du trésorier général des invalides de la marine, des économes des colléges royaux, des chancelleries consulaires, des commissaires des poudres et salpêtres, de l'agent comptable du transfert des rentes inscrites au grand-livre de la dette publique, de l'agent comptable du grand-livre et de celui des pensions, de l'ordre de la Légion d'honneur, du caissier de la caisse d'amortissement et de celle des dépôts et consignations, de l'imprimerie royale, des receveurs des communes, hospices et établissements de bienfaisance et des écoles normales et primaires dont le revenu excède trente mille francs. (L. des 16 sept. 1807, art. 11; 18 juillet 1837, art. 66; — ordonn. du 31 mai 1838, art. 331, et du 7 juillet 1844.) L'art. 14 de la loi du 6 juin 1843 lui soumet les comptes de matières appartenant à l'Etat.

Il faut enfin ajouter à cette nomenclature tous les comptes qui peuvent être attribués directement à la cour par des lois ou par des ordonnances royales, tels sont, par exemple, les comptes du mont-de-piété de Paris (ord. du 12 janvier 1831, art. 6), et autres. Au surplus, le règlement, par cette cour, des comptabilités qui peuvent avoir un caractère public est tellement considéré comme une des premières nécessités de notre organisation politique, qu'on le lui a constamment attribué, même dans des circonstances accidentelles et spéciales. C'est ainsi qu'elle a été appelée à juger, dans les mêmes formes que les comptes des deniers de l'Etat, les comptes des dons offerts pour l'érection de la statue de Henri IV (ord. du 23 sept. 1818), les comptes des souscriptions pour l'acquisition du domaine de Chambord (ord. du 29 juillet 1827), les comptes de l'ancien intendant du Trésor de la couronne et ceux du trésorier de la maison militaire et des fonds particuliers de l'ancienne liste civile (ord. du 4 septembre 1830, art. 1er), etc.

Comme tribunal d'appel, la cour statue sur les pourvois qui lui sont présentés contre les règlements prononcés par les conseils de préfecture sur les comptes annuels des receveurs des communes, hospices et établissements de bienfaisance et des écoles normales et primaires dont le revenu n'excède pas trente mille francs (18 juillet 1837, art. 66; — ord. du 31 mai 1838, art 331). Elle connaît aussi des pourvois contre les arrêtés qui règlent les comptes des maisons centrales de détention, de déportation et de bannissement (ord. du 2 avril 1817, art. 15), et généralement de tous les recours qui peuvent être formés contre le règlement des comptes de tous les établissements publics, arrêtés par une autorité inférieure; car il est dans l'esprit de son institution d'appliquer sa juridiction à tous les établissements publics régulièrement constitués, et sa compétence, comme tribunal d'appel, n'est limitée par aucun chiffre.

Relativement aux comptes des communes et établissements publics qui, suivant leur importance, sont soumis, au premier degré, tantôt au conseil de préfecture, tantôt directement à la cour des comptes, les changements de juridiction sont déterminés par le chiffre qu'ont atteint les revenus ordinaires de ces communes et établissements pendant trois années consécutives (ord. du 31 mai 1838, art. 484; instr. gén. du 17 juin 1840, n° 1329).

Les comptes des communes dont les revenus précédemment inférieurs à 30,000 francs se seront élevés à cette somme pendant trois années consécutives sont mis, par les préfets, sous la juridiction de la cour des comptes. Les arrêtés pris à cet effet doivent être immédiatement transmis aux ministres de l'intérieur et des finances (art. 484 de l'ordonnance du 31 mai 1838).

Il ne faut pas interpréter cette disposition en ce sens que la cour doive se considérer comme irrévocablement saisie par l'arrêté du préfet des comptabilités dont il s'agit : cet arrêté n'est que déclaratif et non attributif de juridiction. Il ne fait que reconnaître la compétence établie par la loi, mais il ne la crée pas. Il appartient dans tous les cas à la cour de décider préalablement si elle doit se saisir de ces comptabilités, en d'autres termes, de statuer elle-même sur sa compétence, sauf, s'il y a lieu, le recours devant le conseil d'Etat, qui remplit, à l'égard de la cour, ainsi que nous le verrons tout à l'heure, les fonctions attribuées à la cour de cassation à l'égard des autres cours et qui aurait, en conséquence, en pareil cas, à prononcer par voie de règlement de juges.

Du caractère général de la juridiction attribuée à la cour des comptes, il résulte que tous les comptables de deniers publics sont ses justiciables. Cette juridiction s'étend non-seulement sur tous les comptables en titre, mais encore sur tous ceux qui, soit comme préposés ou manutenteurs, soit comme s'étant immiscés dans le maniement des deniers publics, peuvent avoir pris part, de quelque manière que ce soit, aux comptabilités dont il appartient à la cour de connaître. On sait que tout individu qui se trouve dans l'un des cas précités doit être considéré comme comptable public, et dès lors être soumis aux mêmes règles de compétence que les comptables en titre (art. 17 de l'ord. du 14 sept. 1822 et article 67 de l'ord. du 31 mai 1838).

Par la même raison, lorsqu'un individu s'est immiscé sans qualité dans une comptabilité publique, par exemple, un maire, dans le maniement des deniers appartenant à sa commune, le point de savoir s'il est justiciable, au premier degré, du conseil de préfecture ou de la cour des comptes, doit être décidé non d'après l'importance des opérations dont il se sera indûment chargé, mais bien, de même qu'à l'égard du receveur municipal, par le chiffre des revenus ordinaires de la commune où ces opérations ont eu lieu (*sic*, ordonn. du 25 juillet 1835 [min. de l'int.]). La cour peut même pour la manifestation de la vérité donner une commission rogatoire à un tribunal ordinaire dont les frais sont acquittés sur les crédits du ministère de la justice (lettre du garde des sceaux du 6 avril 1830). La compétence de la cour des comptes est ainsi fixée par la loi du 16 septembre 1807 : « La cour, porte l'art. 13 de cette loi, réglera et apurera les comptes qui lui seront présentés ;

elle établira par ses arrêts définitifs si les comptables sont quittes, ou en avance, ou en débet. Dans les deux premiers cas, elle prononcera leur décharge définitive, et ordonnera mainlevée et radiation des oppositions et inscriptions hypothécaires mises sur leurs biens à raison de la gestion dont le compte est jugé. Dans le troisième cas, elle les condamnera à solder leur débet au Trésor dans le délai prescrit par la loi. »

L'art. 15 de la même loi dispose en outre que « la cour prononcera sur les demandes en réduction, en translation d'hypothèques, formées par des comptables *encore en* exercice, ou par ceux hors d'exercice dont les comptes ne sont pas définitivement apurés, en exigeant les sûretés suffisantes pour la conservation des droits du Trésor. »

Pour entendre sainement ces dispositions, il est essentiel de bien se pénétrer du véritable caractère qui appartient à la cour des comptes. La nature exceptionnelle de sa juridiction l'oblige à se renfermer strictement dans les limites de ses attributions. D'après son organisation et l'inamovibilité de ses membres, la cour des comptes a beaucoup de ressemblance avec les tribunaux ordinaires. D'un autre côté, le but de son institution et les fonctions qui lui sont attribuées pourraient la faire considérer comme un tribunal administratif : elle ne peut cependant être rangée dans l'une ni l'autre catégorie. La cour des comptes est un tribunal spécial *sui generis*, dont la principale mission est de protéger l'Etat contre les erreurs, les déviations des lois et règlements ou les malversations des comptables, sans jamais pouvoir arrêter, ni même entraver la marche de l'administration.

De là cette première conséquence, que la cour des comptes ne peut, en aucun cas, créer, par sa seule autorité, une dette à la charge de l'État, et que s'il lui appartient, en vertu de la disposition ci-dessus reproduite, de déclarer les comptables en *avance*, elle ne peut se faire de cette circonstance un motif de prononcer une condamnation contre le Trésor. Aussi doit-on remarquer que, dans ce cas, comme dans celui où les comptables sont simplement déclarés *quittes*, la loi se borne à disposer que la cour constatera leur situation et prononcera leur décharge. On voit également, d'après l'art. 17, que ses arrêts ne sont exécutoires que *contre* les comptables. Ces principes sont, au surplus, conformes à ceux de notre ancienne législation, qui se montrait même plus rigoureuse envers les comptables. « Défendons à nos chambres des comptes, portait l'édit d'août 1669, art. 21, d'ordonner ou faire employer en la dépense des comptes aucunes parties au nom desquelles nous soyons redevables ou comptables, sous quelque prétexte et pour quelque cause que ce soit. »

Un décret inédit du 1er avril 1808 (1), a cherché à faire revivre cette disposition. « Considérant, y est-il dit, qu'aucun titre ne peut être créé sur le Trésor public sans l'intervention d'un ordonnateur suffisamment autorisé, tant par notre décision que par un crédit législatif, et que les fonctions de notre cour des comptes doivent se réduire à les juger dans notre intérêt et à donner le *quitus* aux comptables quand elle ne les trouve point en débet ; que s'ils se prétendent en avances, c'est

(1) Cité et adopté par MM. de Cormenin (*Droit administ.*), Chevalier (*Jurisp. administ.*, t. I, p. 341) et Serrigny (*Compét. et Proc. administ.*, t. II, n° 1069).

au ministre du département pour lequel ils les ont faites qu'ils doivent en demander le paiement, et que par conséquent elle doit, comme les anciennes cours des comptes, rayer les articles d'avances réclamées par lesdits comptables. — Art 1er. Notre cour des comptes sera tenue de rayer de la dépense des comptables les avances par eux prétendues faites pour quelque cause que ce soit. »

La doctrine de l'administration actuelle est à la fois plus conforme aux principes de la justice et à l'intérêt du crédit public que celle qui a été consacrée par ces dispositions. Aujourd'hui l'administration elle-même fait ressortir les avances des comptables dans ses modèles et dans ses formules de comptabilité. La cour des comptes admet toutes les dépenses régulièrement justifiées à la décharge des comptables, même lorsque ces dépenses constitueraient des avances à la charge de l'Etat. Seulement, elle se borne à constater ces avances, et renvoie les justiciables à se pourvoir devant qui de droit pour en obtenir le remboursement.

Cette nouvelle jurisprudence ne peut occasionner aucun embarras au Trésor, puisque, d'après la législation en vigueur, résumée dans l'article 39 de l'ordonnance royale du 31 mai 1838, « aucune créance ne peut être liquidée à la charge du Trésor que par l'un des ministres ou par ses mandataires. »

Dans diverses circonstances, le conseil d'État a jugé qu'il ne suffit pas qu'un arrêt de la cour des comptes déclare un comptable en avances, pour que le Trésor puisse être contraint au paiement ; que le ministre peut toujours opposer au comptable la déchéance, s'il y a lieu, et que, dans tous les cas, il est en droit d'examiner la situation des crédits. (V. ord. des 20 novembre 1816 [Gâteau], 21 oct. 1818 [Crespin], 4 août [Dayries] et 8 août 1819 [d'Ogny].)

Il a été jugé, toutefois, qu'en vertu du décret du 21 juin 1809, qui avait chargé la cour des comptes de procéder par voie d'arbitrage au règlement de la comptabilité de l'arriéré, la cour avait pu *compenser* discrétionnairement partie des avances d'un comptable avec son débet. (V. ord. précitée du 4 août 1819, [Dayries].)

Dans l'esprit de son institution, la cour des comptes ne peut davantage détruire, par un refus d'allocation, l'effet des mandats délivrés par les ordonnateurs. « La cour ne pourra en aucun cas, porte l'art. 18 de la loi du 16 septembre 1807, s'attribuer de juridiction sur les ordonnateurs, ni refuser aux payeurs l'allocation des paiements par eux faits sur des ordonnances revêtues des formalités prescrites, et accompagnées des acquits des parties prenantes et des pièces que l'ordonnateur aura prescrit d'y joindre. »

Le conseil d'État a, dans de nombreuses espèces, interprété cette disposition en ce sens que la quotité du paiement serait le seul point que la cour aurait à examiner, du moins quant au jugement du compte, sans pouvoir jamais contester l'existence du droit, ni la régularité du mandat délivré par l'ordonnateur. Ainsi, par exemple, il a jugé que la cour ne saurait refuser l'allocation d'un paiement effectué, sur le motif qu'à l'époque de l'ordonnancement, la créance se serait trouvée éteinte par la prescription (ord. du 22 mars 1841 [min. des fin.]), ni même sur le motif que les causes énoncées au mandat ne seraient que fictives (ord. du 8 janv. 1836 [Rozier]) ; il a également jugé que la cour ne peut rejeter d'un compte, sur le motif de leur illégalité, des remises payées à des receveurs comptables du Trésor avec l'autorisation du ministre des finances (ord. du 3 janvier 1815 [Astoud]).

Hâtons-nous néanmoins de déclarer que l'ordonnance du 14 septembre 1822, pour obéir aux nouveaux devoirs de la comptabilité publique et de la responsabilité ministérielle, a voulu que la cour des comptes n'admît les paiements que lorsqu'ils ont pour effet d'acquitter une dette de l'État régulièrement justifiée, et qu'elle a ainsi brisé les chaînes de l'arbitraire administratif qui asservissaient autrefois la vérité et la justice.

Il ne faudrait donc pas induire de la jurisprudence que nous venons d'analyser, que la cour dût s'abstenir de tout contrôle sur les abus qu'elle peut remarquer dans la marche de l'administration. Il entre au contraire dans sa mission de les signaler et de les prévenir; par ses avis officiels, par ses déclarations et par son rapport public elle est toujours en position d'éclairer l'autorité supérieure et les chambres sur les désordres qu'elle découvrirait. Seulement, en tant que ce contrôle porte sur le fait de l'administration, c'est une indication, une remarque , une observation qu'elle est appelée à donner par sa correspondance ou par ses actes publics, et non un jugement qu'elle a à rendre.

Il faut résoudre d'après les mêmes principes la question de savoir si la cour des comptes peut apprécier la suffisance des justifications produites à l'appui des mandats de paiement, conformément aux indications des ordonnateurs, et , au besoin , en exiger de nouvelles. Aux termes de la loi de 1807, l'indication des pièces justificatives à produire à l'appui des mandats était, autrefois, à la vérité, faite exclusivement par les ordonnateurs. Sous l'empire absolu de cette loi, la cour des comptes ne pouvait évidemment s'immiscer en rien dans l'appréciation des justifications produites, quand elles étaient conformes aux indications du mandat. Mais, ainsi que nous l'avons fait remarquer tout à l'heure, une importante innovation a été introduite dans notre système de comptabilité par l'ordonnance du 14 septembre 1822, dont les dispositions sont aujourd'hui reproduites par l'ordonnance du 31 mai 1838. En outre, des nomenclatures arrêtées de concert entre des délégués de la cour des comptes, le ministre des finances et les divers ministères ordonnateurs, déterminent, par nature de service, sur quelles pièces les justifications doivent être appuyées, d'après les bases suivantes, savoir :

Pour les dépenses du personnel, comprenant les soldes, traitements, salaires, indemnités, vacations et secours, — des états d'effectif ou états nominatifs énonçant : le grade ou l'emploi, la position de présence ou d'absence, le service fait, la durée du service, la somme due en vertu des lois, règlements et décisions ;

Pour les dépenses du matériel, comprenant : les achats et loyers d'immeubles et d'effets mobiliers ; les achats de denrées et matières ; les travaux de construction, d'entretien et de réparation de bâtiments, de fortifications, de routes, de ponts et canaux ; les travaux de confection, d'entretien et de réparation d'effets mobiliers, — 1° des copies ou extraits dûment certifiés des ordonnances royales ou décisions ministérielles, des contrats de vente, soumissions ou procès-verbaux d'adjudication, des baux, conventions ou marchés ; 2° les décomptes de livraison, de règlement et de liquidation, énonçant le service fait et la somme due pour à-compte ou pour solde (ord. du 14 sept. 1822, art. 10 ; ordon. 31 mai 1838, art. 65).

Ou ces diverses dispositions deviendraient bientôt illusoires, ou il faut reconnaître à la cour des comptes le pouvoir d'y ramener les ordonnateurs qui s'en écarteraient, et le droit, pour arriver à ce résultat, de refuser l'allocation des paiements pour lesquels les justifications prescrites n'auraient pas été exigées. Par voie de conséquence, il faut admettre qu'en certains cas la cour pourrait être conduite, pour éclairer son jugement, à exiger des justifications non prévues par les règlements; car il faut, avant tout, que les ordonnances de paiement soient accompagnées de pièces « qui constatent que leur effet est d'acquitter une dette de l'Etat *régulièrement justifiée.* »

Cependant la jurisprudence du conseil d'Etat, toute basée sur l'article 18 précité de la loi de 1807, et sur la nécessité d'assurer l'indépendance de l'administration, semble prononcée en ce sens que la cour des comptes ne pourrait, en aucune circonstance, exiger d'autres justifications que celles qui sont indiquées par les ordonnateurs eux-mêmes, ou au moins par les règlements rédigés en exécution des ordonnances de 1822 et de 1838. (Voy. ord. 8 sept. 1839 [min. des trav. publ.] ; 22 mars 1841 [min. des fin.].)

Sans doute il ne faut pas que le contrôle de la cour, et par suite celui des comptables chargés d'acquitter les ordonnances, puissent jamais entraver la marche de l'administration et prévaloir sur l'autorité qui doit appartenir au pouvoir exécutif et à ses agents responsables.

Mais il ne faut pas non plus perdre de vue que les mêmes ordonnances de 1822 et 1838 donnent aux administrateurs un moyen infaillible de vaincre toutes les résistances qu'ils rencontreraient chez les comptables, et qu'ils peuvent toujours assurer l'effet de leurs ordonnances en en requérant le paiement par un acte exprès, qui rend tout refus impossible à moins d'un défaut de crédit. « Le paiement d'une ordonnance ou d'un mandat ne peut être suspendu par un payeur que lorsqu'il reconnaît qu'il y a omission ou irrégularité matérielle dans les pièces justificatives qui seraient produites. Il y a irrégularité matérielle toutes les fois que la somme portée dans l'ordonnance ou le mandat n'est pas d'accord avec celle qui résulte des pièces justificatives annexées à l'ordonnance ou au mandat, ou lorsque ces pièces ne sont pas conformes aux instructions. En cas de refus de paiement, le payeur est tenu de remettre immédiatement la déclaration écrite et motivée de son refus au porteur de l'ordonnance ou du mandat, et il en adresse copie, sous la même date, au ministre des finances. Si, malgré cette déclaration, le ministre ou l'ordonnateur secondaire qui a délivré l'ordonnance ou le mandat requiert, par écrit et sous sa responsabilité, qu'il soit passé outre au paiement, le payeur y procède sans autre délai, et il annexe à l'ordonnance ou au mandat, avec une copie de sa déclaration, l'original de l'acte de réquisition qu'il a reçu. Il est tenu d'en rendre compte immédiatement au ministre des finances » (ord. 14 sept. 1822, art. 15 ; 31 mai 1838, art. 69).

Lorsqu'il arrive que les administrateurs ont ainsi fait acte d'autorité, la cour des comptes doit évidemment s'arrêter dans ses exigences envers les comptables, et recourir, s'il y a lieu, à sa correspondance avec l'administration ou à ses actes publics. Autrement, elle s'attribuerait juridiction sur les ordonnateurs, et c'est ce que la loi de 1807 lui interdit expressément. Mais lorsque ce cas n'existe pas, il faut, si l'on veut que son contrôle soit sérieux et efficace, qu'elle puisse exiger toutes les justifications susceptibles d'établir la légitimité des paiements effectués. C'est ainsi, et seulement ainsi, qu'elle peut exercer sur la régularisation des dépenses publiques l'influence et l'autorité qui sont l'objet essentiel de sa mission.

On a vainement essayé d'enchaîner le libre arbitre de la cour des comptes pour l'appel des justifications indispensables à la régularité des dépenses publiques, par une fausse interprétation de l'article 65 de l'ordonnance du 31 mai 1838 statuant *que les pièces destinées à prouver les droits des créanciers sont déterminées par des nomenclatures arrêtées de concert entre le ministre des finances et les ministres ordonnateurs, d'après les bases posées par l'ordonnance du 14 septembre* 1822 qui laisse une entière liberté à la conscience des magistrats. On a voulu élever la prétention d'imposer à l'avenir ces nomenclatures, comme la règle absolue, comme la limite infranchissable des demandes des comptables et de leurs juges, nonobstant les protestations de la cour des comptes rappelées dans le premier volume de cet ouvrage, pages 486 à 493, et signées par un ministre des finances, devenu maître des comptes, ainsi que par le président de la commission qui ont préparé de concert ce règlement et qui l'ont expliqué l'un et l'autre dans un rapport au roi déclarant, de la manière la plus expresse, que cet article 65 *ne présente d'autre différence avec le texte de l'ordonnance du 14 septembre 1822 que celle dont l'objet est de rendre obligatoire à l'avenir le concert qui a toujours existé entre le ministre des finances et ceux des autres départements pour arrêter la nomenclature des pièces justificatives des dépenses des divers services publics.*

Au surplus, ces tentatives inhabiles pour restreindre, dans une limite matérielle, un contrôle judiciaire, dont l'indépendance fait la sécurité et le crédit de l'administration, ont été et seront toujours impuissantes à contraindre des magistrats, de s'arrêter, dans leurs doutes et dans leurs incertitudes, devant des nomenclatures nécessairement insuffisantes pour une multitude de circonstances impossibles à prévoir et à justifier à l'avance, par des preuves qui naissent inopinément de l'éventualité même des services et après leur exécution.

En cas de rejet, de la part de la cour des comptes, de paiements faits sur des pièces qui ne constatent pas régulièrement une dette de l'État, l'administration statue sur le recours à exercer contre la partie prenante ou le signataire du mandat, et sur les mesures à prendre à l'égard du comptable (ord. 31 mai 1838, art. 320).

Relativement aux comptes de recettes, la cour a à examiner si les comptables ont fait rentrer, dans les délais prescrits, la totalité des rôles ou des états de produits qu'ils étaient chargés de recouvrer, et si les pièces justificatives qu'ils en ont fournies sont régulières.

Mais il appartient définitivement au ministre des finances de statuer sur les questions de responsabilité qui peuvent se présenter : par exemple, d'apprécier si les comptables qui n'ont pas réalisé telle ou telle recette ont fait en temps utile les poursuites nécessaires ; si les comptables supérieurs qui sont responsables de la gestion de leurs subordonnés ont exercé sur eux toute la surveillance qui leur était prescrite, et de décider, sauf recours au conseil d'Etat, si les uns et les autres doivent être déchargés (ord. 10 nov. 1826, art. 2 ; 8 déc. 1832, art. 4 ; 31 mai 1838, art. 279, 293, 305). Par application de ces principes, il a été jugé que le ministre des finances est seul compétent pour statuer sur la responsabilité d'un receveur des finances à l'occasion d'un déficit existant dans la caisse d'un percepteur des contributions (ord. 6 juillet 1843 [Bosc]).

En cas de vol ou de perte de fonds résultant de force majeure, les comptables ne peuvent également obtenir leur décharge qu'en vertu d'une décision spéciale du ministre des finances, et en produisant les justifications exigées par les règlements de leur service, sauf recours au conseil d'État (ord. 31 mai 1838, art. 329).

Enfin, c'est encore au ministre des finances qu'il appartient de statuer sur toutes les contestations qui peuvent s'élever entre les comptables, relativement aux actes de leur gestion. (Voy. ord. des 11 fév. 1818 [Caraven], 28 avril 1822 [Landes], 17 août 1825 [Bunel], 16 déc. 1835 [Piel-Desruisseaux], etc.)

La cour des comptes est également incompétente pour statuer sur les difficultés qui pourraient s'élever entre les comptables et des tiers qui se prétendraient lésés par leurs opérations, ou par celles du Trésor (décret du 10 oct. 1811 [Petit-Jean], cité par M. de Cormenin, *Droit adm.*, t. 1er, p. 337). Cette règle ne s'oppose pas à ce que l'apurement d'une comptabilité ne conduise la cour à fixer sur pièces la situation respective des comptables, du Trésor, et des tiers, par son arrêt.

Il faut, en définitive, ne jamais perdre de vue que la

cour des comptes exerce une juridiction exceptionnelle; qu'elle doit se renfermer dans l'examen des comptes qui lui sont soumis, et se borner, dans ses jugements, à la fixation de la situation réelle des comptables.

C'est par application des mêmes principes qu'il a été reconnu que la cour des comptes est incompétente pour connaître des questions relatives à la qualité d'héritier bénéficiaire, à la faculté de renoncer à la discussion des biens des comptables et à tous débats avec leurs représentants. Ces questions sont de la compétence des tribunaux ordinaires (ord. 1er mars 1815 [Chalopin]).

L'art. 16 de la loi du 16 septembre 1807 pose également une limite à son pouvoir, en disposant que « si, dans l'examen des comptes, la cour trouve des faux ou des concussions, il en sera rendu compte au ministre des finances, et référé au grand juge ministre de la justice, qui fera poursuivre les auteurs devant les tribunaux. »

SECTION II. — DE LA PROCÉDURE.

§ 1er. — COMMENT LA COUR EST SAISIE.

Les comptables de deniers publics, qui sont directement justiciables de la cour des comptes, sont tenus de fournir et déposer leurs comptes au greffe de la cour, dans les délais prescrits par les lois et règlements; et en cas de défaut ou de retard de leur part, la cour peut les condamner aux amendes et aux peines prononcées par ces lois et règlements (l. 16 sept. 1807, art. 12). Ces peines et amendes consistent dans le séquestre des biens appartenant aux comptables et dans la confiscation de leurs revenus (l. du 28 pluv. an III), la contrainte et la saisie (l. 12 vend. an VIII), une amende de cinquante à cinq cents francs par mois de retard (loi 18 juillet 1837, art. 68).

Les poursuites encourues à cet égard par les comptables sont exercées sur les réquisitions du procureur général près la cour (décr. 28 sept. 1807, art. 36, 37).

Comme tribunal d'appel, la cour est saisie au moyen des pourvois qui peuvent être formés devant elle contre les arrêtés de comptes rendus par les conseils de préfecture, soit par les comptables qui ont fourni ces comptes, soit par les communes ou établissements publics intéressés (ord. 23 avril 1823, art 7 ; 31 mai 1838, art. 485).

Le pourvoi doit être formé dans le délai de trois mois, qui court à partir de la notification de l'arrêté de compte attaqué (ord. 28 déc. 1830, art. 5 ; 31 mai 1838, article 490).

A cet effet, les arrêtés rendus par les conseils de préfecture doivent, dans les quinze jours de leur date, être adressés par les préfets aux maires des communes ou aux administrations des établissements, en double expédition. Dans les huit jours qui suivent la réception de ces arrêtés, ils sont notifiés au comptable qu'ils intéressent par le maire ou par l'administration de l'établissement ; la notification est constatée par le récépissé du comptable et par une déclaration signée et datée par le maire ou par les administrateurs des établissements, au bas de l'expédition de l'arrêté. Pareille déclaration est faite sur la deuxième expédition qui reste déposée à la mairie, ou dans les archives de l'établissement intéressé, avec le récépissé du comptable. En cas d'absence de ce dernier, ou sur son refus de délivrer le récépissé, la notification est faite, à ses frais, par le ministère d'un huissier. L'original de l'exploit est déposé aux archives de la mairie ou de l'établissement intéressé (ord. 28 déc. 1830, art. 1 et suivants; 31 mai 1838, art. 486 et suiv.).

Si la notification prescrite par les dispositions qui précèdent n'a pas été faite dans le délai fixé, toute partie intéressée peut requérir expédition de l'arrêté de compte, et la signifier par huissier (ord. 28 déc. 1830, art. 4; 31 mai 1838, art. 489).

Le point de départ du délai se trouvant ainsi fixé, la partie qui veut se pourvoir rédige sa requête en double original. L'un des doubles est remis à la partie adverse, qui en donne récépissé; si elle refuse, ou si elle est absente, la signification est faite par huissier (ord. 28 déc. 1830, art. 5; 31 mai 1838, art. 490). Le défaut de cette notification entraînerait nullité du pourvoi formé directement devant la cour (*sic*, ord. 17 janv. 1838 [Matthieu]).

L'appelant adresse l'autre original à la cour des comptes, et y joint l'expédition de l'arrêté qui lui a été notifié. Ces pièces doivent parvenir à la cour, au plus tard, dans le mois qui suit l'expiration du délai du pourvoi (ord. 20 déc. 1830, art. 5; 31 mai 1838, art. 490).

Sur ces premières productions, la cour examine si la requête est ou non admissible. Si elle l'accueille, la partie poursuivante a, pour faire la production des pièces justificatives du compte, un délai de deux mois, à partir de la notification de l'arrêt d'admission (ord. 28 déc. 1830, art. 6; 31 mai 1838, art. 491).

Faute de productions suffisantes de la part de la partie poursuivante, dans le mois qui suit l'expiration du délai, la requête est rayée du rôle, à moins que, sur la demande des parties intéressées, la cour ne consente à accorder un second délai dont elle détermine la durée. Dans ce cas, la cause rayée du rôle ne peut plus être reproduite (ord. 28 déc. 1840, art. 7; 31 mai 1838, art. 492).

La requête rejetée pour défaut des formalités prescrites peut néanmoins être reproduite, si le délai de trois mois accordé pour le pourvoi n'est pas expiré (ordonn. 28 déc. 1830, art. 8; 31 mai 1838, art. 493).

§ 2. — INSTRUCTION DES AFFAIRES.

Une première vérification des comptes sur lesquels la cour est appelée à statuer est faite par des référendaires désignés par le premier président, et qui sont tenus de vérifier, par eux-mêmes, tous les comptes qui leur sont distribués (l. 16 sept. 1807, art. 19). Un référendaire ne peut être chargé deux fois de suite de la vérification des comptes du même comptable (décr. 28 sept. 1807, art. 7).

Ces référendaires rédigent sur chaque compte un rapport contenant des observations de deux natures : les premières relatives à la ligne de compte seulement, c'est-à-dire aux charges et souffrances dont chaque article du compte leur a paru susceptible, en ce qui concerne le comptable qui le présente ; les deuxièmes résultant de la comparaison de la nature des recettes avec les lois, et de la nature des dépenses avec les crédits (l. 16 sept. 1807, art. 20).

Ils peuvent entendre les comptables ou leurs fondés de pouvoir pour l'instruction des comptes ; la correspondance est préparée par eux, et remise au président de la chambre qui doit entendre le rapport (décret 28 sept. 1807, art. 21).

Lorsque cette première instruction est terminée, le rapport du référendaire est remis avec les pièces du compte à un conseiller maître, qui est tenu : 1° de vérifier si le référendaire a fait lui-même le travail ; 2° si les difficultés élevées par le référendaire sont fondées ; 3° enfin d'examiner par lui-même les pièces au soutien de quelques chapitres du compte, pour s'assurer que le référendaire en a soigneusement vérifié toutes les parties (décr. 28 sept. 1807, art. 28). Un conseiller maître ne peut être nommé deux fois de suite rapporteur des comptes du même comptable (*ibid.*, art. 7).

En outre, le procureur général peut prendre communication de tous les comptes dans l'examen desquels il croit son ministère nécessaire, et la chambre chargée de juger le compte en discussion peut même l'ordonner d'office (décr. 28 sept. 1807, art. 42). En cas d'empêchement du procureur général, les fonctions du ministère public sont momentanément remplies par un maître des comptes désigné par le ministre des finances (*ibid.*, art. 43).

Toutes les demandes en mainlevée, réduction et translation d'hypothèques, formées par les comptables dans les cas ci-dessus indiqués (V. n° 69), doivent être communiquées au procureur général avant qu'il y soit statué (*ibid.*, art. 40).

Toutes les fois qu'un référendaire élève contre un comptable une prévention de faux ou de concussion, le procureur général doit être, préalablement à la décision à prendre, appelé en la chambre et entendu dans ses conclusions (*ibid.*, art. 41).

§ 3. — DU JUGEMENT.

Lorsque l'instruction est terminée, le maître des comptes qui en a été chargé en dernier ressort présente à la chambre son opinion motivée sur tout ce qui est relatif à la ligne de compte et aux autres observations du référendaire. La chambre prononce ses décisions sur la première partie, et renvoie, s'il y a lieu, les propositions contenues dans la seconde à la chambre du conseil, qui est chargée d'y statuer dans les formes déterminées, et dont les observations sont destinées à éclairer le gouvernement sur la gestion des comptables, ainsi que sur les améliorations à introduire dans la comptabilité publique. Le référendaire rapporteur donne son avis, qui n'est que consultatif. Le maître rapporteur opine, et chaque maître successivement dans l'ordre de sa nomination. Le président inscrit chaque décision en marge du rapport et prononce l'arrêt (décr. 28 sept. 1807, art. 29 et suiv.).

La minute des arrêts est rédigée par le référendaire rapporteur et signée de lui et du président de la chambre. Elle est remise avec les pièces au greffier en chef, qui la présente à la signature du premier président, et ensuite en fait et signe les expéditions. Le compte et les pièces qui s'y rattachent sont remis également au greffier en chef, qui fait mention de l'arrêt sur la minute du compte, et dépose le tout aux archives (loi 16 sept., art. 21, et décr. 28 sept., art. 32 et 33).

SECTION III. — DE L'EXÉCUTION DES ARRÊTS DE LA COUR DES COMPTES.

Les arrêts de la cour des comptes ont contre les comptables toute la force exécutoire des jugements des tribunaux ordinaires. Les expéditions qui en sont délivrées sont revêtues de la même formule et du mandement de justice (décr. du 28 sept. 1807, art 53). Ces expéditions sont adressées au ministre des finances, qui est chargé d'en faire suivre l'exécution par l'agent judiciaire établi auprès de lui (l. du 16 sept. 1806, art. 13). Elles sont en outre notifiées aux comptables par lettres chargées du greffier en chef de la cour (instr. min. du 17 juin 1840, n° 1338).

Les charges et injonctions que les arrêts imposent aux comptables doivent être exécutées dans le délai de *deux mois, à partir du jour de la notification*. Lorsqu'il s'agit d'*arrêt provisoire*, l'autorité peut, s'il n'y a pas été satisfait dans ce délai, déclarer les arrêts *définitifs*, porter en débet toutes les sommes non justifiées, et astreindre les comptables à en verser le montant en capital et intérêts. Cette mesure, dans le cas où les débets s'élèveraient au-dessus de 300 fr., peut même entraîner la contrainte par corps (instruc. min. du 17 juin 1840, n° 1340).

SECTION IV. — DES VOIES DE RECOURS.

Les arrêts de la cour des comptes sont susceptibles de trois sortes de recours, savoir : l'opposition, lorsqu'ils ont été rendus par défaut; la demande en révision devant la cour elle-même, pour erreur, omission, faux ou double emploi ; le pourvoi en cassation devant le conseil d'État, pour violation des formes ou de la loi. La tierce opposition est en définitive la seule voie de recours qui ne soit pas ouverte contre eux, puisque les tiers ne peuvent en aucun cas être admis à intervenir devant la cour.

La faculté d'opposition simple à l'exécution des arrêts rendus par défaut n'est pas formellement établie par la loi. Mais il est évident qu'elle ne saurait être refusée ; elle tient au droit sacré de la défense, et doit dès lors être admise devant la cour des comptes comme devant toute autre juridiction, puisque d'ailleurs la loi ne l'*interdit* pas.

La révision est autorisée par la loi du 16 septembre 1807, qui porte (art. 14) que « la cour, nonobstant l'arrêt qui aurait jugé définitivement un compte, pourra procéder à sa révision, soit sur la demande du comptable appuyée de pièces justificatives recouvrées depuis l'arrêt, soit d'office, soit à la réquisition du procureur général, pour erreur, omission, faux ou double emploi reconnus par la vérification d'autres comptes. »

On voit par cette disposition que la cour seule a le pouvoir de réviser, lorsqu'il y a lieu, les comptes par elle définitivement arrêtés. Le ministre des finances est donc absolument sans pouvoir pour rectifier, par aucune disposition contraire aux arrêts intervenus, les erreurs qui auraient pu se glisser dans les arrêtés de compte. (V. ord. des 19 mars 1820 [Georget], 31 juillet 1822 [Despaignet].)

Lorsque les erreurs, omissions, faux ou doubles emplois sont reconnus à la charge du Trésor public, des départements ou des communes, c'est au procureur général près la cour qu'est confié le soin de suivre l'instruction et le jugement des demandes en révision (décr. 28 sept. 1807, art. 39). Il doit en conséquence être toujours entendu sur ces demandes, lors même qu'elles n'auraient pas été introduites par lui. Mais il ne doit pas de même donner nécessairement ses conclusions sur les demandes en révision formées par les comptables lorsqu'elles ne sont pas fondées sur les motifs ci-dessus rappelés (ord. 21 juin 1839 [Hériard]).

Le recours en cassation devant le conseil d'État est autorisé pour violation des formes ou de la loi (l. 16 sept. 1807, art. 17). C'est là une application du principe posé par la loi des 7-14 octobre 1790, qui a investi le roi, et par suite le conseil d'État, du pouvoir de statuer sur les réclamations d'incompétence à l'égard des corps administratifs. « Dans le cas où un comptable se croirait fondé à attaquer un arrêt pour violation des formes ou de la loi, il se pourvoira, dans les trois mois, pour tout délai, à compter de la notification de l'arrêt, au conseil d'État, *conformément au règlement sur le contentieux*. Le ministre des finances, et tout autre ministre, pour ce qui concerne son département et même le procureur général de la cour, pourront faire, dans le même délai, leur rapport au roi, et lui proposer le renvoi au conseil d'Etat de leurs demandes en cassation des arrêts qu'ils croiront devoir être cassés pour violation des formes ou de la loi » (l. 16 sept. 1807, art. 17).

Cette disposition se réfère, comme on vient de le voir, au règlement sur le contentieux du conseil d'Etat pour le délai et la forme des pourvois. Remarquons ici, en ce qui concerne la forme de la notification nécessaire pour faire courir les délais du pourvoi, que, d'après la loi du 28 pluviôse an III, cette notification, lorsqu'elle est faite en la forme administrative, doit, pour être régulière et pour faire courir les délais à l'égard des comptables, être faite par *lettre chargée* émanée du greffier de la cour des comptes. Toutefois s'il s'agit d'un pourvoi au conseil d'Etat contre un arrêt de la cour, la notification devra avoir été faite par huissier. C'est ainsi qu'il a été jugé particulièrement que ni la transmission des arrêts de la cour des comptes par le procureur général au ministre des finances, ni les lettres d'avis écrites par le greffier aux comptables, ni la délivrance à eux faite *gratuitement* de l'expédition des arrêts, ne peuvent tenir lieu de la notification prescrite par l'art. 11 du décret du 22 juillet 1806, pour mettre le Trésor en demeure vis-à-vis des comptables, et faire courir contre lui les délais du recours (ord. 28 juillet 1819 [min. des fin.]).

La cour des comptes ayant une juridiction souveraine, le conseil d'Etat ne peut que casser ses arrêts lorsqu'il les juge contraires à la loi, sans jamais pouvoir évoquer le fond des affaires et y statuer à moins que la cassation n'ait eu lieu pour incompétence sur la matière, car dans cette conjoncture il renvoie la cause aux juges compétents ou se la réserve quand elle ressortit à sa juridiction. Il doit donc se borner, au cas de cassation, à renvoyer les parties devant la cour. Une ordonnance royale du 1er septembre 1819 a réglé pour cette circonstance les formes dans lesquelles doit être rendue la nouvelle décision à prendre. « Lorsqu'après cassation d'un arrêt de notre cour des comptes dans l'un des cas prévus par l'art. 17 de la loi du 16 septembre 1807, porte cette ordonnance, le jugement du fond aura été renvoyé à notre dite cour, l'affaire sera portée devant l'une des chambres qui n'en auront pas connu (art. 1er). — Dans le cas où un ou plusieurs membres de la chambre qui aura rendu le premier arrêt seraient passés à la chambre nouvellement saisie de l'affaire, ils s'abstiendront d'en connaître, et ils seront, si besoin est, remplacés par d'autres conseillers maîtres, en suivant l'ordre de leur nomination » (art. 2).

SECTION V. — COMPTES DE MATIÈRES.

Les écritures et les formes de la comptabilité des matières sont réglées à l'instar de celles des deniers. La cour a commencé la vérification et le jugement des comptes de matières à dater de 1847 pour les opérations de l'exercice de 1845.

SECTION VI. — DU CONTRÔLE PUBLIC DE LA COUR DES COMPTES.

Rapport public. — La loi du 27 juin 1819, article 20, ordonne d'accompagner le compte annuel des finances de l'état des travaux de la cour des comptes.

Au mois de février de chaque année, le premier président forme un comité, composé de trois présidents et de trois maîtres délégués par les chambres, pour examiner un projet de rapport au roi préparé sur les observations résultant de la comparaison de la nature des recettes avec les lois, de la nature des dépenses avec les crédits, et présentant des vues de réforme ou d'amélioration, dont la rédaction est ensuite discutée, délibérée et arrêtée en chambre du conseil, pour être portée à la connaissance du roi, imprimée et distribuée aux chambres législatives

(l. des 29 sept. 1791 et 28 pluv. an III; sénat. cons. 20 mai 1804; l. des 16 sept. 1807 et 21 avril 1832).

Déclaration générale. — Le ministre des finances fait remettre à la cour, le 1er juillet de chaque année, les résumés généraux, par classes de comptables, des comptes individuels, ainsi que les états comparatifs de leurs résultats avec ceux du compte général des finances. A l'aide de ces documents, chaque chambre prononce des déclarations de conformité, spéciales par services, qui servent de base à un rapport fait par un conseiller référendaire, soumis à l'examen d'un conseiller maître ainsi qu'aux observations du procureur général, délibéré en chambre du conseil, et constatant l'accord des arrêts avec les résultats des comptes des ministres. C'est à la suite de ce travail de rapprochement et de contrôle que la cour doit prononcer, le 1er février, en assemblée publique, ses déclarations générales de conformité sur les opérations de l'année, sur les résultats définitifs de l'exercice expiré et sur la situation des finances (ordonn. des 14 sept. 1822 et 9 juillet 1826).

En résumé, la cour des comptes doit la justice aux comptables, un contrôle impartial au gouvernement, et la vérité tout entière au pays. Cette magistrature souveraine exerce, par ses arrêts, des fonctions judiciaires à l'égard de tous les dépositaires de la fortune publique, et, par ses référés, des attributions administratives envers les ministres. Enfin elle concourt à l'œuvre de la législature pour le règlement définitif des recettes et des dépenses de l'Etat, par la publication annuelle de sa déclaration générale et de son rapport public.

La citation suivante du rapport qu'elle a publié sur

les comptes de l'année 1830 (page 9), complète la définition de son caractère spécial et de son but élevé.

« Ses obligations sont aussi étroites que celles des au-« tres cours chargées de l'application des règles de nos « codes; elle a, comme toutes les hautes magistratures, « des devoirs à remplir envers le législateur et ses jus-« ticiables.

« Dans notre système constitutionnel, deux grands « corps politiques participent à la confection des lois ; « mais ils demeurent étrangers à leur exécution. On « sent que cette participation pourrait devenir illu-« soire, s'ils n'avaient pas la garantie qu'elles sont fidèle-« ment exécutées dans l'esprit qui a présidé à leur adop-« tion. En conséquence, il a été reconnu indispensable « de placer au-dessus de tous les tribunaux civils et cri-« minels, une cour suprême spécialement chargée de « les ramener, par l'autorité de sa jurisprudence, à l'in-« terprétation exacte et uniforme des dispositions légis-« latives applicables aux divers intérêts de la société. « On comprend l'utilité d'une pareille institution pour « prévenir toute collision entre les pouvoirs judiciaire et « administratif, pour rectifier toute fausse direction im-« primée à la marche de la justice, et pour maintenir « constamment l'influence des chambres en assurant « l'application régulière de leurs actes.

« Mais il est une loi fondamentale qui fixe chaque « année la part contributive de chacun aux sacrifices dus « à l'État, qui règle l'emploi du trésor commun, pour « le maintien de l'ordre public, la sûreté des personnes « et des propriétés, le bien-être de la population et « l'honneur du pays ; une loi dont l'application ap-« partient entièrement à l'administration et constitue

« même son existence, qui embrasse à la fois tous les « intérêts, affecte toutes les positions, et n'en atteint cependant aucune d'une manière assez immédiate pour « qu'une seule des parties intéressées puisse représenter « et défendre la cause de toutes les autres. C'est principalement de cette loi que les chambres tirent leur « puissance ; car c'est la seule qui soit indispensable à « l'action du gouvernement et qui le ramène chaque « année devant elles. D'un autre côté, de nombreux « délégués du pouvoir concourent à son exécution journalière par des milliers d'opérations effectuées sur « *tous les* points du territoire. Cette loi, c'est le budget « de l'État, c'est ce règlement général des droits et des « devoirs de la France envers elle-même, dont la religieuse observation doit être démontrée avec le plus « d'évidence au jugement des deux chambres qui sont « chargées de prononcer définitivement sur tous les actes réguliers ou irréguliers de sa complète exécution. « Aucun avertissement des intérêts blessés par un seul « de ces actes illégaux et nuisibles, ne viendrait éclairer « la législature sur l'existence d'un dommage éprouvé « par tous et qui ne frapperait sur personne en particulier ; il n'existerait aucun organe de la société pour « satisfaire à ce besoin général d'une prompte réparation, si la cour des comptes n'était pas spécialement « appelée à garantir aux trois branches du pouvoir, par « l'action indépendante de son contrôle, la régularité de « toutes les opérations relatives à la recette et à l'emploi « des deniers de l'État. Ce corps, administratif et judiciaire à la fois, est aujourd'hui la seule institution qui « puisse remplir cette utile mission ; elle est devenue un « rouage indispensable de notre organisation politique,

« au moment où la loi du 27 juin 1819 a donné à la « France cette nouvelle garantie d'ordre qui était la con- « séquence nécessaire de la forme de notre gouverne- « ment. »

En terminant l'exposé de la comptabilité publique et de la cour des comptes, nous exprimons le vœu de voir consolider les bases de cette double institution nationale et d'obtenir la consécration définitive des progrès de l'ordre, par quelques articles supplémentaires qui fixeraient, définitivement et sur tous les points, l'interprétation de la loi organique du 16 septembre 1807, conformément aux principes des règlements rendus depuis cette époque, sous l'influence du nouveau régime constitutionnel de la France. Les dispositions législatives ci-après proposées suffiraient pour dissiper immédiatement tous les doutes et pour prévenir toute discussion sur la saine application des doctrines et des règles qui paraîtraient encore incertaines ou contradictoires.

Art. 1er. — Les comptes des comptables de deniers publics (1) et de matières appartenant à l'Etat, sont présentés, conformément aux lois et règlements au contrôle et au jugement de la cour des comptes.

Toute exception à cette disposition générale est autorisée par une loi.

(1) Les proposés au maniement des deniers des communes et des établissements publics font partie du personnel des *comptables publics* et sont assujettis au même système de comptabilité en vertu de l'article 5 de l'arrêté du 19 vendémiaire an XII qui les y a assimilés par le texte suivant : « Seront au surplus lesdits receveurs soumis « aux dispositions des lois relatives aux comptables de deniers publics « et à leur responsabilité. »

Art. 2. — La cour des comptes statue sur les pourvois formés devant elle contre les décisions rendues pour l'apurement des comptabilités soumises à une autre juridiction.

Art. 3. — Les arrêts de la cour des comptes ne prononcent l'admission des recettes et l'allocation des dépenses comprises dans les comptes de ses justiciables, que sur la production des pièces qui justifient les droits de l'administration publique et ceux de ses créanciers.

Il n'est fait d'exception à cette règle générale, que dans le cas où l'administration engage sa responsa*bilité* par une réquisition spéciale qui dégage celle du comptable.

Art. 4. — La cour des comptes contrôle l'exactitude et la régularité des comptes généraux des ministres, prononce des déclarations sur la conformité des résultats de ses arrêts avec ceux de ces comptes généraux, et présente, dans un rapport public, ses observations et ses vues de réforme ou d'amélioration sur les différents services.

Ces actes qui exposent *l'état des travaux de la cour des comptes*, sont produits annuellement à l'appui de la loi de règlement du budget de l'exercice expiré.

Art. 5. — La cour des comptes ainsi que ses justiciables réclament, au besoin, les justifications qui leur sont nécessaires pour vérifier les droits de l'administration et ceux des tiers intéressés, lors même que l'éventualité de certains faits de recette ou de dépense n'aurait pas permis d'en prévoir à l'avance toutes les pièces justificatives, ni de les spécifier expressément dans les nomenclatures annexées aux règlements de comptabilité.

Plus le pouvoir est fortement constitué, plus il est à l'abri des critiques passionnées et des attaques de l'intérêt personnel, plus il importe à sa considération et à son crédit de favoriser l'entier exercice de l'autorité judiciaire, pour maintenir la règle et le bon ordre, dans la conduite de la société, dans la marche de l'administration, et dans la gestion des finances. Les chambres des comptes de l'ancienne monarchie avertissaient autrefois la couronne, par leurs remontrances, des erreurs et des abus commis dans le maniement des deniers publics. Ce devoir mal compris dans les temps antérieurs, s'accomplit aujourd'hui par le rapport et par les déclarations publics d'une cour souveraine. Une tâche aussi importante réclame, plus que jamais, l'indépendance et la liberté d'action que le perfectionnement de la comptabilité permet à l'avenir de lui assurer sans restriction. L'intérêt général exigerait donc une confirmation législative des améliorations introduites par des dispositions réglementaires, dans les attributions actuelles de la cour des comptes. Aucune objection sérieuse ne semble plus s'opposer à l'appel des justifications indispensables au libre arbitre de cette haute magistrature, depuis que les articles 69 et 320 du règlement général du 31 mai 1838, autorisent les ordonnateurs à requérir, sans aucune justification, le paiement d'une dépense qui leur paraîtrait urgente ou nécessaire, et lorsque l'administration s'est réservé, dans cette occurrence, le droit exclusif de prononcer définitivement sur la responsabilité des comptables.

RAPPORT AU ROI

SUR

LE RÈGLEMENT GÉNÉRAL DE LA COMPTABILITÉ PUBLIQUE.

Le 31 mai 1838.

SIRE,

L'une des œuvres les plus importantes de notre gouvernement représentatif est l'organisation de la nouvelle comptabilité publique, dont les premières bases ont été posées par la loi du 25 mars 1817, qui a provoqué l'amélioration des formes précédentes, exclusivement destinées à la surveillance administrative, pour les adapter aux contrôles extérieurs et indépendants des pouvoirs constitutionnels. Les progrès de cette importante réforme ont été difficiles et graduels, comme le sont toujours les travaux dont le but, à la fois grand et utile, ne peut être atteint qu'avec les secours de l'observation et de l'expérience. Les règles d'ordre successivement consacrées par les délibérations législatives, ont été perfectionnées dans leur application, pendant le cours des vingt dernières années qui viennent de s'accomplir, par l'administration et la cour des comptes; mais elles se trouvent encore aujourd'hui disséminées, pour la plupart, dans un grand nombre de lois, d'ordonnances et d'arrêtés ministériels, ou confondues avec des dispositions qui leur sont tout à fait étrangères, et qui ont été rendues à des époques fort éloignées les unes des autres.

Cette dispersion des éléments d'un ensemble préparé avec maturité, et dont l'harmonie commence à se révéler par une influence toujours plus salutaire sur la marche des services, sur la clarté de leurs résultats et sur la facilité de leurs contrôles, n'a permis jusqu'à présent qu'aux esprits laborieux, de suivre par la pensée, l'enchaînement de ces combinaisons partielles et isolées, qui composent le système de la comptabilité publique.

La confiance qui doit être le fruit des garanties obtenues, pourrait hésiter encore à reconnaître tous les bienfaits de cette nouvelle institution, si elle ne se montrait pas désormais avec la même évidence à tous les regards; et j'ai pensé, avec l'un de mes prédécesseurs, qu'il était devenu indispensable aujourd'hui de faire rassembler, par une commission composée des hommes les plus exercés dans cette étude spéciale, les matériaux nombreux et dispersés d'un des plus précieux monuments de notre organisation administrative.

Afin de faciliter l'accomplissement de cette tâche importante, j'ai fait réunir et résumer, par ordre de matières, les dispositions des lois, ordonnances et instructions ministérielles qui régissent la comptabilité publique, et il en a été formé un règlement général que je soumets à l'approbation de Votre Majesté.

Le seul examen des faits montre que, dans tous les temps, l'ordre des finances a suivi les vicissitudes des différents pouvoirs ; que la comptabilité de l'Etat a toujours été empreinte du caractère particulier de chaque gouvernement, et qu'elle a exercé une influence plus ou moins puissante sur l'administration de la France, suivant le but politique et l'esprit général de ses institutions. C'est en effet par les procédés de la méthode et de l'analyse, que les écritures administratives et le libre exercice des contrôles, répandent la lumière dans toutes les parties du service public, en rectifient les irrégularités, en répriment ou en préviennent les abus, en provoquent sans cesse l'amélioration, et fertilisent, en quelque sorte, les revenus du budget, par une sage économie de leur emploi. On peut donc attribuer, en partie, la prospérité du Trésor au développement des moyens qui ont été accordés aux vœux du pays, pour soumettre ses dépenses au joug de la règle et à l'épreuve de la publicité.

OBJET GÉNÉRAL ET DIVISION DU RÈGLEMENT.

Le travail que je présente à Votre Majesté offre une classification méthodique des articles puisés dans la législation actuelle, et dans les actes administratifs qui en ont réglé l'application ; il ne s'est écarté quelquefois de l'expression littérale des dispositions en vigueur, dont il a soigneusement conservé l'esprit et le but, que pour les rendre plus claires et plus faciles à exécuter, ou pour former le lien qui doit les unir et les rattacher à une même pensée. Ce règlement se divise en quatre titres ou sections principales, que j'examinerai successivement, afin de faire mieux apprécier le plan général qui a été adopté, et d'expliquer les motifs des améliorations qui sont proposées dans les diverses parties de la comptabilité publique.

Le premier titre traite de la *comptabilité législative*, le second, de la *comptabilité administrative*, le troisième, de la *comptabilité judiciaire*, et le quatrième, des *comptabilités spéciales*. Cette division a paru conforme à la nature même des relations établies entre le gouvernement et les chambres, entre l'administration centrale et ses délégués, enfin, entre la cour des comptes, les ministres ordonnateurs et les préposés du Trésor. Le dernier titre complète cette série des opérations financières de l'État, par un résumé des statuts particuliers conservés jusqu'à présent pour divers services, dont la spécialité a été maintenue en vertu de leur caractère distinct et des anciennes lois de leur institution.

Il sera pleinement satisfait, par ce règlement général, à la demande si souvent adressée à l'administration, de faire pénétrer la lumière dans tous les rouages de son mécanisme, depuis le vote de l'impôt jusqu'à l'assiette, et au recouvrement des droits du Trésor, de procurer les moyens de la suivre encore au moment où elle vient d'obtenir les crédits primitifs ou supplémentaires, qui donnent une autorisation indispensable à ses liquidations et à ses ordonnances, jusqu'à celui où tous les faits de la dépense et du paiement sont respectivement soumis au double contrôle des chambres et de la cour des comptes.

TITRE PREMIER.

COMPTABILITÉ LÉGISLATIVE.

CHAPITRE Ier. — BUDGET GÉNÉRAL DE L'ÉTAT.

Ainsi que je viens de l'exprimer, la comptabilité législative a pour objet de régler les rapports de finances de l'administration avec les chambres, et de fixer les principales obligations des fonctionnaires chargés, par l'autorité des lois et par la délégation royale, de faire sortir des produits de toutes les propriétés et toutes les industries, les sources des revenus du Trésor, et de les faire refluer ensuite vers le travail et la reproduction, en ouvrant les caisses publiques aux créanciers de tous les services.

Le chapitre premier concernant le budget général de l'État, définit ce grand acte législatif, d'après l'acception depuis longtemps sanctionnée par l'usage, et consacre par un texte précis, la centralisation, dans un seul tableau, des ressources et des besoins de chaque exercice, ainsi que l'unité de système, qui sont les bases fondamentales de l'ordre dans les finances.

Un nouvel article se borne à appliquer à la recette, la durée légale de l'exercice financier, qui n'avait été fixée que pour la dépense, par l'ordonnance du 14 septembre 1822, et qui n'était prescrite pour les produits du budget, que par des décisions ministérielles.

Une troisième disposition détermine les délais accordés pour l'entière consommation, dans leurs différents degrés, des opérations appartenant à chaque exercice, et, après avoir confirmé à cet égard les règles précédemment adoptées, elle tolère, à titre d'exception et pour des cas très-rares, qui doivent être vérifiés par les payeurs et par la cour des comptes, sur des pièces et des déclarations spéciales de l'ordonnateur, l'imputation sur les crédits, pendant les douze mois de la première année de l'exercice, des portions de dépenses faites dans les deux mois de l'année suivante, pour compléter l'exécution de certains services du matériel, dont la prolongation au delà du terme légal, aurait été l'effet d'une nécessité dûment justifiée.

CHAP. II. — BUDGET DES RECETTES.

Le chapitre second, relatif au budget des recettes, reproduit textuellement les articles 15, 40 et 41 de la charte, qui ont fixé les principes constitutionnels en matière d'impôt ; il introduit ensuite deux dispositions nouvelles ayant pour objet de résumer les règles générales qui sont toujours suivies pour la liquidation des droits, ainsi que pour la perception et la poursuite des produits du Trésor ; enfin il rappelle les précautions insérées annuellement dans chaque loi de finances, pour prévenir toute concussion, et pour assurer la régularité du recouvrement des contributions directes et indirectes.

CHAP. III. — BUDGET DES DÉPENSES.

Le chapitre III, budget des dépenses, se divise en six paragraphes, où se trouvent citées, dans leur ordre respectif, toutes les lois et ordonnances sur les diverses natures de crédits.

§ 1er. — Crédits ordinaires.

A l'égard des crédits ordinaires, quelques changements de rédaction ont été apportés à l'article 3 de l'ordonnance du 14 septembre 1822, pour la rendre plus précise, et pour supprimer la faculté laissée jusqu'à présent aux ordonnateurs, de consentir des cessions de matériaux à des entrepreneurs de services, qui en recevaient la valeur en déduction de leurs mémoires.

L'autorisation du remploi de ces anciens matériaux n'a été maintenue, pour l'avenir, que sous la condition *de les appliquer* aux besoins du service même auxquels *ils* appartenaient précédemment.

La production de justifications particulières a été aussi exigée, avant de rétablir aux crédits des ministres les reversements de fonds faits par les parties prenantes, pour les sommes indûment perçues sur les ordonnances de paiement. Ces mesures d'ordre ont encore rendu plus sévère l'interdiction déjà prononcée par l'ordonnance du 14 septembre 1822, d'accroître les crédits du budget par des ressources étrangères et indépendantes du vote législatif.

Deux nouveaux paragraphes ajoutés à l'article 4 de cette même ordonnance, indiquent les formalités à remplir pour régulariser les avances temporaires d'un ministère à un autre.

§ 2. — Crédits supplémentaires.

Toutes les garanties légales établies pour l'ouverture des crédits supplémentaires, sont résumées dans le paragraphe qui les concerne. Il a seulement paru utile d'y exprimer que les excédants de dépenses survenus pendant l'exécution d'un service voté, mais non compris dans la nomenclature des chapitres légalement susceptibles d'obtenir des suppléments de fonds, ne pourraient pas être autorisés par des ordonnances royales, et ne seraient acquittés qu'après l'allocation des chambres; mais il a semblé indispensable, en cas d'urgence, de les faire présenter distinctement à la sanction de la législature, dans le projet de loi relatif à la régularisation des crédits supplémentaires.

§ 3. — Crédits extraordinaires.

Le régime des crédits extraordinaires est reproduit avec toutes les conditions rigoureuses qui lui ont été prescrites par la législature, et qui exigent le concours des circonstances imprévues, urgentes, impossibles à déterminer dans le budget primitif et le vote ultérieur d'un chapitre spécial dont il est compté particulièrement lors du règlement de l'exercice.

§ 4. — Crédits complémentaires.

Il a semblé convenable de prescrire à tous les ministères, la régularisation préalable, par des ordonnances du roi, des paiements qui excèdent les fonds des services compris dans la nomenclature déjà mentionnée, au moment de la présentation des comptes et de la clôture de chaque exercice, et de décider en même temps que les créances non soldées, par suite de l'insuffisance des crédits non compris dans cette nomenclature, ne seraient acquittés qu'après le vote des chambres, sur les restes à payer fixés par la loi de règlement du budget. Ces dispositions ne font au surplus que confirmer, par un texte formel, des règles de comptabilité déjà mises en pratique par l'administration.

§§ 5 et 6. — Spécialité des crédits et services spéciaux.

Les deux derniers paragraphes de ce chapitre, relatifs, l'un à la spécialité des crédits, et l'autre aux services à autoriser par des lois particulières, sont extraits des dispositions réglementaires en vigueur.

CHAP. IV. — RÉPARTITION DES CRÉDITS LÉGISLATIFS.

La *loi* du 25 mars 1817, qui n'ouvrait qu'un seul crédit en masse par ministère pour les différents services, avait prescrit de soumettre au roi la répartition par chapitre, de cette allocation générale de fonds. L'ordonnance du 14 septembre 1822 exigeait en outre que cette répartition royale fût annexée aux comptes ministériels dans lesquels devaient être justifiées, par des explications précises, toutes les déviations de ces limites plus étroites, que l'administration s'imposait elle-même.

Ce mode de comptabilité a été réformé par la loi du 29 janvier 1831, qui a réservé au pouvoir législatif la fixation des crédits spéciaux des chapitres de chaque ministère, et qui a ainsi rapporté implicitement toutes les dispositions précédentes sur l'affectation détaillée des ressources accordées par la loi annuelle de finances.

Cependant il a été jugé utile de régler par une approbation royale, d'après les mêmes principes et les mêmes formes, le partage des fonds des divers chapitres entre les articles qui les composent, toutes les fois que la nature des services comporte une division plus détaillée, et permet de renfermer encore les dispositions des ordonnateurs secondaires, dans des crédits plus restreints que ceux qui ont été fixés par le vote législatif. Ces subdivisions nouvelles sont en conséquence exclusivement réservées à la prévoyance de l'administration, et destinées à fortifier son action directe sur les opérations de ses mandataires.

CHAP. V. — DISTRIBUTION MENSUELLE DE FONDS.

L'état de distribution des fonds du budget, qui est arrêté chaque mois par une décision royale préparée entre le ministre des finances et les ministres des autres départements, est maintenu conformément à l'article 6 de l'ordonnance du 14 septembre 1822.

CHAP. VI. — LIQUIDATION DES DÉPENSES.

Il a semblé nécessaire de déterminer, dans un premier paragraphe, l'autorité qui est seule compétente pour établir la liquidation des dépenses, et de fixer les principales conditions de leur régularité. Il fallait également interdire par des actes formels tout engagement qui, dans les conventions pour travaux et fournitures, pourrait mettre le Trésor à découvert vis-à-vis des entrepreneurs, ou le grever d'intérêts et de commissions de banque, pour des emprunts temporaires contractés avec eux par les ordonnateurs du service intérieur du royaume.

Le second paragraphe de ce chapitre rappelle toutes les dispositions légales prohibitives du cumul des traitements, et confirme l'interprétation qui a été constamment donnée à cette législation spéciale.

Le troisième paragraphe contient l'article 12 de la loi du 31 janvier 1833, et toutes les dispositions de l'ordonnance du 4 décembre 1836 sur les marchés de l'État.

CHAP. VII. — ORDONNANCEMENT DES DÉPENSES.

Le chapitre VII, ordonnancement des dépenses, n'offre qu'un extrait du règlement du 14 septembre 1822, et de l'ordonnance du 16 novembre 1831, et ne présente avec le texte précédent d'autre différence que celle dont l'objet est de rendre obligatoire à l'avenir le concert qui a toujours existé entre le ministre des finances et les autres départements, pour arrêter la nomenclature des pièces justificatives des dépenses des divers services publics.

CHAP. VIII. — PAIEMENT DES DÉPENSES.

C'est encore dans l'ordonnance du 14 septembre 1822 qu'ont été puisées les règles du paiement aux créanciers de l'État, comprises dans le premier paragraphe du chapitre 8; la seule disposition nouvelle qui y soit ajoutée a pour but d'autoriser le payeur à refuser d'acquitter une dépense, toutes les fois que les pièces produites présentent une irrégularité matérielle, qui détruit l'accord de leurs résultats avec la somme portée dans le mandat de l'ordonnateur.

Pour obéir aux exigences de certains services régis par économie, sans trop s'écarter de la règle qui prescrit la justification de toute dette de l'Etat, avant d'ouvrir les caisses du Trésor au porteur du mandat, l'article 17 de l'ordonnance du 14 septembre 1822 autorise l'avance d'une somme de 20,000 fr. à des agents spéciaux, sous la condition expresse de produire au payeur, dans le délai d'un mois, les pièces et les acquits des créanciers directs.

Cette exception a été restreinte par une disposition supplémentaire qui refuse toute nouvelle remise de fonds, avant qu'il n'ait été régulièrement compté des précédentes. Néanmoins le service des remontes pourra seul, en raison du mode d'achats directs adopté par l'administration de la guerre, réclamer de nouvelles ressources, sans avoir complété la régularisation de la remise antérieure, pourvu que leur total ne dépasse jamais la limite de 20,000 fr. Enfin cette mesure exceptionnelle sebornera aux nécessités inévitables de l'administration : à cet effet les règlements spéciaux de chaque ministère désigneront au ministre des finances les services auxquels il paraîtrait indispensable d'accorder cette facilité.

Depuis longtemps le département de la marine était habilement parvenu à se créer, sans retard et sans frais, les ressources qui lui sont nécessaires dans tous les points du globe, par une émission de traites sur le Trésor, proportionnée à ses besoins. Ces fonds d'avances, utilement employés, soit aux colonies, soit à bord des vaisseaux de l'Etat, soit aux chancelleries consulaires, ne se justifiaient autrefois que par des productions de pièces difficiles et tardives, à la comptabilité de la marine, à celle du Trésor, et au contrôle de la cour des comptes. Il a paru nécessaire d'améliorer cet ancien mode, en consacrant d'abord toutes les précautions indiquées par l'expérience pour régulariser l'usage de ces moyens extraordinaires de crédit, et en chargeant ensuite un agent spécial, désigné par les ministres de la marine et des finances, et placé sous leur double surveillance, de compter à leur administration respective, et à la cour des comptes, dans la même forme que les payeurs du Trésor, de la recette de ces traites et de leur application régulière aux dépenses autorisées par le budget. Ces mesures d'ordre soumettront ce service d'outre-mer à toutes les règles suivies dans l'intérieur du royaume, pour les autres parties du matériel et du personnel de ce département.

CHAP. IX. — RÈGLEMENT DÉFINITIF DU BUDGET.

La prévoyance législative a désormais entouré le règlement de chaque exercice, des précautions nécessaires pour garantir et démontrer l'exactitude des résultats de l'entière exécution du budget. Ce neuvième chapitre les a réunies dans sept paragraphes concernant les formes spéciales et l'époque de présentation des documents à produire à l'appui de cette opération législative, la fixation définitive des recettes et des dépenses, la clôture des crédits, l'apurement des restes à recouvrer et à payer, enfin, les déchéances, prescriptions, oppositions ou formalités qui consomment la décharge finale du Trésor envers les créanciers de l'État.

Il a seulement paru convenable d'ajouter à ces anciennes dispositions, deux mesures d'ordre qui prescrivent d'annexer au compte général, annuellement publié par l'administration des finances, 1° un tableau présentant toutes les modifications apportées par des lois subséquentes aux prévisions du budget primitif, et constatant, pour la recette et pour la dépense, la fixation définitive des revenus et des crédits qui doit servir de base au règlement législatif de l'exercice ; 2° un état des produits de toute nature, dont la ressource, après avoir été appliquée au budget, est ensuite accidentellement remboursée par le Trésor.

L'ordonnance du 10 février 1838, qui vient de régler le mode de justification des dépenses acquittées sur les restes des exercices clos, a complété les moyens de contrôle résumés dans le présent chapitre.

CHAP. X. — COMPTES DES MINISTRES.

Les comptes généraux des ministres, dont la publication est ordonnée par des lois textuellement rapportées dans ce travail, ont été déterminés avec précision, et réglés dans tous leurs détails, par l'ordonnance du 10 décembre 1823, soit pour l'administration des revenus, soit pour celle des dépenses, soit pour les opérations de trésorerie, soit enfin pour les divers services publics qui se rattachent directement ou indirectement à l'exécution du budget ; il n'a en conséquence été apporté aucun changement à l'ordre précédemment établi, qui est déjà consacré par une expérience de quinze années.

CHAP. XI. — DOCUMENTS SPÉCIAUX A PUBLIER PAR LES MINISTRES.

Ce chapitre a classé, par ministère, les articles de lois qui ont exigé la publication annuelle de documents spéciaux destinés à éclairer la surveillance des chambres sur les détails des différents services de l'État.

CHAP. XII. — EXAMEN ET CONTRÔLE ADMINISTRATIF DES COMPTES MINISTÉRIELS.

Le mode d'examen par une commission spéciale des comptes ministériels, en conformité des ordonnances des 10 décembre 1823 et 8 décembre 1830, n'a été jugé susceptible d'aucune modification, et se trouve fidèlement rappelé dans le projet de règlement.

CHAP. XIII. — DETTE INSCRITE ET DETTE FLOTTANTE.

Ce chapitre n'est également composé que des dispositions légales d'ordre et de comptabilité précédemment rendues sur la dette fondée, sur l'amortissement, sur les rentes viagères, sur les pensions, sur les cautionnements et sur la dette flottante du Trésor.

TITRE II.

COMPTABILITÉ ADMINISTRATIVE.

Le titre de la comptabilité administrative est destiné à dérouler tous les anneaux de cette longue chaîne d'écritures, de contrôles et de responsabilités, formée par les règlements antérieurs, pour embrasser l'universalité des faits accomplis dans les divers services, par les administrateurs de la recette et de la dépense, et par les préposés du Trésor; il permet de suivre la série des opérations qui sont toutes liées entre elles par l'unité des principes, par l'uniformité des méthodes, et par la centralisation des résultats partiels et généraux ; d'abord, dans la comptabilité élémentaire de chacun des agents d'exécution, ensuite, dans celle de chaque ministère, et enfin, dans le grand-livre de la comptabilité générale des finances. L'enchaînement des écritures administratives, des vérifications périodiques exercées sur les pièces qui les accompagnent, des garanties personnelles imposées à tous ceux qui participent, à quelque titre que ce soit, au maniement des deniers publics, ont amené successivement à un très-haut degré d'exactitude et de régularité, le mécanisme de la comptabilité administrative, qui est résumée sommairement dans ce second titre.

TITRE III.

COMPTABILITÉ JUDICIAIRE.

La juridiction de la cour des comptes, qui s'applique à toutes les gestions des receveurs et payeurs des finances, en vertu des lois de son institution et des ordonnances réglementaires qui ont complété son action sur ses justiciables et sur la comptabilité des divers services de l'État, est retracée, dans toutes ses parties, par des paragraphes distincts, qui expliquent l'organisation de ce corps judiciaire, sa compétence, les attributions du ministère public, celles du greffe, les formes de la vérification des recettes et des dépenses de l'État, celle du jugement des comptables, enfin, le contrôle général que cette cour exerce, par la publication de ses déclarations annuelles et de son rapport au roi, sur l'exactitude des comptes des ministres, et sur la régularité de toutes les opérations qui y sont comprises.

TITRE IV.

COMPTABILITÉS SPÉCIALES.

Après avoir ainsi parcouru dans tous ses degrés, le cercle si utilement tracé à la comptabilité publique, depuis le vote de la loi de finances, jusqu'au règlement du budget, et au jugement définitif de tous les actes de son exécution, il a paru nécessaire de compléter ce travail par le résumé des dispositions particulières qui composent les statuts spéciaux des services des départements, des communes, des établissements de bienfaisance, de la caisse des dépôts et consignations, de la Légion d'honneur, de la caisse des invalides de la marine, des colonies et des colléges royaux.

Ces institutions spéciales sont régies par des lois et règlements antérieurs, dont les dispositions conservées ont été seulement soumises à un ordre méthodique, dans les huit chapitres séparés qui les concernent, et qui déterminent successivement leurs charges, leurs recettes, les règles de leur budget, leur mode d'administration, les fonctions des ordonnateurs, la gestion, les écritures, les comptes annuels et la responsabilité des comptables.

Le service des colonies et celui des colléges royaux sont les seuls qui aient éprouvé quelques modifications susceptibles d'arrêter l'attention.

La comptabilité des colonies comprend les produits coloniaux et les portions du crédit du ministère de la marine qui sont applicables, soit aux services militaires de ces possessions, soit à des subventions réclamées par les besoins excédant les ressources locales de plusieurs colonies. Les règles suivies pour les deux premières recettes ont été maintenues ; mais la comptabilité des ressources supplémentaires, fournies par la métropole pour combler le déficit colonial, et pour concourir, avec les revenus insuffisants, à l'exécution de chacun des services qui composent le budget local, cessera d'être fictivement spécialisée par chapitre : ces fonds de subvention ne seront plus approximativement répartis par nature de dépense, et formeront à l'avenir, dans les comptes de chaque trésorier, un seul article de recette qui s'appliquera, sans aucune distinction, avec les autres deniers de sa caisse, au paiement des charges de toute nature. Ces subsides extraordinaires compris chaque année dans le crédit général ouvert au département de la marine, seront demandés à la législature, d'après la situation financière de chaque colonie, et accordés en proportion de l'insuffisance probable de leurs recettes : la justification de l'emploi de ces moyens complémentaires sera également présentée dans le règlement des comptes des colonies, mis sous les yeux des chambres en fin d'exercice, pour leur faire connaître la balance des ressources et des besoins, et les mettre à même de statuer, avec une entière connaissance, sur le résultat définitif de chaque budget colonial.

Cet ordre plus méthodique et plus exact procurera une simplification nécessaire dans la comptabilité de cette branche d'administration, et répandra, dans toutes ses parties, une clarté nouvelle qui facilitera l'exécution du service et le contrôle de sa comptabilité. Pour compléter cette amélioration des formes précédentes, le ministère de la marine fera réunir dans ses écritures centrales tous les faits relatifs aux finances des colonies, et en présentera chaque année le résumé général à l'examen des chambres et au contrôle de la cour des comptes.

Les colléges royaux ont été assujettis, par quelques modifications apportées à leur ancienne comptabilité, aux formes suivies par les autres établissements publics, pour le vote et le règlement du budget de chaque exercice.

CONCLUSION.

Votre Majesté a pu remarquer, d'après les explications qui précèdent, sur les changements introduits dans les diverses branches de la comptabilité publique, par le règlement général soumis à son approbation, après avoir été concerté avec tous les ministères, que les modifications proposées n'ont pour objet que de consacrer des perfectionnements devenus la conséquence naturelle des principes précédemment adoptés, ou d'établir une classification de matières destinée à coordonner et à lier entre elles d'anciennes dispositions éparses et isolées, dont l'ensemble, jusqu'alors inaperçu, présente, pour la première fois, un système complet et sans modèle, à l'administration, à la cour des comptes, aux chambres législatives, et même aux gouvernements étrangers.

Cette succession non interrompue des règles applicables aux différents services publics, met en évidence pour tous les yeux, l'utile uniformité des principes et des procédés qui régissent l'administration des recettes et des dépenses de l'État, soit dans les délibérations des chambres législatives, soit dans la marche générale des ministères, soit dans les conseils spéciaux des départements, des communes, des établissements de bienfaisance ou des institutions particulières placées sous la surveillance des pouvoirs constitutionnels. La cohésion des nombreux éléments d'une organisation aussi étendue, et dont l'harmonie se répand dans tous les détails, doit défendre désormais la comptabilité publique contre d'imprudentes innovations, et la mettre à l'abri d'injustes préventions. Ce règlement général contribuera aussi très-puissamment à faciliter l'appréciation de tous les actes du gouvernement, à manifester davantage les garanties déjà obtenues pour la gestion des deniers publics, à jeter une plus vive lumière sur tous les résultats de la situation des finances, à fortifier l'action régulière de l'administration, et à féconder ainsi la puissance du crédit de l'État.

Aussitôt que Votre Majesté aura bien voulu accorder sa sanction au règlement que j'ai l'honneur de lui présenter, ses dispositions serviront de base à des règlements spéciaux dont j'ai confié, de concert avec mes collègues, la révision approfondie à la commission chargée de cette première partie du travail, afin de faire pénétrer plus profondément et avec le même esprit, tous les principes généraux de la comptabilité publique, dans les diverses branches de l'administration des finances et des ministères ordonnateurs.

Paris, le 31 mai 1838.

Le ministre secrétaire d'État des finances,

Signé : LAPLAGNE.

ARRÊTÉ DU MINISTRE DES FINANCES

POUR LA PRÉPARATION DU

RÈGLEMENT GÉNÉRAL SUR LA COMPTABILITÉ PUBLIQUE.

LE MINISTRE SECRÉTAIRE D'ÉTAT DES FINANCES,

Vu l'arrêté de M. le comte d'Argout, en date du 4 août 1836, qui a institué une commission spéciale pour examiner différentes questions relatives à l'ordre de la comptabilité publique, et à la forme des budgets et des comptes à présenter aux chambres:

Considérant qu'il est nécessaire de réorganiser cette commission et de préciser ses attributions, afin qu'elle reprenne immédiatement ses travaux:

ARRÊTE ce qui suit:

ART. 1er. — La commission spéciale de comptabilité, instituée par l'arrêté ministériel du 4 août 1836, est chargée,

1° De préparer et discuter, savoir:

Un recueil méthodique à distribuer à la prochaine session des chambres, et résumant les lois, ordonnances royales, règlements administratifs et autres actes qui régissent la comptabilité publique ;

Des règlements spéciaux à rendre exécutoires, à partir du 1er janvier 1838, sur la liquidation, l'ordonnancement, la justification et la comptabilité des dépenses de chacun des départements ministériels ;

Les nomenclatures des pièces justificatives à produire aux payeurs du Trésor et à la cour des comptes, à l'appui des ordonnances et mandats pour les dépenses des différents ministères, à partir du 1er janvier 1838 ;

2° De rechercher et de proposer les mesures à prendre à l'effet :

De rendre plus régulière et plus prompte la constatation, dans les écritures centrales et dans les comptes d'années et d'exercices, des droits liquidés par les ministères ordonnateurs, tant à Paris que dans les départements ;

D'obtenir une entière uniformité de méthode et de rédaction dans les comptes et les budgets de l'Etat, et de restreindre ces documents aux seules publications exigées par les lois, ou nécessaires pour éclairer l'examen des chambres ;

De contrôler l'ordonnancement et le paiement des dépenses restant à solder sur chaque budget, à l'époque des règlements législatifs, d'assurer l'apurement final des exercices clos, conformément aux dispositions de la loi du 23 mai 1834 ;

D'organiser dans tous ses degrés une comptabilité, en matières, des approvisionnements de toute nature existant dans les magasins de l'Etat, ainsi que du mobilier dont l'Etat est propriétaire ;

3° Enfin, d'examiner et de résoudre les diverses questions de comptabilité qui naîtraient des travaux ci-dessus spécifiés.

La commission demeure autorisée à appeler auprès d'elle les différents chefs des ministères et des administrations qu'elle croirait utile de consulter.

Elle nous fera successivement connaître la marche et le progrès des travaux.

Art. 2. — Cette commission est composée ainsi qu'il suit :

MM.

Le marquis d'Audiffret, président de chambre à la cour des comptes.

De Latena, conseiller maître à la cour des comptes.

De Fougères, conseiller référendaire à la cour des comptes.

Martineau des Chesnez, conseiller d'Etat, directeur général de l'administration et de la comptabilité de la guerre.

Rosman, maître des requêtes, directeur de la comptabilité des ministères de l'intérieur et du commerce.

Lacoudrais, maître des requêtes, directeur de la comptabilité du ministère de la marine.

Langloix, chef de la division de comptabilité des cultes.

Le baron Rodier, conseiller d'Etat, directeur de la comptabilité générale des finances.

Rielle, directeur du mouvement général des fonds au ministère des finances.

Le comte de Boubers, maître des requêtes, secrétaire général des finances.

Delafontaine, payeur central du Trésor public.

Philippe Darsenay, sous-directeur de la comptabilité générale des finances.

Rabaille, sous-directeur chargé de la comptabilité des dépenses du ministère des finances.

La commission sera présidée par M. le marquis d'Audiffret.

M. Clergier, sous-chef à la direction de la comptabilité générale des finances, remplira les fonctions de secrétaire.

Art. 3. — Le présent arrêté sera déposé au secrétariat général des finances.

Ce 18 juillet 1837.

LAPLAGNE.

RÈGLEMENT GÉNÉRAL

SUR

LA COMPTABILITÉ PUBLIQUE.

LOUIS-PHILIPPE, ROI DES FRANÇAIS.

A tous, présents et à venir, SALUT ;

Vu les lois, ordonnances et règlements sur la comptabilité publique;

Considérant qu'il importe de réunir les dispositions de cette législation spéciale et de les classer dans un règlement général destiné à présenter, suivant un ordre méthodique, la série des divers articles extraits de tous les actes antérieurs qui ont déterminé successivement les règles et les formes prescrites aux administrateurs et aux comptables pour la recette et l'emploi des deniers de l'État ;

Sur le rapport de notre ministre secrétaire d'État des finances, et de l'avis de notre conseil des ministres,

NOUS AVONS ORDONNÉ et ORDONNONS :

1. Le service et la comptabilité des finances de l'État sont et demeurent soumis aux dispositions déterminées dans le Règlement général dont la teneur suit.

TITRE PREMIER.

COMPTABILITÉ LÉGISLATIVE.

CHAPITRE PREMIER.

BUDGET GÉNÉRAL DE L'ÉTAT.

2. Les recettes et les dépenses publiques à effectuer pour le service de chaque exercice sont autorisées par les lois annuelles de finances et forment le budget général de l'Etat.

3. Sont seuls considérés comme appartenant à un exercice les services faits et les droits acquis à l'État et à ses créanciers pendant l'année qui donne sa dénomination audit exercice (1).

4. La durée de la période pendant laquelle doivent se consommer tous les faits de recette et de dépense de chaque exercice se prolonge :

1° Jusqu'au 1er mars de la seconde année, pour achever, dans la limite des crédits ouverts, les services du matériel dont l'exécution n'aurait pu, d'après une déclaration de l'ordonnateur énonçant les motifs de ces cas spéciaux, être terminée avant le 31 décembre ;

[Jusqu'au 1er février ....] (Décret du 11 août 1850, art. 1er.)

2° Jusqu'au 31 octobre de cette seconde année pour compléter les opérations relatives au recouvrement des

(1) Ordonnance du 14 septembre 1822, art 1er.

produits, à la liquidation, à l'ordonnancement et au paiement des dépenses (1).

[2° Jusqu'au 31 août de cette seconde année ....] (Décret du 11 août 1850, art. 2 et 3.)

5. Le budget est présenté aux chambres avant l'ouverture de chaque exercice.

CHAPITRE II.

BUDGET DES RECETTES.

§ 1er. — ASSIETTE ET PERCEPTION DES PRODUITS.

6. Aucun impôt ne peut être établi ni perçu, s'il n'a été consenti par les deux chambres et sanctionné par le roi (2).

7. Toute loi d'impôt doit être d'abord votée par la chambre des députés (3).

8. L'impôt foncier n'est consenti que pour un an ; les impositions indirectes peuvent l'être pour plusieurs années (4).

9. La perception des deniers de l'État ne peut être effectuée que par un comptable du Trésor et en vertu d'un titre légalement établi.

10. Le mode de liquidation, de recouvrement et de poursuites relatif à chaque nature de perception, est déterminé par les lois et règlements.

11. Toutes contributions directes ou indirectes autres

(1) Ordonnance du 11 juillet 1833, art. 1er.
(2) Charte de 1830, art. 40.
(3) *Idem*, art. 15.
(4) *Idem*, art. 41.

que celles qui sont autorisées par les lois de finances, à quelque titre et sous quelque dénomination qu'elles se perçoivent, sont formellement interdites, à peine, contre les autorités qui les ordonneraient, contre les employés qui confectionneraient les rôles et tarifs et ceux qui en feraient le recouvrement, d'être poursuivis comme concussionnaires, sans préjudice de l'action en répétition, pendant trois années, contre tous receveurs, percepteurs ou individus qui auraient fait la perception, et sans que, pour exercer cette action devant les tribunaux, il soit besoin d'une autorisation préalable (1).

CHAPITRE III.

BUDGET DES DÉPENSES.

§ 1er. — CRÉDITS ORDINAIRES.

12. La loi annuelle de finances ouvre les crédits nécessaires aux dépenses présumées de chaque exercice ; il y est pourvu par les voies et moyens compris dans le budget des recettes.

13. Toute demande de crédits faite en dehors de la loi annuelle des dépenses doit indiquer les voies et moyens qui seront affectés aux crédits demandés (2).

14. Les ministres ne peuvent, sous leur responsabilité, dépenser au delà des crédits ouverts à chacun d'eux (3).

[Toute dépense non créditée ou portion de dépense excédant

(1) Loi du 15 mai 1818, art. 94, et lois annuelles des finances.
(2) Loi du 18 juillet 1836, art. 5.
(3) Loi du 25 mars 1817, art. 151.

le crédit, sera laissée à la charge personnelle du ministre contrevenant.] (*a*)

15. Le ministre des finances ne peut, sous sa responsabilité, autoriser les paiements excédant les crédits ouverts à chaque ministère (1).

16. Les ministres ne peuvent accroître, par aucune ressource particulière, le montant des crédits affectés aux dépenses de leurs services respectifs (2).

Lorsque quelques-uns des objets mobiliers ou immobiliers à leur disposition ne peuvent être réemployés et sont susceptibles d'être vendus, la vente doit en être faite avec le concours des préposés des domaines, et dans les formes prescrites. Le produit de ces ventes est porté en recette au budget de l'exercice courant (3).

Il est également fait recette, au budget, de la restitution au Trésor des sommes qui auraient été payées indûment ou par erreur sur les ordonnances ministérielles, et que les parties prenantes n'auraient restituées qu'après la clôture de l'exercice, et généralement de tous les fonds qui proviendraient d'une source étrangère aux crédits législatifs (4), sauf les exceptions déterminées par les règlements spéciaux du département de la guerre et relatives aux ventes de fumiers dans les corps de troupes à cheval, aux approvisionnements sans destination par suite de mouvements inopinés de troupes et aux vivres de campagne distribués à une armée sur le pied de guerre.

(*a*) Loi du 15 mai 1850, art. 9.

Cette disposition, empreinte de l'esprit de l'époque, est impraticable. (Voir l'opinion prononcée, le 16 janvier 1841, à la Chambre des pairs sur les rejets de dépense prononcés par la législature, en règlement d'exercice. Tome III, Documents justificatifs.

(1) Loi du 25 mars 1817, art. 152.

(2-3-4) Ordonnance du 14 septembre 1822, art. 3.

17. A l'égard des reversements faits sur les dépenses pendant la durée de l'exercice sur lequel l'ordonnancement a eu lieu, le montant peut en être rétabli aux crédits des ministres ordonnateurs, d'après la demande qu'ils en adressent au ministre des finances, appuyée d'un récépissé du comptable qui a reçu les fonds, et d'un bordereau indiquant : 1° la date et le n° de l'ordonnance sur laquelle porte la restitution ; 2° le payeur qui a acquitté la somme reversée ; 3° les causes qui rendent nécessaire le rétablissement de cette somme au crédit du ministre ordonnateur.

18. Les dispositions concernant les ventes d'objets mobiliers ne sont point applicables aux matériaux dont il aura été fait un réemploi dûment justifié pour les besoins du service même d'où ils proviennent.

19. Les ministres ordonnancent au profit du Trésor, sur leurs crédits, les prix d'achats ou de loyers de tous les objets qui sont mis à leur disposition pour le service de leur département respectif par les autres ministères (1).

Le remboursement des avances que les ministères se font réciproquement est également l'objet d'ordonnances délivrées par les ministres auxquels les avances ont été faites, au profit de ceux qui les ont effectuées et qui doivent en obtenir le rétablissement à leur crédit.

Lorsque ce rétablissement ne peut plus avoir lieu au crédit du ministère créancier, les ordonnances de remboursement sont délivrées au profit du Trésor, et il est fait recette de leur montant aux produits divers du budget de l'exercice courant.

(1) Ordonnance du 14 septembre 1822, art. 4.

§ 2. — CRÉDITS SUPPLÉMENTAIRES.

20. Les suppléments de crédits demandés par les ministres pour subvenir à l'insuffisance dûment justifiée des fonds affectés à un service porté au budget, et dans les limites prévues par la loi, doivent être autorisés par des ordonnances du roi, qui sont converties en loi à la plus prochaine session des chambres (1).

21. Les ordonnances du roi qui, en l'absence des chambres, ont ouvert aux ministres des crédits, à quelque titre que ce soit, ne sont exécutoires pour le ministre des finances qu'autant qu'elles ont été rendues sur l'avis du conseiller des ministres. Elles sont contresignées par le ministre ordonnateur et insérées au *Bulletin des lois* (2).

22. Ces ordonnances sont réunies en un seul projet de loi, pour être soumises, par le ministre des finances, à la sanction des chambres dans leur plus prochaine session, et avant la présentation du budget (3).

23. La faculté d'ouvrir, par ordonnance du roi, des crédits supplémentaires, conformément à l'article 20 ci-dessus, n'est applicable qu'aux dépenses concernant un service voté, et dont la nomenclature est insérée, pour chaque exercice, dans la loi annuelle relative au budget des dépenses (4).

24. Lorsqu'il s'agit d'un service non compris dans la nomenclature mentionnée en l'article précédent, les

(1) Loi du 25 mars 1817, art. 152; loi du 24 avril 1833, art. 3.
(2) Loi du 24 avril 1833, art. 4.
(3) *Idem*, art. 5.
(4) Loi du 23 mai 1834, art. 11 ; lois de finances subséquentes.

ministres constatent la dépense dans leur comptabilité; mais elle ne donne pas lieu à l'ouverture d'un crédit de paiement par ordonnance royale, et elle ne doit être acquittée qu'après l'allocation du crédit par les chambres. Les suppléments de cette nature sont, en cas d'urgence, compris distinctement dans le projet de loi relatif à la régularisation des crédits supplémentaires.

25. Les crédits supplémentaires sont votés et justifiés par article (1).

La justification de leur emploi par article est produite dans les comptes de chaque ministre; le règlement législatif des crédits continue à s'opérer par chapitre.

[Art. 1er. Il ne peut être dérogé aux prévisions normales du budget des dépenses que par des lois portant ouverture de crédits supplémentaires ou extraordinaires.

2. Tout projet de loi portant demande de crédit supplémentaire ou extraordinaire imputable sur un ou plusieurs exercices, est contre-signé par le ministre compétent et par le ministre des finances. La présentation en est faite, comme annexe du budget, par le ministre des finances.

3. Le projet comprend l'ensemble de la dépense, soit qu'elle s'applique à un ou plusieurs ministères, soit qu'elle porte sur un ou plusieurs exercices.

Il contient l'indication des voies et moyens affectés au paiement de la dépense.

S'il ne peut y être pourvu sur les ressources effectives de l'exercice, le projet mentionne que le crédit est mis au compte de la dette flottante.

4. Le ministre des finances réunit en un seul projet de loi toutes les demandes de crédits supplémentaires ou extraordinaires, dont le besoin s'est fait sentir dans les divers services pendant l'intervalle d'un mois au moins.

(1) Loi du 24 avril 1833, art. 7.

Il ne procède par projets de lois spéciaux que dans les cas d'urgence. (Lois des 25 avril, 6 et 16 mai 1851.)

La faculté d'ouvrir par décrets, en l'absence du corps législatif, des crédits supplémentaires, conformément à l'article 3 de la loi du 24 avril 1833, pour subvenir à l'insuffisance dûment justifiée d'un service porté au budget, n'est applicable qu'aux dépenses concernant un service voté, et dont la nomenclature est fixée par un état annexé à la loi de finances. (Loi du 8 juillet 1852, art. 20.)

Les décrets qui, en l'absence du corps législatif, auront ouvert aux ministres des crédits supplémentaires, en exécution de l'article précédent, ou des crédits extraordinaires dans le cas prévu par l'article 12 de la loi du 23 mai 1834, pour dépenses urgentes et n'ayant pu être prévues ni réglées par le budget, seront réunis par le ministre des finances, comme le prescrit l'article 5 de la loi du 24 avril 1833, en un seul projet de loi, pour être soumis à la sanction du corps législatif, dans sa plus prochaine session. (Loi du 8 juillet 1852, art. 21.)

Les suppléments de crédits nécessaires pour subvenir à l'insuffisance dûment justifiée des fonds affectés à un service porté au budget, ne pourront être accordés que par une loi, sauf le cas de prorogation de l'assemblée nationale. La même disposition est applicable aux crédits extraordinaires, complémentaires et supplémentaires, à ouvrir dans les cas prévus par l'article 12 de la loi du 23 mai 1834. (Loi du 19 mai 1849.)

[*Les articles* 23, 24, 25 *et* 28 *de l'ordonnance du* 31 *mai* 1838, *et l'article* 20 *de la loi du* 8 *juillet* 1852 *sont abrogés par l'article* 12 *du sénatus-consulte du* 25 *décembre* 1852.]

§ 3. — CRÉDITS EXTRAORDINAIRES.

26. Les services extraordinaires et urgents, dont la dépense n'aurait pas été comprise dans le montant des crédits spéciaux ouverts à chaque ministère, ne peuvent être entrepris qu'après avoir été préalablement autorisés par des ordonnances du roi, rendues dans les formes déterminées par l'article 21 ci-dessus ; la régularisation de ces ordonnances est opérée conformément à l'article 22 (1).

27. La faculté d'ouvrir des crédits par ordonnance du roi, pour des cas extraordinaires et urgents, est applicable seulement à des services qui ne pouvaient pas être prévus et réglés par le budget (2).

28. Tout crédit extraordinaire ouvert à un ministre, pour un service non prévu au budget de son département, forme un chapitre particulier du compte général de l'exercice pour lequel le crédit a été ouvert (3).

§ 4. — CRÉDITS COMPLÉMENTAIRES.

29. Les suppléments nécessaires pour couvrir les insuffisances de crédits reconnues lors de l'établissement du compte définitif d'un exercice, sur des services compris dans la nomenclature indiquée en l'article 23 ci-dessus, sont provisoirement ouverts aux ministres par des ordonnances royales, dont la régularisation est proposée aux chambres par le projet de loi de règlement de cet exercice,

A l'égard des excédants de dépense constatés en règlement d'exercice, sur des services non prévus dans la nomenclature précitée, le crédit n'est pas ouvert préalablement par ordonnance royale : la demande en est soumise directement aux chambres, et les paie-

(1) Ordonnance du 1er septembre 1827, art. 3.
(2) Loi du 23 mai 1834, art. 12.
(3) Loi du 24 avril 1833, art. 6.

ments n'ont lieu qu'avec imputation sur les restes à payer arrêtés par la loi de règlement.

[*L'article* 29 *de l'ordonnance du* 31 *mai* 1838 *est abrogé par l'article* 1er *de la loi des* 25 *avril,* 6 *et* 16 *mai* 1852, *et par l'article* 12 *du sénatus-consulte du* 25 *décembre* 1852.]

§ 5. — SPÉCIALITÉ DES CRÉDITS PAR EXERCICE ET PAR CHAPITRE.

30. Les crédits ouverts par la loi annuelle de finances, pour les dépenses de chaque exercice, ne peuvent être employés aux dépenses d'un autre exercice (1).

31. Le budget des dépenses de chaque ministère est divisé en chapitres spéciaux, chaque chapitre ne contient que des services corrélatifs ou de même nature (2).

32. Les sommes affectées par la loi à chacun de ces chapitres ne peuvent être appliquées à des chapitres différents (3).

[Le budget des dépenses est présenté au corps législatif avec ses subdivisions administratives par chapitres et par articles.

Il est voté par le ministère.] (Sénatus-consulte du 25 décembre 1852.)

§ 6. — SERVICES A AUTORISER PAR DES LOIS SPÉCIALES.

33. Nulle création, aux frais de l'État, d'une route, d'un canal, d'un grand pont sur un fleuve ou sur une rivière, d'un ouvrage important dans un port maritime, d'un édifice ou d'un monument public, ne peut avoir lieu qu'en vertu d'une loi spéciale ou d'un crédit ouvert à un chapitre spécial du budget.

(1) Ordonnance du 14 septembre 1822, art. 1er, § 1er.
(2 Loi du 29 janvier 1831, art. 11, § 1er.
(3) *Idem*, art. 12.

La demande du premier crédit doit être nécessairement accompagnée de l'évaluation totale de la dépense (1).

34. Tous grands travaux publics, routes royales, canaux, chemins de fer, canalisation de rivières, bassins et docks, entrepris par l'État ou par des compagnies particulières, avec ou sans péage, avec ou sans subsides du Trésor, avec ou sans aliénation du domaine public, ne peuvent être exécutés qu'en vertu d'une loi qui n'est rendue qu'après une enquête administrative.

Une ordonnance royale suffit pour autoriser l'exécution des canaux et chemins de fer d'embranchement de moins de 20,000 mètres de longueur, des ponts et de tous autres travaux de moindre importance.

Cette ordonnance doit également être précédée d'une enquête.

Ces enquêtes ont lieu dans les formes déterminées par un règlement d'administration publique (2).

[Tous les travaux d'utilité publique, notamment ceux désignés par l'article 10 de la loi du 21 avril 1852, et l'article 3 de la loi du 3 mai 1841, toutes les entreprises d'intérêt général sont ordonnées ou autorisées par décrets de l'empereur.

Ces décrets sont rendus dans les formes prescrites pour les règlements d'administration publique.

Néanmoins, si ces travaux et entreprises ont pour condition des engagements ou des subsides du Trésor, le crédit devra être accordé par une loi avant la mise à exécution.

Lorsqu'il s'agit de travaux exécutés pour le compte de l'État, et qui ne sont pas de nature à devenir l'objet de concessions, les crédits peuvent être ouverts, en cas d'urgence, suivant les formes

(1) Loi du 21 avril 1832, art. 10, §§ 1 et 2.

(2) Loi du 7 juillet 1833, art. 3, et ordonnances des 28 février 1831 et 18 février 1834.

prescrites pour les crédits extraordinaires : ces crédits seront soumis au corps législatif dans sa plus prochaine session. (Sénatus-consulte du 25 décembre 1852, art. 4.)

La répartition par chapitres du crédit accordé pour chaque ministère est réglée par décret de l'empereur, rendu en conseil d'État.

Des décrets spéciaux, rendus dans la même forme, peuvent autoriser des virements d'un chapitre à un autre. Cette disposition est applicable au budget de 1853.] (Sénatus-consulte du 25 décembre 1852, art. 12.)

CHAPITRE IV.

RÉPARTITION DES CRÉDITS LÉGISLATIFS.

35. Avant de faire aucune disposition sur les crédits ouverts pour chaque exercice, les ministres répartissent, lorsqu'il y a lieu, entre les divers articles de leur budget, les crédits législatifs qui leur ont été alloués par chapitre (1).

36. Cette répartition est soumise à l'approbation du roi (1) ; elle n'établit que des subdivisions administratives, et la spécialité des crédits demeure exclusivement renfermée dans les limites des chapitres législatifs (2).

37. En conséquence la comparaison à établir dans les comptes entre les crédits ouverts et les dépenses consommées continue d'avoir lieu par chapitre, conformément à l'article 150 de la loi du 25 mars 1817 (2).

[*Les articles* 35, 36 *et* 37 *sont modifiés par l'article* 12 *du sénatus-*

(1) Loi du 25 mars 1817, art. 151, et ordonnance du 14 septembre 1822, art. 2.

(2) Ordonnances des 14 septembre 1822, art. 5, et 1er septembre 1828, art. 5.

consulte du 25 décembre 1852, qui a statué que le budget des dépenses est, désormais, voté par ministère et ne l'est plus par chapitres.]

CHAPITRE V.

DISTRIBUTION MENSUELLE DES FONDS.

38. Chaque mois, le ministre des finances propose au roi, d'après les demandes des autres ministres, la distribution des fonds dont ils peuvent disposer dans le mois suivant (1).

CHAPITRE VI.

LIQUIDATION DES DÉPENSES.

§ 1er. — DISPOSITIONS GÉNÉRALES.

39. Aucune créance ne peut être liquidée à la charge du Trésor que par l'un des ministres ou par ses mandataires.

40. Les titres de chaque liquidation doivent offrir les preuves des droits acquis aux créanciers de l'État, et être rédigés dans la forme déterminée par les règlements spéciaux de chaque service.

41. Aucune stipulation d'intérêts ou commissions de banque ne peut être consentie par les ordonnateurs des dépenses, au profit d'un fournisseur, d'un régisseur ou d'un entrepreneur, à raison d'emprunts temporaires ou d'avances de fonds pour l'exécution et le paiement des services publics dans l'intérieur du royaume.

(1) Ordonnance du 14 septembre 1822, art. 6.

42. Aucun marché, aucune convention pour travaux et fournitures ne doit stipuler d'à-compte que pour un service fait (1).

Les à-compte ne doivent en aucun cas excéder les cinq sixièmes des droits, constatés par pièces régulières présentant le décompte, en quantités et en deniers, du service fait (2).

[*L'article 42 est applicable aux communes et aux établissements de bienfaisance.*]

§ 2. — PERSONNEL.

[Avant le 1er janvier 1845, l'organisation centrale de chaque ministère sera réglée par une ordonnance royale, insérée au *Bulletin des lois* : aucune modification ne pourra être apportée que dans la même forme et avec la même publicité.] (Loi du 24 juillet 1843, art. 7.)

43. Aucune somme ne peut être allouée aux ministres, à titre de frais de premier établissement, que par exception et en vertu d'une ordonnance nominative et motivée, rendue conformément aux dispositions de la loi du 24 avril 1833 (3).

44. Nul ne peut cumuler en entier les traitements de plusieurs places, emplois ou commissions, dans quelque partie que ce soit : en cas de cumul de deux traitements, le moindre est réduit à moitié ; en cas de cumul de trois traitements, le troisième est, en outre, réduit au quart, et ainsi en suivant cette proportion.

La réduction portée par le présent article n'a pas lieu pour les traitements cumulés qui sont au-dessous de

(1) Arrêté du ministre de la guerre du 2 avril 1836, art. 2.
(2) *Idem*, art. 3.
(3) Loi du 31 janvier 1833, art. 12.

3,000 francs, ni pour les traitements plus élevés qui en ont été exceptés par les lois (1).

[Les professeurs, les gens de lettres, les savants et les artistes peuvent remplir plusieurs fonctions, et occuper plusieurs chaires rétribuées sur les fonds du Trésor public.

Néanmoins, le montant des traitements tant fixes qu'éventuels ne pourra dépasser 20,000 francs.] (Loi du 8 juillet 1852, article 28.)

§ 3. — MATÉRIEL.

45. Tous les marchés au nom de l'État sont faits avec concurrence et publicité, sauf les exceptions mentionnées en l'article suivant (2).

46. Il peut être traité de gré à gré (3) :

1° Pour les fournitures, transports et travaux dont la dépense totale n'excède pas 10,000 francs, ou, s'il s'agit d'un marché passé pour plusieurs années, dont la dépense annuelle n'excède pas 3,000 francs;

2° Pour toute espèce de fournitures de transports ou de travaux, lorsque les circonstances exigent que les opérations du gouvernement soient tenues secrètes : ces marchés doivent préalablement avoir été autorisés par le roi sur un rapport spécial ;

3° Pour les objets dont la fabrication est exclusivement attribuée à des porteurs de brevets d'invention ou d'importation ;

4° Pour les objets qui n'auraient qu'un possesseur unique;

5° Pour les ouvrages et les objets d'art et de précision,

(1) Loi du 28 avril 1816, art. 78.

(2) Loi du 31 janvier 1833, art. 12, et ordonnance du 4 décembre 1836, art. 1er.

(3) Ordonnance du 4 décembre 1836, art. 2.

dont l'exécution ne peut être confiée qu'à des artistes éprouvés ;

6° Pour les exploitations, fabrications, et fournitures qui ne sont faites qu'à titre d'essai ;

7° Pour les matières et denrées qui, à raison de leur nature particulière et de la spécialité de l'emploi auquel elles sont destinées, sont achetées et choisies aux lieux de production, ou livrées sans intermédiaire par les producteurs eux-mêmes ;

8° Pour les fournitures, transports ou travaux qui n'ont été l'objet d'aucune offre aux adjudications, ou à l'égard desquels il n'a été proposé que des prix inacceptables ; toutefois, lorsque l'administration a cru devoir arrêter et faire connaître un maximum de prix, elle ne doit pas dépasser ce maximum ;

9° Pour les fournitures, transports et travaux qui, dans le cas d'urgence évidente, amenée par des circonstances imprévues, ne peuvent pas subir les délais des adjudications ;

10° Pour les affrétements passés au cours des places par l'intermédiaire des courtiers, et pour les assurances sur les chargements qui s'ensuivent ;

11° Pour les achats de tabac ou de salpêtre indigène, dont le mode est réglé par une législation spéciale ;

12° Pour le transport des fonds du Trésor.

[Tout marché de gré à gré, passé au nom de l'État, pour l'exploitation des manufactures d'armes ou pour fabrication d'armes neuves, dont la durée embrassera plusieurs années, n'aura d'effet qu'après que les chambres auront voté le premier crédit destiné à en assurer l'exécution.] (Loi du 19 juillet 1845, art. 7.)

47. Les adjudications publiques relatives à des fournitures, à des travaux, à des exploitations ou fabrica-

tions qui ne peuvent être sans inconvénient livrées à une concurrence illimitée, sont soumises à des restrictions qui n'admettent à concourir que des personnes préalablement reconnues capables par l'administration, et produisant les titres justificatifs exigés par les cahiers des charges (1).

48. Le mode d'approvisionnement des tabacs exotiques employés par l'administration est déterminé par un règlement spécial (2).

49. Les cahiers des charges déterminent la nature et l'importance des garanties que les fournisseurs ou entrepreneurs produisent, soit pour être admis aux adjudications, soit pour répondre de l'exécution de leurs engagements. Ils déterminent aussi l'action que l'administration exerce sur ces garanties, en cas d'inexécution de ces engagements (3).

50. L'avis des adjudications à passer est publié, sauf les cas d'urgence, un mois à l'avance, par la voie des affiches et par tous les moyens ordinaires de publicité.

Cet avis fait connaître :

1° Le lieu où l'on pourra prendre connaissance du cahier des charges;

2° Les autorités chargées de procéder à l'adjudication;

3° Le lieu, le jour et l'heure fixés pour l'adjudication (4).

51. Les soumissions sont remises cachetées, en séance publique. Lorsqu'un maximum de prix ou un mini-

(1) Ordonnance du 4 décembre 1836, art. 3.
(2) *Idem*, art. 4.
(3) *Idem*, art. 5.
(4) *Idem*, art. 6.

mum de rabais a été arrêté d'avance par le ministre ou par le fonctionnaire qu'il a délégué, ce maximum ou ce minimum est déposé cacheté sur le bureau à l'ouverture de la séance (1).

52. Dans le cas où plusieurs soumissionnaires offriraient le même prix, et où ce prix serait le plus bas de ceux portés dans les soumissions, il est procédé, séance tenante, à une réadjudication, soit sur de nouvelles soumissions, soit à l'extinction des feux, entre ces soumissionnaires seulement (2).

53. Les résultats de chaque adjudication sont constatés par un procès-verbal relatant toutes les circonstances de l'opération (3).

54. Il est fixé par le cahier des charges un délai pour recevoir des offres de rabais sur le prix de l'adjudication. Si, pendant ce délai, qui ne doit pas dépasser trente jours, il est fait une ou plusieurs offres de rabais d'au moins dix pour cent chacune, il est procédé à une réadjudication entre le premier adjudicataire et l'auteur ou les auteurs des offres de rabais, pourvu que ces derniers aient, préalablement à leurs offres, satisfait aux conditions imposées par le cahier des charges pour pouvoir se présenter aux adjudications (4).

55. Les adjudications et réadjudications sont toujours subordonnées à l'approbation du ministre compétent, et ne sont valables et définitives qu'après cette approbation, sauf les exceptions spécialement autorisées et rappelées dans le cahier des charges (5).

(1) Ordonnance du 4 décembre 1836, art. 7.
(2) *Idem*, art. 8.
(3) *Idem*, art. 9.
(4) *Idem*, art. 10.
(5) *Idem*, art. 11.

56. Les marchés de gré à gré sont passés par les ministres ou par les fonctionnaires qu'ils délèguent à cet effet. Ils ont lieu :

1° Soit sur un engagement souscrit à la suite du cahier des charges ;

2° Soit sur soumission souscrite par celui qui propose de traiter ;

3° Soit sur correspondance, suivant l'usage du commerce. Il peut y être suppléé par des achats faits sur simple facture, pour les objets qui sont livrés immédiatement et dont la valeur n'excède pas 500 francs.

Les marchés de gré à gré passés par les délégués d'un ministre, et les achats qu'ils font, sont toujours surbordonnés à son approbation, à moins, soit de nécessité résultant de force majeure, soit d'une autorisation spéciale ou dérivant des règlements ; circonstances qui sont relatées dans lesdits marchés ou dans les décisions approbatives des achats (1).

57. Les dispositions précédentes ne sont point applicables aux marchés passés aux colonies ou hors du territoire français, ni aux travaux que l'administration est dans la nécessité d'exécuter en régie ou à la journée (2).

CHAPITRE VII.

ORDONNANCEMENT DES DÉPENSES.

58. Aucune dépense faite pour le compte de l'État ne peut être acquittée si elle n'a été préalablement ordon-

(1) Ordonnance du 4 décembre 1836, art. 12.
(2) *Idem*, art. 13.

nancée, soit par un ministre, soit par les ordonnateurs secondaires, en vertu de ses délégations (1).

59. Toute ordonnance, pour être admise par le ministre des finances, doit porter sur un crédit régulièrement ouvert, et se renfermer dans les limites des distributions mensuelles de fonds (2).

60. Les ordonnances des ministres se divisent en ordonnances de paiement et en ordonnances de délégation.

Les ordonnances de paiement sont celles qui sont délivrées directement par les ministres, au profit ou au nom d'un ou de plusieurs créanciers de l'État.

Les ordonnances de délégation sont celles par lesquelles les ministres autorisent les ordonnateurs secondaires à disposer d'une partie de leur crédit, par des mandats de paiement, au profit ou au nom d'un ou de plusieurs créanciers de l'État (3).

61. Chaque ordonnance énonce l'exercice et le chapitre du crédit auxquels elle s'applique (4).

62. Les ministres des divers départements joignent aux ordonnances directes qu'ils délivrent les pièces justificatives des créances ordonnancées sur le Trésor ; et les ordonnateurs secondaires les annexent aux bordereaux d'émission de mandats qu'ils adressent aux payeurs. Ces pièces sont retenues par les payeurs, qui doivent procéder immédiatement à leur vérification, et en suivre, lorsqu'il y a lieu, la régularisation près des ordonnateurs.

Lorsque les mandats sont payables hors de la rési-

(1) Ordonnance du 14 septembre 1822, art. 7.
(2) *Idem*, art. 8.
(3) *Idem*, art. 9.
(4) *Idem*, art. 11.

dence du payeur, ces mandats doivent lui être communiqués par les ordonnateurs secondaires, avec les bordereaux d'émission et les pièces justificatives, pour qu'il y appose son visa (1).

63. Les ordonnateurs demeurent chargés de la remise aux ayants droit des lettres d'avis ou extraits d'ordonnances de paiement, et des mandats qu'ils délivrent sur les caisses du Trésor.

64. Tout extrait d'ordonnance de paiement et tout mandat résultant d'une ordonnance de délégation doivent, pour être payés à l'une des caisses du Trésor public, être appuyés des pièces qui constatent que leur effet est d'acquitter, en tout ou en partie, une dette de l'État régulièrement justifiée (2).

65. Les pièces justificatives mentionnées aux articles 62 et 64 sont déterminées par nature de service dans les nomenclatures arrêtées de concert entre le ministère des finances et les ministères ordonnateurs, et d'après les bases suivantes (2) :

POUR LES DÉPENSES DU PERSONNEL.

Solde, traitements, salaires, indemnités, vacations et secours.	États d'effectifs ou états nominatifs, énonçant : Le grade ou l'emploi, La position de présence ou d'absence, Le service fait, La durée du service, La somme due en vertu des lois, règlements et décisions.

(1) Ordonnance du 16 novembre 1831, art. 2.
(2) Ordonnance du 14 septembre 1822, art. 10.

POUR LES DÉPENSES DU MATÉRIEL.

Achats et loyers d'immeubles et d'effets mobiliers ; Achats de denrées et matières ; Travaux de construction, d'entretien et de réparation de bâtiments, de fortifications, de routes, de ponts et canaux ; Travaux de confection, d'entretien et de réparation d'effets mobiliers.	1° Copies ou extraits dûment certifiés des ordonnances royales ou décisions ministérielles, des contrats de vente, soumissions et procès-verbaux d'adjudication, des baux, conventions ou marchés. 2° Décomptes de livraisons, de règlement et de liquidation, énonçant le service fait et la somme due pour à-compte ou pour solde.

66. Toutes les dispositions relatives aux ordonnances de paiement sont applicables aux mandats des ordonnateurs secondaires (1).

67. Les fonctions d'ordonnateur et d'administrateur sont incompatibles avec celles de comptable.

Tout agent chargé d'un maniement de deniers appartenant au Trésor public est constitué comptable par le seul fait de la remise desdits fonds sur sa quittance ou son récépissé ; aucune manutention de ces derniers ne peut être exercée, aucune caisse publique ne peut être gérée que par un agent placé sous les ordres du ministre des finances, nommé par lui, responsable envers lui de sa gestion, et justiciable de la cour des comptes (2).

(1) Ordonnance du 14 septembre 1822, art. 13.
(2) *Idem*, art. 17.

CHAPITRE VIII.

PAIEMENT DES DÉPENSES.

§ 1er. — PAIEMENTS AUX CRÉANCIERS DE L'ÉTAT.

68. Le ministre des finances pourvoit à ce que toute ordonnance et tout mandat de paiement, qui n'excèdent pas la limite du crédit sur lequel ils doivent être imputés, soient acquittés dans les délais et dans les lieux déterminés par l'ordonnateur (1).

69. Le paiement d'une ordonnance ou d'un mandat ne peut être suspendu par un payeur que lorsqu'il reconnaît qu'il y a omission ou irrégularité matérielle dans les pièces justificatives qui seraient produites.

Il y a irrégularité matérielle toutes les fois que la somme portée dans l'ordonnance ou le mandat n'est pas d'accord avec celle qui résulte des pièces justificatives annexées à l'ordonnance ou au mandat, ou lorsque ces pièces ne sont pas conformes aux instructions.

En cas de refus de paiement, le payeur est tenu de remettre immédiatement la déclaration écrite et motivée de son refus au porteur de l'ordonnance ou du mandat, et il en adresse copie, sous la même date, au ministre des finances.

Si, malgré cette déclaration, le ministre ou l'ordonnateur secondaire qui a délivré l'ordonnance ou le mandat requiert, par écrit et sous sa responsabilité, qu'il soit passé outre au paiement, le payeur y procède sans autre délai, et il annexe à l'ordonnance ou au mandat,

(1) Ordonnance du 14 septembre 1822, art. 14.

avec une copie de sa déclaration, l'original de l'acte de réquisition qu'il a reçu. Il est tenu d'en rendre compte immédiatement au ministre des finances (1).

70. Dans le cas d'urgence, ou d'insuffisance des crédits ouverts aux ordonnateurs secondaires par les ministres de la guerre et de la marine, les mandats délivrés pour le paiement de la solde peuvent être acquittés immédiatement sur une réquisition écrite de l'ordonnateur et sauf imputation sur le premier crédit (2).

71. Les dispositions particulières que peut nécessiter le service des armées actives sur le pied de guerre sont déterminées par des règlements spéciaux.

§ 2. — AVANCES DE FONDS A DES AGENTS COMPTABLES.

72. Pour faciliter l'exploitation des services administratifs régis par économie, il peut être fait aux agents spéciaux de ces services, sur les ordonnances du ministre ou sur les mandats des ordonnateurs secondaires, des avances dont le total ne doit pas excéder 20,000 francs, à la charge par eux de produire au payeur, dans le délai d'un mois, les quittances des créanciers réels (3).

Aucune nouvelle avance ne peut, dans cette limite de 20,000 francs, être faite par un payeur, pour un service régi par économie, qu'autant que toutes les pièces justificatives de l'avance précédente lui auraient été fournies, ou que la portion de cette avance dont il resterait à justifier aurait moins d'un mois de date.

(1) Ordonnance du 14 septembre 1822, art. 15.
(2) *Idem*, art. 16.
(3) *Idem*, art. 17.

Toutefois, et pour le service spécial des remontes, il peut être fait de nouvelles avances avant l'entière justification des précédentes, pourvu que les sommes dont l'emploi reste à justifier, réunies au montant de la nouvelle avance, n'excèdent pas la limite de 20,000 fr., quelle que soit la date des avances antérieures.

Les règlements ministériels déterminent les services et établissements régis par économie, qui exigent qu'il soit fait des avances à des agents spéciaux.

73. Les dépenses faites à l'extérieur pour les besoins des bâtiments de guerre, pour la solde et l'entretien des troupes au compte du service *marine* détachées dans les colonies, et pour le rapatriement des marins naufragés, sont acquittées, lorsqu'il y a lieu, en traites sur le Trésor public.

Ces traites, payables après le visa d'acceptation du ministre de la marine et des colonies, sont émises sous toute responsabilité de droit, savoir :

1° Dans les colonies, par le trésorier colonial, avec l'attache du gouverneur, du commissaire de la marine remplissant les fonctions d'ordonnateur, et du commissaire ou sous-commissaire chargé du contrôle ;

2° Dans les consulats, par le consul titulaire, avec l'attache des officiers commandants les bâtiments de guerre, toutes les fois qu'il s'agit d'acquitter des dépenses relatives auxdits bâtiments ;

3° Dans les pays où le roi n'entretient pas de consuls généraux ou de consuls en titre, par les officiers commandants, conjointement avec les commis d'administration sous leurs ordres (1).

(1) Ordonnance du 13 mai 1838, art. 1.

74. Il ne doit être émis de traites qu'après la liquidation des dépenses.

Toute traite qui serait reconnue avoir été tirée par anticipation, ou dont le chiffre aurait excédé le montant de la dépense liquidée, motive une action en remboursement avec dommages et intérêts (1).

75. A l'expiration de chaque mois, les trésoriers coloniaux et les consuls adressent au ministre de la marine les pièces justificatives des dépenses pour lesquelles ils ont tiré des traites.

Les officiers commandants, quel que soit le chiffre des traites dites *traites de bord*, émises par eux conjointement avec le commis d'administration sous leurs ordres, ont soin de saisir les plus prochaines occasions pour transmettre au ministre les pièces justificatives destinées à dégager leur responsabilité envers le Trésor public (2).

76. Un agent comptable, institué auprès du ministre de la marine, est spécialement chargé du service des traites tirées pour les dépenses de ce département. Cet agent, justiciable de la cour des comptes, est nommé par le roi, sur la proposition du ministre de la marine et avec l'agrément du ministre des finances (3).

77. L'agent comptable des traites de la marine n'a aucun maniement de fonds. Il revêt d'un *vu bon à payer* les traites acceptées par le ministre de la marine. Ces traites sont payées pour son compte par le caissier central du Trésor, lequel les lui remet quittancées contre son récépissé dûment contrôlé (4).

(1) Ordonnance du 13 mai 1838, art. 2.
(2) *Idem*, art. 3.
(3) *Idem*, art. 4.
(4) *Idem*, art. 5.

78. L'agent comptable prend charge dans ses écritures du montant des traites acquittées. Il en débite les tireurs, comme responsables des fonds provenant de l'émission de ces valeurs, et les crédite au fur et à mesure de la remise des pièces qui en ont justifié l'emploi. Il doit poursuivre près des bureaux de la marine, et partout où besoin est, la liquidation définitive des dépenses faites au moyen des traites sur les divers services de ce département, ainsi que la délivrance des ordonnances ministérielles nécessaires pour en assurer la régulière imputation sur les crédits législatifs et pour les rendre admissibles par la cour des comptes (1).

79. Lorsque, par suite de l'apurement des justifications fournies à l'appui des traites, il y a lieu à un reversement matériel, les tireurs effectuent, sur l'ordre du ministre de la marine, ce reversement dans les caisses du Trésor; il en est délivré un récépissé dont l'agent comptable fait emploi à sa décharge (2).

80. L'agent comptable des traites de la marine est soumis aux règlements et instructions concernant le service et la comptabilité des payeurs du Trésor (3).

CHAPITRE IX.

RÈGLEMENT DÉFINITIF DU BUDGET.

§ 1er. — DISPOSITIONS GÉNÉRALES.

81. Le règlement définitif des budgets est l'objet d'une loi particulière.

(1) Ordonnance du 13 mai 1838, art. 6.
(2) *Idem*, art. 7.
(3) *Idem*, art. 8.

Les comptes des ministres sont joints à la proposition de cette loi (1).

82. Dans le cas où les chambres seraient assemblées, la présentation du projet de loi spécial pour le règlement définitif du dernier exercice clos et la production des comptes à l'appui ont lieu dans les deux premiers mois de l'année qui suit la clôture de cet exercice ; au cas contraire, dans le mois qui suit l'ouverture de la session des chambres (2).

83. La loi de règlement du budget est soumise aux chambres dans le même cadre et la même forme quo la loi de présentation du budget (3).

§ 2. — FIXATION DES RECETTES.

84. Le tableau du budget définitif qui est annexé au projet de loi sur le règlement de chaque exercice fait connaître, pour la recette,

Les évaluations de produits ;

Les droits constatés sur les contributions et revenus publics ;

Les recouvrements effectués,

Et les produits restant à recouvrer (4).

§ 3. — APUREMENT DES RESTES A RECOUVRER.

85. Le ministre des finances fait insérer chaque année, dans son compte général, des états par branche de revenus indiquant les recettes effectuées sur les restes à

(1) Loi du 15 mai 1818, art. 102.
(2) Loi du 9 juillet 1836, art. 11.
(3) Loi du 24 avril 1833, art. 11.
(4) Ordonnance du 23 décembre 1829, art. 1er.

recouvrer à l'expiration de chaque exercice, et dont l'application a été faite aux exercices suivants (1).

86. Les sommes réalisées sur les ressources de l'exercice clos sont portées en recette au compte de l'exercice courant au moment où les recouvrements ont lieu (2).

§ 4. — FIXATION DES DÉPENSES.

87. Le tableau du budget définitif qui est annexé au projet de loi sur le règlement de chaque exercice fait connaître, pour la dépense,

Les crédits par chapitre législatif;

[Les crédits par chapitre administratif, *au lieu de par chapitre législatif.*] (*Voir l'article 12 du sénatus-consulte du 25 décembre 1852.*)

Les droits acquis aux créanciers de l'État;

Les paiements effectués,

Et les dépenses restant à payer (3).

88. Les crédits ouverts par la loi annuelle de finances pour les dépenses des départements, des communes et autres services locaux, avec imputation sur des ressources spéciales, sont employés par les ministres ordonnateurs et réglés définitivement d'après le montant des recettes effectuées, sans qu'il y ait lieu, en fin d'exercice, d'opérer des annulations et d'accorder des suppléments de crédits pour les différences qui existeraient entre les produits réalisés et les crédits approximativement ouverts au budget. Un tableau justificatif des modifications qu'ont en conséquence éprouvées les

(1) Ordonnance du 23 décembre 1829, art. 3.
(2) Lois de règlement définitif des budgets.
(3) Ordonnance du 23 décembre 1829, art. 1er.

évaluations du budget, en recette et en dépense, est joint à la proposition de loi pour le règlement définitif de l'exercice (1).

Ce même document est inséré dans le compte général de l'administration des finances; il est accompagné d'un autre tableau, arrêté de concert entre le ministère des finances et les autres départements ministériels, qui récapitule toutes les modifications que des lois spéciales ont pu successivement apporter aux prévisions du budget primitif et qui détermine, tant pour les évaluations de recettes que pour les crédits, les nouvelles fixations législatives, devenues la base du compte définitif de l'exercice dont le règlement est proposé aux chambres.

89. Les crédits demandés chaque année aux chambres pour les dépenses relatives à des travaux de navigation ou de ports maritimes de commerce, auxquels sont temporairement affectés des droits spéciaux, sont établis sur le montant probable des recettes à réaliser; mais, lors du règlement de l'exercice, ces crédits, ainsi que les évaluations correspondantes de recette, sont ramenés, dans le compte à présenter aux chambres, au montant des perceptions réellement effectuées pendant l'année (2).

§ 5. — CLÔTURE DES CRÉDITS.

90. Toutes les dépenses d'un exercice doivent être liquidées et ordonnancées, dans les neuf mois qui suivent l'expiration de l'exercice (3).

91. L'époque de la clôture du paiement à faire par

(1) Loi du 4 mai 1834, art. 10.
(2) Ordonnance du 28 octobre 1836, art. 2.
(3) Ordonnance du 14 septembre 1822, art. 20.

le Trésor public, sur les ordonnances des ministres, est fixée au 31 octobre de la seconde année de l'exercice (1).

[Art. 2. Les époques déterminées par les articles 90 et 91 de l'ordonnance du 31 mai 1838, en ce qui concerne la clôture de l'ordonnancement et du paiement, sont et demeurent fixées, savoir :

Au 31 juillet de la seconde année de l'exercice pour l'ordonnancement des dépenses ;

Au 31 août suivant, pour le paiement des ordonnances ministérielles.

3. Faute par les créanciers de réclamer leur paiement avant le 31 août de la deuxième année, les ordonnances et mandats délivrés à leur profit, seront annulés, sans préjudice des droits de ces créanciers et sauf réordonnancement jusqu'au terme de déchéance. (Décret du 11 août 1850, art. 2 et 3.)

Dans les articles 92 *et* 93 *ci-dessous, il faut substituer la date du* 31 *août à celle du* 31 *octobre*.] (Voy. décret du 11 août 1850, art. 2 et 3.)

92. Faute par les créanciers de réclamer leur paiement avant le 31 octobre de la deuxième année, les ordonnances et mandats délivrés à leur profit sont annulés, sans préjudice des droits de ces créanciers, et sauf réordonnancement jusqu'au terme de déchéance (2).

93. Les crédits ou portions de crédits qui n'ont pas été employés à ladite époque du 31 octobre, par des paiements effectifs, sont définitivement annulés dans la comptabilité des divers ministères, sauf le report de crédits spéciaux, autorisé par les lois, ainsi que l'article suivant le détermine (3).

94. Les fonds restés disponibles en fin d'exercice sur

(1) Ordonnance du 11 juillet 1833, art. 1er, § 1er.
(2) *Idem*, art. 2.
(3) *Idem*, art. 1er, § 2.

les centimes et produits locaux affectés aux dépenses variables et aux dépenses facultatives ou extraordinaires des départements, à celles du cadastre, des secours spéciaux et des non-valeurs des contributions foncière, personnelle et mobilière, sont transportés par les lois de règlement de comptes, aux exercices qu'elles déterminent, et ils y conservent l'affectation qui leur a été donnée par le budget (1).

95. Les fonds provenant des droits spéciaux affectés temporairement aux travaux de navigation ou de ports maritimes de commerce, restant à employer à la fin de chaque année, sont reportés avec la même destination au compte de l'exercice suivant (2).

96. Les reports mentionnés dans les deux articles qui précèdent, sont l'objet de dispositions spéciales dans la loi de règlement, et l'emploi des fonds par les ministres ordonnateurs, peut avoir lieu dès l'ouverture de l'exercice.

97. A l'égard des crédits qui ont pour objet le remboursement ou la répartition de produits portés en recette au budget, tels que les sommes indûment perçues, les amendes et confiscations, les taxes de plombage, etc., il est établi et publié, au compte général des finances, des états dans lesquels les paiements effectués sur chaque exercice sont rapprochés des produits auxquels ils s'appliquent, et qui désignent les budgets et les comptes où les produits ont été portés en recette.

(1) Lois de règlement définitif des budgets.
(2) Ordonnance du 28 octobre 1836, art. 3.

§ 6. — APUREMENT DES RESTES A PAYER ET DÉCHÉANCE QUINQUENNALE DES CRÉANCIERS SUR L'ÉTAT.

98. Les paiements à effectuer pour solder les dépenses de l'exercice clos sont ordonnancés sur les fonds de l'exercice courant (1).

99. Les ministres sont tenus de renfermer les ordonnances à délivrer sur l'exercice courant, par rappel sur les exercices clos, dans les limites des crédits par chapitre qui ont été annulés par les lois de règlement, pour les dépenses restant à payer à la clôture de l'exercice.

Ces ordonnances sont imputées sur un chapitre spécial ouvert pour mémoire et pour ordre au budget de chaque ministère, sans allocation spéciale.

Le montant des paiements effectués pendant le cours de chaque année, pour des exercices clos, est porté au crédit de ce chapitre et compris parmi les crédits législatifs, lors du règlement de l'exercice (2).

100. Dans le cas où des créances dûment constatées sur un exercice clos n'auraient pas fait partie des restes à payer arrêtés par la loi de règlement, il ne peut y être pourvu qu'au moyen de crédits supplémentaires, suivant les formes réglées (3).

101. Les comptes annuels des ministres et le compte général des finances contiennent un tableau spécial qui présente, pour chacun des exercices clos et par chapitre de dépense, les crédits annulés par les lois de règlement, pour les dépenses restant à payer, les nouvelles créances qui auraient fait l'objet de crédits supplémen-

(1) Lois de règlement définitif des budgets.
(2) Loi du 23 mai 1834, art. 8.
(3) *Idem*, art. 9.

taires et les paiements effectués jusqu'au terme de déchéance (1).

102. Pour le service de la dette viagère et des pensions, et pour celui de la solde et autres dépenses payables sur revues, la dépense servant de base au règlement des crédits de chaque exercice, ne se compose que des paiements effectués jusqu'à l'époque de sa clôture. Les rappels d'arrérages payés sur ces mêmes services, d'après les droits ultérieurement constatés, continuent d'être imputés sur les crédits de l'exercice courant; mais, en fin d'exercice, le transport en est effectué à un chapitre spécial, au moyen d'un virement de crédit autorisé chaque année par une ordonnance royale, qui est soumise à la sanction des chambres avec la loi de règlement de l'exercice expiré (2).

103. Sont prescrites et définitivement éteintes au profit de l'État, sans préjudice des déchéances prononcées par les lois antérieures ou consenties par des marchés ou conventions, toutes créances qui, n'ayant pas été acquittées avant la clôture des crédits de l'exercice auquel elles appartiennent, n'auraient pu, à défaut de justifications suffisantes, être liquidées, ordonnancées et payées dans un délai de cinq années, à partir de l'ouverture de l'exercice, pour les créanciers domiciliés en Europe, et de six années pour les créanciers résidant hors du territoire européen (3).

104. Les dispositions de l'article précédent ne sont pas applicables aux créances dont l'ordonnancement et

(1) Loi du 23 mai 1834, art. 10.

(2) Loi de règlement du budget de l'exercice 1834, du 8 juillet 1837, art. 9.

(3) Loi du 29 janvier 1831, art. 9, § 1er.

le paiement n'ont pu être effectués, dans les délais déterminés, par le fait de l'administration, ou par suite de pourvois formés devant le conseil d'État.

Tout créancier a le droit de se faire délivrer, par le ministre compétent, un bulletin énonçant la date de sa demande et les pièces produites à l'appui (1).

105. Le bulletin que l'article 10 de la loi du 29 janvier 1831 prescrit de délivrer sur la réclamation des parties intéressées, est dressé d'après les registres ou documents authentiques qui doivent constater, dans chaque ministère ou administration, la production des titres de créances (2).

106. Aussitôt que le compte définitif d'un exercice est arrêté, les ministres ordonnateurs font dresser l'état nominatif des créances non payées à l'époque de la clôture dudit exercice. Ils font former de semblables états pour les nouvelles créances qui seraient successivement ajoutées à ce reste à payer, en vertu de crédits spéciaux ouverts conformément à l'article 9 de la loi du 23 mai 1834. Ces états sont rédigés d'après un modèle uniforme et réunis, en double expédition, au ministère des finances (3).

107. Les dépenses que les comptes présentent comme restant à payer à l'époque de la clôture d'un exercice, et qui ont été autorisées par des crédits régulièrement ouverts, peuvent être ordonnancées par les ministres sur les fonds des budgets courants, avant que la loi de règlement de cet exercice ait été votée par les chambres (4).

(1) Loi du 29 janvier 1831, art. 10.
(2) Ordonnance du 10 février 1838, art. 1er.
(3) *Idem*, art. 2.
(4) *Idem*, art. 3.

108. Les ministres se conforment aux règles suivantes pour l'acquittement des créances reconnues postérieurement à la clôture d'un exercice, et qui s'appliqueraient à des services pour lesquels la nomenclature de la loi de finances n'aurait pas autorisé l'ouverture de crédits supplémentaires :

1° Si les dépenses proviennent de services prévus au budget et dont les crédits ont été annulés par une somme égale ou supérieure au montant desdites dépenses, les nouveaux crédits nécessaires à leur paiement sont ouverts par nos ordonnances, sauf régularisation à la prochaine session des chambres ;

2° S'il s'agit de dépenses excédant les crédits législatifs primitivement ouverts, les ministres constatent seulement les dépenses dans leurs comptes, et ils attendent, pour les ordonnancer, que la loi ait accordé les suppléments nécessaires (1).

[*Dispositions abrogées par l'article* 12 *du sénatus-consulte du* 25 *décembre* 1852.]

109. Les rappels de dépenses des exercices clos imputables sur les budgets courants, sont ordonnancés nominativement. Les ordonnances ne sont valables que jusqu'à la fin de l'année pendant laquelle elles ont été émises. L'annulation en a lieu d'office par les agents du Trésor, et les ministres ne réordonnancent ces rappels que sur une nouvelle réclamation des créanciers (2).

110. Les ordonnances délivrées pour rappels sur exercices clos ne sont mises en paiement qu'après que le ministre des finances a reconnu, au vu des états nomina-

(1) Ordonnance du 10 février 1838, art. 4.
(2) *Idem*, art. 5.

tifs mentionnés en l'article 106, que les créances ordonnancées s'appliquent à des crédits restés à la disposition des ministres (1).

111. A la fin de chaque année, les agents du Trésor adressent au ministre des finances un bordereau nominatif, par ministère, exercice et chapitre, des paiements qu'ils ont effectués pendant l'année pour dépenses des exercices clos (2).

112. La vérification par créance individuelle que prescrit l'article 110 ci-dessus, ainsi que la formation des états nominatifs à dresser en exécution des articles 106 et 111, n'ont pas lieu pour les arrérages des rentes perpétuelles et pour les intérêts de cautionnements, dont la dépense résulte de titres inscrits au Trésor sur les livres de la dette publique. Il n'est établi, pour ces deux services, que des bordereaux sommaires par nature de dette (3).

113. A l'expiration de la période quinquennale, fixée par l'article 9 de la loi du 29 janvier 1831 pour l'entier apurement des exercices clos, les crédits applicables aux créances restant encore à solder demeurent définitivement annulés, et l'exercice, arrivé au terme de déchéance, cesse de figurer dans la comptabilité des ministres (4).

114. Les dépenses d'exercices clos que nos ministres ont à solder postérieurement à l'époque ci-dessus, et provenant, soit des créances d'individus résidant hors du territoire européen, pour lesquelles une année de

(1) Ordonnance du 10 février 1838, art. 6.
(2) *Idem*, art. 7.
(3) *Idem*, art. 8.
(4) *Idem*, art. 9, et loi du 10 mai 1838.

plus est accordée par la loi du 29 janvier 1831, soit de créances affranchies de la déchéance dans les cas prévus par l'article 10 de la même loi, ou qui sont soumises à des prescriptions spéciales, ne sont ordonnancées qu'après que des crédits extraordinaires spéciaux par articles ont été ouverts à cet effet, conformément aux articles 4, 5 et 6 de la loi du 24 avril 1833. Ces créances sont imputées sur le budget courant, à un chapitre spécial intitulé : *Dépenses des exercices périmés.* Si elles n'ont pas été payées à l'époque de la clôture de l'exercice sur lequel le crédit spécial a été ouvert, ce crédit est annulé, et le réordonnancement des mêmes créances ne doit avoir lieu qu'en vertu d'un nouveau crédit également applicable au chapitre des dépenses des exercices périmés (1).

[Les crédits spéciaux extraordinaires à demander pour créances des exercices périmés, en vertu des articles 7 et 8 de la loi du 10 mai 1838, ne pourront être ouverts que par une loi.

Sont seuls exceptés de la disposition ci-dessus les crédits qui nécessiteraient le service des arrérages des rentes consolidées et des rentes viagères.] (Loi du 3 mai 1842.)

115. Il est, chaque année, rendu compte à la cour des comptes, dans le résumé général des virements de comptes, de toutes les opérations relatives à l'apurement des exercices clos. A l'appui de ce résumé général, le ministre des finances fait produire une des deux expéditions des états nominatifs dressés par les ministres ordonnateurs, les bordereaux de paiements envoyés par les agents du Trésor, et les états sommaires formés pour les rentes perpétuelles et les intérêts de cautionnements. Au moyen de ces divers documents, notre cour des

(1) Ordonnance du 10 février 1838, art. 10 et loi du 10 mai 1838.

comptes vérifie lesdites opérations et constate, par ses déclarations générales, la régulière exécution des articles 8, 9 et 10 de la loi du 23 mai 1834 (1).

116. Les restes à payer compris dans les comptes des dépenses départementales, ou portés dans les budgets de ces dépenses au chapitre des exercices clos, peuvent être mandatés par les préfets sur les budgets courants ou sur ceux de reports, sans être assujettis aux formalités des articles ci-dessus relatifs aux créances de l'État, et sauf à se renfermer dans les délais prescrits par la loi pour l'admission des créances non périmées (2).

§ 7. — PRESCRIPTIONS LÉGALES, OPPOSITIONS ET DISPOSITIONS SPÉCIALES POUR LA LIBÉRATION DÉFINITIVE DU TRÉSOR.

117. Les arrérages de rentes perpétuelles et viagères, et les intérêts dus sur les capitaux de cautionnements se prescrivent par cinq ans (3).

118. Les pensions dont les arrérages n'ont pas été réclamés pendant trois années, à compter de l'échéance du dernier paiement, sont censées éteintes; si les pensionnaires se présentent après la révolution desdites trois années, les arrérages n'en commencent à courir qu'à compter du premier jour du semestre qui suit celui dans lequel ils ont obtenu le rétablissement de leurs pensions (4).

119. Les héritiers et ayants cause des pensionnaires qui ne fournissent pas l'extrait mortuaire de leur auteur

(1) Ordonnance du 10 février 1838, art. 11.

(2) Ordonnance du 10 février 1838, art 12.

(3) Code civil, art. 2277; avis du conseil d'État approuvés les 24 mars et 13 avril 1809.

(4) arrêté du gouvernement du 15 floréal an XI, art. 9.

dans le délai de six mois, à compter de son décès, sont déchus de tous droits aux arrérages dus (1).

[L'article 36 de la loi du 9 juin 1853 abroge cet article 119 ainsi que l'arrêté du 15 floréal an XI : Les héritiers des pensionnaires de l'État sont soumis à la prescription triennale comme l'étaient les pensionnaires eux-mêmes.]

120. Sont également déchus de leurs droits aux arrérages qui leur seraient dus, tous titulaires de pensions militaires, français ou neutralisés français, qui se sont absentés du royaume sans l'autorisation du roi, lorsque cette absence est prolongée au delà d'une année.

Les titulaires de pensions sur l'État, autres que les pensions militaires, en conservent la jouissance, quoique domiciliés hors du royaume, et ne sont pas tenus de se pourvoir d'une autorisation de résidence à l'étranger (2).

121. Le montant des cautionnements dont le remboursement n'a pas été effectué par le Trésor public, faute de productions ou de justifications suffisantes, dans le délai d'un an à compter de la cessation des fonctions du titulaire, ou de la réception des fournitures et travaux, peut être versé en capital et intérêts à la caisse des dépôts et consignations, à la conservation des droits de qui il appartiendra. Ce versement libère définitivement le Trésor public (3).

122. Le montant des créances portant intérêts, et notamment de celles résultant de prix d'immeubles liquidés à la charge de l'État, dont le paiement n'a pas

(1) Arrêté du gouvernement du 15 floréal an IX, art. 10.

(2) Loi du 11 avril 1831, art. 26, et ordonnance du 24 février 1832, art 1er.

(3) Loi du 9 juillet 1836, art. 16.

été effectué, faute de productions ou justifications suffisantes, dans les trois mois de la liquidation ou de l'ordonnance royale intervenue sur pourvoi au conseil d'État, est versé, en capital et intérêts, à la caisse des dépôts et consignations, à la conservation des droits des créanciers.

Ce versement libère définitivement le Trésor public, et toutes les inscriptions existantes sur les immeubles sont rayées en vertu d'arrêtés du ministre des finances, qui mentionnent la date du dépôt.

Cette règle, néanmoins, cesse de recevoir son application toutes les fois que le terme du paiement a été stipulé, en faveur du vendeur ou du créancier, par une clause expresse du contrat, sauf l'application des règles spéciales tracées par les articles 53, 54, 55 et 59 de la loi du 7 juillet 1833 sur l'expropriation pour cause d'utilité publique (1).

123. Les marchés, traités, ou conventions à passer pour les services du matériel de la guerre, doivent toujours rappeler la disposition de l'article 3 du décret du 13 juin 1806, portant que toutes réclamations relatives au service de la guerre, dont les pièces n'ont pas été présentées dans les six mois qui suivent le trimestre pendant lequel la dépense a été faite, ne peuvent plus être admises en liquidation (2).

124. Sont définitivement acquises à l'État les sommes versées aux caisses des agents des postes, pour être remises à destination, et dont le remboursement n'a pas été réclamé par les ayants droit dans un délai de huit années, à partir du jour du versement des fonds (3).

(1) Loi du 9 juillet 1836, art. 12.
(2) Décret du 13 juin 1806, art. 3.
(3) Loi du 31 janvier 1833, art. 1er.

125. Toutes saisies-arrêts ou oppositions sur des sommes dues par l'État, toutes significations de cession ou transport desdites sommes, et toutes autres ayant pour objet d'en arrêter le paiement, doivent être faites entre les mains des payeurs, agents ou préposés, sur la caisse desquels les ordonnances ou mandats sont délivrés.

Néanmoins, à Paris, et pour tous les paiements à effectuer à la caisse du payeur central du Trésor public, elles sont exclusivement entre les mains du conservateur des oppositions au ministère des finances.

Sont considérées comme nulles et non avenues toutes oppositions ou significations faites à toutes autres personnes que celles ci-dessus indiquées.

Ces dispositions ne dérogent pas aux lois relatives aux oppositions à faire sur les capitaux et intérêts de cautionnements (1).

126. Lesdites saisies-arrêts, oppositions ou significations, n'ont d'effet que pendant cinq années, à compter de leur date, si elles n'ont pas été renouvelées dans ledit délai, quels que soient d'ailleurs les actes, traités ou jugements intervenus sur lesdites oppositions ou significations.

En conséquence, elles sont rayées d'office des registres dans lesquels elles auraient été inscrites, et ne sont pas comprises dans les certificats prescrits par l'article 14 de la loi du 19 février 1792, et par les articles 7 et 8 du décret du 18 août 1807 (2).

127. Les oppositions sur cautionnements en numéraire peuvent être faites, soit aux greffes des tribunaux civils ou de commerce dans le ressort desquels les titulaires

(1) Loi du 9 juillet 1836, art. 13.
(2) *Idem*, art. 14.

exercent leurs fonctions, soit au Trésor, au bureau des oppositions (1).

Les oppositions faites aux greffes des tribunaux doivent être notifiées au Trésor, pour valoir sur les intérêts de cautionnements (2).

128. Les oppositions à faire sur les cautionnements des titulaires inscrit sans désignation de résidence sur les livres du Trésor, doivent être signifiées à Paris, au bureau des oppositions (3).

CHAPITRE X.

COMPTES DES MINISTRES.

§ 1er. — DISPOSITIONS GÉNÉRALES.

129. Les ministres présentent, à chaque session, des comptes imprimés de leurs opérations pendant l'année précédente (4).

130. Les comptes qui se règlent par exercice comprennent l'ensemble des opérations qui ont eu lieu pour chaque service, depuis l'ouverture jusqu'à la clôture de l'exercice (5).

131. Ces comptes sont joints à la proposition de la loi particulière ayant pour objet le règlement définitif du budget expiré (6).

132. Les comptes de chaque exercice doivent tou-

(1) Loi du 25 nivôse an XIII.
(2) Avis du conseil d'État approuvé le 12 août 1807.
(3) Décret du 28 août 1808, et ordonnance du 25 septembre 1816.
(4) Loi du 28 avril 1816, art. 122, et loi du 25 mars 1817, art. 148.
(5) Ordonnance du 10 décembre 1823, art. 3.
(6) Loi du 15 mai 1818, art. 102.

jours être établis, d'une manière uniforme, avec les mêmes distributions que l'a été le budget dudit exercice, sauf les dépenses imprévues qui n'auraient pas été mentionnées, et pour lesquelles il est fait des articles ou des chapitres additionnels et séparés (1).

[*La restriction qui termine l'article ci-dessus est rapportée par l'article* 12 *du sénatus-consulte du* 25 *décembre* 1852.]

133. La situation provisoire de l'exercice courant, le compte général des finances, et tous les documents à établir au 31 décembre de chaque année, doivent être publiés pendant le premier trimestre de l'année suivante (2).

134. Les comptes que les ministres doivent publier chaque année, sont établis d'après les règles ci-après (3).

§ 2. — COMPTE GÉNÉRAL DE L'ADMINISTRATION DES FINANCES.

135. Le compte annuel de l'administration des finances comprend toutes les opérations relatives au recouvrement et à l'emploi des deniers publics, et il présente la situation de tous les services de recette et de dépense, au commencement et à la fin de l'année.

A cet effet, ce compte général est appuyé des cinq comptes de développements ci-après désignés :

1° COMPTE DES CONTRIBUTIONS ET REVENUS PUBLICS.

Ce compte fait connaître, par année, par exercice, par branche de revenus, et par nature de perception :

(1) Loi du 19 juillet 1820, art. 7, et ordonnance du 1er septembre 1827, art. 7.

(2) Loi du 9 juillet 1836, art. 11.

(3) Ordonnance du 10 décembre 1823, art. 1er.

Les droits constatés à la charge des redevables de l'État.

Les recouvrements effectués sur ces droits ;

Les recouvrements restant à faire.

Des développements applicables à l'exercice expiré et formant une partie spéciale du compte de l'administration des finances, font connaître sur chaque branche de revenus, les valeurs, matières ou quantités qui ont été soumises à l'application des tarifs, et qui ont déterminé le montant des droits perçus par le Trésor public.

2° COMPTE DES DÉPENSES PUBLIQUES.

Ce compte, qui récapitule les résultats développés dans les comptes de chaque département ministériel, présente, par année, par exercice, par ministère et par chapitre :

Les droits constatés au profit des créanciers de l'État et résultant des services faits pendant l'année ;

Les paiements effectués ;

Les paiements restant à effectuer pour solder les dépenses.

3° COMPTE DE TRÉSORERIE.

Ce compte présente :

Les mouvements de fonds opérés entre les comptables des finances ;

L'émission et le retrait des engagements à terme du Trésor ;

Les recettes et les paiements faits pour le compte des correspondants du Trésor ;

Enfin, l'excédant de recouvrement ou de paiement provenant des revenus et des dépenses publiques.

Ces différentes opérations sont renfermées entre les

valeurs de caisse et de portefeuille existant chez les comptables des finances, au commencement et à l'expiration de l'année.

Le compte du service de la Trésorerie est appuyé de la situation de l'actif et du passif de l'administration des finances et de l'état de la dette flottante, à la fin de chaque année.

4° COMPTE DES BUDGETS.

Ce compte se compose :

De la situation définitive de l'exercice expiré,

Et de la situation provisoire de l'exercice courant;

Il présente d'une part :

La comparaison, avec les évaluations du budget des recettes, des droits constatés à la charge des redevables de l'État et des recouvrements effectués sur ces droits ;

D'autre part :

La comparaison, avec les crédits ouverts par le budget des dépenses, des droits constatés au profit des créanciers de l'État et des paiements effectués sur les ordonnances des ministres.

5° COMPTES DE DIVERS SERVICES PUBLICS.

Ces comptes présentent les opérations annuelles et la situation, à la fin de chaque année, des divers services qui se rattachent directement ou indirectement à l'exécution des lois de finances.

Le compte spécial de la dette inscrite et des cautionnements est présenté distinctement, en capital et intérêts (1).

(1) Ordonnance du 10 décembre 1823, art. 2.

§ 3. — COMPTE DES DÉPENSES DE CHAQUE MINISTÈRE.

[Les comptes de chaque ministère présenteront à l'avenir, dans leurs développements, la comparaison, article par article, des dépenses prévues et des dépenses réalisées.] (Loi du 20 juillet 1840.)

136. Les comptes que les ministres doivent publier à chaque session des chambres, développent les opérations qui ne sont que sommairement exposées dans le compte général de l'administration des finances.

Ils se composent :

1° D'un tableau général présentant, par chapitre législatif, tous les résultats de la situation définitive de l'exercice expiré, qui servent de base à la loi proposée aux chambres pour le règlement dudit exercice;

[« Par chapitre administratif, » *au lieu de « par chapitre législatif.* »] (Voy. *le sénatus-consulte du 25 décembre* 1852, *article* 12.)

2° De développements destinés à expliquer, avec tous les détails propres à chaque nature de service, les dépenses constatées, les paiements effectués et les créances restant à solder à l'époque de la clôture de l'exercice ;

3° D'un état comparatif, par chapitre, des dépenses de l'exercice expiré avec celles du budget de l'exercice précédent, expliquant les causes des différences qui ressortent de cette comparaison ;

4° De la situation provisoire du budget de l'exercice courant, arrêtée au 31 décembre de la première année de cet exercice ;

5° Du compte d'apurement que la loi du 23 mai 1834, et l'article 101 du présent règlement général, prescrivent de publier pour les exercices clos législativement arrêtés.

6° Des comptes en matières à publier pour les divers services;

7° Et enfin, des documents spéciaux dont la publication est ordonnée par le titre XI ci-après.

Tous les documents à produire à l'appui du règlement définitif de l'exercice expiré forment une publication séparée pour chaque département ministériel.

Les documents divers dont les résultats sont arrêtés au 31 décembre, doivent être réunis en une seule publication par les soins du ministère des finances (1).

CHAPITRE XI.

DOCUMENTS SPÉCIAUX A PUBLIER PAR LES MINISTRES.

§ 1er. — MINISTÈRE DE LA JUSTICE ET DES CULTES.

137. Chaque année, la loi des comptes mentionne, par département, le nombre des remises entières ou partielles des droits de sceau qui ont été accordées (2).

§ 2. — MINISTÈRE DE L'INSTRUCTION PUBLIQUE.

138. La liste des boursiers aux colléges royaux est rendue publique, tous les ans, et distribuée aux chambres. Les noms des élèves sont accompagnés de leurs prénoms, lieu de naissance, et du titre sommaire à l'obtention de la bourse (3).

(1) Ordonnance du 10 décembre 1823, art. 4.
(2) Loi du 21 avril 1832, art. 2.
(3) *Idem*, art. 9.

139. Le rapport dont la publication est prescrite par l'article 13 de la loi du 28 juin 1833, est accompagné d'un état présentant, par département, l'indication des recettes et des dépenses allouées pendant l'année précédente pour l'instruction primaire.

L'état des recettes indique d'une manière distincte les fonds provenant des votes des conseils municipaux et des conseils généraux, et ceux qui proviennent des impositions établies par ordonnance royale.

L'état des dépenses indique les diverses natures de dépenses, en distinguant les dépenses obligatoires des dépenses facultatives.

Ce rapport et cet état sont distribués aux chambres dans les deux premiers mois de l'exercice (1).

[Chaque année, il sera annexé à la proposition du budget un rapport détaillé sur l'emploi des fonds alloués pour l'année précédente pour encouragements aux colléges communaux.] (Loi du 19 juillet 1845, art. 10.)

§ 3. — MINISTÈRE DE L'INTÉRIEUR.

140. Il est présenté aux chambres, dans les premiers mois de chaque session, un tableau détaillé des impositions extraordinaires et des emprunts qui pèsent sur les communes dont le revenu excède 100,000 francs, sur les arrondissements et sur les départements.

Ce tableau indique les motifs qui ont rendu ces impositions et emprunts nécessaires, la date des lois ou ordonnances qui les ont autorisés, le montant des emprunts, le nombre des centimes, leur durée, leur produit et leur emploi.

(1) Loi du 18 juillet 1836, art. 3.

Le tableau exigé par cet article doit être compris, d'année en année, dans la situation provisoire de l'exercice courant (1).

141. A chaque session législative, et au moment de la présentation du budget, il est distribué aux chambres un état indiquant les communes en faveur desquelles, il aura été fait usage, dans l'année précédente, de la faculté accordée par l'article 149 de la loi du 28 avril 1816, d'établir des droits d'octroi supérieurs à ceux qui sont perçus aux entrées des villes au profit du Trésor (2).

[Désormais l'article du pouvoir exécutif, qui doit, aux termes de la loi du 10 mai 1838, répartir entre les départements le fonds commun, créé pour les aider à payer leurs dépenses ordinaires et obligatoires, sera accompagné d'un tableau dressé conformé- au décret du 10 novembre 1848, et inséré au *Moniteur* avant le jour de l'ouverture de la session des conseils généraux des départements.] (Loi du 19 mai 1849, art. 18.)

§ 4. — MINISTÈRE DES TRAVAUX PUBLICS, DE L'AGRICULTURE ET DU COMMERCE.

142. Il est fait et présenté aux chambres, chaque année, par le ministre ordonnateur, un rapport séparé sur chacun des canaux entrepris en vertu des lois : ce rapport contient l'état des travaux exécutés et celui des sommes dépensées (3).

[Le ministre des travaux publics rendra, chaque année, un compte spécial de la situation des travaux exécutés pour l'achèvement et le perfectionnement des routes royales.] (Loi du 30 juin 1835.)

(1) Loi du 18 juillet 1837, art. 7.
(2) Loi du 24 mai 1834, art. 25.
(3) Loi du 14 août 1822, art. 9.

143. Il est distribué aux chambres, à l'ouverture de chaque session, un tableau qui fait connaître :

1° Le nom, la demeure et la profession des parents des élèves admis dans l'année, à titre de boursier, soit à Angers, soit à Châlons ;

2° Les diverses natures de machines, d'appareils, de meubles et d'ustensiles exécutés par les élèves, et leurs prix moyens (1).

144. Il est publié annuellement un compte rendu des travaux métallurgiques, minéralogiques et géologiques que les ingénieurs des mines auront exécutés, dirigés ou surveillés. A l'ouverture de chaque session, ces comptes sont distribués aux membres des deux chambres (2).

145. A l'appui de la loi des comptes, et pour chaque exercice, il est présenté aux chambres un tableau spécial des travaux exécutés pour le perfectionnement de la navigation des rivières, ainsi que du montant des sommes fournies par le Trésor public et par les propriétaires riverains (3).

146. Il est, chaque année, distribué aux chambres un rapport sommaire sur la situation et les opérations des caisses d'épargne. Ce rapport est suivi d'un état général des sommes votées ou données, par les conseils municipaux et les citoyens, pour subvenir au service des frais des caisses d'épargne (4).

147. Chaque année, il est rendu aux chambres un compte spécial de la situation des travaux exécutés pour la continuation des lacunes des routes royales et du

(1) Loi du 21 avril 1832, art. 12.
(2) Loi du 23 avril 1833, art. 5.
(3) Loi du 30 juin 18,5, art. 4.
(4) Loi du 5 juin 1835, art. 12.

montant des sommes dépensées. Ce compte doit rappeler les allocations faites pour les lacunes avant la loi du 25 mai 1836 (1).

148. Il est rendu chaque année aux chambres, pour les travaux extraordinaires exécutés en vertu de lois spéciales, un compte particulier qui rappelle les allocations accordées pour chaque nature de travaux ou entreprises; ce compte doit présenter les dépenses faites et celles qui restent à faire pour leur achèvement (2).

§ 5. — MINISTÈRE DE LA GUERRE.

149. Chaque année, il est distribué aux chambres des documents statistiques propres à faire connaître la situation commerciale et agricole de la régence d'Alger, ainsi que le mouvement de ses hôpitaux militaires (3).

150. A l'ouverture de chaque session, il est distribué aux chambres un tableau qui fait connaître :

1° Le rang d'admission des élèves boursiers à l'École royale polytechnique ;

2° Les noms, demeures et professions de leurs parents (4).

§ 5 BIS. — MINISTÈRE DE LA MARINE.

[Le ministre de la marine rendra, chaque année, un compte spécial et détaillé de la situation de l'inscription maritime et des équipages de ligne, de l'état des bâtiments de la flotte, des approvisionnements des arsenaux et des constructions navales.] (Loi du 19 juillet 1845.)

(1) Loi du 25 mai 1836, article unique, § 2.
(2) Lois du 27 juin 1833, art. 19, et du 17 mai 1837, art. 8.
(3) Loi du 23 mai 1834, art. 5.
(4) Loi du 21 avril 1832, art. 11 et 14.

§ 6. — MINISTÈRE DES FINANCES.

151. Le tableau de répartition du fonds commun du cadastre, créé par l'article 21 de la loi du 31 juillet 1821, est distribué annuellement aux chambres (1).

[Le ministre des finances publiera tous les trois mois un état de la situation moyenne de la Banque, pendant le trimestre écoulé.

Il publiera tous les six mois le résultat des opérations du semestre et le règlement du dividende.] (Loi du 30 juin 1840, art. 5.)

152. Le gouvernement fait distribuer aux chambres le tableau de toutes les propriétés immobilières appartenant à l'État, tant à Paris que dans les départements, et qui sont affectées à un service public quelconque.

Ce tableau doit contenir la date de l'affectation et l'indication de l'usage auquel chaque propriété est consacrée, ainsi que sa valeur approximative (2).

153. Le gouvernement présente annuellement aux chambres un état des concessions faites en vertu de la loi du 20 mai 1836 (autorisant la concession des terrains domaniaux usurpés). Cet état indique les noms et domiciles des concessionnaires, la contenance approximative des terrains concédés, leur prix d'estimation et le prix moyennant lequel les concessions ont été faites (3).

154. Il est présenté aux chambre un compte général, par département, de la distribution du fonds de dégrèvements et non-valeurs pour l'exercice expiré (4).

(1) Loi du 17 août 1822, art. 27.
(2) Loi du 31 janvier 1833, art. 9.
(3) Loi du 20 mai 1836, art. 3.
(4) Loi du 27 juin 1819, art. 19.

[Le ministre des finances fera annuellement distribuer aux chambres l'état de l'emploi, par département et par nature de travaux, du crédit porté au budget de l'année précédente pour travaux d'entretien et d'amélioration des forêts. (Loi du 16 juillet 1840, art. 7.)

Chaque année, le ministre des finances rendra aux chambres un compte spécial des adjudications qui auront eu lieu dans les forêts de l'État en Corse, de leurs résultats et des travaux qui auront été exécutés conformément aux cahiers des charges. (Loi du 16 juillet 1840, art. 7.)

Les paiements qui seront faits (à défaut du gouvernement grec, des intérêts et de l'amortissement de l'emprunt négocié le 12 janvier 1833 par ce gouvernement), auront lieu à titre d'avances à recouvrer sur le gouvernement de la Grèce.

Il sera rendu annuellement aux chambres un compte spécial de ces avances et des recouvrements opérés en atténuation. (Loi du 26 juillet 1839, art. 11.)

Les comptes des comptoirs d'escompte de la Banque de France font partie de ceux qui doivent être rendus au gouvernement.] (Loi du 25 mars 1841, art. 3.)

§ 7. — SERVICES SPÉCIAUX.

155. Les recettes et les dépenses des services spéciaux

De l'imprimerie royale,

Des chancelleries consulaires,

Des poudres et salpêtres,

De la fabrication de la monnaie et des médailles,

Sont portées pour ordre dans les tableaux du budget général de l'État ; ces services spéciaux sont soumis à toutes les règles prescrites par les lois de finances pour les crédits supplémentaires et le règlement définitif du budget de chaque exercice.

Les budgets et les comptes détaillés de ces services

sont annexés respectivement aux budgets et aux comptes des départements ministériels auxquels ils ressortissent (1).

[Art. 1er. Notre cour des comptes statuera chaque année, par ses déclarations générales, sur la conformité des résultats soumis au contrôle législatif pour le règlement définitif des services spéciaux de la Légion d'honneur, de l'imprimerie royale, des chancelleries consulaires, de la caisse des Invalides de la marine et de la fabrication des monnaies et médailles, avec ceux des arrêts rendus par elle sur les comptes individuels qui lui auront été produits pour les mêmes services.

Cette disposition recevra son exécution, à partir de l'exercice 1845.

2. A cet effet, les ministres des départements auxquels ressortissent les services spéciaux mentionnés en l'article précédent remettront à notre cour des comptes un tableau comparatif, par chapitre, des recettes et des dépenses comprises dans le compte définitif publié par eux pour chaque exercice, avec celles que présentent, pour le même exercice, les comptes annuels soumis au jugement de la cour par les comptables particuliers de ces services.] (Loi du 10 août 1839, art. 8.)

§ 8. — DISPOSITIONS COMMUNES A PLUSIEURS MINISTÈRES.

156. Les livres et les ouvrages gravés ou imprimés par ordre du gouvernement, ainsi que ceux auxquels il aurait été souscrit, ne peuvent être distribués qu'aux bibliothèques de Paris et des départements.

Il est rendu compte aux chambres des décisions spéciales et motivées qui en ont accordé à des individus, à titre de récompense ou pour tout autre motif (2).

157. Les comptes des ministres chargés de la distri-

(1) Loi du 9 juillet 1836, art. 17.
(2) Loi du 23 mai 1834, art. 4.

bution des fonds consacrés à l'encouragement des sciences, des lettres et des arts, contiennent, pour en justifier l'emploi, la liste de chacun des ouvrages pour lesquels il a souscrit, le nom de l'auteur, le nombre des exemplaires achetés, la somme payée à chaque auteur, ainsi que la désignation des personnes ou des établissements à qui on les a distribués (1).

Ces comptes énoncent aussi la destination des tableaux, statues, bustes et autres objets d'art commandés ou achetés sur les mêmes fonds.

[Il sera établi, au 31 décembre de chaque année et par chaque ministère, un état de l'emploi, fait pendant l'année, des fonds consacrés :

1° A l'impression et à la gravure des livres et ouvrages publiés aux frais du gouvernement;

2° Aux souscriptions pour l'encouragement des sciences, des lettres et des arts.

Cet état comprendra :

A l'égard des ouvrages imprimés ou gravés aux frais du gouvernement, la liste de ces ouvrages, le nom des auteurs ou éditeurs, l'évaluation de la dépense totale, le montant de la dépense de l'année;

A l'égard des ouvrages auxquels le gouvernement aura souscrit, leur titre, le nom de l'auteur ou éditeur, le nombre des exemplaires achetés, le prix total de chacun d'eux, les époques de paiement pour ceux qui doivent embrasser plusieurs années, et les sommes acquittées pendant l'année.

Cet état contiendra, en outre, à l'égard de tous les ouvrages, la liste nominative des bibliothèques et établissements publics nationaux ou étrangers auxquels ils auront été distribués, et celle des distributions individuelles qui pourraient avoir été faites en vertu de la loi du 23 mai 1834.

Cet état sera distribué aux chambres en même temps que la

(1) Loi du 31 janvier 1833, art. 10.

situation provisoire de l'exercice courant; il remplacera la liste prescrite par l'article 10 de la loi du 31 janvier 1833, lequel est abrogé. (Loi du 10 août 1839, art. 8.)

Les crédits ordinaires alloués pour souscriptions dans les budgets des divers ministères, ne pourront, dans aucun cas, être engagés pour plus des deux tiers de leur chiffre total en souscriptions à des ouvrages dont la publication embrasse plusieurs années. (Ordonnance du 15 février 1847, art. 1 et 2.)

La liste individuelle de tous ceux qui ont participé à la distribution des ouvrages publiés par le gouvernement, sera imprimée chaque année.] (Loi du 23 mai 1844.)

158. A chaque session, l'état des changements survenus, dans le cours de l'année précédente, au tableau des soldes de non-activité et traitements de réforme, est imprimé et distribué aux chambres.

Cet état contient :

1° Les noms et grades de ceux qui ont obtenu les soldes de non-activité et les traitements de réforme;

2° La durée et l'époque de leurs services;

3° Les motifs de la concession qui leur en a été faite et la durée des traitements de réforme;

4° Enfin, l'indication de la commune, canton et département où ils ont fixé leur domicile (1).

[Art. 5. Il sera joint, tous les cinq ans, aux documents fournis à l'appui du budget, un état des traitements des fonctionnaires, agents administratifs, officiers de tous grades, et employés des services civils et militaires, compris au budget général de l'État, conforme à celui publié en 1831. L'état indiqué au présent et celui de 1831, seront imprimés et joints au budget de 1849.] (Loi du 8 août 1847, art. 5.)

159. Il est fourni, chaque année, aux deux chambres un état sommaire de tous les marchés de 50,000 francs

(1) Loi du 25 mars 1817, art. 36.

et au-dessus, passés dans le courant de l'année échue.

Les marchés inférieurs à cette somme, mais qui s'élèveraient ensemble, pour des objets de même nature, à 50,000 francs et au-dessus, sont portés sur ledit état.

Cet état indique le nom et le domicile des parties contractantes, la durée, la nature et les principales conditions du contract (1).

160. Chaque année, un état détaillé des logements accordés dans les bâtiments dépendants du domaine de l'État est annexé à la loi des dépenses.

Cet état n'est pas nominatif, mais il indique la fonction ou le titre pour lesquels le logement a été accordé (2).

[*Confirmé par l'article* 12 *de la loi du* 23 *avril* 1843.]

161. Les comptes des matières appartenant à l'État sont, chaque année, imprimés et soumis aux chambres à l'appui des comptes généraux (3).

162. Quant au mobilier fourni, soit par l'État, soit par les départements, à des fonctionnaires publics, il en est fait des inventaires qui sont déposés aux archives du ministère des finances ou au secrétariat général des préfectures (4).

Ces inventaires doivent être récolés, à la fin de chaque année et à chaque mutation de fonctionnaire responsable, par les agents de l'administration des domaines, et en présence d'un commissaire désigné par les conseils généraux, pour le mobilier appartenant aux départements; les accroissements et diminutions sur-

(1) Loi du 31 janvier 1833, art. 12.
(2) Loi du 23 avril 1833, art. 12.
(3) Loi du 24 avril 1833, art. 10.
(4) Loi du 26 juillet 1829, art. 8.

venus dans l'intervalle d'un récolement à l'autre, doivent y être consignés (1).

Le mobilier des préfectures et celui des archevêchés et évêchés sont également récolés, chaque année et à chaque mutation de titulaire, par le préfet ou un conseiller de préfecture désigné par lui, assisté de deux membres du conseil général désignés d'avance par le conseil (2).

CHAPITRE XII.

EXAMEN ET CONTROLE ADMINISTRATIF DES COMPTES MINISTÉRIELS.

163. Les comptes publiés par les ministres sont établis d'après leurs écritures officielles et appuyés sur pièces justificatives; les résultats en sont contrôlés par leur rapprochement avec ceux du grand-livre de la comptabilité générale des finances (3).

164. A la fin de chaque année, le ministre des finances propose au roi la nomination d'une commission composée de neuf membres choisis dans le sein de la cour des comptes, du conseil d'État, et des deux chambres législatives, laquelle est chargée d'arrêter le journal et le grand-livre de la comptabilité générale des finances, au 31 décembre, et de constater la concordance des comptes des ministres avec les résultats des écritures centrales des finances. Il est dressé procès-verbal de cette opération et la remise du procès-verbal est

(1) Ordonnance du 3 février 1830, art. 1er, 4 et 5.
(2) Ordonnances des 17 décembre 1818, et 7 avril 1819.
(3) Ordonnance du 10 décembre 1823, art. 6.

faite au ministre des finances qui en donne communication aux chambres (1).

165. Il est mis sous les yeux de la commission un tableau présentant, pour l'exercice clos dont le règlement définitif est proposé aux chambres, la comparaison des comptes publiés par les ministres, avec les résultats des jugements rendus par la cour des comptes.

La commission procède à la vérification de ce tableau, qui est communiqué aux chambres avec son rapport, par le ministre des finances (2).

166. Le contrôle ordonné par l'article précédent, énonce distinctement les recettes et les paiements faits pendant chaque année sur les exercices ouverts, afin que les certificats annuels de la commission puissent confirmer l'exactitude des comptes définitifs rendus pour l'exercice expiré, par les ministres de tous les départements (3).

167. Cette commission de comptabilité vérifie et arrête, au 31 décembre de chaque année, les livres et registres tenus à la direction de la dette inscrite et servant à établir le montant des rentes et pensions subsistantes.

Elle est chargée, en outre, de constater la concordance des écritures avec le compte rendu par le ministre des finances. Le résultat de ces opérations est compris dans le procès-verbal de ses travaux et distribué aux chambres (4).

(1) Ordonnance du 10 décembre 1823, art. 7, et du 8 décembre 1830, art. 1er.

(2) Ordonnance du 10 décembre 1823, art. 8.

(3) Ordonnance du 10 décembre 1823, art. 9.

(4) Ordonnance du 12 novembre 1826, art. 2, et arrêté ministériel du 30 décembre 1829, art. 2.

CHAPITRE XIII.

DISPOSITIONS PARTICULIÈRES SUR LA DETTE INSCRITE ET SUR LA DETTE FLOTTANTE.

DETTE INSCRITE.

§ 1er. — DETTE FONDÉE.

168. Aucune inscription, pour création de rentes, ne peut avoir lieu qu'en vertu d'une loi.

169. Le grand-livre de la dette publique non viagère est le titre fondamental de toutes les rentes inscrites au profit des créanciers de l'État.

Toutes les rentes inscrites au grand-livre y sont divisées et enregistrées par noms de créanciers. Le grand-livre se compose de plusieurs volumes. Le nombre des volumes et celui des séries sont déterminés par les besoins du service.

Il est délivré à chaque créancier un extrait d'inscription au grand-livre (1).

170. Il ne peut être fait aucune inscription sur le grand-livre pour une somme au-dessous de dix francs, sauf l'exception prononcée pour les rentes créées en vertu de la loi du 27 avril 1825 (2).

171. Aucune inscription ne peut être effectuée sur le grand-livre, pour transferts et mutations, sans le concours de deux agents comptables, assujettis à un cau-

(1) Décret du 24 août 1793, art. 6.

(2) Loi du 17 août 1822, et ordonnance du 16 septembre 1834, art. 1er.

tionnement et justiciables de la cour des comptes, et sans que l'agent comptable des transferts et mutations n'ait admis, sous sa responsabilité, les titres de la partie, et que celui du grand-livre n'ait procédé à la nouvelle immatricule (1).

172. Tout extrait d'inscription de rente est enregistré contradictoirement sur un double du grand-livre de la dette ; il est signé par les deux agents comptables cidessus mentionnés et par le directeur de la dette inscrite (2).

Cet extrait doit, pour former titre valable sur le Trésor, être revêtu du visa du contrôle, institué par la loi du 24 avril 1833 (3).

173. La cour des comptes ne prononce la libération des agents comptables de la dette inscrite, en ce qui concerne les accroissements résultant de nouvelles inscriptions de rentes, qu'après avoir reconnu, 1° qu'elles n'excèdent pas les crédits législatifs sur lesquels elles ont été imputées ; 2° que lesdites inscriptions ont eu lieu sur pièces régulières (4).

174. L'identité des personnes, la vérification des pièces et les qualités et les droits à la propriété sont certifiés, sous leur responsabilité, par les officiers publics que les lois ont désignés à cet effet (5).

175. Il est ouvert au grand-livre de la dette publique, au nom de la recette générale de chaque département, celui de la Seine excepté, un compte collectif qui com-

(1) Ordonnance du 12 novembre 1826, et règlement ministériel du 9 octobre 1832.

(2) Règlement ministériel du 9 octobre 1832.

(3) Loi du 24 avril 1833, art. 4.

(4) Ordonnance du 12 novembre 1826, art. 3.

(5) Loi du 28 floréal an VII, et décret du 27 prairial an X.

prend, sur la demande des rentiers, les inscriptions individuelles dont ils sont propriétaires (1).

176. Chaque receveur général tient en conséquence, comme livre auxiliaire du grand-livre du Trésor, un registre spécial où sont nominativement inscrits les rentiers participant au compte collectif tenu au ministère des finances (2).

177. Il est délivré à chaque rentier inscrit sur ce livre auxiliaire un extrait d'inscription départementale détaché d'un registre à souche et à talon.

Cet extrait est signé du receveur général, visé et contrôlé par le préfet (3).

178. Ces titres équivalent aux extraits d'inscription délivrés par le directeur de la dette inscrite. Ils sont transférables dans les départements comme les extraits d'inscription le sont à Paris, et peuvent, à la volonté des parties, être échangés contre des extraits d'inscription directs (4).

179. Les receveurs généraux sont, sans préjudice de la garantie du Trésor, personnellement responsables envers les particuliers des inscriptions, transferts, mutations, paiements et compensations qui doivent être opérés par ces comptables (5).

180. Tout propriétaire de rentes nominatives est autorisé à en réclamer la conversion en rentes au porteur (6).

Les extraits d'incriptions, revêtus des signatures des agents comptables du grand-livre et des mutations et

(1) Loi du 14 avril 1819, art. 1er.
(2) *Idem*, art. 2.
(3) *Idem*, art. 3.
(4) *Idem*, art. 4.
(5) Loi du 14 avril 1819, art. 8.
(6) Ordonnance du 29 avril 1831, art. 1er.

transferts, visés au contrôle et signés par le directeur de la dette inscrite, sont à talon ; ils sont, sur la demande des parties intéressées, rapprochés de la souche, qui reste déposée à la direction de la dette inscrite (1).

181. Les rentes au porteur sont, à la première demande qui en est faite, converties en rentes nominatives. Dans ce cas, les extraits d'inscription au porteur ne sont admis à la conversion qu'après avoir été rapprochés de la souche (2).

182. Les arrérages dus pour rentes nominatives sont payés au porteur de l'extrait d'inscription au grand-livre, sur la représentation qu'il en fait et sur sa quittance (3).

183. Chaque paiement est indiqué au dos de l'extrait d'inscription par l'application qui y est faite d'un timbre énonçant le terme ou le semestre pour lequel le paiement a eu lieu, et dont il a été donné acquit (4).

184. Les arrérages des rentes au porteur ne sont payés qu'à Paris ; ils sont acquittés sur la remise du coupon détaché des extraits d'inscription (5).

§ 2 — AMORTISSEMENT DE LA DETTE.

185. Une caisse d'amortissement est chargée du rachat de la dette fondée ; elle est surveillée par six commissaires.

La commission de surveillance est composée d'un pair de France, président, de deux membres de la chambre des députés, de celui des trois présidents de

(1) Ordonnance du 29 avril 1831, art. 5.
(2) *Idem*, art. 7.
(3) Loi du 22 floréal an VII, art. 5.
(4) *Idem*, art. 9.
(5) Ordonnance du 29 avril 1831.

la cour des comptes qui est désigné par le roi, du gouverneur de la Banque de France et du président de la chambre de commerce de Paris.

Les nominations du pair de France et des deux membres de la chambre des députés sont faites par le roi sur une liste de trois candidats présentés par la chambre des pairs et de six candidats présentés par la chambre des députés.

Les nominations sont faites pour trois ans.

Les membres sortant sont rééligibles (1).

[*A dater de 1852 la commission de surveillance est composée d'un sénateur, du gouverneur de la Banque, d'un député, d'un président de la cour des comptes, d'un conseiller d'Etat, du président de la chambre de commerce de Paris, du directeur du mouvement général des fonds du Trésor. Les nominations sont faites par l'empereur.*]

186. En cas de remplacement de l'un des deux membres de la chambre des députés, la nomination est faite sur une liste de trois candidats.

187. La caisse d'amortissement est dirigée et administrée par un directeur général auquel il peut être adjoint un sous-directeur.

Il y a un caissier responsable (2).

188. Le directeur général, le sous-directeur et le caissier sont nommés par le roi. Les traitements du directeur général, du sous-directeur et du caissier sont fixés par le roi, sur la proposition de la commission de surveillance (3).

189. Le directeur général est responsable de la ges-

(1) Loi du 28 avril 1816, art. 99.
(2) *Idem*, art. 100.
(3) *Idem*, art. 101.

tion et du détournement des deniers de la caisse, s'il y a contribué ou consenti.

Il ne peut être révoqué que sur une demande motivée de la commission de surveillance, directement adressée au roi (1).

190. Le caissier est responsable du maniement des deniers ; il fournit un cautionnement dont le montant est réglé par une ordonnance du roi, sur la proposition de la commission (2).

191. Son compte annuel est jugé par la cour des comptes (3).

192. Les fonds d'amortissement se composent :

1° De ceux qui, en exécution de la loi, ont été répartis au marc le franc et proportionnellement au capital nominal de chaque espèce de dette, savoir :

Dotations annuelles fixées par les lois ;
Rentes rachetées par la caisse d'amortissement.

2° Des rentes successivement rachetées, et dont le produit demeure affecté à l'espèce de dette sur laquelle ces rachats ont eu lieu ;

3° De la dotation spéciale qui doit être affectée à tout emprunt au moment de sa création, et qui ne peut être au-dessous d'un pour cent du capital nominal des rentes créées (4).

193. Les fonds d'amortissement sont versés chaque jour, par le caissier du Trésor public, au caissier de la caisse d'amortisement (5).

(1) Loi du 28 avril 1816, art. 102.
(2) *Idem*, art. 103.
(3) Ordonnance du 22 mai 1816, art. 40.
(4) Loi du 10 juin 1833, et loi annuelles de finances.
(5) Loi du 10 juin 1833, art. 4.

194. Ils sont employés au rachat des rentes dont le cours n'est pas supérieur au pair (1).

195. Le pair se compose du capital nominal, augmenté des arrérages échus du semestre courant (1).

196. Le fonds d'amortissement appartenant à des rentes dont le cours serait supérieur au pair est mis en réserve. A cet effet, la portion, tant de le dotation que des rentes rachetées, applicable au rachat de ces rentes, est acquittée chaque jour à la caise d'amortissement, en un bon du Trésor portant intérêt à 3 p.0/0 par an jusqu'à l'époque du remboursement (2).

197. Les rentes acquises par la caisse au moyen, 1° des sommes affectées à sa dotation, 2° des arrérages desdites sommes, sont immobilisées et ne peuvent, dans aucun cas, ni sous aucun prétexte, être vendues ni mises en circulation, à peine de faux et autres peines de droit contre tous vendeurs et acheteurs.

Lesdites rentes sont annulées aux époques et pour la quotité qui sont déterminées par une loi (3).

198. La caisse d'amortissement ne peut recevoir aucun dépôt ni consignation de quelque espèce que ce soit (4).

199. Tous les trois mois, les commissaires surveillants entendent le compte qui leur est rendu de la situation de cet établisement. Ce compte est rendu public.

Ils vérifient, toutes les fois qu'ils le jugent utile, et au moins une fois par mois, l'état des caisses, la bonne tenue des écritures, et tous les détails administratifs (5).

(1) Loi du 10 juin 1833, art. 1er.
(2) *Idem*, art. 4.
(3) Loi du 28 avril 1816, art. 109.
(4) *Idem*, art. 110.
(5) *Idem*, art. 112.

200. La commission fait passer au directeur général les observations qu'elle juge convenables et qui cependant ne sont point obligatoires pour lui (1).

201. A la session annuelle des chambres des pairs et des députés, le pair de France, comme commissaire du roi, au nom de la commission et en présence du directeur général, fait un rapport aux deux chambres sur la direction morale et sur la situation matérielle de cet établissement.

Ce rapport et les tableaux dont il peut être accompagné sont rendus publics (2).

202. Il ne peut, dans aucun cas, ni sous aucun prétexte, être porté atteinte à la dotation de la caisse d'amortissement.

Cet établissement est placé, de la manière la plus spéciale, sous la surveillance et la garantie de l'autorité législative (3).

203. Les rentes sur le grand-livre de la dette publique, acquises par la caisse d'amortissement, sont inscrites en son nom. Il est fait mention, sur les inscriptions au grand-livre, qu'elles ne peuvent être transférées, et il est en outre apposé, sur les extraits desdites inscriptions qui sont délivrés au nom de la caisse, un timbre portant ces mots : *non transférable* (4).

204. Les rachats que fait la caisse d'amortissement n'ont lieu qu'avec concurrence et publicité (5).

[Les rachats de l'amortissement ont été arrêtés le 14 juillet 1848

(1) Loi du 28 avril 1816, art. 113.
(2) *Idem*, art. 114.
(3) *Idem*, art. 115.
(4) Ordonnance du 22 mai 1816, art. 25.
(5) Loi du 1er mai 1825, art. 3.

en vertu d'une décision du ministre des finances sanctionnée par la loi du budget de l'exercice 1849.] (Loi de finances du 19 mai 1849.)

205. Il ne peut être disposé d'aucune partie des rentes rachetées par la caisse d'amortissement, qu'en vertu d'une loi spéciale (1).

206. Lorsque le cours des rentes redescend au pair ou au-dessous du pair, les bons délivrés par le Trésor deviennent exigibles et sont remboursés à la caisse d'amortissement, successivement et jour par jour, avec les intérêts courus jusqu'au remboursement, en commençant par le bon le plus anciennement souscrit. Les sommes ainsi remboursées sont employées au rachat des rentes auxquelles appartient la réserve, tant que leur prix ne s'élève pas de nouveau au-dessus du pair (2).

207. Il n'est disposé du montant de la réserve possédée par la caisse d'amortissement que pour le rachat ou le remboursement de la dette consolidée. Le remboursement n'a lieu qu'en vertu d'une loi spéciale (3).

208. Toutefois, dans le cas d'une négociation de rentes sur l'État, les bons du Trésor dont la caisse d'amortissement se trouve propriétaire sont convertis, jusqu'à due concurrence du capital et des intérêts, en une portion des rentes mises en adjudication.

Ces rentes sont réunies au fonds d'amortissement affecté à l'espèce de dette à laquelle appartenait la réserve, et transférées, au nom de la caisse d'amortissement, au prix et aux conditions de l'adjudication de

(1) Loi du 10 juin 1833, art. 3.
(2) *Idem*, art. 5.
(3) *Idem*, art. 6.

l'emprunt; elles sont inscrites au grand-livre, avec imputation sur les crédits législatifs ouverts au ministre des finances (1).

209. Lorsqu'il s'agit de pourvoir à des dépenses extraordinaires de travaux publics, la conversion en rentes, des bons du Trésor délivrés à la caisse d'amortissement, peut être opérée par le ministre des finances pour la totalité des ressources nécessaires ; cette opération a lieu le premier jour de chaque semestre, au cours moyen et avec jouissance du même jour, pour le capital et les intérêts des bons du Trésor dont la caisse d'amortissement est propriétaire à chacune desdites époques (2).

210. Les rentes créées en conséquence des articles ci-dessus sont inscrites au nom de la caisse d'amortissement, et imputées sur les crédits ouverts par les lois (3).

[Les fonds de l'amortissement qui, à partir du 1er janvier 1842, seront rendus libres par l'élévation du cours des rentes au-dessus du pair, sont et demeurent affectés à l'extinction successive des découverts du Trésor pblic sur les buudgets des exercices 1840, 1841, 1842.

Au fur et à mesure du règlement définitif de ces trois exercices, les découverts qu'ils présenteront seront transportés à un compte spécial dans la comptabilité générale des finances.

Les bons du Trésor formant la réserve de l'amortissement seront, de semestre en semestre, consolidés et convertis en rentes au cours moyen et avec jouissance du premier jour du semestre pendant lequel la réserve aura été accumulée, et le produit de ces consolidations sera porté en recette au compte spécial ci-dessus prescrit, jusqu'à l'entière extinction des découverts constatés.

Les crédits nécessaires au paiement des rentes délivrées à la

(1) Loi du 10 juin 1833, art. 7

(2) Loi du 17 mai 1837, art. 3.

(3) Loi du 17 août 1835, art. 3.

caisse d'amortissement, pourront être ouverts par des ordonnances royales, sauf régularisation législative. (Loi du 25 juin 1841, art. 36.)

Le fonds d'amortissement ne figure que pour ordre, au budget, en recetteet en dépense, depuis l'exercice 1849.] (Loi du 19 mai 1849.)

§ 3. — DETTE VIAGÈRE.

1° RENTES.

211. Le grand-livre de la dette publique viagère est le titre fondamental de tous les créanciers viagers de l'État.

Les rentes viagères sont enregistrées sur un grand-livre composé de plusieurs volumes; elles sont divisées en quatre séries ou classes, selon le nombre de têtes sur lesquelles les rentes reposent (1).

212. Chaque créancier y est crédité de la rente viagère dont il est propriétaire (2).

213. Il est délivré aux propriétaires des rentes viagères inscrites sur le grand-livre, un extrait d'inscription signé par les deux agents comptables des mutations et transferts et du grand-livre et par le directeur de la dette inscrite (3).

Cet extrait doit, pour former titre valable sur le Trésor, être revêtu du visa du contrôle (4).

214. Il est ouvert sur le grand-livre de la dette publique viagère un compte de l'État, au crédit duquel sont portées toutes les extinctions, afin qu'on puisse re-

(1) Loi du 23 floréal an II, art. 41 et 46.

(2) *Idem*, art. 42.

(3) *Idem*, art. 61, et règlement ministériel du 9 octobre 1832.

(4) Loi du 24 avril 1833, art. 4.

connaître et constater, dans tous les temps, le montant des diminutions que la dette viagère a éprouvées (1).

215. Toutes les rentes rejetées du grand-livre pour cause de non-réclamation des arrérages pendant trois années consécutives, sont transportées à ce même compte (2).

216. Ces rentes peuvent être rétablies, lorsque les ayants droit justifient au Trésor de leur existence par un certificat de vie.

Les rétablissements n'ont lieu qu'en vertu de décisions ministérielles, et avec le concours des deux agents comptables du grand-livre et des transferts et mutations (3).

217. Les arrérages de la dette viagère sont payés au porteur de l'extrait d'inscription, et sur sa quittance. Il est rapporté à l'appui un certificat de vie de la tête sur laquelle la rente repose (4).

218. Chaque paiement est indiqué au dos de l'extrait d'inscription, par l'application qui y est faite d'un timbre énonçant le terme ou le semestre pour lequel le paiement a eu lieu, et dont il a été donné acquit (5).

2° PENSIONS.

[*Les caisses de retraites sont supprimées, et les pensions civiles des fonctionnaires soumis à des retenues sur leurs émoluments sont inscrites sur le livre des pensions de l'État.*] (Loi du 9 juin 1853.)

219. Toutes les pensions à payer sur les crédits de la

(1) Loi du 23 floréal an II, art. 45.
(2) Décret du 8 ventôse an XIII, art. 1er.
(3) *Idem*, art. 2.
(4) Loi du 22 floréal an VII, art. 6.
(5) *Idem*, art. 9.

dette publique sont inscrites au livre des pensions (1).

220. Aucun ministre ne peut faire payer de pensions sur les fonds de son département, sauf les exceptions déterminées par les lois (2).

Cette disposition est applicable à toutes les pensions qui existeraient ou seraient créées sous la dénomination de traitements conservés, et sous quelque autre que ce soit (3).

221. Le ministre des finances ne peut faire inscrire ni payer aucune pension dont le montant dépasserait le maximun fixé par les lois, et dont la création ne lui serait pas justifiée par une ordonnance énonçant les motifs et les bases légales de la concession, et qui ait été insérée au *Bulletin des lois* (4).

222. Les pensions imputables sur les fonds généraux de l'État, sont (5) :

Les pensions de l'ancien sénat et de la pairie (6) ;

Les pensions civiles (7) ;

Les pensions ecclésiastiques (8) ;

Les pensions militaires de retraite et de réforme, les pensions de veuves de militaires et les secours annuels au profit d'orphelins (9).

(1) Loi du 27 février 1811, art. 1er, et loi du 25 mars 1817, art. 2.

(2) *Idem*, art. 2 et 23.

(3) Loi du 15 mai 1818, art. 11.

(4) Loi du 25 mars 1817, art. 25 et 26.

(5) Règlement ministériel du 9 octobre 1832, c. II, art. 1er.

(6) Loi du 28 mai 1829.

(7) Lois des 22 août 1790, 31 juillet et 22 août 1791, et décret réglementaire du 13 septembre 1806.

(8) Lois des 24 août 1790, 16 et 18 août 1792, 2 frimaire an II et 9 vendémiaire an VI.

(9) Lois et ordonnances du 28 fructidor an VII, 14 et 27 août 1814, 17 août 1822, 11 avril 1831 et 19 mai 1834.

Les doublements de solde de retraite des anciens vétérans des camps d'Alexandrie et de Juliers (1).

Les pensions de donataires (2);

Les pensions à titre de récompense nationale (3) ;

Les pensions des vainqueurs de la Bastille (4).

223. Indépendamment des crédits de paiement alloués chaque année pour les pensions de toute nature ; des crédits législatifs d'inscription, annuels ou permanents, sont ouverts pour les nouvelles concessions, en ce qui concerne les pensions civiles, les pensions militaires, les pensions à titre de récompense nationale, et les pensions des vainqueurs de la Bastille (5).

224. Aucune pension appartenant à l'une des natures spécifiées en l'article précédent ne doit être inscrite et ne peut être imputée sur les crédits législatifs qu'en vertu de deux ordonnances distinctes autorisant, l'une la concession, l'autre l'imputation sur les crédits d'inscription.

L'ordonnance de concession est rendue sur la proposition du ministre dans le département duquel les droits ont été acquis.

Toute liquidation de pension faite dans un ministère autre que celui des finances est communiquée au ministre de ce département, pour y être soumise, avant la concession, aux vérifications prescrites par la loi du 25 mars 1817 et par l'ordonnance du 20 juin de la même année.

L'ordonnance d'imputation sur les crédits d'inscrip-

(1) Loi du 14 juillet 1819, art. 8.

(2) Loi du 26 juillet 1821.

(3) Lois et ordonnance des 13 décembre 1830, 25 août 1831, 21 avril et 13 décembre 1833, 4 septembre 1835 et 15 juin 1836.

(4) Loi du 26 avril 1833.

(5) Lois des 25 mars 1817 et 17 avril 1833.

tion est toujours proposée par le ministre des finances, quel que soit le département ministériel dans lequel les droits ont été acquis (1).

225. Il n'y a pas lieu à la formalité de deux ordonnances pour les pensions de l'ancien sénat et de la pairie, les pensions ecclésiastiques, les doublements de solde des vétérans, attribués aux veuves à titre de réversibilité, et les pensions de donataires. Ces pensions n'étant plus susceptibles que de rares accroissements, sont imputables de droit sur les crédits qui leur ont été originairement affectés. Leur inscription est autorisée par l'ordonnance même qui statue sur la reconnaissance du droit des parties.

226. L'agent comptable des pensions rend à la cour des comptes un compte annuel des accroissements et diminutions opérés pendant l'année dans les pensions inscrites sur les fonds généraux (2).

227. La cour des comptes ne prononce la libération de l'agent comptable des pensions, en ce qui concerne les accroissements résultant de nouvelles inscriptions, qu'après avoir constaté, 1° que ces inscriptions n'excèdent pas les crédits législatifs sur lesquels elles ont été imputées ; 2° qu'elles ont eu lieu sur pièces régulières (3).

228. Les certificats d'inscription délivrés par suite de la concession d'une pension, à quelque titre que ce soit, doivent, pour être admis en paiement, être revêtus du visa du contrôle (4).

(1) Ordonnance du 20 juin 1817.

(2) Ordonnance du 12 novembre 1826, et règlement ministériel du 9 octobre 1832, c. II, art. 12.

(3) Règlement ministériel du 9 octobre 1832, art. 3.

(4) Loi du 24 avril 1833, art. 5.

229. Les arrérages des pensions sont payés au porteur du certificat d'inscription, qui en donne son acquit.

Il est rapporté à l'appui de ce brevet un certificat de vie du pensionnaire, et, en cas de décès, les pièces justificatives des droits des héritiers (1).

230. Chaque paiement est indiqué au dos du certificat d'inscription de pension, par l'application qui y est faite d'un timbre énonçant le trimestre ou le semestre pour lequel le paiement a eu lieu, et dont il a été donné acquit (2).

231. Il ne doit être reçu aucune opposition au paiement des arrérages de pensions, non plus qu'aucune signification de transport, cession ou délégation de tout ou partie d'une pension.

Les créanciers d'un pensionnaire ne peuvent exercer qu'après son décès, et sur le décompte de sa pension, les poursuites et diligences nécessaires pour la conservation de leurs droits (3).

232. Les pensions militaires et leurs arrérages ne sont saisissables que dans le cas de débet envers l'État ou dans les circonstances prévues par les articles 203, 205 et 214 du Code civil.

Dans ces deux cas, les pensions militaires sont passibles de retenues qui ne peuvent excéder le cinquième de leur montant pour cause de débet, et le tiers pour aliments (4).

233. Nul ne peut cumuler deux pensions, ni une

(1) Loi du 22 floréal an VII, art. 6.

(2) *Idem*, art. 9.

(3) Loi et arrêté du gouvernement des 22 floréal an VII et 7 thermidor an X.

(4) Lois des 11 avril 1831, art. 28, et 19 mai 1834, art. 20.

pension avec un traitement d'activité, de retraite ou de réforme, qu'autant que les deux allocations réunies n'excèdent pas 700 fr. et seulement jusqu'à concurrence de cette somme. Le pensionnaire a le choix de la pension ou du traitement le plus élevé (1).

234. Les pensions de retraite pour services militaires peuvent se cumuler avec un traitement civil d'activité excepté dans le cas où des services civils ont été admis comme complément du droit à ces pensions (2).

Les pensions militaires de réforme sont dans tous les cas, cumulables avec un traitement civil d'activité (3).

235. Les pensions des vicaires généraux, chanoines, celles des curés de canton septuagénaires, et celles dont les chevaliers de Malte présents à la capitulation de l'île jouissent en vertu de cette capitulation, peuvent se cumuler avec un traitement d'activité, jusqu'à concurrence de deux mille cinq cents francs.

Les pensions des académiciens et hommes de lettres attachés à l'instruction publique, à la Bibliothèque royale, à l'Observatoire ou au Bureau des longitudes, peuvent, quand elles n'excèdent pas deux mille francs (et jusqu'à concurrence de cette somme, si elles l'excèdent) se cumuler avec un traitement d'activité, pourvu que la pension et le traitement ne s'élèvent pas ensemble à plus de six mille francs (4).

236. Le titulaire de deux pensions, l'une sur le Trésor, l'autre sur les caisses de retenues des ministères et administrations, peut en jouir distinctement, pourvu

(1) Lois des 25 mars 1817, art. 27, et 15 mai 1818, art. 13.
(2) Lois des 25 mars 1817, art. 27, et 11 avril 1831, art. 4 et 27.
(3) Loi du 19 mai 1834.
(4) Loi du 15 mai 1818, art. 12.

qu'elles ne se rapportent ni au même temps, ni aux mêmes services (1).

237. La faculté du cumul accordée aux chevaliers de Malte par l'article 12 de la loi du 15 mai 1818 s'étend à la jouissance simultanée de leur pension et d'une pension de retraite ou de tout traitement quelconque (2).

238. Ne sont pas soumises aux dispositions prohibitives du cumul les pensions accordées aux anciens donataires et à leurs veuves (3).

239. Toute autre exception aux lois prohibitives du cumul est autorisée par une disposition spéciale de la loi.

[*Les dotations allouées aux sénateurs ne sont pas soumises aux lois du cumul, à moins qu'il n'en soit* autrement ordonné par le décret d'institution.] (Décrets des 24 mars 1852, art. 2; 2 août 1852, art. 1er.)

240. Tout pensionnaire est tenu de déclarer, dans son certificat de vie, qu'il ne jouit d'aucun traitement, sous quelque dénomination que ce soit, ni d'aucune autre pension ou solde de retraite soit à la charge de l'Etat, soit sur les fonds des Invalides de la marine (4).

Lorsqu'un pensionnaire est dans une position qui lui rend applicables les exceptions faites aux lois sur le cumul, il doit déclarer la nature et la quotité de l'allocation dont il jouit concurremment avec sa pension.

241. Ceux qui, par de fausses déclarations, ou de quelque manière que ce soit, auraient usurpé plusieurs pensions, ou un traitement avec une pension, sont rayés

(1) Ordonnance du 8 juillet 1818.
(2) Loi du 14 juillet 1819, art. 6.
(3) Loi du 26 juillet 1821, art. 6.
(4) Loi du 15 mai 1818, art. 14.

de la liste des pensionnaires ; ils sont en outre poursuivis en restitution des sommes indûment perçues (1).

§ 4. — CAUTIONNEMENTS.

242. Les cautionnements en numéraire, applicables à la garantie de fonctions publiques qui y sont assujetties par les lois et règlements, doivent être versés dans les caisses du Trésor (2).

243. Aucun certificat d'inscription de cautionnement n'est délivré sans que le récépissé comptable du versement fait dans une des caisses publiques n'ait été rapporté au bureau des cautionnements chargé d'effectuer l'inscription sur les livres du Trésor (3).

244. Les certificats d'inscription de cautionnement et ceux de privilége de deuxième ordre, à délivrer aux bailleurs de fonds, doivent, pour former titre valable contre le Trésor public, être revêtus du visa du contrôle (4).

245. Le remboursement des capitaux de cautionnements est effectué par les payeurs, en vertu des ordres de paiement du ministre des finances, et imputé sur le fonds flottant des cautionnements.

Les intérêts des capitaux de cautionnements sont acquittés par les payeurs, d'après les ordonnances du ministre des finances imputables sur les crédits législatifs (5).

246. Les intérêts annuellement dus pendant la gestion

(1) Loi du 15 mai 1818, art. 15.
(2) Règlement ministériel du 9 octobre 1832, chap. III, art. 1er.
(3) *Idem*, art. 2.
(4) Loi du 24 avril 1833, art. 5.
(5) Arrêté du ministre des finances du 29 novembre 1834.

des comptables sont acquittés sur la représentation des certificats d'inscription, ou quand il y a privilége du second ordre, au vu du certificat délivré en exécution du décret du 22 décembre 1812.

Ils sont payés aux créanciers sur la production des pièces justificatives de leurs droits (1).

DETTE FLOTTANTE.

247. La loi annuelle des dépenses fixe le crédit nécessaire au service des intérêts de la dette flottante du Trésor (2).

248. La loi des finances qui détermine les voies et moyens de chaque exercice autorise le ministre des finances à créer, pour le service de la trésorerie et les négociations avec la Banque, des bons du Trésor portant intérêts et payables à échéances, et elle fixe la somme que les bons en circulation ne peuvent excéder.

La limite de ce crédit ne peut être dépassée que dans le cas d'insuffisance des ressources affectées aux besoins du service et en vertu d'une ordonnance du roi, dont il est rendu compte à la plus prochaine session des Chambres (3).

249. Les dépenses faites sur les crédits affectés aux intérêts de la dette flottante et aux frais de négociations et de service du Trésor, sont examinées et vérifiées chaque année par une commission spéciale nommée par le roi et composée de membres du conseil d'Etat et de

(1) Arrêté du gouvernement en date du 24 germinal an VIII et décret du 22 décembre 1812.

(2) Lois annuelles de finances.

(3) *Idem.*

la cour des comptes et d'un inspecteur général des finances.

La commission constate le résultat de sa vérification par un procès-verbal, dont une copie est adressée à la cour des comptes par le ministre des finances (1).

TITRE II.

COMPTABILITÉ ADMINISTRATIVE.

CHAPITRE XIV.

COMPTABILITÉ DES ORDONNATEURS.

1° LIVRES, ÉCRITURES ET CONTRÔLES.

250. Une comptabilité centrale établie dans chaque ministère constate toutes les opérations relatives à la liquidation, à l'ordonnancement et au paiement des dépenses.

Les ministres doivent établir leur comptabilité respective d'après les mêmes principes, les mêmes procédés et les mêmes formes.

A cet effet, il est tenu dans chaque ministère *un journal général* et *un grand-livre* en parties doubles, dans lesquels sont consignées sommairement et à leur date toutes les opérations concernant la fixation des crédits, la liquidation des dépenses, l'ordonnancement et le paiement.

Ces mêmes opérations sont décrites en outre, et avec

(1) Ordonnance du 15 janvier 1823.

détail, sur des livres auxiliaires dont le nombre et la forme sont déterminés suivant la nature des services.

Les résultats de ces comptabilités sont rattachés successivement aux écritures et au compte général des finances, qui doivent servir de base au règlement définitif des budgets (1).

251. Dans les premiers jours de chaque mois, les payeurs du Trésor remettent aux différents ordonnateurs secondaires, un double des bordereaux sommaires et de détail, par exercice, ministère et service, qu'ils ont envoyés au ministère des finances, avec les acquits et autres pièces justificatives de dépenses. Les ordonnateurs, après avoir revêtu ces bordereaux de leur visa, les transmettent immédiatement à leur ministère respectif.

Au moyen de ces bordereaux, les ministres établissent le rapprochement des paiements effectués avec les revues, décomptes et tous autres éléments de liquidation, qui ont réglé définitivement les dépenses comprises dans le compte de chaque exercice (2).

252. Les ordonnateurs secondaires, délégataires ou sous-délégataires des crédits ministériels, tiennent un journal sur lequel ils inscrivent, par ordre de priorité, toutes les opérations qui concernent les dépenses dont l'administration leur est confiée (3).

253. Chacun des articles de ce journal est successivement rapporté sur un sommier ou grand-livre de comptes ouverts par ordre de matières, et suivant les divisions du budget (3).

254. Les livres auxiliaires ou de développement des

(1) Ordonnance du 14 septembre 1822, art. 18.

(2) *Idem*, art. 19.

(3) Règlements ministériels.

ordonnateurs secondaires peuvent varier dans leur forme et dans leur nombre, selon les besoins particuliers de chaque service (1).

255. Ces divers registres sont principalement destinés à recevoir l'inscription successive, par créancier, par chapitre et article, des crédits ouverts, des droits constatés sur les services faits, des mandats délivrés et des paiements effectués (1).

2° COMPTES A RENDRE.

256. Le dix de chaque mois, les titulaires des crédits de délégation, après s'être assurés de la concordance des résultats du grand-livre ou sommier général, avec ceux de leur journal, adressent à leur ministère respectif des comptes d'emploi ou relevés mensuels établis dans la forme déterminée par les règlements spéciaux.

L'envoi de ces comptes administratifs a lieu, pour chaque exercice, de mois en mois, jusqu'à l'époque fixée par ces règlements pour la clôture des crédits de délégation (1).

257. Ces relevés mensuels présentent par chapitre et, s'il y a lieu, par article du budget,

1° Le montant des crédits de délégation ;

2° Les droits constatés sur les services faits ;

3° Le montant des mandats délivrés ;

4° Celui des paiements effectués (1).

258. Un compte ou relevé général et définitif est établi et adressé à chaque ministère, par les ordonnateurs secondaires, au terme fixé pour la clôture du

(1) Règlements ministériels.

paiement des dépenses de chaque exercice, et tous leurs livres sont arrêtés à la même époque (1).

CHAPITRE XV.

COMPTABILITÉ DES PRÉPOSÉS COMPTABLES DE LA RECETTE ET DE LA DÉPENSE ET DU SERVICE DE TRÉSORERIE.

§ 1er. — COMPTABLES CHARGÉS DE LA PERCEPTION DES IMPÔTS.

259. Les préposés à la perception des revenus publics sont chargés de liquider et constater la dette des redevables, de leur en notifier le montant, d'en percevoir le produit et d'exercer les poursuites prescrites par les lois et règlements ; toutefois l'assiette des contributions directes est confiée à des fonctionnaires et agents spéciaux (1).

260. Les comptables chargés de la perception des revenus publics sont tenus de se libérer de leurs recettes aux époques et dans les formes prescrites par les lois et règlements (1).

261. Ils acquittent les frais de régie, de perception et d'exploitation qui sont ordonnancés sur leurs caisses, et ils les portent en dépense définitive dans leurs comptes (1).

1° LIVRES, ÉCRITURES ET CONTRÔLES.

262. Tout comptable chargé de la perception des droits et revenus de l'Etat est tenu d'enregistrer les faits de sa gestion sur les livres ci-après :

1° Un livre-journal de caisse et de portefeuille où sont

(1) Règlements ministériels.

consignés les entrées, les sorties des espèces et valeurs et le solde de chaque journée;

2° Des registres auxiliaires destinés à présenter les développements propres à chaque nature de service ;

3° Un sommier ou livre récapitulatif résumant ses opérations selon leur nature, et présentant sa situation complète et à jour (1).

263. Tout préposé à la perception de deniers publics est tenu de procéder :

1° A l'enregistrement en toutes lettres au rôle, état de produit ou autre titre légal, quelle que soit sa dénomination ou sa forme, de la somme reçue et de la date du recouvrement ;

2° A son inscription immédiate, en chiffres, sur son journal ;

A la délivrance d'une quittance à souche (2).

264. Sont néanmoins exceptées de la formalité d'une quittance à souche les recettes opérées par les receveurs de l'enregistrement, du timbre et des domaines (3).

La même exception est applicable au produit de la taxe des lettres.

265. Tout versement ou envoi en numéraire et autres valeurs, fait aux caisses des receveurs généraux et particuliers des finances et aux payeurs, pour un service public, donne lieu à la délivrance immédiate d'un récépissé à talon.

Ce récépissé est libératoire et forme titre envers le trésor public, à la charge toutefois, par la partie versante,

(1) Arrêté du ministre des finances du 10 novembre 1836, art. 2.
(2) *Idem*, art. 4, 5 et 6.
(3) Ordonnance du 8 décembre 1832, art. 9.

de le faire viser et séparer de son talon, à Paris immédiatement, et dans les départements dans les vingt-quatre heures de sa date, par les fonctionnaires et agents administratifs désignés à cet effet.

A l'égard des envois faits par des comptables à d'autres comptables qui n'habitent pas la même résidence, le visa à apposer sur les récépissés est requis par celui qui a reçu les fonds et valeurs (1).

266. Les préfets et sous-préfets rendent immédiatement aux parties les récépissés revêtus de leur visa, après en avoir détaché le talon qu'ils adressent tous les mois au receveur général chargé de les transmettre, après vérification, au ministère des finances (2).

267. Ces récépissés sont enregistrés sur des livres tenus dans les préfectures et sous-préfectures. Les résultats de ces enregistrements sont comparés, chaque mois, avec les bordereaux détaillés de récépissés, que les receveurs des finances sont tenus de former, et que les préfets et sous-préfets adressent au ministère, après les avoir dûment certifiés (3).

2° COMPTES A RENDRE.

268. Le contrôle des comptables supérieurs sur les agents de la perception qui leur sont subordonnés s'exerce par le visa des registres, la vérification de la caisse, l'appel des valeurs, des pièces justificatives et des divers éléments de leur comptabilité, et par tous les

(1) Loi du 24 avril 1833, art. 1er; ordonnances du 8 décembre 1832 et 12 mai 1833.

(2) Décret du 4 janvier 1808, art. 5, ordonnances du 19 novembre 1826, art. 3, et du 8 décembre 1832, art. 1er.

(3) Ordonnance du 19 novembre 1826, art. 4 et 5.

autres moyens indiqués par les règlements de chaque service.

La libération des comptables inférieurs s'opère par la représentation des récépissés du comptable supérieur, qui justifient le versement intégral des sommes qu'ils étaient tenus de recouvrer (1).

269. Les comptables principaux chargés de la perception des revenus indirects sont tenus d'adresser chaque mois, à la comptabilité générale des finances, un bordereau de leurs recettes et de leurs dépenses, accompagné des pièces justificatives qui s'y rapportent, et revêtu de la certification du directeur ou contrôleur local de leur service (2).

270. Ces comptables principaux sont directement justiciables de la cour des comptes, et présentent le compte de leur gestion en leur nom et sous leur responsabilité personnelle (3).

271. Les comptes sont rendus par année pour la recette et la dépense, en y conservant toutefois la distinction des exercices auxquels les opérations se rattachent.

Ils comprennent tous les faits de la gestion des préposés pendant la période annuelle, quelle que soit leur nature et à quelque service public ou particulier qu'ils se rapportent.

Chacun de ces comptes doit présenter :

1° Le tableau des valeurs existant en caisse et en portefeuille et des créances à recouvrer par le comptable au commencement de la gestion annuelle, ou l'avance

(1) Instruction du ministre des finances du 15 décembre 1826.
(2) Arrêté du 9 novembre 1820, art. 5.
(3) *Idem*, art. 2.

dans laquelle le préposé serait constitué à la même époque ;

2° Les recettes et les dépenses de toute nature faites pendant le cours de cette gestion ;

3° Enfin, le montant des valeurs qui se trouvent dans la caisse et le portefeuille du comptable, et des créances restant à recouvrer à la fin de la gestion annuelle, ou la somme dont le préposé serait en avance à la même époque (1).

272. Lorsqu'il n'existe pas de comptable principal par département, les opérations comprises dans les comptes des préposés, sont résumées dans un bordereau récapitulatif établi, soit sur les lieux par le directeur du service, soit à Paris par les soins de la comptabilité générale des finances.

Ces bordereaux récapitulatifs sont adressés à la cour des comptes avec les comptes individuels (2).

3° RESPONSABILITÉ.

273. Chaque comptable principal est responsable des recettes et dépenses de ses subordonnés qu'il a rattachés à sa gestion personnelle.

Toutefois cette responsabilité ne s'étend pas à la portion des recettes des comptables inférieurs, dont il n'a pas dépendu du comptable principal de faire effectuer le versement ou l'emploi.

274. Lorsque des irrégularités sont constatées dans le service d'un comptable subordonné, le comptable supérieur prend ou provoque envers lui les mesures prescrites par les règlements ; il est même autorisé à le sus-

(1) Arrêté du 9 novembre 1820, art. 3.
(2) *Idem*, art. 5.

pendre immédiatement de ses fonctions, et à le faire remplacer par un gérant provisoire à sa nomination, en donnant avis de ces dispositions à l'autorité administrative (1).

L'application de ces mesures aux préposés des douanes, des contributions indirectes et des postes, appartient exclusivement aux agents administratifs chargés de la surveillance du service.

275. Lorsqu'un comptable a couvert de ses deniers le déficit de ses subordonnés, il demeure subrogé à tous les droits du Trésor sur le cautionnement, la personne et les biens du comptable reliquaire (2).

276. Tous les comptables ressortissant au ministère des finances sont responsables du recouvrement des droits liquidés sur les redevables et dont la perception leur est confiée; en conséquence, ils sont et demeurent chargés, dans leurs écritures et dans leurs comptes annuels, de la totalité des rôles ou des états de produits qui constatent le montant de ces droits, et ils doivent justifier de leur entière réalisation avant l'expiration de l'année qui suit celle à laquelle les droits se rapportent (3).

277. Les comptables peuvent obtenir la décharge de leur responsabilité, en justifiant qu'ils ont pris toutes les mesures et fait en temps utile toutes les poursuites et diligences nécessaires contre les redevables et débiteurs (4).

278. Les receveurs généraux et particuliers des finances sont tenus de verser au Trésor, de leurs deniers

(1) Ordonnance du 19 novembre 1826, art. 9.
(2) *Idem*, art. 2 et 10.
(3) Ordonnance du 8 décembre 1832, art. 1er.
(4) *Idem*, art. 2.

personnels, le 30 novembre de chaque année, les sommes qui n'auraient pas été recouvrées sur les rôles des contributions de l'année précédente(1).

279. A l'égard des autres receveurs de deniers publics, il est dressé, avant l'expiration de la seconde année de chaque exercice, des états par branche de revenus et par comptable, présentant les droits et produits restant à recouvrer, avec la distinction des créances qui doivent demeurer à la charge des comptables, de celles qu'il y a lieu d'admettre en reprise à l'exercice suivant, et de celles dont les receveurs sont dans le cas d'obtenir la décharge.

Le montant des droits et produits tombés en non-valeurs ou à porter en reprise, figure distinctement dans les comptes des receveurs, et il en est justifié à la cour des comptes.

Le ministre des finances statue sur les questions de responsabilité, sauf l'appel au conseil d'État (2).

280. Les comptables en exercice versent immédiatement dans leurs caisses le montant des droits dont ils ont été déclarés responsables; s'ils sont hors de fonctions, le recouvrement en est poursuivi contre eux, à la diligence de l'agent judiciaire du Trésor public(3).

281. Lorsque les comptables ont soldé, de leurs deniers personnels, les droits dus par les redevables ou débiteurs, ils demeurent subrogés dans tous les droits du Trésor public, conformément aux dispositions du Code civil (4).

(1) Ordonnance du 8 décembre 1832, art. 3.
(2) *Idem*, art. 4.
(3) *Idem*, art. 5.
(4) *Idem*, art. 6.

§ 2. — RECEVEURS GÉNÉRAUX ET PARTICULIERS DES FINANCES.

282. Les receveurs généraux des finances et les receveurs particuliers qui leur sont subordonnés, dirigent et centralisent la perception et le recouvrement des contributions directes; ils reçoivent directement certains produits du budget, et ils exécutent, dans chaque département, les opérations du service de trésorerie (1).

1° LIVRES, ÉCRITURES ET CONTRÔLES.

283. Les livres de ces comptables tenus en parties doubles, sont :

Des livres élémentaires ou de premières écritures ;

Un journal général,

Un grand-livre,

Et des livres auxiliaires.

Les opérations de toute nature sont d'abord consignées en détail, au moment même de leur exécution, sur les livres élémentaires; elles sont, à la fin de la journée, résumées au journal et classées dans les comptes ouverts sur le grand-livre; enfin, les développements de ces comptes sont établis sur les livres auxiliaires (2).

Le journal des receveurs particuliers sert de livre de premières écritures et de registre de caisse (3).

284. Les receveurs généraux sont tenus de porter successivement le montant intégral de leurs recettes au crédit d'un compte courant du Trésor, qui produit des

(1) Décret du 4 janvier 1808, art. 18.
(2) Instruction du 15 décembre 1826, art. 1421.
(3) *Idem*, art. 1259.

intérêts à leur charge, valeur aux époques déterminées par les règlements.

Ce même compte courant est débité des paiements et des versements faits pour le compte du Trésor, et pour lesquels ils doivent produire des acquits et des récépissés réguliers (1).

2° COMPTES A RENDRE.

285. Les receveurs particuliers gèrent sous la surveillance et la direction du receveur général de leur département, auquel ils comptent de leurs opérations. Ils sont valablement et définitivement déchargés de leurs recettes par les avis de crédit du receveur général, comptable de leur gestion envers l'administration et la cour des comptes.

Ils sont tenus de transmettre tous les dix jours, tant au receveur général de leur département qu'au ministère des finances, la copie de leur journal, et, à la fin de chaque mois, la balance de leur grand-livre et tous autres documents déterminés par les instructions (2).

286. Chaque receveur général en ce qui concerne sa gestion, transmet au ministère, aux mêmes époques, de semblables éléments de compte, et il produit en outre un compte mensuel de ses recettes et de ses dépenses, appuyé des pièces justificatives et d'états de développement (2).

287. A l'expiration de l'année, les receveurs généraux des finances rendent des comptes qui comprennent tous les actes de leur gestion pendant la durée de

(1) Instruction du 15 décembre 1826.

(2) décret du 4 janvier 1808, et instruction du 15 décembre 1826, art. 1413 à 1417.

chaque année ; la forme de ces comptes et les justifications à fournir par les comptables sont déterminées par le ministre des finances (1).

288. Le compte de chaque receveur général doit présenter :

1° Le tableau des valeurs existantes en caisse et en portefeuille, ainsi que la situation du comptable envers le Trésor et envers les correspondants administratifs, à l'époque où commence la gestion annuelle ;

2° Les recettes et les dépenses de toute nature pendant le cours de cette gestion ;

3° Enfin, la situation du receveur général et le montant des valeurs qui se trouvent dans sa caisse et dans son portefeuille, à l'époque où se termine la gestion (2).

289. La recette comprend :

Les recouvrements effectués pendant la gestion sur les contributions directes, les produits de coupes de bois et autres produits spéciaux du Trésor, avec distinction d'exercice ;

Les recettes diverses et accidentelles de toute nature ;

Les versements des préposés des administrations de finances ;

Les fonds reçus des correspondants du Trésor, comprenant les sommes versées par les départements, les communes, les hospices et par tous autres établissements ou administrations ;

Enfin, toutes les recettes provenant des mouvements de valeurs, virements de fonds et autres dispositions de service (3).

(1) Ordonnance du 18 novembre 1817, art. 1er.
(2) *Idem*, art. 2.
(3) *Idem*, art. 3.

290. La dépense se compose :

Des paiements faits sur la recette brute des contributions directes pour affectations locales et pour frais de perception, avec distinction d'exercice ;

Des paiements et remboursements régulièrement autorisés sur les produits ;

Des fonds employés au service des divers correspondants du Trésor ;

Des versements et envois de valeurs aux comptables du Trésor ;

Des dispositions du Trésor acquittées ;

Enfin, de toutes les opérations du service des receveurs généraux des finances (1).

291. Les receveurs généraux adressent leurs comptes annuels en double expédition, avec toutes les pièces justificatives, à la comptabilité générale des finances, chargée de les vérifier, avant leur transmission à la cour des comptes (2).

3° RESPONSABILITÉ.

292. Les receveurs généraux des finances sont responsables de la gestion des receveurs particuliers de leur département.

Chaque receveur général est, à cet effet, chargé de surveiller les opérations des receveurs particuliers de son département, d'assurer l'ordre de leur comptabilité, de contrôler leurs recettes et leurs dépenses.

Les receveurs généraux disposent également, sous leur responsabilité, des fonds reçus par les receveurs particuliers, soit qu'il les fassent verser à la recette gé-

(1) Ordonnance du 18 novembre 1817, art. 4.
(2) *Idem*, art. 5 et 6.

nérale, soit qu'ils les emploient sur les lieux, soit qu'ils en autorisent la réserve en leurs mains, ou qu'ils leur donnent toutes autres directions commandées par les besoins du service (1).

293. En cas de débet d'un receveur particulier, le receveur général du département est tenu d'en couvrir immédiatement le Trésor; en conséquence, il demeure subrogé à tous les droits du Trésor sur le cautionnement, la personne et les biens du comptable.

Le receveur général peut, toutefois, se pourvoir auprès du ministre des finances, pour obtenir, s'il y a lieu, la décharge de sa responsabilité, sauf l'appel au conseil d'État (2).

294. Les receveurs généraux et particuliers des finances demeurent responsables de la gestion des percepteurs des contributions directes, et ils sont tenus de couvrir immédiatement le Trésor, des débets constatés à la charge de ces préposés (3).

§ 3. — CAISSIER CENTRAL DU TRÉSOR A PARIS.

295. Le caissier central du Trésor est chargé des recettes et des dépenses du service de trésorerie, à Paris, et il reçoit en outre directement plusieurs produits du budget (4).

1° LIVRES, ÉCRITURES ET CONTRÔLES.

296. Les écritures de la caisse centrale se composent :

1° De livres élémentaires ou de premières écritures,

(1) Ordonnance du 19 novembre 1826, art. 1er.
(2) *Idem*, art. 2.
(3) *Idem*, art. 10.
(4) Arrêté ministériel du 24 juin 1832.

tenus par les sous-caissiers pour l'enregistrement immédiat de chacun des faits de la gestion du caissier central ;

2° D'un journal général résumant les opérations de chaque journée ;

3° D'un grand-livre où les résultats sont classés dans des comptes ouverts ;

4° De livres auxiliaires présentant les développements des recettes et des dépenses ;

5° De carnets d'échéance et autres registres spéciaux de caisse et de portefeuille (1).

297. Le service de la caisse centrale du Trésor est exécuté, sous la responsabilité du caissier central, par les sous-caissiers placés sous ses ordres (2).

298. Le solde en numéraire de la caisse centrale, à la fin de chaque journée, est reconnu par le chef du contrôle et immédiatement renfermé dans une serre ou caisse à deux serrures. Le chef du contrôle reste dépositaire de l'une des deux clefs ; l'autre est conservée par le caissier central. Ce solde doit se composer exclusivement d'espèces ou billets de la Banque de France. Aucune valeur représentative, de quelque nature qu'elle soit, ne peut en faire partie, sans être distinctement constatée par le contrôleur.

Le caissier central et le chef du contrôle procèdent, chaque matin, à l'ouverture de la caisse ou serre renfermant les soldes de la veille. Le caissier central en fait la distribution pour le service de la journée (3).

299. Aucun récépissé délivré par le caissier central

(1) Arrêté ministériel du 24 juin 1832.

(2) *Idem.* art. 1er, § 1er.

(3) *Idem*, art. 14.

n'est libératoire et ne peut former titre envers le Trésor qu'autant qu'il est délivré sur une formule à talon et revêtu du visa du contrôle.

Les bons royaux, traites et valeurs de toutes natures n'engagent le Trésor que sous les mêmes conditions (1).

300. Les paiements à effectuer par la caisse centrale, la délivrance des valeurs, les acceptations à donner pour le compte du Trésor, doivent avoir été préalablement autorisés par le directeur du mouvement général des fonds.

Ces autorisations sont générales ou spéciales. Elles sont rendues définitives, pour chaque journée, après les opérations accomplies, et doivent être produites à la cour des comptes, à l'appui du compte annuel (2).

2° COMPTES A RENDRE.

301. Le caissier central remet, chaque soir, à la direction du mouvement général des fonds et à la comptabilité générale des finances, les relevés, bordereaux et documents destinés à faire connaître sa situation journalière (3).

302. Le compte que le caissier du Trésor rend à la cour des comptes, comprend, sans exception, tous les actes de sa gestion pendant la durée de chaque année; les justifications à fournir pour chaque article de recette et de dépense, sont déterminées par le ministre des finances.

303. Ne sont pas considérés comme actes de recette ni de dépense, mais seulement comme conversions de

(1) Loi du 25 avril 1833, art. 1er et 2.
(2) Arrêté ministériel du 24 juin 1832, art. 9.
(3) *Idem*, art. 13.

valeurs, les recouvrements d'effets sur Paris, le compte courant à la Banque de France, l'échange des écus contre des billets de banque, et généralement toutes conversions de valeurs qui ne changent pas le solde et qui n'ajoutent pas à la charge du caissier (1).

304. Le compte du caissier du Trésor présente : 1° le tableau complet des valeurs existantes en caisse et en portefeuille à l'époque où commence la gestion ; 2° les recettes et les dépenses de toute nature effectuées pendant cette gestion et classées par chapitre et article d'une manière analogue à l'ordre prescrit, pour les comptes des receveurs généraux; 3° le montant des valeurs qui se trouvent dans sa caisse et dans son portefeuille, à l'époque où se termine la gestion (2).

3° RESPONSABILITÉ.

305. Le caissier central est responsable des agents placés sous ses ordres, sauf son recours contre eux. En cas de force majeure ou de circonstances qu'il n'a pas eu les moyens de prévenir, il est admis auprès du ministre des finances, pour obtenir, s'il y a lieu, la décharge de sa responsabilité. Les décisions à intervenir sur les réclamations de l'espèce, sont prises par le ministre des finances et sauf l'appel au conseil d'État (3).

§ 4. — PAYEURS DU TRÉSOR.

306. Le paiement des ordonnances et mandats délivrés sur les caisses des payeurs, est effectué par un

(1) Ordonnance du 8 juin 1821, art. 2.
(2) *Idem*, art. 3.
(3) Arrêté ministériel du 24 juin 1832, art. 11.

payeur unique dans chaque département, par un payeur central du Trésor à Paris, et par des payeurs d'armées (1).

307. Les fonds nécessaires au paiement de ces ordonnances sont remis à ces comptables au fur et à mesure des besoins du service, par les receveurs généraux et par le caissier central du Trésor auxquels ils délivrent des récépissés à talon, visés par les fonctionnaires délégués à cet effet, soit dans les départements, soit à Paris, soit aux armées.

Les talons de ces récépissés sont transmis périodiquement au ministère des finances (2).

308. Les receveurs des finances et les percepteurs sous leurs ordres, doivent faire, sur les fonds de leurs recettes, tous les paiements pour lesquels leur concours est jugé nécessaire (3).

Les autres receveurs des revenus publics peuvent être appelés à concourir de la même manière au paiement des dépenses pour le compte du payeur.

309. Ces paiements ne peuvent être valablement effectués que sur la présentation, soit des lettres d'avis ou des mandats délivrés au nom des créanciers, soit de toute autre pièce en tenant lieu, et revêtus du *vu bon à payer* apposé par le payeur (4).

310. L'accomplissement de ces formalités et conditions, et la quittance régulière et datée de chaque partie prenante, suffisent pour dégager la responsabilité

(1) Ordonnances du 1er novembre 1829, art. 1er, et du 27 décembre 1823, art. 3.

(2) Arrêté du 9 décembre 1814, art. 4, 5, 6 et 8.

(3) Instruction du 15 décembre 1826, art. 322.

(4) *Idem*, art. 323.

du comptable qui a effectué des paiements de cette nature (1).

311. Les acquits constatant les paiements faits par d'autres comptables pour le service du payeur, doivent être compris dans leur plus prochain versement à la recette particulière.

Les receveurs particuliers les transmettent au receveur général avec les acquits des paiements faits par eux, et le receveur général reste chargé d'en effectuer la remise au payeur qui en délivre des récépissés à talon (2).

312. L'acquittement des dépenses publiques est justifié par les payeurs, conformément aux dispositions des articles 64 et 65 de la présente ordonnance, et aux instructions et nomenclatures arrêtées par chaque ministère (3).

1° LIVRES, ÉCRITURES ET CONTRÔLES.

313. Les écritures des payeurs sont tenues en parties doubles.

Leurs registres de comptabilité se composent :

D'un journal général qui sert en même temps de livre de caisse et de portefeuille ;

D'un grand-livre ;

De livres auxiliaires de détail des paiements effectués par ministère et exercice ;

De carnets d'ordonnances présentant par chapitre et, lorsqu'il y a lieu, par article du budget, le montant des ordonnances ministérielles, l'émission des mandats de paiement des ordonnateurs secondaires, et les paie-

(1) Instruction du 15 décembre 1826, art. 324.
(2) *Idem*, art. 342.
(3) Ordonnance du 14 septembre 1822, art. 10.

ments effectués sur ces ordonnances et mandats (1).

2° COMPTES A RENDRE.

314. Les payeurs sont tenus d'adresser à la comptabilité générale des finances, tous les dix jours, la copie de leur journal, et au commencement de chaque mois, le compte du mois précédent avec la balance de leur grand-livre, des bordereaux sommaires de développement de leurs opérations et des bordereaux de détail des acquits avec les pièces justificatives qui les appuient (2).

315. Toutefois, le payeur central du Trésor à Paris, est dispensé de remettre mensuellement ses pièces de dépenses à la comptabilité générale des finances ; tous ses acquits sont visés et timbrés, au moment même du paiement, par le chef du contrôle du Trésor ou ses délégués (3).

316. Les payeurs rendent au ministre des finances un compte annuel qui est présenté, après la vérification de la comptabilité générale, au jugement de la cour des comptes.

La recette est justifiée par les talons des récépissés que le payeur a délivrés aux comptables dont il a reçu les fonds, et contrôlée par les comptes dans lesquels ces comptables ont produit lesdits récépissés à leur décharge.

La dépense est justifiée par les extraits d'ordonnances, autorisations, quittances et autres pièces déterminées par les règlements. Le classement de ces pièces doit avoir lieu par chapitre, par article, et avec toutes les

(1) Instructions du 1er décembre 1808 et suivantes.
(2) *Idem.*
(3) Arrêté du 25 juillet 1832, art. 12, et arrêté du 20 mai 1832.

autres subdivisions de détail propres à faciliter l'exercice des contrôles de l'administration et de la cour des comptes (1).

3° RESPONSABILITÉ.

317. Avant de procéder au paiement des ordonnances et mandats délivrés sur leur caisse, ou de les viser pour être payés par d'autres comptables, les payeurs doivent s'assurer sous leur responsabilité :

Que la dépense porte sur des ordonnances ministérielles qui leur ont été transmises par le Trésor, en original ou en extrait, et que le montant de ces ordonnances n'a pas été dépassé ;

Que l'avis de l'émission des mandats leur a été donné par l'ordonnateur secondaire ;

Que toutes les pièces justificatives ont été produites à l'appui de la dépense (2);

Que la délivrance des mandats *pour indemnité de route* a été mentionnée sur la feuille de route de la partie prenante (3) ;

Enfin, que les ordonnances et mandats sont quittancés par les ayants droit.

318. Si les parties prenantes sont illettrées, la déclaration en est faite aux comptables chargés du paiement, qui la transcrivent sur l'ordonnance ou le mandat, la signent et la font signer par deux témoins présents au paiement, pour toutes les sommes au-dessous de 150 francs.

Il doit être exigé une quittance notariée pour les paiements de 150 francs et au-dessus.

(1) Ordonnance du 18 novembre 1817, art. 14.
(2) *Idem*, art. 15.
(3) *Idem*, art. 42.

319. Les payeurs doivent également, sous leur responsabilité, enregistrer ou faire enregistrer par leurs préposés ou suppléants, sur les *livrets* de paiement des officiers sans troupe, employés militaires, corps de troupes, détachements, agents ou comptables du département de la guerre, toutes les sommes qui leur sont payées à quelque titre que ce soit (1).

320. En cas de rejet, de la part de la cour des comptes, de paiements faits sur des pièces qui ne constatent pas régulièrement une dette de l'État, l'administration statue sur le recours à exercer contre la partie prenante ou le signataire du mandat et sur les mesures à prendre à l'égard du comptable.

321. Toutes les dispositions des articles du présent § IV, sont applicables aux frais de régie, de perception et d'exploitation et autres dépenses acquittées directement par les receveurs des revenus publics.

§ 5. — COMPTABLE DES VIREMENTS DE COMPTES DE LA COMPTABILITÉ GÉNÉRALE DES FINANCES.

322. Le ministre des finances complète les documents qui sont adressés à la cour des comptes par tous les comptables du royaume sur le recouvrement et l'emploi des deniers de l'État, en faisant déposer au greffe de la cour le résumé général des virements de comptes constatés par la comptabilité générale des finances, pour consigner dans ses écritures officielles, les articles de recette et de dépense qui ne représentent que des changements d'imputations, des compensations, des

(1) Loi du 2 thermidor an II, section 1re, titre VIII, et ordonnance du 25 décembre 1837, art. 344.

mouvements de comptes courants et autres opérations qui ne donnent lieu à aucune entrée ni à aucune sortie matérielle de fonds (1).

323. Ce résumé général, arrêté par le ministre des finances, est établi par un agent comptable, qui le présente à la cour, sous sa responsabilité, dans la forme et avec les mêmes divisions que les autres comptes de deniers publics, et qui est tenu de justifier chacun des articles de recette et de dépense par les pièces que les lois et règlements ont exigées de tous les préposés comptables (2).

§ 6. — DISPOSITIONS COMMUNES AUX COMPTABLES DES FINANCES.

1° INSTALLATION.

324. Aucun titulaire d'un emploi de comptable de deniers plublics ne peut être installé, ni entrer en exercice, qu'après avoir justifié, dans les formes et devant les autorités déterminées par les lois et règlements, de l'acte de sa prestation de serment, et du récépissé du versement de son cautionnement (3).

2° LIVRES, ÉCRITURES ET CONTRÔLES.

325. Les écritures et les livres des comptables des deniers publics sont arrêtés le 31 décembre de chaque année, ou à l'époque de la cessation des fonctions, par les agents administratifs désignés à cet effet.

326. La situation de leurs caisses et de leurs porte-

(1) Ordonnance du 9 juillet 1826, art. 1er.

(2) Arrêté du 21 juillet 1826, art. 1 et 2.

(3) Instruction générale du 15 décembre 1826, art. 977, et circulaire du 31 mars 1831.

feuilles est verifiée aux mêmes époques et constatée par un procès-verbal.

3° COMPTES A RENDRE.

327. Chaque préposé n'est comptable que des actes de sa gestion personnelle.

En cas de mutation , le compte de l'année est divisé suivant la durée de la gestion des différents titulaires, et chacun d'eux rend séparément à la cour des comptes, le compte des opérations qui le concernent (1).

328. Les comptes de gestion doivent être adressés au ministre des finances , dans le premier trimestre qui suit la gestion et transmis à la cour des comptes dûment vérifiés, avant l'expiration des trois mois suivants (1).

4° RESPONSABILITÉ.

329. Chaque comptable ne doit avoir qu'une seule caisse dans laquelle sont réunis tous les fonds appartenant à ses divers services. Il est responsable des deniers publics qui y sont déposés; en cas de vol ou de perte de fonds, résultant de force majeure, il ne peut obtenir sa décharge qu'en produisant les justifications exigées par les règlements de son service, et en vertu d'une décision spéciale du ministre des finances, sauf recours au conseil d'État.

[Les débets définitivement constatés au profit du Trésor par les divers ministères, seront notifiés au ministre des finances dans le délai de quinze jours, qui suivra la liquidation.

Il ne pourra être procédé à aucune révision de la liquidation, lorsque les débets résulteront de comptes acceptés par la partie

(1) Ordonnance du 18 novembre 1817.

ou définitivement réglés par des décisions administratives, ayant acquis l'autorité de la chose jugée.

Aucune remise totale ou partielle de débet ne pourra être accordée à titre gracieux que par décret publié au *Moniteur*, sur le rapport du ministre liquidateur, et sur l'avis du ministre des finances et du conseil d'Etat.

Un état des remises de débets accordés à titre gracieux dans le courant de l'exercice sera annexé à la loi des comptes.] (Loi du 29 juin 1852, art. 13.)

CHAPITRE XVI.

COMPTABILITÉ GÉNÉRALE DES FINANCES.

330. Les résultats des comptabilités élémentaires de recette et de dépense qui font l'objet des chapitres XIV et XV après avoir été contrôlés sur pièces justificatives, sont récapitulés par classe de comptables, dans des bordereaux mensuels qui servent de base aux écritures centrales de la comptabilité générale des finances.

Ces écritures sont tenues en partie double, et se composent :

D'un journal général,
D'un grand-livre,
Et de livres auxiliaires.

A l'expiration de chaque année, les comptes de gestion des comptables sont vérifiés à la comptabilité générale des finances, qui les transmet à la cour des comptes, avec des résumés généraux établis par classe de préposés et par nature de service.

Les comptes généraux d'année et d'exercice, les règlements de budgets et les situations de finances à publier en exécution des lois, sont établis d'après les écritures centrales de la comptabilité générale des finances : des tableaux comparatifs de ces résultats généraux sont transmis à la cour des comptes, pour lui donner les moyens d'en certifier l'exactitude et la conformité avec les arrêts qu'elle a rendus sur les comptes individuels des comptables (1).

TITRE III.

COMPTABILITÉ JUDICIAIRE, CONTROLE DE LA COUR DES COMPTES.

CHAPITRE XVII.

COUR DES COMPTES.

§ 1er. — ORGANISATION ET COMPÉTENCE.

331. La cour des comptes est chargée de juger les comptes des recettes et des dépenses publiques qui lui sont présentés, chaque année, par les receveurs généraux des finances, les payeurs du Trésor public, les receveurs de l'enregistrement, du timbre et des domaines, les receveurs des douanes et sels, les receveurs des contributions indirectes, les directeurs comptables des postes, les directeurs des monnaies, le caissier central du Trésor public et l'agent responsable des virements de comptes.

Elle juge aussi les comptes annuels des trésoriers des colonies, du trésorier général des invalides de la marine,

(1) Arrêté du 9 octobre 1832, art. 8.

des économes des colléges royaux, des commissaires des poudres et salpêtres, de l'agent comptable du transfert des rentes inscrites au grand-livre de la dette publique, de l'agent comptable du grand-livre et de celui des pensions, du caissier de la caisse d'amortissement et de celle des dépôts et consignations, de l'Imprimerie royale, de la régie des salines de l'Est, des receveurs des communes, hospices et établissements de bienfaisance dont le revenu s'élève à la somme fixée par les lois et règlements, enfin tous les comptes qui lui sont attribués par des lois ou des ordonnances royales.

Elle statue, en outre, sur les pourvois qui lui sont présentés contre les règlements, prononcés par les conseils de préfecture, des comptes annuels des receveurs des communes, hospices et établissements de bienfaisance (1).

[A partir du 1er janvier 1849, la cour des comptes recevra chaque mois les comptes des comptables, appuyés des pièces justificatives, des recettes et des dépenses publiques. (Loi du 8 décembre 1848, art. 13.)

Art. 1er. La cour des comptes vérifie successivement les comptes et les pièces qui lui sont adressées, chaque mois, par le ministre des finances.

2. Elle procède au contrôle et au jugement de ces comptes mensuels de la manière suivante :

1° En ce qui concerne les comptes des payeurs du Trésor public, la cour rend des arrêts trimestriels qui doivent être prononcés avant l'expiration du trimestre qui suit celui auquel ils se rapportent ;

(1) Lois des 16 septembre 1807 et 18 juillet 1837 ; ordonnances des 23 septembre 1814, 23 juillet 1823, 12 mai et 7 août 1825, 9 juillet et 12 novembre 1826, 26 mars 1829, 16 octobre 1832 et 13 mai 1838 ; règlement du ministre des finances du 9 octobre 1832, et règlement du ministre de la marine du 22 août 1837.

2° A l'égard des comptables de la recette, des arrêts spéciaux et interlocutoires sont rendus, lorsqu'il y a lieu de prescrire des régularisations immédiates dont les contrôles successifs feraient reconnaître la nécessité;

3° Les comptes de gestion annuelle de ces comptables de la recette sont divisés en deux parties : la première applicable aux opérations complémentaires de l'exercice précédent; la deuxième comprend toutes les opérations de la gestion annuelle effectuées depuis le 1er janvier jusqu'au 31 décembre;

4° Les comptes de l'exercice clos doivent être adressés à la cour des comptes dans les trois mois qui suivent la clôture de l'exercice.

La cour prononce, sur ces comptes, par des arrêts rendus dans un délai de deux mois à partir de leur production.

Les comptes de gestion annuelle doivent parvenir à la cour avant le 30 avril et elle statue par des arrêts rendus dans un délai qui ne doit pas excéder le 31 juillet suivant.] (Arrêté du pouvoir exécutif du 21 novembre 1848, et décret du 6 juin 1850.)

332. Les comptables des deniers publics sont tenus de fournir et déposer leurs comptes au greffe de la cour dans les délais prescrits par les lois et règlements; et en cas de défaut ou de retard des comptables, la cour peut les condamner aux amendes et aux peines prononcées par ces lois et règlements (1).

333. Les membres de la cour des comptes sont nommés à vie par le roi (2).

334. La cour des comptes prend rang immédiatement après la cour de cassation et jouit des mêmes prérogatives (3).

335. La cour des comptes se compose d'un premier

(1) Loi du 16 septembre 1807, art. 12.
(2) *Idem*, art. 6.
(3) *Idem*, art. 7.

président, trois présidents, dix-huit conseillers maîtres des comptes, de conseillers référendaires divisés en deux classes, dont le nombre est fixé par le gouvernement, d'nn procureur général et d'un greffier en chef (1).

336. Il est formé trois chambres chacune composée d'un président et de six maîtres des comptes; le premier président peut présider chaque chambre, toutes les fois qu'il le juge convenable (2).

337. Les dix-huit maîtres des comptes sont distribués entre les trois chambres par le premier président (3).

338. Au 1er mars de chaque année, deux membres de chaque chambre sont répartis par lui entre les deux autres, ou placés dans une seule, selon que le service l'exige (4).

339. Les décisions sont prises dans chaque chambre à la majorité des voix; en cas de partage, la voix du président est prépondérante (5).

340. Chaque chambre ne peut juger qu'à cinq membres au moins (6).

341. Les référendaires ne sont spécialement attachés à aucune chambre (7).

342. Les référendaires sont chargés de faire les rapports; ils n'ont pas voix délibérative (8).

343. Les trois chambres se réunissent, lorsqu'il y a lieu, pour former la chambre du conseil.

(1) Loi du 16 septembre 1807, art. 2.
(2) *Idem*, art. 3.
(3) Décret du 28 septembre 1807, art. 4.
(4) Décision du 18 février 1828.
(5) Loi du 16 septembre 1807, art. 4.
(6) *Idem*, art. 5.
(7) Décret du 28 septembre 1807, art. 17.
(8) Loi du 16 septembre 1807, art. 4.

§ 2. — ATTRIBUTIONS DU MINISTÈRE PUBLIC.

344. Le procureur général ne peut exercer son ministère que par voie de réquisition (1).

345. Il fait dresser un état général de tous ceux qui doivent présenter leurs comptes à la cour. Il s'assure, s'ils sont ou non exacts à les présenter dans les délais fixés par les lois et règlements, et requiert contre ceux en retard l'application des peines (2).

346. Il adresse au ministre des finances les expéditions des arrêts de la cour et suit devant elle l'instruction et le jugement des demandes à fin de révision pour cause d'erreurs, omissions, faux ou doubles emplois, reconnus à la charge du Trésor public, des départements ou des communes (3).

347. Toutes les demandes en mainlevée, réduction ou translation d'hypothèques, sont communiquées au procureur général avant d'y être statué (4).

348. Toutes les fois qu'un référendaire élève contre un comptable une prévention de faux ou de concussion, le procureur général est appelé en la chambre, et entendu dans ses conclusions, avant d'y être statué (5).

349. Le procureur général peut prendre communication de tous les comptes dans l'examen desquels il croit son ministère nécessaire, et la chambre peut même l'ordonner d'office (6).

(1) Décret du 28 septembre 1807, art. 36.
(2) *Idem*, art. 37.
(3) *Idem*, art. 39.
(4) *Idem*, art. 40.
(5) *Idem*, art. 41.
(6) *Idem*, art. 42.

350. En cas d'empêchement du procureur général, les fonctions du ministère public sont momentanément remplies par celui des maîtres des comptes, que le ministre des finances désigne (1).

351. Le procureur général est tenu de correspondre avec les ministres sur les demandes qu'ils peuvent lui faire de renseignements pour l'exécution des arrêts, les mainlevées, radiations ou restrictions de séquestres, saisies, oppositions et inscriptions hypothécaires, et remboursements d'avances des comptables (2).

§ 3. — ATTRIBUTIONS DU GREFFE.

352. Le greffier en chef assiste aux assemblées générales et y tient la plume (3).

353. Il est chargé de tenir les différents registres et notamment celui des délibérations de la cour (4).

354. Il est chargé de veiller à la conservation des minutes des arrêts, d'en faire faire les expéditions, de garder les pièces qui lui sont confiées et de concourir à la suppression de ces mêmes pièces aux époques et dans les formes déterminées par les règlements (5).

355. Les comptes déposés par les comptables sont enregistrés, par ordre de dates et de numéros, du jour qu'ils sont présentés (6).

356. Les premières expéditions des actes et arrêts de la cour sont délivrées gratuitement aux parties ; les au-

(1) Décret du 28 septembre 1807, art. 43.
(2) *Idem*, art. 44.
(3) *Idem*, art. 46.
(4) *Idem*, art. 47.
(5) *Idem*, art. 48 ; ordonnance du 20 août 1834.
(6) Décret du 28 septembre 1807, art. 49.

tres sont soumises à un droit d'expédition de 75 centimes par rôle (1).

357. Les expéditions exécutoires des arrêts de la cour sont rédigées ainsi qu'il suit :

« La cour des comptes a rendu l'arrêt suivant :

« (Ici, copier l'arrêt.)

« Mandons et ordonnons, etc.

« En foi de quoi, le présent arrêt a été signé par le premier président de la cour et par le greffier (2). »

358. Le greffier signe et délivre les certificats collationnés et extraits de tous les actes émanant du greffe, des archives et dépôts, et la correspondance avec les comptables. En cas d'empêchement, le président désigne un commis greffier (3).

§ 4. — FORME DE LA VÉRIFICATION DES COMPTES DES RECETTES ET DÉPENSES PUBLIQUES.

359. Le premier président fait entre les référendaires la distribution des comptes, et indique la chambre à laquelle le rapport doit être fait (4).

360. Un référendaire ne peut être chargé deux fois de suite de la vérification des comptes du même comptable.

361. Les référendaires sont tenus de vérifier, par eux-mêmes, tous les comptes qui leur sont distribués (5).

362. Ils rédigent sur chaque compte un rapport con-

(1) Décret du 28 septembre 1807, art. 51.
(2) *Idem*, art. 53.
(3) *Idem*, art. 54.
(4) *Idem*, art. 19.
(5) Loi du 16 septembre 1807, art. 19.

tenant des observations de deux natures ; les premières concernant la ligne de compte seulement, c'est-à-dire les charges et souffrances dont chaque article du compte leur a paru susceptible, relativement au comptable qui le présente ; les deuxièmes, résultant de la comparaison de la nature des recettes avec les lois, et de la nature des dépenses avec les crédits (1).

363. Les référendaires peuvent entendre les comptables ou leurs fondés de pouvoirs, pour l'instruction des comptes ; la correspondance est préparée par eux et remise au président de la chambre qui doit entendre le rapport (2).

364. Lorsque la vérification d'un compte exige le concours de plusieurs référendaires, le premier président désigne un référendaire de 1re classe qui est chargé de présider à ce travail, de recueillir les observations de chaque référendaire, et de faire le rapport à la chambre.

Les référendaires qui ont pris part à la vérification, assistent aux séances de la chambre pendant le rapport (3).

365. Le compte, les bordereaux de recettes et de dépenses, le rapport et les pièces sont mis sur le bureau, pour y avoir recours au besoin (4).

366. Le président de la chambre fait la distribution du rapport du référendaire à un maître qui est tenu :

1° De vérifier si le référendaire a fait lui-même le travail ;

2° Si les difficultés élevées par le référendaire sont fondées ;

(1) Loi du 16 septembre 1807, art. 20.
(2) Décret du 28 septembre 1807, art. 21.
(3) *Idem*, art. 22.
(4) *Idem*, art. 27.

3° Enfin, d'examiner par lui-même les pièces au soutien de quelques chapitres du compte, pour s'assurer que le référendaire en a soigneusement vérifié toutes les parties (1).

367. Un maître des comptes ne peut être nommé deux fois de suite rapporteur des comptes du même comptable (2).

§ 5. — FORMES DU JUGEMENT DES COMPTABLES.

368. Le maître présente à la chambre son opinion motivée sur tout ce qui est relatif à la ligne de compte et aux autres observations du référendaire.

La chambre prononce ses décisions sur la première partie et renvoie, s'il y a lieu, les propositions contenues dans la seconde, à la chambre du conseil chargée de statuer sur ces propositions, dans les formes déterminées par les articles ci-après (3).

369. Le président de la chambre fait tenir, pendant le rapport, par le maître rapporteur, la minute du compte soumis au jugement de la chambre (4).

370. Le référendaire rapporteur donne son avis, qui n'est que consultatif, le maître rapporteur opine, et chaque maître successivement, dans l'ordre de sa nomination. Le président inscrit chaque décision en marge du rapport et prononce l'arrêt (5).

371. La minute des arrêts est rédigée par le référen-

(1) Décret du 28 septembre 1807, art. 28.
(2) *Idem*, art. 7.
(3) *Idem*, art. 29.
(4) *Idem*, art. 32.
(5) *Idem*, art. 31.

daire rapporteur, et signée de lui et du président de la chambre ; elle est remise, avec les pièces, au greffier en chef; celui-ci la présente à la signature du premier président, et ensuite en fait et signe les expéditions (1).

372. Après que les arrêts définitifs sur chaque compte sont rendus, et les minutes signées, le compte et les pièces sont remis par le référendaire rapporteur au greffier en chef, qui fait mention des arrêts sur la minute du compte, et dépose le tout aux archives (2).

373. La cour règle et apure les comptes qui lui sont présentés; elle établit, par ses arrêts définitifs, si les comptables sont quittes, ou en avance, ou en débet.

Dans les deux premiers cas, elle prononce leur décharge définitive, et ordonne mainlevée et radiation des oppositions et inscriptions hypothécaires mises sur leurs biens, à raison de la gestion dont le compte est jugé.

Dans le troisième cas, elle les condamne à solder leur débet dans le délai prescrit par la loi.

Une expédition de ses arrêts sur les comptes des agents du Trésor est adressée au ministre des finances, pour en faire suivre l'exécution (3).

374. La cour, nonobstant l'arrêt qui aurait jugé définitivement un compte, peut procéder à sa révision, soit sur la demande du comptable, appuyée de pièces justificatives recouvrées depuis l'arrêt, soit d'office, soit à la réquisition du procureur général, pour erreurs, omissions, faux ou doubles emplois reconnus par la vérification d'autres comptes (4).

(1) Loi du 16 septembre 1807, art. 21.
(2) Décret du 28 septembre 1807, art. 33.
(3) Loi du 16 septembre 1807, art. 13.
(4) *Idem*, art. 14.

375. La cour prononce sur les demandes en réduction et translation d'hypothèques, formées par des comptables encore en exercice, ou par ceux hors d'exercice, dont les comptes ne sont pas définitivement apurés, en exigeant les sûretés suffisantes pour la conservation des droits du Trésor (1).

376. Si, dans l'examen des comptes, la cour trouve des faux ou des concussions, il en est rendu compte au ministre des finances et référé au ministre de la justice, qui font poursuivre les auteurs devant les tribunaux ordinaires (2).

377. Les arrêts de la cour contre les comptables sont exécutoires, et dans le cas où un comptable se croit fondé à attaquer un arrêt pour violation des formes ou de la loi, il se pourvoit dans les trois mois, pour tout délai, à compter de la notification de l'arrêt, au conseil d'État, conformément au règlement sur le contentieux.

Le ministre des finances, et tout autre ministre, pour ce qui concerne son département, peuvent, dans le même délai, faire leur rapport au roi et proposer le renvoi au conseil d'État, de leurs demandes en cassation des arrêts qu'ils croiront devoir être cassés pour violation des formes ou de la loi (3).

378. Lorsqu'après cassation d'un arrêt de la cour des comptes, dans l'un des cas prévus par l'article précédent, le jugement du fond a été renvoyé à ladite cour, l'affaire est portée devant l'une des chambres qui n'en ont pas connu (4).

(1) Loi du 16 septembre 1807, art. 15.
(2) *Idem*, art. 16.
(3) *Idem*, art. 17.
(4) Ordonnance du 1er septembre 1819, art. 1er.

379. Dans le cas où un ou plusieurs membres de la chambre qui ont rendu le premier arrêt, sont passés à la chambre nouvellement saisie de l'affaire, ils s'abstiennent d'en connaître, et ils sont, si besoin est, remplacés par d'autres conseillers maîtres, en suivant l'ordre de leur nomination (1).

380. La cour ne peut, en aucun cas, s'attribuer de juridiction sur les ordonnateurs, ni refuser aux payeurs l'allocation des paiements par eux faits, sur des ordonnances revêtues des formalités prescrites et accompagnées des pièces déterminées par les lois et règlements (2).

CHAPITRE XVIII.

CONTRÔLE PUBLIC DES COMPTES DES MINISTRES.

381. Le compte annuel des finances est accompagné de l'état de situation des travaux de la cour des comptes (3).

§ 1er. — RAPPORT ANNUEL FAIT AU ROI.

382. Tous les ans, le résultat général des travaux de la cour des comptes, et les vues de réforme et d'amélioration dans les différentes parties de la comptabilité, sont portés à la connaissance du roi (4).

383. Au mois de février de chaque année, le premier président forme un comité particulier composé des présidents, du procureur général et de trois maîtres

(1) Loi du 1er septembre 1819, art. 2.
(2) Loi du 16 septembre 1807, art. 18.
(3) Loi du 27 juin 1819, art. 20.
(4) Lois des 29 septembre 1791 et 28 pluviôse an III, et sénatus-consulte du 26 mai 1804, art. 42.

délégués par les chambres, pour procéder à un premier examen d'un projet de rapport au roi, préparé sur les observations résultant de la comparaison de la nature des recettes avec les lois et de la nature des dépenses avec les crédits, ou présentant des vues de réforme et d'amélioration, et dont la rédaction est ensuite discutée, délibérée et arrêtée en chambre du conseil, pour être portée, après ce dernier examen, à la connaissance du roi (1).

384. Le rapport dressé chaque année par la cour des comptes, en vertu de l'article précédent, est imprimé et distribué aux Chambres (2).

§ 2. — DÉCLARATIONS PUBLIQUES DE LA COUR.

385. La cour des comptes constate et certifie, d'après le relevé des comptes individuels et les pièces justificatives que doivent lui produire les comptables, l'exactitude des comptes généraux publiés par le ministre des finances et par chaque ministre ordonnateur (3).

386. Pour faciliter ses contrôles, la cour des comptes reçoit du ministre des finances les documents ci-après, qui reproduisent tous les faits compris dans les comptes individuels des comptables avec les divisions adoptées dans le compte général de l'administration des finances, SAVOIR (4) :

1° Les résumés généraux des comptes individuels :
Des receveurs généraux des finances (5),

(1) Loi du 16 septembre 1807, art. 22.
(2) Loi du 21 avril 1832, art. 15.
(3) Ordonnance du 14 septembre 1822, art. 22.
(4) Ordonnance du 9 juillet 1826, art. 2.
(5) Ordonnance du 29 décembre 1823.

Des payeurs du Trésor public (1),

Des receveurs de l'enregistrement, du timbre et des domaines (2),

Des receveurs des contributions indirectes (2),

Des receveurs des douanes et sels (2),

Des directeurs des postes (2),

Des directeurs des monnaies (2) ;

2° Le compte du caissier central du Trésor (3) ;

3° Le résumé général des virements de comptes (4).

387. Les résumés généraux désignés à l'article précédent sont accompagnés d'états présentant la comparaison des opérations comprises dans chaque résumé général, avec les résultats de la partie du compte des finances où les mêmes faits ont été présentés (5).

388. La cour constate, par des déclarations de conformité, la concordance des résultats de ses arrêts sur les comptes individuels des comptables avec ceux de chaque résumé général, et confirme aussi l'accord de ces mêmes arrêts avec les opérations corespondantes qui sont comprises dans le compte général de l'administration des finances (6).

389. Le 1er juillet de chaque année, le ministre des finances fait remettre à la cour des comptes *un tableau comparatif* des recettes et des dépenses publiques comprises dans le compte général des finances de l'année précédente, avec les comptes individuels et les ré-

(1) Ordonnances des 18 novembre 1817 et 27 décembre 1823.

(2) Ordonnances des 8 novembre 1820 et 4 novembre 1824.

(3) Ordonnance du 8 juin 1821.

(4) Ordonnance du 9 juillet 1826, art. 1er.

(5) *Idem*, art. 3.

(6) *Idem*, art. 4.

sumés généraux qui ont dû être antérieurement transmis à la cour pour la même année (1).

390. Ce tableau comparatif est rapproché des déclarations de conformité rendues par la cour des comptes sur chaque résumé général, et lorsque la cour a reconnu la concordance de ces divers documents, elle délivre, en audience solennelle, une *déclaration générale*, pour attester l'accord du compte annuel des finances avec les résumés généraux et avec les arrêts prononcés sur les comptes individuels des comptables (2).

391. A l'aide du tableau comparatif établi chaque année, et présentant la distinction des recettes et des dépenses par exercice, la cour des comptes délivre également, en séance générale, une semblable *déclaration de conformité* sur la situation définitive de l'exercice expiré, qui a déjà été provisoirement vérifiée par la commission créée en vertu de l'ordonnance du 10 décembre 1823, et dont l'état se trouve annexé à son procès-verbal (3).

392. Les déclarations de la cour des comptes sont adressées au ministre des finances, pour qu'elles soient imprimées et communiquées aux Chambres (4).

393. La cour des comptes remet au ministre des finances les déclarations de conformité ci-dessus prescrites, à une époque assez rapprochée de l'ouverture de chaque session des Chambres, pour que l'exactitude du dernier règlement du budget ait pu être confirmée avant

(1) Ordonnance du 9 juillet 1826, art. 5.
(2) *Idem*, art. 6.
(3) *Idem*, art. 7.
(4) *Idem*, art. 8.

qu'il ait été statué sur les résultats du nouveau règlement proposé pour l'exercice suivant (1).

394. Les déclarations de conformité que la cour des comptes doit délivrer pour constater la concordance de ses arrêts avec les divers parties du compte de l'administration des finances et avec les résumés généraux des comptes individuels établis, par nature de service, à la comptabilité générale des finances, sont rendues par chaque chambre compétente de la cour des comptes, dans les quinze premiers jours du mois de janvier de chaque année (2).

395. Un conseiller référendaire est chargé par le premier président de réunir les déclarations de conformité arrêtées dans chaque chambre, ainsi que tous les documents à l'appui, à l'effet de reconnaître la concordance du résultat général de ces déclarations avec celui du compte de l'administration des finances et de présenter un rapport à la cour, réunie en chambre du conseil. Le premier président en ordonne la communication au procureur général, et nomme en séance un conseiller maître rapporteur (3).

396. Le rapport du conseiller référendaire et les observations du conseiller maître sont entendues et discutées par la cour en chambre du conseil.

Les conseillers référendaires qui ont préparé le travail relatif aux déclarations de conformité rendues par chaque chambre compétente peuvent être appelés.

Après que le procureur général a été entendu en ses conclusions, les déclarations générales constatant la con-

(1) Ordonnance du 9 juillet 1826, art. 9.
(2) Ordonnance du 26 novembre 1826, art. 1er.
(3) *Idem*, art. 2.

formité des arrêts de la cour avec les comptes d'année et d'exercice publiés par les ministres sont définitivement arrêtées, et elles sont prononcées en audience solennelle, par le premier président, au jour qui est indiqué.

Ces opérations doivent être entièrement terminées le 1er février de chaque année (1).

TITRE IV.

COMPTABILITÉS SPÉCIALES.

CHAPITRE XIX.

COMPTABILITÉS DES DÉPARTEMENTS.

§ 1er. — DISPOSITIONS GÉNÉRALES.

397. Le service départemental est assuré par des centimes additionnels affectés à des dépenses variables, facultatives et extraordinaires, et par des impositions locales qui sont spécialement appliquées par des lois particulières à divers services publics des départements (2).

398. Le conseil général vote les centimes additionnels dont la perception est autorisée par les lois (3).

399. Les contributions extraordinaires que le conseil général voterait pour subvenir aux dépenses du département ne peuvent être autorisées par une loi (4).

(1) Ordonnance du 9 juillet 1826, art. 3.
(2) Loi annuelle de finances.
(3) Loi du 10 mai 1838, art. 3.
(4) *Idem*, art. 33.

400. Dans le cas où le conseil général voterait un emprunt pour subvenir à des dépenses du département, cet emprunt ne peut être contracté qu'en vertu d'une loi (1).

§ 2. — RESSOURCES DÉPARTEMENTALES.

401. Les recettes du département se composent :

1° Du produit des centimes additionnels aux contributions directes affectés par la loi de finances aux dépenses ordinaires des départements, et de la part allouée au département dans le fonds commun établi par la même loi ;

2° Du produit des centimes additionnels facultatifs votés annuellement par le conseil général, dans les limites déterminées par la loi de finances ;

3° Du produit des centimes additionnels extraordinaires imposés en vertu des lois spéciales ;

4° Du produit des centimes additionnels affectés par les lois générales à diverses branches du service public ;

5° Du revenu et du produit des propriétés du département non affectées à un service départemental ;

6° Du revenu et du produit des autres propriétés du département tant mobilières qu'immobilières ;

7° Du produit des expéditions d'anciennes pièces ou d'actes de la préfecture déposés aux archives ;

8° Du produit des droits de péage autorisés par le gouvernement au profit du département, ainsi que des autres droits et perceptions concédés au département par les lois (2).

(1) Loi du 10 mai 1838, art. 34.
(2) *Idem*, art. 10.

402. Il est pourvu aux dépenses ordinaires au moyen :

1° Des centimes affectés à cet emploi par la loi de finances ;

2° De la part allouée au département dans le fonds commun ;

3° Des produits éventuels énoncés aux n°s 6,7 et 8 de l'article 401 ci-dessus (1).

403. Il est pourvu aux dépenses portées dans la seconde section du budget au moyen des centimes additionnels facultatifs et des produits énoncés au n° 5 de l'article 401 ci-dessus.

Toutefois, après épuisement du maximum des centimes facultatifs employés à des dépenses autres que les dépenses spéciales, et des ressources énoncées au paragraphe précédent, une portion du fonds commun, dont la quotité est déterminée chaque année par la loi de finances, peut être distribuée aux départements à titre de secours pour complément de la dépense des travaux de constructions des édifices départementaux d'intérêt général, et des ouvrages d'art dépendant des routes départementales.

La répartition du fonds commun est réglée annuellement par ordonnance royale insérée au *Bulletin des lois* (2).

§ 3. — CHARGES DÉPARTEMENTALES.

404. Les dépenses ordinaires sont :

1° Les grosses réparations et l'entretien des édifices et bâtiments départementaux ;

(1) Loi du 10 mai 1838, art. 13.
(2) *Idem*, art. 17.

2° Les contributions dues par les propriétés du département ;

3° Le loyer, s'il y a lieu, des hôtels de préfecture et de sous-préfecture ;

4° L'ameublement et l'entretien du mobilier de l'hôtel de préfecture et des bureaux de sous-préfecture ;

[*Le décret du* 28 *mars* 1852 *comprend dans les dépenses ordinaires les hôtels de sous-préfecture.*]

5° Le casernement ordinaire de la gendarmerie ;

6° Les dépenses ordinaires des prisons départementales ;

7° Les frais de translation des détenus, des vagabonds et des forçats libérés ;

8° Les loyer, mobilier et menues dépenses des cours et tribunaux, et les menues dépenses des justices de paix ;

9° Le chauffage et l'éclairage des corps de garde des établissements départementaux ;

10° Les travaux d'entretien des routes départementales et des ouvrages d'art qui en font partie ;

11° Les dépenses des enfants trouvés et abandonnés, ainsi que celles des aliénés, pour la part afférente au département, conformément aux lois ;

12° Les frais de route accordés aux voyageurs indigents ;

13° Les frais d'impression et de publication des listes électorales du jury ;

14° Les frais de tenue des colléges et des assemblées convoqués pour nommer les membres de la chambre des députés, des conseils généraux et des conseils d'arrondissement ;

15° Les frais d'impression des budgets et des comptes des recettes et dépenses du département ;

16° La portion à la charge des départements dans les frais des tables décennales de l'état civil ;

17° Les frais relatifs aux mesures qui ont pour objet d'arrêter le cours des épidémies et des épizooties ;

18° Les primes fixées par les règlements d'administration publique, et les autres frais pour la destruction des animaux nuisibles ;

19° Les dépenses de garde et conservation des archives du département (1).

405. Les dépenses facultatives sont :

1° Les dépenses d'utilité départementale qui ne sont pas comprises dans la nomenclature donnée à l'article ci-dessus ;

2° Les dépenses imputables sur les centimes spéciaux ou extraordinaires (2).

§ 4. — BUDGETS SPÉCIAUX DES DÉPARTEMENTS.

406. Le budget du département est présenté par le préfet, délibéré par le conseil général et réglé définitivement par ordonnance royale.

Il est divisé en sections (3).

407. La première section comprend les dépenses ordinaires (4).

408. Les dépenses ordinaires peuvent être inscrites dans la première section, ou être augmentées d'office, jusqu'à concurrence du montant des recettes destinées

(1) Loi du 10 mai 1838, art. 12.
(2) *Idem*, art. 16 et 19.
(3) *Idem*, art. 11.
(4) *Idem*, art. 12.

à y pourvoir, par l'ordonnance royale qui règle le budget (1).

409. Aucune dépense facultative ne peut être inscrite dans la première section du budget (2).

410. Les virements de crédits d'un chapitre à un autre, et les augmentations d'allocations qui seraient reconnues nécessaires, après le règlement du budget, pour assurer l'exécution des services compris dans la première section, doivent être autorisés par des décisions ministérielles.

Ces décisions sont notifiées aux préfets et aux payeurs, qui les produisent à la cour des comptes avec les copies du budget départemental.

411. La seconde section comprend les dépenses facultatives d'utilité départementale (3).

412. Le conseil général peut aussi y porter les autres dépenses énoncées en l'article 404 ci-dessus (3).

413. Aucune dépense ne peut être inscrite d'office dans la seconde section, et les allocations qui y sont portées par le conseil général ne peuvent être ni changées ni modifiées par l'ordonnance royale qui règle le budget, non plus que par des décisions ultérieures (4).

414. Des sections particulières comprennent les dépenses imputées sur des centimes spéciaux ou extraordinaires. Aucune dépense ne peut y être imputée que sur les centimes destinés par la loi à y pourvoir (5).

415. Les dettes départementales contractées pour des

(1) Loi du 10 mai 1838, art. 14.
(2) *Idem*, art. 15.
(3) *Idem*, art. 16.
(4) *Idem*, art. 18.
(5) *Idem*, art. 19.

dépenses ordinaires sont portées à la première section du budget et soumises à toutes les règles applicables à ces dépenses.

Les dettes contractées pour pourvoir à d'autres dépenses, sont inscrites par le conseil général dans la seconde section ; et dans le cas où il aurait omis ou refusé de faire cette inscription, il y serait pourvu au moyen d'une contribution extraordinaire établie par une loi spéciale (1).

416. Les fonds qui n'auraient pu recevoir leur emploi dans le cours de l'exercice sont reportés, après clôture, sur l'exercice en cours d'exécution, avec l'affectation qu'ils avaient au budget voté par le conseil général, et les fonds restés libres sont cumulés avec les ressources du budget nouveau, suivant la nature de leur origine (2).

§ 5. — PERCEPTION DES REVENUS.

417. Les receveurs généraux des finances sont chargés de recouvrer :

1° La portion des centimes additionnels imposés dans les rôles des contributions directes pour dépenses départementales ;

2° Et les divers produits accidentels et extraordinaires qui sont destinés aux mêmes dépenses, et qui appartiennent aux budgets des départements (3).

418. Le comptable chargé du recouvrement des ressources éventuelles est tenu de faire, sous sa respon-

(1) Loi du 10 mai 1838, art. 20.

(2) *Idem*, art. 21.

(3) Instruction sur la comptabilité des receveurs généraux du 15 décembre 1826, art. 282.

sabilité, toutes les diligences nécessaires pour la rentrée de ces produits.

Les rôles et états de produits sont rendus exécutoires par le préfet, et par lui remis au comptable.

Les oppositions, lorsque la matière est de la compétence des tribunaux ordinaires, sont jugées comme affaires sommaires (1).

419. Les receveurs délivrent aux parties versantes des récépissés à talon (2).

420. L'acceptation ou le refus des legs et donations faits au département ne peuvent être autorisés que par une ordonnance royale, le conseil d'État entendu.

Le préfet peut toujours, à titre conservatoire, accepter les legs et dons faits au département : l'ordonnance d'autorisation qui intervient ensuite a effet du jour de cette acceptation (3).

§ 6, — ACQUITTEMENT DES DÉPENSES.

[A partir de l'exercice 1843, l'époque de la clôture de l'exercice, pour la liquidation et l'ordonnancement des dépenses départementales, est fixée au 31 mai de la seconde année, et pour les paiements, au 30 juin.] (Ordonnance du 4 juin 1843.)

421. Les dépenses auxquelles ces impositions sont destinées sont acquittées par les payeurs des départements, en vertu des ordonnances du ministre chargé de l'administration départementale (4).

422. Le comptable chargé du service des dépenses départementales ne peut payer que sur des mandats dé-

(1) Loi du 10 mai 1838, art. 22.
(2) Instruction du 15 décembre 1826, art. 283.
(3) Loi du 10 mai 1838, art. 31.
(4) Instruction du 15 décembre 1826, art. 527.

livrés par le préfet, dans la limite des crédits ouverts par les budgets du département (1).

423. Lorsque les dépenses de constructions, de reconstructions ou réparations des édifices départementaux sont évaluées à plus de 50,000 francs, les projets et les devis doivent être préalablement soumis au ministre chargé de l'administration départementale (2).

424. Les règles prescrites par l'ordonnance du 14 septembre 1822 s'appliquent aux dépenses des départements (3).

§ 7. — REDDITION DES COMPTES.

425. Le conseil général entend et débat les comptes d'administration qui lui sont présentés par le préfet :

1° Des recettes et dépenses, conformément aux budgets du département ;

2° Du fonds de non-valeurs ;

3° Du produit des centimes additionnels spécialement affectés par les lois générales à diverses branches du service public.

Les observations du conseil général sur les comptes présentés à son examen sont adressées directement, par son président, au ministre chargé de l'administration départementale.

Ces comptes, provisoirement arrêtés par le conseil général, sont définitivement réglés par ordonnances royales (4).

426. Les budgets et les comptes du département dé-

(1) Loi du 10 mai 1838, art. 23.
(2) *Idem*, art. 32.
(3) Ordonnance du 14 septembre 1822, art. 23.
(4) Loi du 10 mai 1838, art. 24.

finitivement réglés sont rendus publics par la voie de l'impression (1).

427. Le conseil général peut ordonner la publication de tout ou partie de ses délibérations ou procès-verbaux.

Les procès-verbaux rédigés par le secrétaire et arrêtés au commencement de chaque séance contiennent l'analyse de la discussion : les noms des membres qui ont pris part à cette discussion n'y sont pas insérés (2).

428. Les revenus et les charges des départements sont compris dans le budget de l'État et dans les comptes généraux rendus annuellement par les ministres.

DÉCENTRALISATION ADMINISTRATIVE.

[Art. 1er. Les préfets continueront de soumettre à la décision du ministre de l'intérieur les affaires départementales et communales qui affectent directement l'intérêt général de l'État, telles que l'approbation des budgets départementaux, les impositions extraordinaires et les délimitations territoriales; mais ils statueront désormais sur toutes les autres affaires départementales et communales qui, jusqu'à ce jour, exigeaient la décision du chef de l'État ou du ministre de l'intérieur, et dont la nomenclature est fixée par le tableau A ci-annexé.

2. Ils statueront également, sans l'autorisation du ministre de l'intérieur, sur les divers objets concernant les subsistances, les encouragements à l'agriculture, l'enseignement agricole et vétérinaire, les affaires commerciales et la police sanitaire et industrielle, dont la nomenclature est fixée par le tableau B ci-annexé.

3. Les préfets statueront en conseil de préfecture, sans l'autorisation du ministre des finances, mais sur l'avis ou la proposition des chefs de service, en matière de contributions indirectes, en matières domaniales et forestières, sur les objets déterminés par le tableau C ci-annexé.

(1) Loi du 10 mai 1838, art. 25.
(2) *Idem*, art. 26.

4. Les préfets statueront également, sans l'autorisation du ministre des travaux publics, mais sur l'avis ou la proposition des ingénieurs en chef, et conformément aux règlements ou instructions ministérielles, sur tous les objets mentionnés au tableau D ci-annexé.] (Décret du 25 mars 1852.)

TABLEAU A.

1° Acquisitions, aliénations et échanges de propriétés départementales non affectées à un service public;

2° Affectation d'une propriété départementale à un service d'utilité départementale, lorsque cette propriété n'est déjà affectée à aucun service;

3° Mode de gestion des propriétés départementales;

4° Baux de biens donnés ou pris à ferme et à loyer par le département;

5° Autorisation d'ester en justice;

6° Transactions qui concernent les droits des départements;

7° Acceptation ou refus des dons au département, sans charge ni affectation immobilière, et des legs qui présentent le même caractère ou qui ne donnent pas lieu à réclamation;

8° Contrats à passer pour l'assurance des bâtiments départementaux;

9° Projets, plans et devis de travaux exécutés sur les fonds du département, et qui n'engageraient pas la question de syst me ou de régime intérieur, en ce qui concerne les prisons départementales ou les asiles d'aliénés;

10° Adjudication de travaux dans les mêmes limites;

11° Adjudication des emprunts départementaux dans les limites fixées par les lois d'autorisation;

12° Acceptation des offres faites par des communes, des associations ou des particuliers pour concourir à la dépense des travaux à la charge des départements;

13° Concession à des associations, à des compagnies ou à des particuliers des travaux d'intérêt départemental;

14° Acquisitions de meubles pour la préfecture, réparations à faire au mobilier;

15° Achat, sur les fonds départementaux, d'ouvrages administratifs destinés aux bibliothèques des préfectures et des sous-préfectures ;

16° Distribution d'indemnités ordinaires et extraordinaires allouées sur le budget départemental aux ingénieurs des ponts et chaussées ;

17° Emploi du fonds de réserve inscrit à la deuxième section des budgets départementaux pour dépenses imprévues;

18° Règlement de la part des dépenses des aliénés, enfants trouvés et abandonnés et orphelins pauvres, à mettre à la charge des communes, et bases de la répartition à faire entre elles;

19° Traités entre les départements et les établissements publics ou privés d'aliénés ;

20° Règlement des budgets des asiles publics ;

21° Règlement des frais de transport, de séjour provisoire et du prix de pension des aliénés ;

22° Dépenses de concours à l'entretien des aliénés réclamés par les familles ;

23° Mode et condition d'admission des enfants-trouvés dans les hospices; tarifs des mois de nourrice et de pension; indemnités aux nourriciers et gardiens ; prix des layettes et vêtures ;

24° Marchés de fournitures pour les prisons départementales, les asiles d'aliénés et tous les établissements départementaux;

25° Transfèrement des détenus d'une prison départementale dans une autre prison du même département ;

26° Création d'asiles départementaux pour l'indigence, la vieillesse, et règlements intérieurs de ces établissements ;

27° Règlements intérieurs des dépôts de mendicité;

28° Règlements, budgets et comptes des sociétés de charité maternelles;

29° Acceptation ou refus des dons et legs faits à ces sociétés quand ils ne donnent point lieu à réclamation;

30° Rapatriement des aliénés étrangers en France, et *vice versâ* ;

31° Dépenses faites pour les militaires et les marins aliénés, et provisoirement pour les forçats libérés ;

32° Autorisation d'établir des asiles privés d'aliénés;

33° Rapatriement d'enfants abandonnés à l'étranger ou d'enfants d'origine étrangère abandonnés en France ;

34° Tarifs des droits de location de place dans les halles et marchés, et des droits de pesage, jaugeage et mesurage;

35° Budgets et comptes des communes, lorsque ces budgets ne donnent pas lieu à des impositions extraordinaires;

36° Impositions extraordinaires pour dépenses facultatives pour une durée de cinq années, et jusqu'à concurrence de vingt centimes additionnels;

37° Emprunts, pourvu que le terme du remboursement n'excède pas dix années, lorsqu'il doit être remboursé au moyen des ressources ordinaires, ou lorsque la création des ressources extraordinaires se trouve dans la compétence des préfets;

38° Pensions de retraite aux employés et agents des communes et établissements charitables;

39° Répartition du fonds commun des amendes de police correctionnelle;

40° Mode de jouissance en nature des biens communaux, quelle que soit la nature de l'acte primitif qui ait approuvé le mode actuel;

41° Aliénations, acquisitions, échanges, partage de biens de toute nature, quelle qu'en soit la valeur;

42° Dons et legs de toute sorte de biens, lorsqu'il n'y a pas réclamation des familles;

43° Transactions sur toutes sortes de biens, quelle qu'en soit la valeur;

44° Baux à donner ou à prendre, quelle qu'en soit la durée;

45° Distraction de parties superflues de presbytères communaux, lorsqu'il n'y a pas opposition de l'autorité diocésaine;

46° Tarifs des pompes funèbres;

47° Tarifs des concessions dans les cimetières;

48° Approbation des marchés passés de gré à gré;

49° Approbation des plans et devis de travaux, quel qu'en soit le montant;

50° Plans d'alignement des villes;

51° Cours d'eau non navigables ni flottants, en tout ce qui concerne leur élargissement et leur curage;

52° Assurances contre l'incendie;

53° Tarifs des droits de voirie dans les villes;

54° Établissements de trottoirs dans les villes;

55° Enfin, tous les autres objets d'administration départementale, communale et d'assistance publique, sauf les exceptions ci-après :

a. Changements proposés à la circonscription du territoire du département, des arrondissements, des cantons et des communes, et à la désignation des chefs-lieux;

b. Contributions extraordinaires à établir, et emprunts à contracter dans l'intérêt du département;

c. Répartition du fonds commun affecté aux dépenses ordinaires des départements;

d. Règlement des budgets départementaux; approbation des virements de crédits d'un sous-chapitre à un autre sous-chapitre de la première section du budget, quand il s'agit d'une nouvelle dépense à introduire, et des virements de la seconde et de la troisième section;

e. Règlement du report des fonds libres départementaux d'un exercice sur un exercice ultérieur, et règlement des comptes départementaux;

f. Changement de destination des édifices départementaux affectés à un service public;

g. Fixation du taux maximum du mobilier des hôtels de préfecture;

h. Acceptation ou refus des dons et legs faits au département, qui donnent lieu à réclamation;

i. Classement, direction et déclassement des routes départementales;

j. Approbation des règlements d'administration et de discipline des prisons départementales;

k. Approbation des projets, plans et devis des travaux à exécuter aux prisons départementales ou aux asiles publics d'aliénés, quand ces travaux engagent la question de système ou de régime intérieur, quelle que soit d'ailleurs la quotité de la dépense;

l. Fixation de la part contributive du département aux travaux exécutés par l'État et qui intéressent le département;

m. Fixation de la part contributive du département aux dépenses et aux travaux qui intéressent à la fois le département et les communes ;

n. Organisation des caisses de retraites ou de tout autre mode de rémunération ou de secours en faveur des employés de préfecture ou sous-préfecture, et des autres services départementaux ;

o. Règlement du domicile de secours pour les aliénés et les enfants trouvés, lorsque la question s'élève entre deux ou plusieurs départements ;

p. Suppression des tours actuellement existants ; ouverture de tours nouveaux ;

q. Approbations des taxes d'octroi ;

r. Frais de casernement à la charge des villes ; leur abonnement ;

s. Impositions extraordinaires pour dépenses facultatives, lorsque les centimes additionnels excèdent le nombre de vingt, et que la durée de l'imposition dépasse cinq ans ;

t. Emprunts, lorsque le terme du remboursement excédera dix années, ou que ce remboursement devra s'opérer au moyen d'une imposition extraordinaire soumise à l'approbation de l'autorité centrale ;

u. Expropriation pour cause d'utilité publique, sans préjudice des concessions déjà faites en faveur de l'autorité préfectorale par la loi du 21 mai 1836, relative aux chemins vicinaux ;

v. Legs, lorsqu'il y a réclamation de la famille ;

x. Ponts communaux à péage ;

y. Création d'établissements de bienfaisance (hôpitaux, hospices, bureaux de bienfaisance, monts-de-piété).

TABLEAU B.

1° Autorisation d'ouvrir des marchés, sauf pour les bestiaux ;

2° Réglementation complète de la boucherie, boulangerie et vente de comestibles sur les foires et marchés ;

3° Primes pour la destruction des animaux nuisibles ;

4° Règlement des frais de traitement des épizooties ;

5° Approbation des tableaux de marchandises à vendre aux enchères par le ministère des courtiers ;

6° Formation et autorisation des sociétés de secours mutuels qui ne rempliraient pas les formes voulues pour être déclarées d'utilité publique;

7° Examen et approbation des règlements de police commerciale pour les foires, marchés, ports et autres lieux publics;

8° Autorisation des établissements insalubres de première classe, dans les formes déterminées pour cette nature d'établissements, et avec les recours existant aujourd'hui pour les établissements de deuxième classe;

9° Autorisation de fabriques et ateliers dans le rayon des douanes, sur l'avis conforme du directeur des douanes.

TABLEAU C.

1° Transactions ayant pour objet les contraventions en matière de poudre à feu, lorsque la valeur des amendes et confiscations ne s'élève pas au delà de mille francs;

2° Location amiable, après estimation contradictoire, de la valeur locative des biens de l'État, lorsque le prix annuel n'excède pas cinq cents francs;

3° Concessions de servitudes à titre de tolérance temporaire et révocables à volonté;

4° Concessions autorisées par les lois des 20 mai 1836 et 10 juin 1847, des biens usurpés, lorsque le prix n'excède pas deux mille francs;

5° Concessions de terrains domaniaux compris dans le tracé des routes nationales, départementales et des chemins vicinaux;

6° Échanges de terrains provenant de déclassement de routes, dans le cas prévu par l'article 4 de la loi du 20 mai 1836;

7° Liquidation de dépenses, lorsque les sommes liquidées ne dépassent pas deux mille francs;

8° Demandes en autorisation concernant les établissements et constructions mentionnés dans les articles 151, 152, 153, 154 et 155 du Code forestier;

9° Vente sur les lieux des produits façonnés provenant des bois des communes et des établissements publics, quelle que soit la valeur de ces produits;

10° Travaux à exécuter dans les forêts communales ou d'étatablissements publics, pour la recherche ou la conduite des eaux, la construction des récipients et autres ouvrages analogues, lorsque ces travaux auront un but d'utilité communale.

TABLEAU D.

1° Autorisation, sur les cours d'eau navigables ou flottables, des prises d'eau faites au moyen de machines, et qui, eu égard au volume du cours d'eau, n'auraient pas pour effet d'en altérer sensiblement le régime ;

2° Autorisation des établissements temporaires sur lesdits cours d'eau, alors même qu'ils auraient pour effet de modifier le régime ou le niveau des eaux ; fixation de la durée de la permission ;

3° Autorisation sur les cours non navigables ni flottables de tout établissement nouveau, tel que moulin, usine, barrage, prise d'eau d'irrigation, patouillet, bocard, lavoir à mines ;

4° Régularisation de l'existence desdits établissements lorsqu'ils ne sont pas encore pourvus d'autorisation régulière, ou modifications des règlements déjà existants ;

5° Dispositions pour assurer le curage et le bon entretien des cours d'eau non navigables ni flottables, de la manière prescrite par les anciens règlements ou d'après les usages locaux. Réunion, s'il y a lieu, des propriétaires intéressés en associations syndicales ;

6° Constitution en associations syndicales des propriétaires intéressés à l'exécution et à l'entretien des travaux d'endiguement contre la mer, les fleuves, rivières et torrents navigables ou non navigables, de canaux d'arrosage ou de canaux de desséchement, lorsque ces propriétaires sont d'accord pour l'exécution desdits travaux et la répartition des dépenses ;

7° Autorisation et établissement des débarcadères sur les bords des fleuves et rivières pour le service de la navigation, fixation des tarifs et des conditions d'exploitation de ces débarcadères ;

8° Approbation de la liquidation des plus-values ou des moins-values en fin de bail du matériel des bacs affermés au profit de l'État ;

9° Autorisation et établissement des bateaux particuliers ;

10° Approbation, dans la limite des crédits ouverts, des dépenses dont la nomenclature suit :

a. Acquisitions de terrains, d'immeubles, etc., dont le prix ne dépasse pas vingt-cinq mille francs ;

b. Indemnités mobilières ;

c. Indemnités pour dommages ;

d. Frais accessoires aux acquisitions d'immeubles, aux indemnités mobilières et aux dommages ci-dessus désignés ;

e. Loyers de magasins, terrains, etc. ;

f. Secours aux ouvriers réformés, blessés, etc., dans les limites déterminées par les instructions ;

11° Approbation de la répartition rectifiée des fonds d'entretien et des décomptes définitifs des entreprises, quand il n'y a pas d'augmentation sur les dépenses autorisées ;

12° Autorisation de la main levée des hypothèques prises sur les biens des adjudicataires ou de leurs cautions, et du remboursement des cautionnements après la réception définitive des travaux ; autorisation de la remise à l'administration des domaines des terrains devenus inutiles au service.

CHAPITRE XX.

COMPTABILITÉ DES COMMUNES.

§ 1er. — REVENUS COMMUNAUX.

429. Les recettes des communes sont ordinaires ou extraordinaires.

Les recettes ordinaires des communes se composent :

1° Des revenus de tous les biens dont les habitants n'ont pas la jouissance en nature ;

2° Des cotisations imposées annuellement sur les ayants droit aux fruits qui se perçoivent en nature ;

3° Du produit des centimes ordinaires affectés aux communes par les lois de finances ;

4° Du produit de la portion accordée aux communes dans l'impôt des patentes ;

5° Du produit des octrois municipaux ;

6° Du produit des droits de place perçus dans les halles, foires, marchés, abattoirs, d'après les tarifs dûment autorisés ;

7° Du produit des permis de stationnement et des locations sur la voie publique, sur les ports et rivières et autres lieux publics ;

8° Du produit des péages communaux, des droits de pesage, mesurage et jaugeage ; des droits de voirie et autres droits légalement établis ;

9° Du prix des concessions dans les cimetières ;

10° Du produit des concessions d'eau, de l'enlèvement des boues et immondices de la voie publique, et autres concessions autorisées pour les services communaux ;

11° Du produit des expéditions des actes administratifs et des actes de l'état civil ;

12° De la portion que les lois accordent aux communes dans le produit des amendes prononcées par les tribunaux de simple police, par ceux de police correctionnelle et par les conseils de discipline de la garde nationale ;

Et généralement du produit de toutes les taxes de ville et de police, dont la perception est autorisée par la loi (1).

430. Les recettes extraordinaires se composent :

(1) Loi du 18 juillet 1837, sur l'administration municipale, art. 31.

1° Des contributions extraordinaires dûment autorisées ;

2° Du prix des biens aliénés ;

3° Des dons et legs ;

4° Du remboursement des capitaux exigibles et des rentes rachetées ;

5° Du produit des coupes extraordinaires de bois ;

6° Du produit des emprunts ;

Et de toutes autres recettes accidentelles (1).

§ 2. — CHARGES COMMUNALES.

431. Les dépenses des communes sont obligatoires ou facultatives.

Sont obligatoires les dépenses suivantes :

1° L'entretien, s'il y a lieu, de l'hôtel de ville ou du local affecté à la mairie ;

2° Les frais de bureau et d'impression pour le service de la commune ;

3° L'abonnement au *Bulletin des lois ;*

4° Les frais de recensement de la population ;

5° Les frais des registres de l'état civil et la portion des tables décennales à la charge des communes ;

6° Le traitement du receveur municipal, du préposé en chef de l'octroi, et les frais de perception ;

7° Le traitement des gardes des bois de la commune et des gardes champêtres ;

8° Le traitement et les frais de bureau des commissaires de police, tels qu'ils sont déterminés par les lois ;

9° Les pensions des employés municipaux et des com-

(1) Loi du 18 juillet 1837, art. 32.

missaires de police régulièrement liquidées et approuvées ;

10° Les frais de loyer et de réparation du local de la justice de paix, ainsi que ceux d'achat et d'entretien de son mobilier, dans les communes chefs-lieux de canton ;

11° Les dépenses de la garde nationale, telles qu'elles sont déterminées par les lois ;

12° Les dépenses relatives à l'instruction publique, conformément aux lois ;

13° L'indemnité de logement aux curés et desservants, et autres ministres des cultes salariés par l'État, lorsqu'il n'existe pas de bâtiment affecté à leur logement ;

14° Les secours aux fabriques des églises et autres administrations préposées aux cultes dont les ministres sont salariés par l'État, en cas d'insuffisance de leurs revenus, justifiée par leurs comptes et budgets ;

15° Le contingent assigné à la commune, conformément aux lois, dans la dépense des enfants trouvés et abandonnés ;

16° Les grosses réparations aux édifices communaux, sauf l'exécution des lois spéciales concernant les bâtiments militaires et les édifices consacrés aux cultes ;

17° La clôture des cimetières, leur entretien et leur translation dans les cas déterminés par les lois et règlements d'administration publique ;

18° Les frais des plans d'alignements ;

19° Les frais et dépenses des conseils des prud'hommes, pour les communes où ils siégent ; les menus frais des chambres consultatives des arts et manufactures, pour les communes où elles existent ;

20° Les contributions et prélèvements établis par les lois sur les biens et revenus communaux ;

21° L'acquittement des dettes exigibles ;

Et généralement toutes les autres dépenses mises à la charge des communes par une disposition des lois.

Toutes dépenses autres que les précédentes sont facultatives (1).

§ 3. — BUDGET DE L'EXERCICE, VOTE DES RECETTES ET DES DÉPENSES.

432. Les recettes et les dépenses des communes ne peuvent être faites que conformément au budget de chaque exercice, ou aux autorisations extraordinaires données par qui de droit et dans les mêmes formes (2).

433. L'exercice commence au 1er janvier et finit au 31 décembre de l'année qui lui donne son nom (3).

Néanmoins un délai est accordé pour en compléter les opérations, et l'époque de la clôture de l'exercice, pour toutes les recettes et dépenses qui s'y rattachent, est fixée, savoir : pour les communes justiciables de la cour des comptes, au 30 juin de la deuxième année de l'exercice, et pour toutes les autres communes, au 31 mars de ladite année (4).

[Art. 1er. A partir de l'exercice 1842, l'époque de la clôture des exercices, pour les communes et les établissements de bienfaisance dont les receveurs sont justiciables de la cour des comptes, est fixée au 31 mars de la deuxième année de l'exercice.

A l'avenir, les comptes de ces communes et établissements

(1) Loi du 18 juillet 1837, art. 30.

(2) Ordonnance du 23 avril 1823, art 1er.

(3) *Idem*, art. 2.

(4) *Idem*, art. 3, et ordonnance du 1er mars 1835, art. 1er.

seront transmis directement par les receveurs à la cour des comptes, avec les pièces à l'appui. Les préfets, de leur côté, continueront d'y envoyer, comme éléments de contrôle et avec leurs observations, une copie des comptes d'administration rendus par les maires, conformément à l'art. 60 de la loi du 18 juillet 1837.) (Ordonnances du 24 janvier 1843, et du 17 janvier 1844, art. 1er, pour la ville de Paris.)

434. Le conseil municipal délibère sur le budget de la commune, et en général sur toutes les recettes et dépenses soit ordinaires, soit extraordinaires (1).

435. Le budget de chaque commune, proposé par le maire et voté par le conseil municipal, est définitivement réglé par arrêté du préfet.

Toutefois, le budget des villes dont le revenu est de 100,000 francs ou plus, est réglé par une ordonnance du roi.

Le revenu d'une commune est réputé atteindre 100,000 fr., lorsque les recettes ordinaires, constatées dans les comptes, se sont élevées à cette somme pendant les trois dernières années.

Il n'est réputé être descendu au-dessous de 100,000 francs, que lorsque, pendant les trois dernières années, les recettes ordinaires, légalement constatées par les comptes, sont restées inférieures à cette somme (2).

436. Les crédits qui pourraient être reconnus nécessaires après le règlement du budget sont délibérés par le conseil municipal et autorisés par le préfet dans les communes dont il est appelé à régler le budget, et par le ministre, dans les autres communes.

Toutefois, dans ces dernières communes, les crédits

(1) Loi du 18 juillet 1837, art. 19.
(2) *Idem*, art. 33.

supplémentaires pour dépenses urgentes peuvent être approuvés par le préfet (1).

437. Dans le cas où, par une cause quelconque, le budget d'une commune n'aurait pas été approuvé avant le commencement de l'exercice, les recettes et dépenses ordinaires continuent, jusqu'à l'approbation de ce budget, à être faites conformément à celui de l'année précédente (2).

438. Dans le cas où le maire négligerait de dresser et de soumettre au conseil municipal le budget de la commune, le préfet, après l'en avoir requis, peut procéder à ces actes par lui-même ou par un délégué spécial (3).

439. Les dépenses proposées au budget d'une commune peuvent être rejetées ou réduites par l'ordonnance du roi ou par l'arrêté du préfet qui règle ce budget (4).

440. Les conseils municipaux peuvent porter au budget un crédit pour dépenses imprévues.

La somme inscrite pour ce crédit ne peut être réduite ou rejetée qu'autant que les revenus ordinaires, après avoir satisfait à toutes les dépenses obligatoires, ne permettraient pas d'y faire face, ou qu'elle excéderait le dixième des recettes ordinaires.

Le crédit pour dépenses imprévues est employé par le maire, avec l'approbation du préfet pour les budgets réglés par le roi, et du sous-préfet pour les budgets réglés par le préfet.

(1) Loi du 18 juillet 1837, art. 34.
(2) *Idem*, art. 35.
(3) *Idem*, art. 15.
(4) *Idem*, art. 63.

Dans les communes autres que les chefs-lieux de département ou d'arrondissement, le maire peut employer le montant de ce crédit aux dépenses urgentes, sans approbation préalable, à la charge d'en informer immédiatement le sous-préfet et d'en rendre compte au conseil municipal dans la première session ordinaire qui suit la dépense effectuée (1).

441. Les dépenses proposées au budget ne peuvent être augmentées, et il ne peut y en être introduit de nouvelles par l'arrêté du préfet ou l'ordonnance du roi, qu'autant qu'elles sont obligatoires (2).

442. Si un conseil municipal n'alloue pas les fonds exigés pour une dépense obligatoire, ou n'alloue qu'une somme insuffisante, l'allocation nécessaire est inscrite au budget, par ordonnance du roi, pour les communes dont le revenu est de 100,000 francs et au-dessus, et par arrêté du préfet, en conseil de préfecture, pour celles dont le revenu est inférieur.

Dans tous les cas, le conseil municipal est préalablement appelé à en délibérer.

S'il s'agit d'une dépense annuelle et variable, elle est inscrite pour sa quotité moyenne pendant les trois dernières années ; s'il s'agit d'une dépense annuelle et fixe de sa nature, ou d'une dépense extraordinaire, elle est inscrite pour sa quotité réelle.

Si les ressources de la commune sont insuffisantes pour subvenir aux dépenses obligatoires inscrites d'office en vertu du présent article, il y est pourvu par le conseil municipal, ou, en cas de refus de sa part, au moyen d'une contribution extarordinaire établie par une or-

(1) Loi du 18 juillet 1837, art. 37.
(2) *Idem*, art. 38.

donnance du roi, dans les limites du maximum qui est fixé annuellement par la loi de finances, et par une loi spéciale, si la contribution doit excéder ce maximum (1).

443. Les délibérations du conseil municipal concernant une contribution extraordinaire destinée à subvenir aux dépenses obligatoires, ne sont exécutoires qu'en vertu d'un arrêté du préfet s'il s'agit d'une commune ayant moins de 100,000 francs de revenu, et d'une ordonnance du roi, s'il s'agit d'une commune ayant un revenu supérieur.

Dans le cas où la contribution extraordinaire aurait pour but de subvenir à d'autres dépenses que les dépenses obligatoires, elle ne peut être autorisée que par ordonnance du roi s'il s'agit d'une commune ayant moins de 100,000 francs de revenu , et par une loi s'il s'agit d'une commune ayant un revenu supérieur (2).

444. Aucun emprunt ne peut être autorisé que par ordonnance du roi, rendue dans les formes des règlements d'administration publique, pour les communes ayant moins de 100,000 francs de revenu , et par une loi s'il s'agit d'une commune ayant un revenu supérieur.

Néanmoins, en cas d'urgence, et dans l'intervalle des sessions, une ordonnance du roi, rendue dans la forme des règlements d'administration publique, peut autoriser les communes dont le revenu est de 100,000 fr. et au-dessus à contracter un emprunt jusqu'à concurrence du quart de leurs revenus (3).

(1) Loi du 18 juillet 1837, art. 39.
(2) *Idem*, art. 40.
(3) *Idem*, art. 41.

§ 4. — ORDONNANCEMENT ET ACQUITTEMENT DES DÉPENSES.

445. Le maire est chargé, sous la surveillance de l'administration supérieure :

De la gestion des revenus, de la surveillance des établissements communaux et de la comptabilité municipale ;

De la proposition du budget et de l'ordonnancement des dépenses (1).

446. Les dépenses ne peuvent être acquittées que sur les crédits ouverts à chacune d'elles, ni ces crédits être employés par les maires à d'autres dépenses (2).

447. Aucune dépense ne peut être acquittée si elle n'a été préalablement ordonnancée par le maire sur un crédit régulièrement ouvert. Tout mandat ou ordonnance doit énoncer l'exercice et le crédit auxquels la dépense s'applique, et être accompagné, pour la légitimité de la dette et la garantie du paiement, des pièces indiquées par les règlements.

448. Les maires demeurent chargés, sous leur responsabilité, de la remise aux ayants droit des mandats qu'ils délivrent sur la caisse municipale (3).

449. Le maire peut seul délivrer des mandats : s'il refuse d'ordonnancer une dépense régulièrement autorisée et liquidée, il est prononcé par le préfet en conseil de préfecture.

L'arrêté du préfet tient lieu du mandat du maire (4).

(1) Loi du 18 juillet 1837, art. 10.
(2) Ordonnance du 3 avril 1833, art. 1er.
(3) *Idem*, art. 3.
(4) Loi du 18 juillet 1837, art. 61.

450. Les crédits accordés pour un exercice sont affectés au paiement des dépenses qui résultent de *services faits* dans l'année qui donne son nom à l'exercice (1).

§ 5. — CLÔTURE DE L'EXERCICE.

451. Les crédits restent à la disposition du maire ordonnateur jusqu'au 15 mars ou au 15 juin de l'année suivante (selon l'importance des communes), mais seulement pour compléter les dépenses auxquelles ils ont été affectés (2).

452. Passé le 31 mars ou le 30 juin, l'exercice est clos ; les crédits demeurés sans emploi sont annulés et les restes à recouvrer et à payer sont reportés, de droit, et sous un titre spécial, au budget de l'exercice pendant lequel la clôture a lieu. Il en est de même de l'excédant final que présenterait le compte de l'exercice clos.

Les comptes définitifs d'exercice ne comprennent que les recettes et les paiements effectués jusqu'auxdites, époques (3).

453. Aucune dépense ne peut être ordonnancée passé le 15 du mois de la clôture de l'exercice, et les mandats non payés dans les quinze jours suivants sont annulés, sauf réordonnancement, s'il y a lieu, avec imputation sur les reliquats de l'exercice clos reportés au budget de l'année courante (4).

454. Sont du reste appliquées aux budgets et aux comptes des communes, les dispositions des articles 8,

(1) Ordonnance du 14 septembre 1822 art. 1er.
(2) Ordonnance du 23 avril 1823, art. 2.
(3) Ordonnance du 1er mars 1835, art. 1er.
(4) *Idem*, art. 2.

9 et 10 de la loi du 23 mai 1834, relativement aux paiements à effectuer sur les exercices courants par rappel sur les exercices clos (1).

§ 6. — ÉCRITURES ET COMPTE DU MAIRE.

455. Au fur et à mesure de chaque opération d'ordonnancement, il doit en être tenu écriture sur des registres ouverts dans chaque mairie.

Dans les grandes administrations municipales, les maires doivent faire tenir un journal et un grand-livre pour y consigner sommairement toutes les opérations financières concernant la fixation des crédits, la liquidation, l'ordonnancement et le paiement; et ces mêmes opérations doivent en même temps être décrites avec détail dans des livres ou registres auxiliaires, au nombre et dans la forme déterminée par les préfets suivant la nature et l'importance des diverses parties du service (2).

456. Le compte d'*exercice* à rendre par le maire ordonnateur présente, par colonnes distinctes, et en suivant l'ordre des chapitres et des articles du budget, *en recette* :

1° La désignation de la nature de recette ;

2° L'évaluation admise par le budget ;

3° La fixation définitive de la somme à recouvrer d'après les titres justificatifs ;

4° Les sommes recouvrées pendant l'année du budget et pendant les premiers mois de la seconde année ;

5° La somme restant à recouvrer.

(1) Ordonnance du 1er mars 1835, art. 3.

(2) Instruction du ministre de l'intérieur, du mois de septembre 1824.

En dépense, le compte présente :

1° La désignation des articles de dépenses admis par le budget ;

2° Le montant des crédits ;

3° Le montant des sommes payées sur ces crédits, soit dans la première année, soit dans les premiers mois de la deuxième ;

4° Les restes à payer à reporter au budget de l'exercice suivant ;

5° Les crédits ou portions de crédits à annuler, faute d'emplois dans les délais prescrits.

Le maire joint d'ailleurs à ce compte de deniers tous les développements et explications qui doivent en former la partie morale, et servir, tant au conseil municipal qu'à l'autorité supérieure, à apprécier les actes administratifs du maire, pendant l'exercice qui vient de se terminer (1).

457. Les comptes des maires ordonnateurs, rendus par exercice, et clos (ainsi que le prescrit l'article 1er de l'ordonnance du 1er mars 1835), au 31 mars ou au 30 juin de l'année qui suit immédiatement chaque exercice, sont nécessairement soumis aux délibérations des conseils municipaux dans la session ordinaire qui suit immédiatement la clôture de chaque exercice.

Ceux de ces comptes qui doivent être définitivement réglés par le ministre de l'intérieur lui sont transmis par les préfets, avec les observations dont ils les jugent susceptibles, deux mois au plus tard après l'examen des conseils municipaux (2).

(1) Circulaire du ministre de l'intérieur, en date du 10 avril 1835.

(2) Ordonnance du 23 avril 1823, art. 5.

458. Le conseil municipal délibère sur les comptes présentés annuellement par le maire (1).

459. Les comptes du maire pour l'exercice clos sont présentés au conseil municipal avant la délibération du budget. Ils sont définitivement approuvés par les préfets, pour les communes dont le revenu est inférieur à 100,000 francs, et par le ministre compétent, pour les autres communes (2).

460. Une copie conforme du compte d'administration, tel qu'il a été vérifié par le conseil municipal, et arrêté définitivement ou provisoirement par le préfet, doit être, comme élément de contrôle, jointe au compte de gestion du comptable, lorsque celui-ci est soumis à l'apurement du tribunal compétent (3).

§ 7. — GESTION DU RECEVEUR.

461. Les recettes et les dépenses communales s'effectuent par un comptable chargé seul, et sous sa responsabilité, de poursuivre la rentrée de tous les revenus de la commune et de toutes les sommes qui lui seraient dues, ainsi que d'acquitter les dépenses ordonnancées par le maire, jusqu'à concurrence des crédits régulièrement accordés.

Tous les rôles de sous-répartitions et de prestations locales doivent être remis à ce comptable (4).

462. Ce comptable doit également recevoir de l'ad-

(1) Loi du 18 juillet 1837, art. 23.

(2) *Idem*, art. 60.

(3) Instruction du ministre de l'intérieur, du mois de septembre 1824.

(4) Loi du 18 juillet 1837, art. 62.

ministration locale une expédition en forme de tous les baux, contrats, jugements, déclarations, *titres nouvels*, et autres, concernant les revenus dont la perception lui est confiée, et il est autorisé à demander, au besoin, que les originaux de ces divers actes lui soient remis sur son récépissé (1).

463. Les taxes particulières dues par les habitants ou propriétaires, en vertu des lois et des usages locaux, sont réparties par délibérations du conseil municipal, approuvées par le préfet. Ces taxes sont perçues suivant les formes établies pour le recouvrement des contributions publiques (2).

464. Toutes les recettes municipales pour lesquelles les lois et règlements n'ont pas prescrit un mode spécial de recouvrement s'effectuent sur des états dressés par le maire. Ces états sont exécutoires après qu'ils ont été visés par le sous-préfet (3).

465. Le percepteur remplit les fonctions de receveur municipal.

Néanmoins dans les communes dont le revenu excède 30,000 francs, ces fonctions sont confiées, si le conseil municipal le demande, à un receveur municipal spécial. Il est nommé par le roi sur trois candidats que le conseil présente.

Les dispositions du premier paragraphe ci-dessus ne sont applicables aux communes ayant actuellement un receveur municipal que sur la demande du conseil municipal, ou en cas de vacance (4).

(1) Instruction générale du 15 décembre 1826, art. 581, et arrêté du gouvernement du 19 vendémiaire an XII.
(2) Loi du 18 juillet 1837, art. 44.
(3) *Idem*, art. 63.
(4) *Idem*, art. 65.

466. Toute personne autre que le receveur municipal qui, sans autorisation légale, se serait ingérée dans le maniement des deniers de la commune, est, par ce seul fait, constituée comptable ; elle peut, en outre, être poursuivie en vertu de l'article 258 du Code pénal, comme s'étant immiscée sans titre dans des fonctions publiques (1).

467. Le receveur municipal recouvre les divers produits aux échéances déterminées par les titres de perception ou par l'administration (2).

468. Il délivre immédiatement quittance de toutes les sommes versées à sa caisse (3).

469. Ces quittances sont détachées d'un journal à souche (4).

470. Le receveur municipal est tenu de faire, sous sa responsabilité personnelle, toutes les diligences nécessaires pour la perception des revenus, legs et donations, et autres ressources affectées au service des communes ; de faire faire, contre les débiteurs en retard de payer, et à la requête des maires, les exploits, significations, poursuites et commandements nécessaires ; d'avertir les administrateurs de l'expiration des baux ; d'empêcher les prescriptions, de veiller à la conservation des domaines, droits, priviléges et hypothèques; de requérir, à cet effet, l'inscription au bureau des hypothèques de tous les titres qui en sont susceptibles ; enfin, de tenir

(1) Loi du 18 juillet 1837, art. 64.

(2) Instruction du 15 décembre 1826, art. 587, et loi du 11 frimaire an VII.

(3) Ordonnance du 8 décembre 1832, art. 7.

(4) Instruction du 15 décembre 1826, art. 589.

registre de ces inscriptions et autres poursuites et diligences (1).

471. Les receveurs des communes doivent, en conséquence, joindre à leurs comptes, comme pièces justificatives, un état des propriétés foncières, des rentes et des créances mobilières qui composent l'actif de ces communes. Cet état doit indiquer la nature des titres, leur date et celle des inscriptions hypothécaires prises pour leur conservation, et, s'il y a des procédures entamées, la situation où elles se trouvent.

Cet état, certifié conforme par le receveur, doit être visé par l'administration municipale, qui y joint des observations, s'il y a lieu. Les certificats de quitus ne sont délivrés aux comptables, à l'effet de remboursement de cautionnement, qu'après qu'il a été reconnu, par l'autorité qui juge les comptes, qu'ils ont satisfait aux obligations imposées par l'arrêté du 19 vendémiaire an XIII pour la conservation des biens et des créances appartenant aux communes dont ils gèrent la recette (2).

472. Les receveurs municipaux ne peuvent se refuser à acquitter les mandats ou ordonnances, ni en retarder le paiement que dans les seuls cas :

Où la somme ordonnancée ne porterait pas sur un crédit ouvert ou l'excéderait ;

Où les pièces produites seraient insuffisantes ou irrégulières ;

Où il y aurait eu opposition dûment signifiée, contre le paiement réclamé, entre les mains du comptable.

(1) Instruction du 15 décembre 1826, art. 592, et arrêté du 19 vendémiaire an XII.

(2) Circulaire du ministre de l'intérieur, en date du 10 avril 1835.

Tout refus, tout retard, doit être motivé dans une déclaration immédiatement délivrée par le receveur au porteur du mandat, lequel se retire devant le maire pour, par ce dernier, être avisé aux mesures à prendre ou à provoquer.

Tout receveur qui aurait indûment refusé ou retardé un paiement régulier, ou qui n'aurait pas délivré au porteur du mandat la déclaration motivée de son refus, est responsable des dommages qui pourraient en résulter, et encourt, en outre, selon la gravité des cas, la perte de son emploi (1).

§ 8. — ÉCRITURES DU RECEVEUR.

473. Les écritures des receveurs municipaux sont tenues en *partie simple ;* elles nécessitent l'emploi des livres ci-après, savoir :

1° *Un journal à souche* pour l'enregistrement de toutes les recettes et pour la délivrance des quittances aux parties versantes ;

2° *Des livres de détail,* dans lesquels les recettes et les dépenses sont classées par nature ;

3° *Un journal* présentant les opérations décrites sur les *livres de détail,* et la situation journalière de la caisse ;

4° Et *un grand-livre* contenant le rapport, à chacun des comptes qui y sont ouverts, des recettes et des dépenses inscrites *au journal.*

Le journal général et le grand-livre sont remplacés chez les percepteurs-receveurs par *un livre des comptes divers par services,* destiné à ouvrir un compte distinct

(1) Ordonnance du 23 avril 1823, art. 4.

pour les recettes et dépenses propres à chacun des services dont ces comptables sont chargés concurremment, et par un *livre récapitulatif*, destiné à présenter la situation complète de chaque percepteur sur tous les services qui lui sont confiés (1).

§ 9. — COMPTE DU RECEVEUR.

474. Les comptes annuels des receveurs, rendus avec la distinction des exercices, sont soumis aux délibérations des conseils municipaux, dans leur session ordinaire du mois de mai (2).

475. Les comptes des receveurs, rendus comme il est dit à l'article précédent, doivent présenter :

1° Le solde restant en caisse et en portefeuille au commencement de chaque gestion ;

2° Les recettes et les dépenses de toute nature effectuées pendant la gestion sur chaque exercice ;

3° Le montant des valeurs en caisse et en portefeuille composant leur reliquat à la fin de leur gestion (3).

476. Chaque receveur n'est comptable que des actes de sa gestion personnelle. En cas de mutation de receveurs, le compte de l'exercice est divisé suivant la durée de la gestion de chaque titulaire ; et chacun d'eux rend compte séparément des faits qui le concernent, en se conformant aux dispositions de l'ordonnance du 23 avril 1823 (4).

477. Dans la première quinzaine d'avril ou de juillet,

(1) Instructions du 15 décembre 1826 et du 30 mai 1827.
(2) Ordonnance du 23 avril 1823, art. 5.
(3) *Idem*, art. 11.
(4) *Idem*, art. 13.

suivant la classe de la commune, les receveurs dressent, d'après leurs écritures, un état de situation de l'exercice clos, qui doit faire ressortir les recouvrements effectués et les restes à recouvrer, les dépenses faites et les restes à payer, ainsi que les crédits annulés, et enfin l'excédant définitif des recettes. Cet état est remis par eux au maire pour être joint, comme pièce justificative, au compte de l'administration, et pour servir au règlement définitif des recettes et des dépenses de l'exercice clos (1).

478. Le conseil municipal entend, débat et arrête les comptes de deniers des receveurs, sauf règlement définitif (2).

479. Les comptes des receveurs des communes, affirmés sincères et véritables, tant en recette qu'en dépense, sous les peines de droit, datés et signés par le comptable, doivent être présentés à l'autorité chargée de les juger avant le 1er juillet de l'année qui suit celle pour laquelle ils sont rendus (3).

480. Ceux de ces comptes qui doivent être définitivement réglés par la cour des comptes lui sont transmis par les préfets, avec les observations dont ils les jugent susceptibles, deux mois au plus tard après l'examen des conseils municipaux. Les autres doivent être réglés dans l'année conformément aux ordonnances des 28 janvier 1815, 8 août 1821, et 23 avril 1823 (4).

481. Il ne peut être présenté aucun compte devant

(1) Circulaire du ministre de l'intérieur, en date du 10 avril 1835.
(2) Loi du 18 juillet 1837, art. 23.
(3) Instruction du 15 décembre 1826, art. 1230 et 1236.
(4) Ordonnance du 23 avril 1823, art. 5, deuxième paragraphe.

l'autorité chargée de le juger, qu'il ne soit en état d'examen et appuyé de pièces justificatives (1).

482. Les comptables qui n'auront pas présenté leurs comptes dans les délais prescrits par les règlements peuvent être condamnés, par l'autorité chargée de les juger, à une amende de 10 francs à 100 francs par chaque mois de retard, pour les receveurs justiciables des conseils de préfecture, et de 50 francs à 500 francs également par mois de retard, pour ceux qui sont justiciables de la cour des comptes.

Ces amendes sont attribuées aux communes que concernent les comptes en retard.

Elles sont assimilées aux débets de comptables, et le recouvrement peut en être suivi par corps, conformément aux articles 8 et 9 de la loi du 17 avril 1832 (2).

483. Les comptes du receveur municipal sont définitivement apurés par le conseil de préfecture, pour les communes dont le revenu n'excède pas 30,000 francs, sauf recours à la cour des comptes.

Les comptes des receveurs des communes dont le revenu excède 30,000 francs sont réglés et apurés par ladite cour (3).

484. Les comptes des communes dont les revenus précédemment inférieurs à 30,000 francs se seront élevés à cette somme pendant trois années consécutives sont mis, par les préfets, sous la juridiction de la cour des comptes. Les arrêtés pris à cet effet doivent être im-

(1) Instruction du 15 décembre 1826, art. 1233; loi du 8 février 1792.

(2) Loi du 18 juillet 1837, art. 68.

(3) *Idem*, art. 66.

médiatement transmis aux ministres de l'intérieur et des finances (1).

§ 10. — POURVOIS.

485. Les communes et les comptables peuvent se pourvoir par-devant la cour des comptes contre les arrêtés de comptes rendus par les conseils de préfecture (2).

486. Les arrêtés des conseils de préfecture statuant sur les comptes présentés par les receveurs des communes sont adressés, en double expédition, aux maires des communes par les préfets, dans les quinze jours qui suivent la date de ces arrêtés (3).

487. Avant l'expiration des huit jours qui suivent la réception de l'arrêté, il est notifié par le maire au receveur. Cette notification est constatée par le récépissé du comptable et par une déclaration signée et datée par le maire, au bas de l'expédition de l'arrêté.

Pareille déclaration est faite sur la deuxième expédition, qui reste déposée à la mairie avec le récépissé du comptable (4).

488. En cas d'absence du receveur, ou sur son refus de délivrer le récépissé, la notification est faite, aux frais du comptable, par le ministère d'un huissier. L'original de l'exploit est déposé aux archives de la mairie (5).

489. Si la notification prescrite par les articles précédents n'a pas été faite dans le délai fixé, toute partie in-

(1) Ordonnance du 23 avril 1823, art. 10.
(2) *Idem*, art. 7.
(3) Ordonnance du 28 décembre 1830, art. 1er.
(4) *Idem*, art. 2.
(5) *Idem*, art. 3.

téressée peut requérir expédition de l'arrêté de compte et la signifier par huissier (1).

490. Dans les trois mois de la notification, la partie qui veut se pourvoir rédige sa requête en double original. L'un des doubles est remis à la partie adverse, qui en donne récépissé ; si elle refuse, ou si elle est absente, la signification est faite par huissier.

L'appelant adresse l'autre original à la cour des comptes et y joint l'expédition de l'arrêté qui lui a été notifié. Ces pièces doivent parvenir à la cour, au plus tard, dans le mois qui suit l'expiration du délai du pourvoi (2).

491. Si la cour admet la requête, la partie poursuivante a, pour faire la production des pièces justificatives du compte, un délai de deux mois, à partir de la notification de l'arrêt d'admission (3).

492. Faute de productions suffisantes de la part de la partie poursuivante, dans le délai dont il est parlé à l'article 490, la requête est rayée du rôle, à moins que, sur la demande des parties intéressées, la cour ne consente à accorder un second délai, dont elle détermine la durée.

La requête rayée du rôle ne peut plus être reproduite (4).

493. Toute requête rejetée pour défaut d'accomplissement des formalités prescrites par l'ordonnance du 28 décembre 1830, peut néanmoins être reproduite, si le délai de trois mois accordé pour le pourvoi n'est pas expiré (5).

(1) Ordonnance du 28 décembre 1830, art. 4.
(2) *Idem*, art. 5.
(3) *Idem*, art. 6.
(4) *Idem*, art. 7.
(5) *Idem*, art. 8.

§ 11. — PUBLICATION DES BUDGETS ET DES COMPTES.

494. Les budgets et les comptes des communes restent déposés à la mairie, où toute personne imposée aux rôles de la commune a droit d'en prendre connaissance.

Ils sont rendus publics par la voie de l'impression dans les communes dont le revenu est de 100,000 francs ou plus, et, dans les autres, quand le conseil municipal a voté la dépense de l'impression (1).

§ 12. — SURVEILLANCE ET RESPONSABILITÉ.

495. La responsabilité des receveurs municipaux et les formes de la comptabilité des communes, sont déterminées par des règlements d'administration publique. Les receveurs municipaux sont assujettis, pour l'exécution de ces règlements, à la surveillance des receveurs des finances.

Dans les communes où les fonctions de receveur municipal et de percepteur sont réunies, la gestion du comptable est placée sous la responsabilité du receveur des finances de l'arrondissement (2).

496. Le receveur des finances reçoit directement du préfet les rôles d'impositions, taxes et cotisations locales, après qu'ils ont été rendus exécutoires, et il les transmet aux comptables chargés d'en effectuer le recouvrement.

Il reçoit des receveurs des communes de son arrondissement, des copies certifiées des budgets et autorisa-

(1) Loi du 18 juillet 1837, art. 69.
(2) *Idem*, art. 67.

tions supplémentaires de dépenses, ainsi que des extraits de baux, actes et autres titres de perception.

Il vérifie les comptes annuels des receveurs des communes avant leur transmission aux conseils municipaux, et tient la main à l'exécution des arrêts de la cour des comptes et des arrêtés des conseils de préfecture intervenus sur ces comptes, dont le préfet doit lui adresser des copies ou extraits (1).

497. En cas de déficit ou de débet de la part d'un receveur municipal réunissant à ses fonctions celles de percepteur de l'impôt direct, et constaté, soit par des vérifications de caisse, soit par des arrêtés d'apurement de compte, le receveur des finances de l'arrondissement est tenu d'en couvrir immédiatement le montant avec ses fonds personnels, suivant la marche prescrite pour les déficits sur contributions directes. Il demeure alors subrogé à tous les droits des communes sur les cautionnements, la personne et les biens du comptable reliquataire.

Néanmoins si le déficit provient de force majeure ou de circonstances indépendantes de la surveillance, le receveur des finances peut obtenir la décharge de sa responsabilité : dans ce cas, il a droit au remboursement, en capital et intérêts, des sommes dont il a fait l'avance.

Le ministre des finances prononce sur les demandes en décharge de responsabilité après avoir pris l'avis du ministre de l'intérieur et celui du comité des finances, sauf appel par-devant le conseil d'État (2).

(1) Ordonnance du 17 septembre 1837, titre II.

(2) Ordonnances du 18 novembre 1826 et du 17 septembre 1837, art. 8; circulaires des 30 septembre et 5 octobre 1837.

CHAPITRE XXI.

COMPTABILITÉ DES ÉTABLISSEMENTS DE BIENFAISANCE.

§ 1er. — MODE DE COMPTABILITÉ.

498. Les règles de la comptabilité des communes s'appliquent aux établissements de bienfaisance en ce qui concerne la division et la durée des exercices, la spécialité et la clôture des crédits, la perception des revenus, l'ordonnancement et le paiement des dépenses, et par suite le mode d'écritures et de comptes, ainsi que la formation et le règlement des budgets (1).

§ 2. — REVENUS.

[Les fonds versés par des départements, des communes ou des particuliers, pour concourir avec ceux de l'État à l'exécution de travaux publics, seront portés en recette aux produits divers du budget; un crédit de pareille somme sera ouvert par ordonnance royale au ministre des travaux publics, additionnellement à ceux qui lui auront été accordés par le budget pour les mêmes travaux, et la portion desdits fonds qui n'aura pas été employée pendant le cours d'un exercice pourra être réimputée, avec la même affectation, aux budgets des exercices subséquents, en vertu d'ordonnances royales qui prononceront l'annulation des sommes restées sans emploi sur l'exercice expiré.] (Loi du 6 juin 1843, art. 13.)

[Les emprunts et impositions votés par les départements ou par les villes, et qui, aux termes des lois des 18 juillet 1837 et 10 mai 1838, devaient être sanctionnés par le pouvoir législatif,

(1) Ordonnances des 24 décembre 1826, 22 janvier 1831, 1er mars 1835 et 17 septembre 1837; circulaires des 29 mars 1831, 30 septembre et 5 octobre 1837.

pourront être autorisés en vertu de décrets spéciaux rendus dans la forme des règlements d'administration publique, et qui seront insérés au *Bulletin des lois*.] (Décret du 23 décembre 1851.)

§ II. — REVENUS.

499. Les revenus des hospices et autres établissements de bienfaisance sont divisés, comme les revenus des communes, en *revenus* ordinaires et *revenus* extraordinaires.

Les produits dont ils se composent sont généralement ceux ci-après, savoir :

REVENUS ORDINAIRES.

Prix de ferme des maisons et des biens ruraux ;

Produit des coupes ordinaires de bois ;

Rentes sur l'État ;

Rentes sur particuliers ;

Fonds alloués sur les octrois municipaux ;

Produits des droits sur les spectacles, bals, concerts, etc. ;

Journées de militaires ;

Prix de vente des objets fabriqués par les individus admis dans chaque établissement ;

Dons, aumônes et collectes ;

Fonds alloués pour le service des enfants trouvés ou abandonnés ;

Amendes et confiscations ;

Recettes en nature ;

Prix de vente des denrées ou grains récoltés par l'établissement et excédant les besoins.

REVENUS EXTRAORDINAIRES.

Excédant des recettes sur les dépenses de l'exercice antérieur ;

Intérêts de fonds placés au Trésor public ;
Prix des coupes extraordinaires de bois ;
Legs et donations ;
Remboursements de capitaux ;
Prix de vente d'inscription de rentes sur l'État ;
Emprunts ;
Recettes accidentelles (1).

500. Les établissements de bienfaisance possèdent, en outre, des revenus propres à chaque localité et qui, suivant les titres homologués de l'autorité compétente, se rattachent aux deux classes de produits qui viennent d'être établies (2).

§ 3. — CHARGES.

501. Les dépenses des hospices et autres établissements de bienfaisance sont divisées également en *dépenses ordinaires et dépenses extraordinaires*.

Les premières consistent dans les articles suivants, savoir :

Traitements divers ;
Gages des employés et servants ;
Réparation et entretien des bâtiments ;
Contributions assises sur ces bâtiments ;
Entretien du mobilier et des ustensiles ;
Dépenses du coucher ;
Linge et habillement ;
Achat de grains et denrées ;
Blanchissage ;
Chauffage ;

(1) Instruction du 15 décembre 1826, art. 758.
(2) *Idem*, art. 759.

Éclairage ;

Achat de médicaments;

Pensions ou rentes à la charge de l'établissement ;

Entretien et menues réparations des propriétés rurales ;

Contributions assises sur ces propriétés;

Dépenses des mois de nourrices et pensions des enfants trouvés ;

Frais de layettes et vêtements de ces enfants.

Sont également rangées dans la classe des dépenses ordinaires les consommations de grains et denrées.

Les dépenses extraordinaires ont en général pour objet:

Les constructions et grosses réparations ;

Les achats de terrains et bâtiments ;

Les frais de procédures ;

Les achats de rentes sur l'État (1).

§ 4. — BUDGET DE L'EXERCICE, VOTE DES RECETTES ET DES DÉPENSES.

502. Le budget des recettes et des dépenses à effectuer pour chaque exercice est délibéré par les commissions administratives, dans leur session annuelle du mois d'avril, afin que les budgets des établissements auxquels les communes fournissent des subventions sur leurs octrois ou sur toute autre branche de leurs revenus puissent être soumis aux conseils municipaux, dont la session a lieu du 1er au 15 mai, et que ces conseils puissent délibérer sur les subventions à accorder par les communes (2).

(1) Instruction du 15 décembre 1826, art. 789.

(2) Instruction du 15 décembre 1826, art. 154; ordonnance du 31 octobre 1821, art. 8 et 9.

503. Le conseil municipal est toujours appelé à donner son avis sur les budgets et les comptes des établissements de charité et de bienfaisance (1).

504. Les budgets des hospices dont les revenus ordinaires s'élèvent à 100,000 francs et au-dessus sont soumis à l'approbation du ministre de l'intérieur.

Les budgets des hospices dont le revenu ordinaire ne s'élève pas à 100,000 francs sont fixés par les préfets.

Les budgets des bureaux de bienfaisance sont également fixés par ces administrateurs, quelle que soit la quotité des revenus (2).

505. Lorsque les crédits ouverts par le budget d'un exercice sont reconnus insuffisants, ou s'il doit être pourvu à des dépenses non prévues lors de la formation de ce budget, les crédits supplémentaires doivent également être ouverts par des décisions spéciales de l'autorité investie du droit de régler le budget (3).

§ 5. — FONCTIONS ET COMPTE DE L'ORDONNATEUR.

506. Les commissions administratives des établissements de bienfaisance désignent un des membres de l'administration, lequel, sous le titre d'ordonnateur, est spécialement et exclusivement chargé de la signature de tous les mandats à délivrer aux créanciers de l'établissement pour des dépenses régulièrement autorisées (4).

(1) Loi du 18 juillet 1837, art. 21.

(2) Instruction du 15 décembre 1826, art. 755 ; ordonnance du 31 octobre 1821, art. 11, 12 et 13.

(3) Instruction du 15 décembre 1826, art. 792.

(4) Circulaire du 30 mai 1827, art. 7.

507. Les comptes d'administration de l'établissement sont présentés aux commissions administratives des hospices et bureaux de bienfaisance, qui s'assemblent en session ordinaire du 1er au 15 avril de chaque année (1).

508. Les comptes d'administration des commissions administratives, accompagnés de pièces justificatives, et de la délibération du conseil municipal, sont adressés au sous-préfet de l'arrondissement immédiatement après l'examen fait par ce conseil.

Le sous-préfet transmet ces comptes et les pièces à l'appui, avec son avis, au préfet du département, qui arrête ceux concernant les établissements dont il règle les budgets, et soumet les autres, avec leur avis, au ministre de l'intérieur (2).

§ 6. — GESTION ET COMPTE DU RECEVEUR.

509. Les recettes des hospices et des bureaux de bienfaisance dont les revenus n'excèdent pas 30,000 francs se trouvent confiées de droit au receveur municipal.

Au-dessus de ces proportions le receveur municipal peut être appelé à gérer le revenu des établissements de bienfaisance, en vertu du consentement des administrations respectives et des conseils de charité (3).

510. Lorsque les recettes de l'hospice, réunies à celles du bureau de bienfaisance de la même ville, excèdent 30,000 francs, elles peuvent être confiées à un receveur spécial (4).

(1) Circulaire du 30 mai 1827, art. 12.

(2) *Idem*, art. 13.

(3) Ordonnance du 31 octobre 1821, art. 24; circulaires des 30 mai 1827, 30 septembre et 5 octobre 1837.

(4) Circulaire du 15 décembre 1837.

511. Les comptes des receveurs sont soumis à l'examen de la commission administrative et aux délibérations du conseil municipal (1).

512. Ces comptes, immédiatement après l'examen du conseil municipal, sont adressés par les comptables au préfet pour être définitivement apurés par le conseil de préfecture.

Il doit être statué sur ces comptes dans l'année où ils ont été présentés (2).

513. Les préfets adressent, dans les trois premiers mois de chaque année, au ministre de l'intérieur, un relevé sommaire des budgets et des comptes qu'ils ont réglés.

514. Les dispositions concernant la juridiction des conseils de préfecture et de la cour des comptes sur les comptes des receveurs municipaux sont applicables aux comptes des receveurs des hôpitaux et autres établissements de bienfaisance (3).

Sont également applicables à ces comptables les dispositions relatives à la surveillance et à la responsabilité des receveurs des finances, rappelées au paragraphe 12 du chapitre XX sur la comptabilité des communes (4).

CHAPITRE XXII.

COMPTABILITÉ DE LA CAISSE DES DÉPÔTS ET CONSIGNATIONS.

[Les dépôts et consignations effectués en Algérie sont soumis aux formes d'administration et de comptabilité qui régis-

(1) Ordonnance du 31 octobre 1821, art. 8 et 12; circulaire du 30 mai 1827, art. 16.

(2) Circulaire du 30 mai 1827, art. 17.

(3) Loi du 18 juillet 1837, art. 66.

(4) Ordonnance du 17 septembre 1837

sent le service des dépôts et consignations en France.] (Décret du 14 octobre 1851.)

[*La caisse des retraites de la vieillesse a été ajoutée aux attributions de la caisse des dépôts par la loi du 18 juin 1850.*

A l'avenir, aucune ordonnance, dont l'exécution exigerait le concours de la caisse des dépôts et consignations, ne sera présentée à notre signature que sur le rapport ou sur l'intervention de notre ministre des finances, lequel prendra l'avis de la commission de surveillance.] (Ordonnance du 24 décembre 1839.)

§ 1er. — ATTRIBUTIONS ET ORGANISATION.

515. Les dépôts, les consignations, les services relatifs à la Légion d'honneur, aux fonds des retraites, aux caisses d'épargne, et les autres attributions de même nature qui lui sont légalement déléguées, sont administrés par un établissement spécial sous le nom de *Caisse des dépôts et consignations* (1).

516. Cet établissement est soumis à la même surveillance et aux mêmes règles de responsabilité et de garantie que la caisse d'amortissement (2).

517. Il y a une seule administration pour la caisse d'amortissement et pour celle des dépôts et consignations (3).

518. Les deux établissements, quoique placés dans le même local et soumis à la même administration, sont invariablement distincts. Il est tenu, pour chacun, des livres et registres séparés; leurs écritures et leurs caisses ne sont jamais confondues ; la vérification en est tou-

(1) Loi du 28 avril 1816, art. 110, et loi du 31 mars 1837, sur les caisses d'épargne.

(2) Loi du 28 avril 1816, art. 111.

(3) Ordonnance du 22 mai 1816, art. 1er.

jours faite simultanément, afin d'en garantir plus sûrement l'exactitude (1).

§ 2. — FONCTIONS DE L'ORDONNATEUR.

519. Le directeur général ordonne toutes les opérations et règle les diverses parties du service des deux établissements ; il prescrit les mesures nécessaires pour la tenue régulière des livres et des caisses ; il tient la main à ce que les écritures, qui sont tenues en parties doubles, en soient distinctes ; il ordonnance les paiements ; il vise et arrête les divers états de toute nature (2).

520. Le directeur général présente, avant la fin de l'année, à la commission de surveillance, un état détaillé et certifié par lui des dépenses administratives à faire pour l'année suivante. Cet état, revêtu de l'avis de la commission, est soumis à l'approbation royale (3).

521. Le directeur général est responsable de la gestion et du détournement des deniers de la caisse, s'il y a contribué ou consenti (4).

522. En cas d'absence ou de maladie du directeur général, le sous-directeur le remplace dans l'exercice de ses fonctions ; il est, dans ce cas, soumis aux mêmes règles et à la même responsabilité que le directeur général (5).

(1) Ordonnance du 22 mai 1816, art. 3.
(2) *Idem*, art. 9.
(3) *Idem*, art. 37.
(4) Loi du 28 avril 1816, art. 102.
(5) Ordonnance du 22 mai 1816, art. 13.

§ 3. — GESTION DU CAISSIER.

523. Le caissier est responsable du maniement des deniers (1).

524. Avant d'entrer en fonctions, il fournit, pour sûreté de sa gestion, un cautionnement de 100,000 francs en numéraire.

Il ne peut être admis au serment, qu'il prête devant la cour des comptes, et n'est installé qu'après avoir justifié du versement de son cautionnement au Trésor (2).

525. Il est chargé de la recette, garde et conservation des deniers et valeurs actives déposés entre ses mains à quelque titre que ce soit.

Il acquitte toutes les dépenses et solde tous les effets payables à la caisse.

Il tient pour chaque caisse des journaux distincts, sur lesquels il inscrit, jour par jour, ses recettes et ses dépenses (3).

526. Il est responsable des erreurs et des déficit autres que ceux provenant de force majeure (4).

§ 4. — CONCOURS DES RECEVEURS GÉNÉRAUX, PRÉPOSÉS COMPTABLES.

527. Le directeur général est autorisé à se servir de l'intermédiaire des receveurs généraux pour effectuer dans les départements les recettes et les dépenses qui concernent la caisse des dépôts et consignations (5).

(1) Loi du 28 avril 1816, art. 103.
(2) Ordonnance du 22 mai 1816, art. 15.
(3) *Idem*, art. 16.
(4) *Idem*, art. 17.
(5) *Idem*, art. 27.

528. Les receveurs généraux sont comptables, envers la caisse des dépôts et consignations, des recettes et dépenses qui leur sont confiées par ladite caisse (1).

529. Ils sont responsables des erreurs qu'ils ont commises, ainsi que des recettes et dépenses qui n'ont pas été valablement justifiées, conformément aux lois sur la comptabilité (2).

530. Les receveurs généraux ont à tenir, en leur qualité de préposés de là caisse des dépôts et consignations (3) :

1° *Un registre des actes relatifs aux déclarations de versement*, contenant les *déclarations* faites et *signées* par chaque consignateur, ou la personne qui le représente (4);

2° Un registre des oppositions ;

3° Un registre des comptes ouverts aux consignations ;

4° Un registre contenant le répertoire des consignations;

5° *Un livre auxiliaire du compte de la caisse des dépôts et consignations* sur lequel les recettes et dépenses sont inscrites successivement à des comptes ouverts par *nature de service*, et qui doivent être divisés en *comptes de recettes* et en *comptes de dépenses*, avec toutes les indications de détail qu'exige chaque service, d'après les instructions de la caisse des dépôts (5).

Les receveurs doivent, en outre, conserver avec soin les *dossiers* relatifs *à chaque consignation*.

531. Les receveurs des finances délivrent récépissé des sommes dont ils font recette pour le compte de la

(1) Ordonnance du 22 mai 1816, art. 28.
(2) *Idem*, art. 29.
(3) Instruction générale du 15 décembre 1826, art. 1506, et instruction de la caisse des dépôts, du 25 avril 1832.
(4) Instruction générale du 15 décembre 1826, art. 1302.
(5) *Idem*, art. 1507 et 1508.

caisse des dépôts et consignations ; leurs récépissés doivent être à talon.

Les talons des ces récépissés sont envoyés au ministère des finances, et il est fourni à la caisse des dépôts des *déclarations de versement* pour en tenir lieu, formant la justification *des recettes* dont les receveurs généraux doivent compter à la cour des comptes.

La justification des *paiements* s'opère au moyen des quittances des parties prenantes et des diverses justifications spéciales propres à chaque nature de dépense (1).

532. Les receveurs généraux adressent, tous les mois, à la caisse des dépôts et consignations des relevés détaillés des opérations faites pour le service de cette caisse. Il est formé un relevé pour les recettes et un relevé pour les dépenses (2).

533. Les receveurs généraux constatent les recettes et les dépenses relatives au service de la caisse des dépôts et consignations à un compte courant qu'ils tiennent contradictoirement avec cette caisse. Les résultats de ce compte courant, à la fin de chaque trimestre, sont comparés au ministère des finances avec les écritures de la caisse des dépôts, d'après un état qu'elle lui fournit à cet effet.

Le compte courant est soldé tous les dix jours, au moyen de mandats que les receveurs généraux délivrent sur le Trésor, à l'ordre du caissier de la caisse des dépôts si les recettes de la dizaine ont excédé les dépenses, ou de mandats sur la caisse à l'ordre du Trésor si les dé-

(1) Règlement du 5 décembre 1837 sur le service et la comptabilité de la caisse des dépôts, à partir de 1838, art. 4.

(2) Règlement du 5 décembre 1837 sur le service et la comptabilité de la caisse des dépôts, à partir de 1838, art. 5.

penses ont excédé les recettes. Ces mandats sont émis les 10, 20 et dernier jour de chaque mois; les receveurs généraux sont *crédités* de leurs mandats *sur la caisse des dépôts*, valeur *à la date de ces mandats ;* ils sont *débités* de leurs mandats *sur le Trésor*, valeur *à l'échéance*. Chaque mandat doit contenir l'indication de la dizaine à laquelle se rapporte l'excédant de recette ou de dépense qu'il est destiné à solder.

Le compte courant des receveurs avec la caisse des dépôts et consignations, étant ainsi soldé tous les dix jours, ne donne lieu à aucun règlement d'intérêts (1).

534. Les receveurs généraux transmettent, chaque mois, à la caisse des dépôts les déclarations de versement mentionnées à l'article 531 et servant de pièces justificatives pour leurs recettes du mois expiré; ils y joignent, pour les dépôts et consignations, les déclarations souscrites par les parties versantes, et, pour les autres recettes, les justifications complémentaires exigées par les instructions.

Les pièces justificatives des dépenses acquittées pendant chaque mois sont également envoyées à la caisse des dépôts et consignations par les receveurs généraux (2).

535. La caisse des dépôts et consignations donne avis aux receveurs généraux des crédits et des débits qu'elle porte chaque mois à leur compte courant, après l'examen de leurs envois mensuels (3).

536. Les receveurs généraux portent dans leur compte de gestion annuelle, à un *article spécial de recette* et à

(1) Règlement du 5 décembre 1837, sur le service et la comptabilité de la caisse des dépôts, à partir de 1838, art. 6.

(2) *Idem*, art. 7, 8 et 9.

(3) *Idem*, art. 10.

un *article spécial de dépense*, les opérations concernant la caisse des dépôts et consignations, telles qu'elles ont été admises par elle, et avec les imputations que lesdites opérations ont reçues définitivement dans les bordereaux de pièces justificatives de recettes et de dépenses. Le ministère des finances produit, à l'appui de ces articles, les bordereaux détaillés de pièces qui lui ont été successivemeut transmis par les receveurs, ainsi que les talons justificatifs des recettes (1).

537. La caisse des dépôts et consignations, à mesure qu'elle est informée par le ministère des finances de l'envoi des comptes des receveurs généraux à la cour des comptes, adresse à cette cour les pièces de dépenses qu'elle a admises pour cette même année, sauf les pièces de procédure et autres, étrangères à la responsabilité du fait matériel du paiement, qu'elle conserve en exécution de l'article 4 de l'ordonnance royale du 12 mai 1825 et de l'article 2 de l'ordonnance du 4 décembre 1837 ; les pièces envoyées à la cour sont accompagnées des bordereaux détaillés fournis par les comptables et sur lesquels il est fait mention des pièces de procédure ou autres qui ont été retenues par la caisse des dépôts (2).

§ 5. — DISPOSITIONS COMMUNES AU CAISSIER DE LA CAISSE DES DÉPÔTS ET AUX RECEVEURS GÉNÉRAUX.

538. La transmission de pièces prescrite à l'article précédent doit être complétement terminée dans le

(1) Règlement du 5 décembre 1837, sur le service et la comptabilité de la caisse des dépôts, à partir de 1838, art. 10.

(2) Ordonnances des 12 mai 1825 et 4 décembre 1837 ; règlement du 5 décembre 1837, sur le service et la comptabilité de la caisse des dépôts, à partir de 1838, art. 13.

délai de six mois après l'expiration de la gestion annuelle.

539. Dans le même délai, le caissier de la caisse des dépôts doit adresser à la cour, avec toutes les pièces à l'appui, le compte spécial de ses opérations. Ce compte présente :

1° Le tableau des valeurs de toute nature existant en caisse et en portefeuille au commencement de la gestion;

2° Les recettes et les dépenses faites pendant le cours de cette gestion, sauf celles qui s'opèrent par conversion de valeurs et sans augmenter ni diminuer le solde en caisse ou en portefeuille ;

3° Le montant des valeurs qui se trouvent dans la caisse et dans le portefeuille du comptable à la fin de chaque gestion (1).

540. Après que les envois à faire à la cour des comptes sont entièrement effectués, le directeur général fait établir et adresse, dans le délai de deux mois, à la cour des comptes, à titre de renseignement, le résumé général et détaillé des recettes et des dépenses effectuées par les préposés comptables de la caisse des dépôts et consignations pendant l'année écoulée, et comprises dans leurs comptes.

Ce résumé général est accompagné d'un tableau dans lequel lesdites opérations sont réunies à celles qui ont été faites par *virement de comptes*, et sans le concours des comptables. Ces opérations annuelles sont rapprochées des résultats de la gestion précédente, de manière à faire ressortir la situation, au 31 décembre de chaque année, des divers services faits pour la caisse des dépôts et consignations (2).

(1) Ordonnance du 12 mai 1825, art. 2.
(2) *Idem*, art. 6.

Le résumé général contient aussi, en exécution de l'article 9 de la loi du 14 juillet 1819, un tableau présentant les comptes des *diverses caisses de retraites*, pour les fonds en caisse au commencement de l'année, pour les opérations de l'année, tant en droits constatés en recette qu'en dépense, et pour les fonds disponibles à la fin de l'année (1).

§ 6. — CONTRÔLE ET SURVEILLANCE.

541. La commission de surveillance créée près de la caisse d'amortissement, et dont il est question à l'article 185, est également chargée de surveiller la caisse des dépôts et consignations (2).

542. Les récépissés délivrés aux parties versantes sont libératoires et forment titre envers la caisse des dépôts et consignations, à la charge par elles de les faire viser et séparer de leur talon, à Paris immédiatement, et dans les départements dans les vingt-quatre heures de leur date, par les fonctionnaires et agents administratifs chargés de ce contrôle (3).

543. Il est établi un contrôle distinct et séparé pour chacune des caisses d'amortissement et des dépôts et consignations.

Ce contrôle est placé sous la direction et la responsabilité du sous-directeur qui a, à cet effet, sous ses ordres trois contrôleurs particuliers, dont le premier est placé à la caisse des recettes, le second à la caisse des paiements, et le troisième, sous le titre de

(1) Règlement précité du 5 décembre 1837, art. 15.
(2) Loi du 28 avril 1816, art. 99.
(3) Loi du 24 avril 1833, art. 1 et 7.

contrôleur central, est chargé de la centralisation des résultats.

Dans le cas d'empêchement de l'un ou de l'autre de ces trois contrôleurs, le sous-directeur est chargé de les remplacer par des suppléants (1).

544. Le contrôle est chargé de constater contradictoirement toutes les recettes et dépenses du caissier, et les diverses opérations des deux caisses qui engagent la direction générale (2).

545. A cet effet le contrôle est tenu :

1° D'enregister successivement chacun des actes relatifs à l'entrée et à la sortie des fonds et valeurs ;

2° De viser immédiatement les récépissés ou reconnaissances de toute nature délivrés par le caissier, et d'en séparer et retenir les talons;

3° De viser également les acquits de tous les bons, mandats ou effets à recevoir passés à l'ordre du caissier ;

4° De s'assurer que les paiements ont eu lieu en vertu d'autorisations régulières (3).

546. Les résultats, tant en recette qu'en dépense, que présentent les feuilles des contrôleurs particuliers sont résumés par le contrôleur central dans un relevé général par lui certifié, qu'il remet chaque soir au sous-directeur, pour qu'il puisse en faire la comparaison, tant avec les feuilles de recette et de dépense du caissier, qu'avec celles de l'entrée et de la sortie des effets et valeurs que ce comptable remet tous les jours à la comptabilité après la fermeture de la caisse (4).

(1) Ordonnance du 4 août 1833, art. 1er.
(2) *Idem*, art. 2.
(3) *Idem*, art. 3.
(4) *Idem*, art. 4.

547. En cas d'empêchement, pour quelque cause que ce soit, du sous-directeur, il est suppléé dans ces vérifications par le directeur général ou par un délégué désigné à cet effet par le roi (1).

548. Aucun paiement ne peut être fait par le caissier que sur pièces justificatives en règle, et en vertu des mandats du directeur général (2).

549. Chaque jour le caissier donne au directeur général, pour chacune des caisses, un état de situation par recette, dépense et restant en caisse; cet état, fait double, est certifié par lui et arrêté par le directeur général, qui garde l'un des doubles et remet l'autre au caissier.

Il remet aussi chaque jour au chef de la comptabilité, les états des recettes et paiements par lui faits pour être inscrits sur le journal général (3).

550. Tous les mois le caissier remet au chef de la comptabilité les pièces justificatives des recettes et dépenses par lui faites pendant le mois, pour être vérifiées.

La situation de sa caisse est vérifiée par le directeur général au moins une fois par mois, indépendamment des vérifications que la commission de surveillance peut faire toutes les fois qu'elle le juge utile (4).

551. Les dépenses administratives sont acquittées par le caissier; l'emploi en est justifié par états, mémoires réglés, mandats du directeur général, et par les acquits des parties prenantes. Les crédits ne peuvent être excédés sans une autorisation spéciale donnée par le roi,

(1) Ordonnance du 4 août 1833, art. 5.
(2) Ordonnance du 22 mai 1816, art. 20.
(3) *Idem*, art. 21.
(4) *Idem*, art. 22.

sur la proposition de la commission de surveillance, sous peine de responsabilité solidaire, pour raison de l'excédant, contre le directeur général qui l'aurait ordonné et le caissier qui l'aurait acquitté (1).

552. Dans le second mois de l'année qui suit chaque exercice, le directeur général fait adresser aux administrations et établissements pour lesquels la caisse des dépôts et consignations est chargée de faire des recettes et des dépenses, le compte annuel des opérations concernant chaque administration et établissement.

Ces comptes doivent être renvoyés dans le mois suivant au directeur général, après avoir été arrêtés par lesdits établissements et administrations.

Ils sont joints au compte général de la caisse des dépôts et consignations (2).

553. Les livres et registres de la caisse des dépôts et consignations ne sont point déplacés ; mais la cour des comptes peut en faire prendre telle communication qu'elle juge utile pour la vérification des comptes (3).

CHAPITRE XXIII.

COMPTABILITÉ DE LA LÉGION D'HONNEUR.

§ 1er. — REVENUS.

554. Les revenus de l'ordre se composent :

1° De rentes sur l'État ;

(1) Ordonnance du 22 mai 1816, art. 38.
(2) *Idem*, art. 32.
(3) *Idem*, art. 41.

2° De fonds de subvention du Trésor ;

3° De produits divers et accidentels.

§ 2. — CHARGES.

555. Les dépenses de l'ordre comprennent :

1° Les traitements et secours ;

2° Les frais des maisons d'éducation ouvertes aux enfants des membres de l'ordre ;

3° Les dépenses d'administration.

§ 3. — BUDGET.

556. Les recettes et les dépenses de la Légion d'honneur sont portées pour ordre dans les tableaux du budget général de l'État. Ce service spécial est soumis à toutes les règles prescrites par les lois de finances pour les crédits supplémentaires et les règlements définitifs du budget de chaque exercice.

Le budget et le compte détaillé de ce service sont annexés au budget et au compte du département ministériel auquel il ressortit (1).

§ 4. — FONCTIONS DE L'ORDONNATEUR.

557. L'administration de l'ordre est confiée à un grand chancelier (2).

558. Le secrétaire général attaché à la grande chancellerie a la signature en cas d'absence ou de maladie du grand chancelier, et le représente (3).

(1) Loi du 9 juillet 1836, art. 17.

(2) Ordonnance du 26 mars 1816, art. 63.

(3) *Idem*, art. 65.

559. Le grand chancelier dirige et surveille toutes les parties de l'administration de l'ordre et des établissements, la perception des revenus, les paiements et dépenses.

Il présente annuellement au roi les projets du budget (1).

§ 5. — EXÉCUTION DU SERVICE.

560. La caisse des dépôts et consignations est chargée du recouvrement des rentes et des autres produits dont se compose la dotation de la Légion d'honneur; le paiement des traitements de légionnaires et des autres dépenses du service de la Légion d'honneur est fait, d'après les mandats de la grande chancellerie, à Paris, par le caissier de la caisse des dépôts, et, dans les départements, par les receveurs des finances (2).

561. Le caissier de la caisse des dépôts et les receveurs des finances délivrent récépissé des sommes dont ils font recette pour le compte de la Légion d'honneur; les talons des récépissés délivrés par les receveurs forment la justification des recettes portées par ces comptables dans leurs comptes de gestion annuelle (3).

562. Il doit être produit, pour la justification des paiements effectués, savoir :

Pour les dépenses du *personnel* : 1° les lettres d'avis ou états contenant la liquidation des sommes dues; 2° les certificats de vie, en ce qui concerne les légionnaires; 3° les pièces constatant, en cas de décès, les droits des

(1) Ordonnance du 26 mars 1816, art. 69.
(2) Règlement du 22 décembre 1836, art. 1er.
(3) *Idem*, art. 2.

héritiers des créanciers; 4° les quittances des parties prenantes.

Pour les dépenses du *matériel ;* indépendamment des quittances des parties prenantes, les mémoires des fournisseurs régulièrement arrêtés, et les procès-verbaux de réception des travaux (1).

563. La caisse des dépôts et les receveurs généraux constatent les recettes et les dépenses relatives au service de la Légion d'honneur, à un compte courant spécial (2).

564. Les commissions et taxations allouées aux receveurs généraux pour le service de la Légion d'honneur n'étant liquidées qu'après l'expiration de l'année qu'elles concernent, sont portées dans le compte courant de l'année suivante, et font partie des dépenses de cette dernière année (3).

§ 6. — COMPTES A RENDRE.

565. Le caissier de la caisse des dépôts est les receveurs généraux portent, dans leurs comptes annuels, à un *article spécial de recette,* et à un *article spécial de dépense,* les opérations concernant le service de la Légion d'honneur, telles qu'elles ont été constatées dans le compte courant contradictoirement réglé (4).

566. Les pièces justificatives des recettes et des dépenses sont en même temps adressées à la cour des comptes, avec les expéditions des bordereaux dé-

(1) Règlement du 22 décembre 1836, art. 3.
(2) *Idem*, art. 4.
(3) *Idem*, art. 6.
(4) *Idem*, art. 8.

taillés et récapitulatifs fournis par les comptables (1).

567. Après que les envois de pièces de l'année ont été complétés, la grande chancellerie forme et transmet à la cour un résumé présentant la récapitulation, par *nature* et par *comptable*, des recettes et des paiements effectués pour son service et dans lequel l'excédant des recouvrements sur les paiements, ou des paiements sur les recouvrements, est rapproché de la situation au 1er janvier, pour établir la situation de chaque comptable envers la Légion d'honneur à la fin de l'année (2).

CHAPITRE XXIV.

COMPTABILITÉ DE LA CAISSE DES INVALIDES DE LA MARINE.

§ 1. — ATTRIBUTIONS ET ORGANISATION.

568. La caisse des invalides de la marine est un dépôt confié au ministre secrétaire d'État de ce département. Elle est placée sous sa surveillance immédiate et exclusive, et est essentiellement distincte et séparée du Trésor public (3).

569. Les fonds de ladite caisse sont spécialement et uniquement destinés à la récompense des services des officiers militaires et civils, maîtres, officiers-mariniers, matelots, novices, mousses, sous-officiers, soldats, ouvriers, et tous autres agents ou employés, entretenus ou non entretenus, du département de la marine, et au

(1) Règlement du 22 décembre 1836, art. 9.

(2) *Idem*, art. 10.

(3) Loi du 13 mai 1791 ; ordonnance du 22 mai 1816, art. 22.

soulagement de leurs veuves et enfants, même de leurs pères et mères, ainsi qu'aux dépenses concernant l'administration et la comptabilité de l'établissement (1).

570. L'établissement des invalides de la marine est formé de trois services distincts (2), savoir :

Caisse des prises,

Caisse des gens de mer,

Caisse des invalides.

571. La *caisse des prises* est destinée à recevoir en dépôt le produit brut des prises faites par les bâtiments de l'État, jusqu'à la clôture des liquidations administratives qui en déterminent l'application, et aussi, pour les armements en course, le produit des ventes provisoires de prises qui peuvent être opérées avant le prononcé des jugements de confiscation (3).

572. Lorsque la liquidation des produits qui lui ont été déposés provisoirement a été arrêtée par l'autorité compétente, elle paie les frais de vente et autres dépenses allouées, et elle verse à la caisse des gens de mer la somme revenant aux capteurs, et à la caisse des invalides le montant des droits attribués à celle-ci dans la liquidation (4).

573. La *caisse des gens de mer* est chargée de recueillir et de conserver, à titre de dépôt, pendant un temps déterminé, pour les marins absents ou leur famille, les valeurs, objets et produits qui leur sont attribués. Elle verse à la caisse des invalides, dans le mois de septembre

(1) Ordonnance du 22 mai 1816, art. 4.
(2) Règlement du 17 juillet 1816, art. 1er.
(3) *Idem*, art. 7.
(4) *Idem*, art. 11.

de chaque année, les sommes non réclamées pendant les délais fixés par les règlements (1).

574. La *caisse des invalides* centralise les produits résultant de ces versements avec les autres revenus dont se compose la dotation de l'établissement, aux termes de l'article 5 de l'ordonnance du 22 mai 1816, et qu'elle perçoit directement, pour former un fonds de pensions en faveur des hommes de mer et de tous autres attachés au département de la marine et des colonies (2).

§ 2. — REVENUS.

575. Les dotations et revenus qui ont été attribués à la caisse par les édits, lois, ordonnances et règlements, et dont elle est actuellement en jouissance, se composent :

1° De la retenue de trois centimes par franc sur toutes les dépenses de la marine et des colonies, tant pour le personnel que pour le matériel, sauf versement au Trésor de la moitié de la retenue faite sur le matériel, conformément à l'article 5 de la loi du 2 août 1829 ;

2° Des droits établis sur les armements du commerce et de la pêche ;

3° De la solde entière des déserteurs des bâtiments de l'État, des arsenaux, chantiers et ateliers des ports de l'État,

Et de la moitié de la solde des déserteurs des bâtiments du commerce ;

4° Du produit non réclamé des successions des marins

(1) Règlement du 17 juillet 1816, art. 34 à 38; autre du 30 septembre 1829, art. 21.

(2) Règlement du 17 juillet 1816, art. 40 et suivants.

et autres personnes mortes en mer, des parts de prises, gratifications, salaires, journées d'ouvriers et autres objets concernant le service de la marine;

5° De la totalité du produit non réclamé des bris et naufrages;

6° Des droits réglés sur le produit des prises;

7° De la plus-value des feuilles de rôles délivrées pour les armements et désarmements des bâtiments de commerce;

8° Du produit des amendes et confiscations légalement prononcées pour contraventions aux lois et règlements maritimes;

9° Des produits de prises non répartissables;

10° Des arrérages des rentes appartenant à ladite caisse sur le grand-livre de la dette publique, et du revenu des autres placements provenant de ses économies (1);

11° Enfin des retenues à exercer en cas de congés sur la solde des officiers militaires et civils et sur celle des autres agents affectés soit au service général, soit au service des colonies (2).

576. La caisse jouit seule des droits qui lui sont attribués sur les prises, et de la totalité du produit non réclamé des bris et naufrages (3).

§ 3. — CHARGES.

577. La caisse est chargée du paiement :

1° Des demi-soldes et pensions accordées aux marins de l'État et du commerce, à leurs veuves et enfants, pères

(1) Ordonnance du 22 mai 1816, art. 5.
(2) Ordonnance du 12 novembre 1835.
(3) Ordonnance du 22 mai 1816, art. 6.

et mères : le tout dans les proportions déterminées par les lois, ordonnances et règlements ;

2° Des pensions de retraite, pensions de veuves, pensions de réforme liquidées en faveur des officiers civils et militaires et de tous autres attachés au département de la marine ;

3° Des gratifications et secours accordés aux marins, soldats, ouvriers et entretenus du département de la marine, à leurs veuves et à leurs enfants ;

4° Du secours annuel de 6,000 fr. attribué à l'hospice de Rochefort, pour la subsistance et l'entretien de douze veuves infirmes et de quarante orphelins de marins, ouvriers et militaires de la marine ;

5° Des gratifications allouées aux officiers et équipages des corsaires, en raison du nombre des prisonniers amenés dans les ports et du nombre et calibre des canons capturés ;

6° Des appointements attribués au bureau chargé de son administration, des traitements, taxations et attributions accordés au trésorier général à Paris, et aux trésoriers particuliers dans les ports ;

7° Des frais du bureau administratif, des frais de service du trésorier général et des trésoriers particuliers ; plus, des frais d'impression , soit des rôles d'armement et de désarmement du commerce, soit des états de situation, et généralement de tous autres frais et impressions uniquement relatifs à son administration (1).

578. La caisse paie, en outre, le montant de la pension représentative de l'hôtel des Invalides de la guerre,

(1) Ordonnance du 22 mai 1816, art. 7.

pour tout marin et militaire de la marine qui est admis à l'hôtel royal des Invalides (1).

579. La caisse ne supporte aucuns frais ordinaires autres que ceux qui sont réglés par le ministre secrétaire d'État de la marine, pour le traitement des agents auxquels sont confiées l'administration et la comptabilité de l'établissement.

A l'égard des frais extraordinaires, il n'est alloué que ceux qui sont reconnus nécessaires pour assurer le recouvrement des sommes dues à l'établissement (2).

§ 4. — BUDGET DE L'EXERCICE.

580. Les recettes et les dépenses de la caisse des invalides de la marine sont portées pour ordre dans les tableaux du budget général de l'Etat.

Le budget et le compte détaillé de ce service sont annexés au budget et au compte du département de la marine.

Ce service spécial est soumis à toutes les règles prescrites par les lois de finances pour les crédits supplémentaires et le règlement définitif du budget de chaque exercice (3).

581. L'époque de la clôture de l'exercice est fixée au 31 mars de l'année qui suit celle d'où l'exercice prend son nom.

Néanmoins le ministre peut, s'il y a lieu, faire rattacher à l'exercice les opérations complémentaires qui seraient faites jusqu'au 30 septembre inclusivement (4).

(1) Ordonnance du 22 mai 1816, art. 8.
(2) *Idem*, art. 9.
(3) Loi du 9 juillet 1836, art. 17.
(4) Règlement du 30 septembre 1829, art. 5.

§ 5. — FONCTIONS DE L'ORDONNATEUR.

582. Aucune recette ne peut être admise, aucune dépense ne peut être allouée sur la caisse des invalides, qu'en vertu d'une ordonnance signée par le ministre secrétaire d'Etat de la marine (1).

583. L'administration de la marine est chargée des poursuites à faire pour la rentrée des sommes dues à l'établissement à quelque titre que ce soit (2).

584. Les recettes et les dépenses de la caisse des invalides sont sous la surveillance spéciale des contrôleurs et sous-contrôleurs.

Elles s'effectuent, dans les ports, sur les mandats du commissaire des classes, appuyés des pièces justificatives que la nature des produits et des paiements peut comporter (3).

A Paris, elles s'effectuent sur des mandats spéciaux délivrés par le directeur des fonds et invalides (4).

§ 6. — GESTION DES COMPTABLES.

585. Il y a un trésorier général de la caisse des invalides de la marine à Paris, et des trésoriers particuliers dans chacun des ports où le roi juge convenable d'en établir.

Ces trésoriers sont en même temps caissiers des prises et des gens de mer.

Le trésorier général et les trésoriers particuliers four-

(1) Ordonnance du 22 mai 1816, art. 14.
(2) *Idem*, art. 15.
(3) Règlement du 17 juillet 1816, art. 11, 15, 28, 36, 64, 89.
(4) *Idem*, art. 120.

nissent un cautionnement dont la nature et la quotité sont fixées par le ministre de la marine, d'après l'importance relative de leur service (1).

586. Les consuls de France, en pays étrangers, remplissent les fonctions de trésoriers des invalides, et perçoivent en cette qualité tous les produits revenant aux trois caisses.

Les trésoriers des colonies peuvent être désignés par le ministre pour remplir les mêmes fonctions (2).

587. Les trésoriers des ports sont tenus d'avoir, partout où besoin est, des préposés chargés, sous leurs ordres et leur responsabilité, des recettes locales et remises de fonds (3).

588. Les receveurs généraux des départements sont chargés des paiements que la caisse des invalides a à faire dans l'intérieur du royaume, ainsi que des remises de fonds nécessaires au service des trésoriers suivant les directions du Trésor (4).

589. Ils reçoivent également pour le compte du trésorier général des fonds restant sans emploi dans les caisses de ces trésoriers, et, à défaut de préposé du trésorier général dans le lieu de leur résidence, le montant des retenues que le payeur du département est chargé d'exercer au profit de la caisse des invalides sur les paiements effectués en vertu des ordonnances du ministre de la marine (5).

(1) Ordonnance du 22 mai 1816, art. 11.
(2) Règlement du 17 juillet 1816, art. 5.
(3) Ordonnance du 22 mai 1816, art. 11.
(4) Règlement du 17 juillet 1816, art. 126 et 127.
(5) Instruction du 15 décembre 1826, art. 433 à 437.

590. Le trésorier général à Paris est chargé de l'ensemble de la comptabilité (1).

§ 7. — ÉCRITURES ET CONTRÔLES.

591. Les trésoriers des invalides, caissiers des prises et des gens de mer, tiennent séparément la comptabilité des trois services dont ils sont chargés.

Pour la *caisse des prises*, ils inscrivent, avec les détails nécessaires, dans un registre par recette et dépense, les produits réalisés sur les prises faites par les bâtiments de l'État, et les dépenses effectuées tant en paiement des frais qu'en versement aux caisses des gens de mer et des invalides. Un registre particulier, ou une division du même registre, contient séparément les recettes et dépenses relatives aux fonds provenant des prises des corsaires.

Pour la *caisse des gens de mer*, il est tenu un registre par recette et dépense, destiné à la transcription des remises reçues et à l'enregistrement des mandats de dépense. Ce registre est établi par ordre de remise et divisé en autant de chapitres que de services particuliers. La dépense de chaque chapitre est divisée en paiements manuels, remises aux autres ports et versements à la caisse des invalides.

Les trésoriers tiennent, pour le service de la *caisse des invalides*, suivant l'importance de leur comptabilité et le besoin de leurs écritures, autant de registres de recette et de dépense, que de services particuliers, ou un seul registre divisé par chapitres destinés à chacun de ces services (2).

(1) Règlement du 17 juillet 1816, art. 3.
(2) *Idem*, art. 91.

592. Outre les registres ci-dessus spécifiés, appropriés à chaque partie du service, les trésoriers doivent tenir les livres nécessaires pour l'enregistrement des comptes courants qu'ils ont à suivre.

Ils inscrivent dans un livre de caisse les opérations journalières de recette et de dépense relatives à tous les services en général.

Ils tiennent enfin un livre des effets à échéance (1).

593. A l'exception du livre de caisse, il est tenu, tant au bureau des classes de chaque quartier, qu'au bureau du contrôle de l'arrondissement ou sous-arrondissement, des registres correspondants à ceux des trésoriers, afin que l'administration suive avec exactitude les opérations des comptables, par nature de recettes et de dépenses, et puisse vérifier leurs états de situation (2).

594. A la fin de chaque mois, les trésoriers arrêtent leurs registres en présence des commissaires des classes, qui constatent la situation des caisses sur le vu des pièces et l'énumération des espèces : la même opération a lieu chez les préposés (3).

595. Les bordereaux de mois établis par les trésoriers, d'après l'arrêté de leurs registres, sont également certifiés par les commissaires des classes après la vérification faite à la caisse. Ces bordereaux sont visés par le contrôleur ou sous-contrôleur, et par l'administrateur supérieur de chaque arrondissement ou sous-arrondissement maritime.

(1) Règlement du 17 juillet 1816, art. 92.
(2) *Idem*, art. 95.
(3) *Idem*, art. 96.

Les administrateurs signataires sont responsables de l'exactitude de leur certification (1).

596. Les bordereaux établis par les préposés des trésoriers sont arrêtés et certifiés par les administrateurs locaux, sur le vu des pièces et l'énumération des copies. Les préposés les adressent au trésorier dont ils dépendent, lequel en comprend le montant dans sa situation, de la même manière que le trésorier général comprend dans la sienne le résultat des situations des trésoriers particuliers. Ceux-ci doivent considérer comme effectuées par eux-mêmes les opérations de leurs préposés, et en sont seuls responsables envers l'administration (2).

597. Ces bordereaux de mois contiennent le relevé sommaire, par chapitre, des opérations effectuées pendant le mois sur les trois caisses (3).

598. Le bureau central des invalides tient ses écritures et enregistrements, relativement à la comptabilité de la caisse de Paris, dans une forme analogue à ce qui est prescrit pour les écritures et enregistrements des bureaux des classes et du contrôle dans les ports.

Il réunit les états et documents nécessaires pour établir la situation générale des trois caisses, et contrôler ainsi les écritures du trésorier général (4).

599. L'administration de la marine est chargée de vérifier les recettes et dépenses journalières du trésorier général et des trésoriers particuliers, d'inspecter leurs caisses, d'en constater la situation, de prendre

(1) Règlement du 17 juillet 1816, art. 97.
(2) *Idem*, art. 98.
(3) *Idem*, art. 99.
(4) *Idem*, art. 123.

connaissance de leurs écritures, et de surveiller toutes leurs opérations et leur comptabilité.

Néanmoins, le service des invalides, sous le rapport des finances, demeure soumis aux règles générales de la comptabilité, et le ministre des finances a la faculté de faire inspecter la caisse générale à Paris, et les caisses particulières dans les ports, toutes les fois qu'il le juge convenable.

Les administrateurs de la marine chargés de la surveillance et de l'inspection ordinaire desdites caisses sont tenus d'être présents, afin de seconder les agents du Trésor dans ces vérifications extraordinaires (1).

600. Le trésorier général remet, tous les dix jours, au ministre de la marine, une copie de son journal général, et, tous les mois, la balance de ses comptes, accompagnée de deux situations particulières, l'une pour Paris, l'autre pour les ports, et d'une situation générale comprenant l'ensemble de la comptabilité de Paris et des ports (2).

601. Les opérations du trésorier général sont suivies et surveillées, sous les ordres du directeur de l'administration et comptabilité de la caisse des invalides, par le chef de la division des invalides, ainsi que cela s'exécute dans les arrondissements et sous-arrondissements maritimes.

Les formes prescrites pour la formation, l'arrêté et la certification des bordereaux de mois des trésoriers des ports, sont observées pour les bordereaux du trésorier général, suivant l'ordre de surveillance et de véri-

(1) Ordonnance du 22 mai 1816, art. 15.
(2) Règlement du 17 juillet 1816, art. 118.

fication établi dans lesdits arrondissements et sous-arrondissements (1).

§ 8. — COMPTES A RENDRE.

602. Tous les ans, chacun des trésoriers particuliers forme son compte de l'année précédente, dûment visé et certifié par l'administration de la marine, et l'adresse au trésorier général, à Paris (2).

603. Les comptes annuels établis, tant à Paris que dans les ports, pour les services *prises, gens de mer* et *invalides,* et les bordereaux de détails, sont certifiés par les trésoriers et visés par l'administration, qui déclare que ces comptes et bordereaux comprennent *toutes les recettes faites pendant la gestion annuelle et toutes celles qui devaient l'être* (3).

604. Les comptes annuels des ports, pour les trois services, ensemble les pièces justificatives à fournir à l'appui, doivent être réunis, à Paris, dans les cinq premiers jours de mars de l'année suivante (4).

605. Les consuls de France en pays étrangers adressent, à l'expiration de chaque trimestre, au ministre de la marine, l'état de leurs recettes, accompagné des pièces justificatives et de traites représentant le montant des fonds qu'ils ont versés dans la caisse de leur consulat, provenant des caisses des prises, gens de mer et invalides.

Lesdites traites et pièces à l'appui sont transmises par le ministre au trésorier général, qui porte dans ses comp-

(1) Règlement du 17 juillet 1816, art. 119.
(2) Ordonnance du 22 mai 1816, art. 16.
(3) Règlement du 30 septembre 1829, art. 39.
(4) *Idem*, art. 43.

tes le montant desdites recettes aux services et chapitres respectifs (1).

606. Lorsque les trésoriers de colonies sont en même temps trésoriers des invalides, ils font également remise en France de leurs excédants de recette, prélèvement fait des dépenses qu'ils ont acquittées pour le service des caisses dont ils sont chargés en cette dernière qualité. Cette remise s'effectue en un récépissé qu'ils se donnent à eux-mêmes comme trésoriers coloniaux, de la somme qu'ils ont versée, comme trésoriers des invalides, dans la caisse de la colonie. Ils remettent ces récépissés, avec leurs comptes et les pièces justificatives, à l'administrateur supérieur de la colonie, qui les fait passer au ministre de la marine.

Le tout est transmis par le ministre au trésorier général des invalides, afin que celui-ci porte dans ses comptes, suivant l'imputation respective, le montant des recettes et des dépenses ainsi justifiées (2).

607. Le trésorier général réunit tous les comptes des trésoriers particuliers à celui qu'il doit fournir pour sa propre gestion, et en dresse un compte général de toutes les recettes et de toutes les dépenses de l'établissement (3).

608. Le compte est établi par gestion annuelle, tant pour les services *prises*, *gens de mer* et *invalides*, que pour les *comptes* relatifs aux *opérations de trésorerie* (4).

609. La distinction des exercices est observée, en ce

(1) Règlement du 17 juillet 1816, art. 115.

(2) *Idem*, art. 116.

(3) Ordonnance du 22 mai 1816, art. 16; règlement du 30 septembre 1829, art. 41.

(4) Ordonnance du 7 août 1825, art. 1er; règlement du 30 septembre 1829, art. 1, 2, 3 et 7.

qui concerne spécialement le service *invalides*, pour les divers chapitres réputés comporter cette classification par *exercice* (1).

610. Il y a toujours deux exercices dans la même gestion, savoir : l'exercice *antérieur* à l'année du compte, pour le *complément* de ses opérations, et l'*exercice courant* (2).

611. Le compte général de l'établissement des invalides est soumis, dans les six mois qui suivent la clôture de la gestion, à l'examen et au jugement de la cour des comptes (3).

612. Le compte général doit présenter :

1° Le tableau des valeurs existant en caisse et en portefeuille, ainsi que les soldes des comptes courants reconnus débiteurs au 31 décembre ;

2° Les recettes faites pendant le cours de l'année, sur les divers chapitres des services *prises, gens de mer* et *invalides ;*

3° Les dépenses faites, pendant le même temps, sur lesdits services ;

Le tout avec la distinction des exercices pour le service *invalides ;*

4° L'excédant de chacun des services *prises, gens de mer* et *invalides ;*

5° Le chiffre des recettes et des dépenses, et le solde de chacun des comptes courants créditeurs ;

6° Enfin le montant des valeurs qui ont été consta-

(1) Ordonnance du 7 août 1825, art. 2; règlement du 30 septembre 1829, art. 4 et 6.

(2) Règlement du 30 septembre 1829, art. 4.

(3) *Idem*, art. 43 ; ordonnance du 7 août 1825, art. 3 ; ordonnance du 22 mai 1816, art. 16.

tées par les procès-verbaux de situation, au 31 décembre, et les soldes des comptes courants reconnus *débiteurs* à la même époque (1).

613. Quant au *compte courant* entre le trésorier général et les trésoriers des ports, dont l'objet est de retracer les mouvements de fonds, mais qui n'affecte pas l'avoir de l'*établissement des invalides*, il en est fait mention, pour ordre, en dehors des résultats ci-dessus (2).

614. Le compte remis à la cour est certifié par le trésorier général des invalides et visé par le ministre, avec une mention spéciale pour la recette, énonçant que ledit compte comprend *toutes les recettes faites dans la gestion et toutes celles qui devaient l'être* (3).

615. Une commission spéciale, sous le titre de *commission supérieure de l'établissement des invalides de la marine*, est instituée auprès du ministre secrétaire d'État de la marine et des colonies. Cette commission est composée de cinq membres, nommés par le roi pour trois années ; leurs fonctions sont gratuites et ils peuvent être réélus. Le secrétaire est désigné par le ministre parmi les principaux agents administratifs de l'établissement (4).

616. La commission est chargée de surveiller les recettes et les dépenses de l'établissement des invalides ; elle prend connaissance de l'administration et de la comptabilité, et elle propose au ministre toutes les dispositions qu'elle juge propres à en perfectionner les détails et

(1) Ordonnance du 7 août 1825, art. 4 ; règlement du 30 septembre 1829, art. 44.

(2) Règlement du 30 septembre 1829, art. 45.

(3) *Idem*, art. 48

(4) Ordonnance du 2 octobre 1825, art. 1 et 2.

l'ensemble; les comptes annuels destinés à la cour des comptes et aux chambres sont soumis à son examen préalable, et elle s'assure qu'ils sont en concordance avec les écritures du bureau central et du trésorier général des invalides (1).

617. La commission a une réunion obligée par trimestre, indépendamment de toutes les réunions qui peuvent, dans les intervalles, être indiquées par le ministre de la marine ou par le président de la commission; elle est autorisée à requérir de l'administration spéciale de l'établissement toutes les communications, et à procéder aux vérifications qu'elle juge nécessaires; elle tient procès-verbal de ses séances, et à la fin de chaque année, elle fait, sur la situation de l'établissement des Invalides, un rapport qui est mis par le ministre sous les yeux du roi. Ce rapport est ensuite annexé aux comptes qui doivent être présentés aux chambres (2).

CHAPITRE XXV.

COMPTABILITÉ DES COLONIES.

[Les recettes et les dépenses des colonies de la Martinique, de la Guadeloupe, de la Guyane et de Bourbon, font partie des recettes et dépenses de l'État, et sont soumises aux règles de la comptabilité générale du royaume.

Les recettes et dépenses affectées au service général sont arrêtées définitivement par la loi du budget.

Les recettes et dépenses affectées au service intérieur continuent

(1) Ordonnance du 2 octobre 1825, art. 3 et 4.

(2) *Idem*, art. 5, 6 et 7.

à être votées par les conseils coloniaux. (Loi du 25 juin 1841, et règlement spécial du 22 novembre 1841.)

Les revenus de l'Algérie, créés au profit du Trésor, sont compris dans le budget général de l'État sous le titre de *produits et revenus de l'Algérie*.

Les produits spéciaux appartenant à cette colonie sont compris dans un budget particulier.

Les dépenses de l'Algérie qui sont à la charge du Trésor font partie des crédits législatifs ouverts par la loi de finances au ministère de la guerre.

Celles qui concernent le service colonial et qui sont en France à la charge des communes et des départements sont portées dans le budget particulier de l'Algérie.

La comptabilité des services de l'Algérie est organisée par des règlements spéciaux. (Ordonnances du 21 août 1839, du 10 janvier 1843, du 16 décembre 1843; loi du 4 août 1844; ordonnances du 17 janvier 1845, du 15 avril 1845, du 2 janvier 1846, arrêté du pouvoir exécutif du 9 décembre 1848; décret du 17 janvier 1850.)

Les services et la comptabilité des établissements français dans l'Inde sont organisés par un règlement spécial qui soumet les recettes et les dépenses, ainsi que les budgets et les comptes coloniaux, au contrôle d'un conseil d'administration et à la surveillance d'un conseil général composé de dix membres, élus par les notables habitants.] (Ordonnance du 23 juillet 1840.)

§ 1er. — REVENUS.

618. Les recettes des colonies se divisent en trois parties:

Dans la première, se classe la portion des fonds portés annuellement au budget de la marine pour les besoins des services militaires aux colonies.

La deuxième comprend la subvention au service intérieur portée au budget de la marine pour les colonies dont les revenus sont insuffisants.

La troisième partie, sous le titre *Fonds coloniaux*, se compose comme il suit :

Contributions directes;

— indirectes ;

Domaines et droits domaniaux ;

Recettes diverses, telles que produits de ventes de marchandises des magasins, amendes et confiscations, remboursement de prix de journées d'hôpitaux, etc (1).

619. Les contributions, impôts et droits que des circonstances particulières feraient établir momentanément dans les colonies, sont rattachés, selon leur nature, aux différentes sections de la recette (2).

§ 2. — CHARGES.

620. La dépense se divise en deux parties :

Dans la première se classent les dépenses des services militaires. Cette première partie forme un chapitre unique divisé en huit articles comme il suit (3) :

Art. 1er. Solde.

— 2. Dépenses assimilées à la solde.

— 3. Habillement des troupes.

— 4. Casernement.

— 5. Hôpitaux.

— 6. Subsistances militaires et chauffage.

— 7. Artillerie et génie. (Matériel.)

— 8. Dépenses diverses.

621. La deuxième comprend les dépenses du service ntérieur et se divise en cinq articles (4).

(1) Règlement du 22 août 1837, art. 1er.

(2) Règlement du 30 octobre 1829, art 5.

(3) Règlement du 22 août 1837, art. 6.

(4) *Idem*, art. 8.

ART. 1er Solde et accessoires de la solde.
— 2. Hôpitaux.
— 3. Vivres.
— 4. Travaux et approvisionnements.
— 5. Dépenses diverses.

§ 3. — SERVICE DE TRÉSORERIE.

622. Les fonds accordés à chaque colonie, sur les crédits ouverts au budget de la marine pour les chapitres *services militaires* et *subvention au service intérieur*, sont fournis par les payeurs du Trésor en vertu d'ordonnances ministérielles ou de mandats qui indiquent si ces fonds doivent être réalisés en numéraire ou en traites du caissier central sur lui-même, et qui désignent l'agent chargé d'en assurer la transmission et le versement dans la caisse du trésorier colonial. Cet agent donne quittance aux payeurs sur les ordonnances ou mandats ; et si l'envoi s'effectue en numéraire, la quittance est appuyée d'un procès-verbal constatant l'espèce et la quotité des monnaies dont il se compose. A l'arrivée dans la colonie, le trésorier, sur un nouveau procès-verbal dressé pour constater l'état des fonds au moment où ils lui sont remis, en prend charge dans ses écritures avec obligation de justifier de leur emploi. Le récépissé comptable qu'il est tenu d'en délivrer est transmis avec une expédition de ce dernier procès-verbal au ministre de la marine, pour être rattaché à l'ordonnance ou mandat payé par le Trésor.

623. Le trésorier colonial produit à l'appui de son compte annuel les pièces qui justifient l'application de ces fonds aux dépenses de chacun des chapitres du budget,

et leur paiement régulier aux créanciers porteurs des mandats de l'ordonnateur.

624. Dans les cas où le comptable effectue des recettes accidentelles pour le compte du ministère de la marine, il est tenu de délivrer un récépissé des fonds qu'il a ainsi réalisés et de l'adresser, sans retard, au ministère de la marine, pour que ce récépissé puisse être rattaché à une ordonnance de régularisation délivrée, comme pour les autres remises de fonds, sur les crédits législatifs affectés aux colonies, et sauf la justification ultérieure, par les pièces annexées au compte annuel du trésorier, de la dépense payée aux créanciers des divers services du budget colonial.

625. Des comptes courants sont ouverts, dans la comptabilité de chaque colonie, pour constater successivement les recettes, les paiements et le solde des services de la caisse des invalides de la marine, des avances réciproques de la colonie et de la métropole, concernant les divers départements ministériels, et des dépôts à recevoir et à rembourser.

§ 4. — BUDGET DE L'EXERCICE, VOTE DES RECETTES ET DES DÉPENSES.

626. Le conseil colonial discute et vote, sur la présentation du gouverneur, le budget intérieur de la colonie.

Toutefois le traitement du gouverneur et les dépenses du personnel de la justice et des douanes sont fixés par le gouvernement, et ne peuvent donner lieu, de la part du conseil, qu'à des observations (1).

(1) Loi du 24 avril 1833, art. 5.

627. Le conseil colonial détermine, dans les mêmes formes, l'assiette et la répartition des contributions directes (1).

628. Le conseil colonial donne son avis sur toutes les dépenses des services militaires qui sont à la charge de l'Etat (2).

629. Les décrets adoptés par le conseil colonial et consentis par le gouverneur sont soumis à la sanction du roi.

Néanmoins le gouverneur a la faculté de les déclarer provisoirement exécutoires (3).

630. Les états des dépenses des services militaires aux colonies, et les projets de budgets des recettes et des dépenses coloniales, sont arrêtés, chaque année, par le gouverneur, en conseil, pour être soumis à l'approbation du ministre de la marine (4).

§ 5. — CLÔTURE DE L'EXERCICE.

631. La clôture de chaque exercice, pour les fonds du budget de la marine applicables aux services militaires, a lieu dans les colonies au 31 mars de l'exercice suivant, et toutes les dépenses doivent être liquidées, ordonnancées et payées à cette époque (5).

632. La liquidation et l'ordonnancement des dépenses du service intérieur des colonies sont arrêtés le 31 août de l'année qui suit l'exercice.

La clôture définitive de l'exercice est fixée au 30 sep-

(1) Loi du 24 avril 1833, art. 6.
(2) *Idem*, art. 7.
(3) *Idem*, art. 8.
(4) Règlement du 22 août 1837, art. 13.
(5) *Idem*, art. 35.

tembre pour les recettes et les dépenses qui concernent le service colonial (1).

633. Si, parmi les dépenses d'un exercice, il s'en trouvait qui n'eussent pas été liquidées, ordonnancées ou payées avant les époques fixées, ces dépenses ne pourraient plus être acquittées qu'au moyen d'un arrêté du gouverneur en conseil, qui en autoriserait l'imputation, comme appartenant à un exercice clos, sur les crédits de l'exercice courant.

Une ampliation de cet arrêté serait transmise de suite au ministre (2).

634. Aussitôt après la clôture de l'exercice, il est adressé au ministre une situation des crédits assignés aux dépenses des services militaires (3).

635. Les excédants de recettes que le règlement de chaque exercice fait ressortir sur les produits coloniaux forment un fonds de réserve et de prévoyance.

636. Dans les colonies qui reçoivent des subventions sur le budget de la marine, le ministre détermine l'application de ces excédants de recettes suivant la situation de leur service, soit en les ajoutant aux ressources insuffisantes du fonds de réserve, soit en opérant le précompte de ceux qui dépasseraient les besoins locaux, sur les subventions ultérieures de la métropole.

Les excédants de dépenses des mêmes colonies en fin d'exercice sont couverts par des prélèvements sur les fonds de réserve.

Le maximum du fonds de réserve de ces colonies est fixé par des ordonnances du roi.

(1) Règlement du 30 octobre 1829, art. 38.
(2) Règlement du 22 août 1837, art. 37.
(3) *Idem*, art. 38.

[Le règlement définitif des recettes et des dépenses du service colonial aura lieu, pour chaque exercice, dans la loi des comptes de l'exercice suivant, où il sera l'objet d'un titre spécial.] (Loi du 20 avril 1845, art. 11.)

§ 6. — FONCTIONS DE L'ADMINISTRATION LOCALE.

637. Le gouverneur rend exécutoires les rôles des contributions.

638. Au commencement de chaque mois, sur les propositions de l'ordonnateur, et après avoir pris l'avis du conseil privé, le gouverneur règle, selon les besoins du service, la distribution des fonds disponibles.

Les ordonnances mensuelles qu'il émet à cet effet sont, pour le trésorier, l'équivalent des ordonnances ministérielles de crédit.

Dans la répartition des fonds affectés au paiement des dépenses du matériel, l'ordonnateur maintient, autant que possible, l'égalité entre les services, comme entre les fournisseurs et entrepreneurs (1).

§ 7 — GESTION DU TRÉSORIER.

639. Les recettes et les dépenses des colonies sont effectuées par un trésorier, agent direct du département de la marine et des colonies ; il relève, ainsi que le service dont il est chargé, de l'ordonnateur de la colonie, qui lui transmet, sans intermédiaire, tous les ordres qu'il doit exécuter ou faire exécuter.

Il réunit les fonctions de receveur et de payeur.

Il est aussi chargé du service de trésorier des invalides, de caissier des gens de mer et de caissier des prises.

(1) Règlement du 22 août 1837, art. 15.

Il peut être chargé de la gestion de la caisse municipale.

Il est personnellement garant et responsable des opérations de ses préposés (1).

640. Le trésorier est chargé, sous la surveillance de l'ordonnateur et de l'officier d'administration chargé du service de l'inspection, de la conservation des matrices destinées à déterminer le poids droit des monnaies d'or et d'argent ; il les fait représenter à l'essayeur public, toutes les fois que le gouverneur juge convenable de faire vérifier les poids des changeurs et peseurs de monnaies (2).

641. Le trésorier reçoit une expédition des budgets des recettes et des dépenses ; il reçoit également les rôles d'impositions de toute nature régulièrement rendus exécutoires, et se conforme, pour la perception, aux instructions qui régissent la matière (3).

§ 8. — ÉCRITURES ET CONTRÔLES.

642. Le trésorier tient ses écritures en parties doubles.

Son journal et tous les registres de sa comptabilité sont cotés et paraphés par l'ordonnateur (4).

643. Le 1er de chaque mois, il est procédé à la vérification de la caisse et de la comptabilité du trésorier.

Après la vérification de l'encaisse, la recette, la dépense, et le solde en numéraire et valeurs sont arrêtés définitivement.

L'opération est faite par l'ordonnateur et par l'offi-

(1) Règlement du 22 août 1837, art. 11.
(2) *Idem*, art. 24.
(3) *Idem*, 14.
(4) *Idem*, art. 19.

cier d'administration chargé du service de l'inspection, et, en cas d'empêchement, par les fonctionnaires qui les suppléent dans l'ordre du service.

Les écritures et les caisses des préposés sont également soumises aux inspections mensuelles des administrateurs de leurs résidences respectives.

Les résultats des vérifications sont consignés dans un procès-verbal qui est adressé au ministre. Ce procès-verbal fait connaître si le matériel en caisse concorde avec les écritures des comptables, et si ces écritures concordent, dans l'ensemble et les détails, avec les enregistrements tenus par l'administration (1).

644. Toutes les fois que le gouverneur juge convenable de prescrire des vérifications inopinées, il donne par écrit l'ordre nécessaire ; cet ordre est exhibé au trésorier ou à ses préposés, au moment même de l'opération.

L'officier d'administration chargé du service de l'inspection, et ses agents dans les différentes résidences, sont tenus d'assister aux vérifications inopinées, dont le nombre est de quatre, au moins, chaque année (2).

645. Le trésorier remet à l'ordonnateur, à la fin de chaque mois, un extrait du journal et la balance des divers comptes ; et, tous les trois mois, un état récapitulatif des recouvrements indiquant, par nature de recette et par exercice : 1° les sommes qui étaient à recouvrer; 2° les sommes recouvrées ; 3° les sommes dont le dégrèvement a été ordonné ; 4° les sommes restant à recouvrer (3).

(1) Règlement du 22 août 1837, art. 20.
(2) *Idem*, art. 21.
(3) *Idem*, art. 22.

§ 9. — COMPTES A RENDRE.

646. Le trésorier est justiciable de la cour des comptes; il compte directement devant cette cour, non-seulement des fonds provenant du trésor public, mais encore du produit des recettes locales. La comptabilité qu'il tient pour l'établissement des invalides rentre dans celle du trésorier général de l'établissement (1).

647. Il fait parvenir au ministre, à l'expiration de chaque trimestre, par l'entremise du gouverneur les pièces justificatives des recettes et des dépenses.

Elles sont vérifiées dans les bureaux du ministère : celles qui sont jugées admissibles sont renvoyées, par les plus prochaines occasions, dans les colonies pour être régularisées et, après leur régularisation, elles sont, sans retard, adressées de nouveau au ministre.

Quant aux pièces en règle, elles sont classées dans les bureaux pour être jointes, en temps utile, au compte du trésorier (2).

648. Chaque année, le trésorier dresse son compte de gestion, lequel présente, pour le premier terme, le tableau de toutes les valeurs reconnues par procès-verbal au 31 décembre de l'année précédente exister en caisse et en portefeuille ; plus, les soldes des comptes courants.

Ledit compte de gestion, divisé en trois parties distinctes, la première pour services militaires, la deuxième pour le service intérieur des colonies, la troisième pour le service de trésorerie, présente ensuite, par exercice, toutes

(1) Règlement du 22 août 1837, art. 23.
(2) *Idem*, art. 30.

—

les recettes et toutes les dépenses faites sur les deux premiers services.

Un résumé indique les excédants de recettes ou de dépenses par service.

Ces derniers résultats doivent concorder avec le montant des valeurs et les soldes des comptes courants constatés par le procès-verbal dressé pour la clôture de la gestion (1).

649. Aussitôt que le compte annuel a été clos et signé, il est remis au gouverneur, qui le transmet au ministre avec toutes les pièces qui peuvent rester encore à produire.

Le compte est vérifié dans les bureaux du ministère et transmis à la cour des comptes avec toutes les pièces au soutien.

Toutefois l'intervention de l'administration de la marine dans la vérification et la transmission des comptes des trésoriers coloniaux laisse entière la responsabilité des comptables (2).

650. Les arrêts de la cour des comptes sont transmis au trésorier par l'entremise du gouverneur, à qui le ministre les adresse.

Le trésorier doit satisfaire, sans aucun retard, aux charges et injonctions contenues dans ces arrêts (3).

[Toutes les dépenses votées aux budgets coloniaux, et acquittées dans la métropole, sont, comme les autres dépenses des colonies, soumises, avec les pièces justificatives, au contrôle de la cour des comptes.] (Loi du 3 août 1839, art. 10.)

(1) Règlement du 22 août 1837, art. 31.
(2) *Idem*, art. 32.
(3) *Idem*, art. 34.

§ 10. — COMPTABILITÉ MUNICIPALE.

651. Les dispositions des lois et règlements relatives à la comptabilité des communes de France sont applicables au service municipal des colonies.

§ 11. — AGENT COMPTABLE DU SERVICE DES COLONIES.

[Art. 1er. A partir du 31 décembre prochain, les fonctions attribuées à l'agent spécial du service des colonies par les articles 652 à 657 de notre ordonnance du 31 mai 1838, portant règlement général sur la comptabilité publique, demeurent restreintes aux seuls établissements coloniaux non soumis au régime financier de la loi du 25 juin 1841.

En conséquence, les recettes et les dépenses de trésorerie ou autres, faites, soit en France pour le service des colonies régies par cette loi, soit dans ces colonies pour des services métropolitains, et pour lesquels l'intermédiaire de cet agent spécial était employé, seront désormais inscrites directement, par les comptables qui les effectueront, aux comptes des services qu'elles concernent.

3. Aucun paiement pour le service des divers départements ministériels n'aura lieu désormais, à titre d'avances, dans les colonies de la Martinique, de la Guadeloupe, de la Guyane française et de Bourbon. En conséquence, nos ministres ordonnanceront préalablement les dépenses qu'ils auraient à faire solder dans ces colonies.

Lorsque, par suite de circonstances extraordinaires et urgentes, il devra être dérogé à cette règle, il sera provisoirement pourvu aux avances sur les fonds du budget de la marine, et notre ministre de ce département, d'après les informations de ses ordonnateurs secondaires, en suivra le remboursement à son profit par les ministères pour le compte desquels ces avances auront été faites.] (Ordonnance du 17 décembre 1845, art. 1er et 3.)

652. L'agent comptable des colonies est chargé de la

comptabilité des recettes et des dépenses faites en France pour le service des colonies ; il est tenu de constater ces opérations dans des écritures spéciales, d'en réunir les pièces justificatives, de répondre de leur régularité, et de soumettre le compte annuel de ses recouvrements et de ses paiements à la cour des comptes (1).

L'agent comptable des colonies n'a aucun maniement de fonds.

653. Les sommes qu'il est reconnu nécessaire de réserver en France sur les fonds attribués aux colonies sont ordonnancées par le ministre de la marine, ou par ses ordonnateurs secondaires, soit directement au profit des créanciers du service colonial, soit au nom du Trésor, pour y être tenues en compte courant à la disposition de l'administration de la marine (2).

654. Les titres justificatifs des dépenses ordonnancées au nom des créanciers du service colonial sont remis par le préposé du Trésor qui a effectué le paiement à l'agent comptable contre son récépissé ; le compte courant ouvert sous le titre de *Ministère de la marine S/C de fonds coloniaux*, est crédité de tous les fonds qui ont été reçus par les comptables des finances pour le compte des colonies, et débité des paiements effectués par ces mêmes comptables sur les mandats des ordonnateurs de la marine. Ce compte courant est arrêté à la fin de chaque trimestre ; un extrait en est adressé au ministère de la marine, et il est vérifié par l'agent comptable des colonies (3).

655. L'agent comptable des colonies tient dans ses

(1) Instruction du 24 décembre 1826, art. 5.
(2) *Idem*, art. 2.
(2) *Idem*, art. 10.

livres de détail un compte spécial, pour chaque colonie, des recettes et des dépenses faites par le Trésor, et en rattache ainsi les résultats à sa propre comptabilité (1).

656. A la fin de chaque année, l'agent comptable établit le compte de sa gestion ; les recettes et les dépenses faites en France pour le service colonial, y sont présentées par colonie et appuyées de pièces justificatives. Ce compte est transmis à la cour dans les six premiers mois de l'année, après avoir été soumis à la vérification du ministère de la marine (2).

657. Il est tenu dans les bureaux de l'administration centrale de la marine, un journal général, un grand-livre et des livres auxiliaires, en parties doubles, à l'effet d'y recueillir les résultats de toutes les opérations du service colonial, exécutées, tant par l'agent comptable que par les trésoriers coloniaux, et dont ces derniers doivent, chacun en ce qui le concerne, adresser au département de la marine, à des époques déterminées, les éléments et les pièces justificatives. Il est établi annuellement, d'après ces écritures, un résumé général du mouvement et de la situation du service par colonie, par exercice et par chapitre. Ce résumé, après avoir été revêtu du visa du ministre, est soumis, le 1er octobre, au contrôle de la cour des comptes.

658. Les dispositions de l'article 17 de la loi du 9 juillet 1836 sont applicables aux colonies qui reçoivent des fonds de subvention du budget de la marine.

(1) Instruction du 24 décembre 1826, art. 11 et 13.
(2) *Idem*, art. 15.

CHAPITRE XXVI.

COMPTABILITÉ DES COLLÉGES ROYAUX.

§ 1er. — RECETTES.

659. Les recettes des colléges royaux se composent :

1° De la subvention fournie par le Trésor public pour les dépenses fixes des colléges royaux ;

2° Des sommes payées par le Trésor pour les bourses royales et les dégrèvements ;

3° Des sommes payées par les villes pour les bourses communales ;

4° Des sommes payées par les particuliers pour les pensions et parties de pension à la charge des familles ;

5° Des sommes payées par les externes pour frais d'études ;

6° Des arrérages de rentes sur l'État ;

7° Du produit des domaines et jardins exploités par l'administration ;

8° De recettes diverses et extraordinaires.

§ 2. — DÉPENSES.

660. Les dépenses se composent :

1° Des dépenses de nourriture	pain et farine, viande, vin, comestibles ;
2° Des dépenses d'entretien et de réparation................	des bâtiments, du mobilier, des domaines ;

3° Des dépenses d'habillement et de son entretien ;

4° Des traitements.......... { Traitements fixes, — éventuels, Appointements et gages, Gratifications, Indemnités et secours ;

5° Des menues dépenses ;

6° Des échanges et acquisitions de propriétés immobilières ;

7° Des dépenses diverses et extraordinaires (1).

661. La comptabilité des colléges royaux est établie par gestion et divisée par exercice (2).

§ 3. — BUDGET DE L'EXERCICE.

662. Les budgets des colléges royaux sont discutés et votés par les conseils académiques, et définitivement arrêtés par le Grand-maître de l'Université, en conseil royal de l'instruction publique.

§ 4. — FONCTIONS DE L'ORDONNATEUR.

663. Le proviseur, en sa qualité d'administrateur du collége, ordonne et ordonnance toutes les dépenses, à la charge par lui de se conformer aux règlements pour les dépenses des colléges royaux (3).

664. Le proviseur remet au recteur l'état des divers objets de consommation nécessaires au service du collége. Le recteur soumet cet état au conseil académique, qui délibère sur chaque article, et qui décide s'il y a lieu de faire une adjudication publique, d'autoriser le

(1) Arrêté ministériel du 13 octobre 1829, art. 2.
(2) *Idem*, art. 1er.
(3) *Idem*, art. 8.

proviseur à passer un marché à l'amiable, ou de charger l'économe de faire les achats de gré à gré (1).

665. Pour les objets mis en adjudication publique, le conseil académique arrête le cahier des charges et fait l'adjudication au rabais, sur soumissions (2).

666. Les marchés que le proviseur est autorisé à faire à l'amiable sont soumis à l'approbation du conseil académique, et ne sont exécutoires qu'après avoir été approuvés par le conseil (3).

667. Les objets que l'économe est chargé d'acheter sans marché préalable, ne peuvent être acquis par lui que sur l'autorisation du proviseur (4).

668. Aucune dépense faite pour le compte du collége ne peut être acquittée que sur un mandat délivré par le proviseur ordonnateur, ou, en son absence, par le fonctionnaire chargé de l'administration de l'établissement (5).

669. Le proviseur ne peut délivrer des mandats que pour des travaux faits, pour des travaux exécutés, pour des fournitures livrées (6).

670. Néanmoins il peut délivrer des mandats d'à-compte sur les services non encore terminés, ou sur les fournitures dont les mémoires ne sont pas encore réglés (7).

671. Les à-compte ne peuvent, dans aucun cas, excéder les deux tiers du montant des sommes portées

(1) Arrêté ministériel du 13 octobre 1829, art. 3.
(2) *Idem*, art. 4.
(3) *Idem*, art. 5.
(4) *Idem*, art. 6.
(5) *Idem*, art. 11.
(6) *Idem*, art. 12.
(7) *Idem*, art. 13.

dans les devis, ou dans les mémoires ou factures (1).

672. Le proviseur peut aussi autoriser l'économe à prélever sur les fonds de sa caisse les sommes dont il a besoin pour l'achat des objets nécessaires à la consommation journalière du collége, ou pour quelques menues dépenses imprévues, à la charge par l'économe de justifier de la dépeuse, au moins tous les quinze jours, par des bordereaux sur papier libre, que le proviseur vise, et d'après lesquels il délivre des mandats (2).

673. Les mandats délivrés par le proviseur ordonnateur font connaître l'année et le chapitre auxquels s'applique la dépense. Le proviseur est tenu d'y spécifier les pièces justificatives qui doivent être produites par les parties prenantes (3).

§ 5. — COMPTE D'ADMINISTRATION.

674. Le compte que le proviseur rend chaque année, comme administrateur ordonnateur, est jugé par le Grand-maître, en conseil royal (4).

675. Avant la fin du mois de mars de chaque année, le proviseur est tenu de remettre au recteur le compte d'administration du collége pour l'année précédente. Il y joint un rapport détaillé sur les différentes parties du service en général et sur celles qui sont plus particulièrement confiées à l'économe (5).

676. Le recteur convoque le conseil académique dans la première semaine du mois d'avril, et requiert qu'il

(1) Arrêté ministériel du 13 octobre 1829, art. 14.
(2) *Idem*, art. 15.
(3) *Idem*, art. 16.
(4) *Idem*, art. 9.
(5) *Idem*, art. 38.

soit procédé immédiatement à l'examen du compte (1).

677. Aussitôt que le conseil académique a prononcé, le recteur transmet au ministre le compte, le rapport de la commission et la délibération du conseil académique ; il y joint ses observations, s'il y a lieu (2).

§ 6. — GESTION DU COMPTABLE.

678. L'économe est agent comptable chargé de toutes les recettes et de toutes les dépenses du collége. Comme manutenteur des deniers et des matières, il fournit un cautionnement, et les comptes annuels de sa gestion sont jugés par la cour des comptes (3).

§ 7. — RESPONSABILITÉ.

679. L'économe est responsable de toutes les sommes qu'il aurait payées sans un mandat du proviseur, en sus du mandat, ou sans avoir exigé les pièces justificatives prescrites par le mandat ; les pièces justificatives restent annexées aux quittances des parties prenantes (4).

680. Le paiement d'un mandat est suspendu par l'économe s'il y a omission ou irrégularité matérielle dans les pièces justificatives qui doivent être produites par les parties prenantes; dans ce cas, l'économe est tenu de remettre immédiatement la déclaration écrite de son refus au porteur du mandat (5).

(1) Arrêté ministériel du 13 octobre 1829, art. 40.

(2) *Idem*, art. 42.

(3) Ordonnance du 26 mars 1829, art. 12, et arrêté ministériel du 13 octobre 1829, art. 10.

(4) Arrêté ministériel du 13 octobre 1829, art. 19.

(5) *Idem*, art. 21.

§ 8. — ÉCRITURES.

681. Pour la manutention des deniers, les économes sont tenus d'avoir :

1° Un registre à souche, sur lequel ils inscrivent, à leur date et sans lacune, toutes les sommes versées dans leur caisse pour le compte du collége, à quelque titre que ce soit ;

2° Un livre-journal de caisse et de portefeuille, dans lequel ils inscrivent, chaque jour et à leur date, toutes les sommes qu'ils ont reçues et toutes celles qu'ils ont payées pour le compte du collége ;

3° Un sommier, dans lequel ils classent par exercice toutes les recettes et toutes les dépenses (1).

682. Pour la manutention des matières, l'économe tient un registre d'entrée et de sortie des provisions de toute nature : ce registre est divisé en autant de comptes qu'il y a d'espèces de provisions. L'économe inscrit, dans une première colonne, tous les objets entrés dans les magasins pendant l'année, au fur et à mesure des livraisons faites par les fournisseurs, et dans une deuxième colonne, le détail de l'emploi qui a été fait de chaque objet (2).

§ 9. — CONTRÔLE ET SURVEILLANCE.

683. Le dernier jour de chaque trimestre, l'économe fait la balance de tous les comptes ouverts sur le registre,

(1) Arrêté ministériel du 13 octobre 1829, art. 22.
(2) *Idem*, art. 23.

et il dresse un inventaire de tous les approvisionnements qui existent dans les magasins (1).

684. Des commissaires pris dans le sein du conseil académique et désignés par le recteur assistent, avec le proviseur, à l'inventaire ; ils le comparent avec la balance des comptes du registre de magasin, et consignent sur l'inventaire le résultat de ce contrôle (2).

685. A la fin de chaque mois, et dans le délai de huit jours, les économes sont tenus de transmettre au ministre :

[*Le règlement du ministère a prescrit l'envoi de ces documents par trimestre.*]

1° La copie textuelle de leur journal de caisse du mois précédent ;

2° Le bordereau de toutes les recettes et de toutes les dépenses qu'ils ont effectuées pendant le mois.

Ils joignent à ce bordereau tous les mandats acquittés par les parties prenantes, avec les pièces à l'appui (3).

686. A la fin de chaque trimestre, l'économe transmet, en outre, l'inventaire des objets en magasin (4).

§ 10. — COMPTES A RENDRE.

687. Dans les dix premiers jours du mois de janvier de chaque année, l'économe établit le compte des recettes et des dépenses qu'il a faites pendant l'année précédente, ainsi que le compte des matières (5).

(1) Arrêté ministériel du 13 octobre 1829, art. 24.
(2) *Idem*, art. 25.
(3) *Idem*, art. 36.
(4) *Idem*, art. 37.
(5) *Idem*, art. 43.

688. Le compte des deniers, divisé par exercice et par chapitre de recette et de dépense, constate :

1° Les valeurs qui se trouvaient en caisse et en portefeuille au 31 décembre de l'année antérieure à celle du compte ;

2° Le montant de toutes les sommes reçues et payées pendant l'année, et les différentes natures de recettes et de dépenses auxquelles elles s'appliquent ;

3° Les valeurs restant en caisse et en portefeuille au 31 décembre (1).

689. L'économe joint à l'appui de son compte le registre à souche des quittances délivrées par lui depuis le 1er janvier jusqu'au 31 décembre, et arrêté en somme totale au 31 décembre.

Ce registre, certifié par l'économe, est visé par le proviseur (2).

690. Le compte des matières constate la quantité des approvisionnements qui existaient dans les magasins au 31 décembre de l'année antérieure à celle du compte, la quantité des approvisionnements entrés en magasin pendant l'année, la quantité des objets consommés pendant l'année, enfin la quantité et la valeur des objets qui existaient dans les magasins au 31 décembre (3).

691. Les deux comptes, rédigés en double expédition, sont certifiés par l'économe (4).

692. Le proviseur constate au bas desdits comptes qu'ils sont conformes aux écritures (5).

(1) Arrêté ministériel du 13 octobre 1829, art. 44.
(2) *Idem*, art. 45.
(3) *Idem*, art. 46.
(4) *Idem*, art. 47.
(5) *Idem*, art. 48.

693. Il tient la main à ce que les comptes et les pièces à l'appui soient transmis au Grand-maître avant le 20 janvier (1).

694. Les comptes de gestion, étant ainsi vérifiés, sont transmis successivement à la cour des comptes, avant le 1er avril de chaque année, par la comptabilité centrale, qui y joint toutes les pièces justificatives de dépenses (2).

TITRE V.

DISPOSITION GÉNÉRALE.

695. Toutes dispositions contraires au présent règlement général sont et demeurent abrogées.

Nos ministres secrétaires d'État sont chargés, chacun en ce qui le concerne, d'assurer l'exécution de la présente ordonnance, qui sera insérée au *Bulletin des lois*.

Donné au palais des Tuileries, le 31 mai 1838.

Signé : LOUIS-PHILIPPE.

Par le roi :

Le ministre secrétaire d'État des finances,

Signé : LAPLAGNE.

(1) Arrêté ministériel du 13 octobre 1829, art. 49

(2) *Idem*, art. 59.

COMPTABILITÉ

DES MATIÈRES APPARTENANT A L'ÉTAT.

[Les comptes-matières seront soumis au contrôle de la cour des comptes.

Une ordonnance royale, rendue dans la forme des règlements d'administration publique, déterminera la nature et le mode de ce contrôle, et réglera les formes de comptabilité des matières appartenant à l'État dans toutes les parties du service public. Cette ordonnance sera exécutoire à partir du 1er janvier 1845. (Loi du 6 juin 1843, art. 14.)

ORDONNANCE ROYALE DU 26 AOUT 1844.

Art. 1er. A partir du 1er janvier 1845, la comptabilité des matières de consommation et de transformation appartenant à l'État, dans toutes les parties du service public, sera régie par les dispositions dont la teneur suit :

2. Dans chaque magasin, chantier, usine, arsenal et autre établissement appartenant à l'État et géré pour son compte, il y aura un agent ou préposé responsable des matières y déposées.

Cet agent sera comptable de la quantité desdites matières, suivant l'unité applicable à chacune d'elles.

3. Chaque comptable sera tenu d'inscrire, sur des livres élémentaires, l'entrée, la sortie, les transformations, les détériorations, les pertes, déchets et manquants, ainsi que les excédants de toutes les matières confiées à sa garde.

4. A des époques qui seront fixées par chacun des règlements énoncés en l'article 15 ci-après, chaque comptable formera, d'après ses livres, en observant l'ordre des nomenclatures adoptées pour le service, des relevés résumant, par nature d'entrée et de sortie, et pour chaque espèce de matières distincte ou collective, toutes ses opérations à charge ou à décharge. Ces relevés, contrôlés sur les lieux, seront adressés, par la voie hiérarchique, avec

les pièces justificatives, au ministre ordonnateur du service.

Les matières qui, par leur nature ou leur peu de valeur, seront susceptibles d'être réunies pourront être présentées, dans les relevés, sous une même unité ou groupées par collection, suivant la classification établie par les nomenclatures.

Dans les trois premiers mois de l'année, chaque comptable établira, en outre, et fera parvenir au ministre le compte général de sa gestion de l'année précédente.

5. Toute opération d'entrée, de transformation, de consommation ou de sortie de matières devra être appuyée, dans les comptes individuels, de pièces justificatives établissant régulièrement la charge ou la décharge du comptable.

Les manutentions et transformations de matières, ainsi que les déchets ou excédants, seront justifiés par des certificats administratifs.

La nature des pièces justificatives, ainsi que les formalités dont elles devront être revêtues, seront déterminées, pour les divers services de chaque département ministériel, par une nomenclature spéciale et d'après les bases générales ci-après, savoir :

Entrées réelles et entrées d'ordre.	Inventaires, procès-verbaux ou récépissés avec certificats de prise en charge par le comptable, factures d'expédition, connaissements ou lettres de voiture.
Sorties réelles et sorties d'ordre.	Ordres en vertu desquels les sorties ont eu lieu, factures d'expédition, procès-verbaux, récépissés, certificats administratifs tenant lieu de récépissés.
Transformations et fabrications, détériorations, déchets ou excédants. .	Procès-verbaux constatant les résultats de l'opération, certificats administratifs tenant lieu de procès-verbaux.

6. Dans tous les cas où des circonstances de force majeure n'auraient point permis à un comptable d'observer les formalités prescrites, tant par la présente ordonnance que par le règlement énoncé en l'article 15 ci-après, ledit comptable sera admis à

se pourvoir auprès du ministre ordonnateur du service, pour obtenir, s'il y a lieu, la décharge de sa responsabilité.

7. Dans les dépôts où les matières ne peuvent pas être soumises à des recensements annuels, les existants au commencement de chaque année et à chaque changement de gestion, seront établis par des certificats administratifs.

Lesdits certificats tiendront lieu d'inventaires.

8. D'après les documents fournis par les comptables, il sera tenu, dans chaque ministère, une comptabilité centrale des matières où seront résumés, après vérification, tous les faits relatés dans ces documents.

Cette comptabilité servira de base aux comptes généraux qui seront publiés, chaque année, par les ministres, en exécution de l'article 10 de la loi du 24 avril 1833.

9. Chaque ministre, après avoir fait vérifier les comptes individuels des comptables de son département, les transmettra à la cour des comptes avec les pièces justificatives.

Il y joindra un résumé général par branche de service.

10. La cour des comptes procédera dans les formes déterminées aux articles 359, 360, 361, 362, 363, 364, 365, 366 et 367 de notre ordonnance du 31 mai 1838, à la vérification des comptes individuels et statuera sur lesdits comptes par voie de déclaration.

Une expédition de chaque déclaration sera adressée au ministre ordonnateur, qui en donnera communication au comptable.

Le ministre, sur le vu de cette déclaration et les observations du comptable, arrêtera définitivement le compte.

11. La cour des comptes prononcera, chaque année, en audience solennelle, dans les formes déterminées aux articles 394, 395 et 396 de notre ordonnance du 31 mai 1838, une déclaration générale sur la conformité des résultats des comptes individuels des comptables en matières, avec les résultats des comptes généraux que les ministres auront publiés.

12. La même cour consignera, dans son Rapport annuel, les observations auxquelles aurait donné lieu l'exercice de son contrôle, tant sur les comptes individuels que sur les comptes généraux, ainsi que ses vues d'amélioration et de réforme sur la comptabilité en matières.

13. Le compte général de chaque ministère sera soumis à l'examen de la commission instituée annuellement en vertu de l'article 164 de notre ordonnance du 31 mai 1838.

14. Chaque ministre fera dresser un inventaire général de toutes les matières existant, au 1er janvier 1845, dans les magasins, usines, arsenaux et autres établissements de son département.

A l'égard des matières qui ne pourraient pas être inventoriées, il sera procédé conformément à l'article 7 ci-dessus.

15. Dans chacun des départements ministériels, il sera fait un règlement spécial pour l'exécution de la présente ordonnance.

Ledit règlement contiendra, conformément à l'article 5 ci-dessus, la nomenclature détaillée des pièces justificatives que les comptables devront produire à l'appui de leurs comptes.

Il appropriera aux convenances du service spécial et aux cas exceptionnels de toute nature, les règles générales de comptabilité et les conditions de responsabilité individuelle déterminées par la présente ordonnance.

Après communication à notre ministre des finances, il sera soumis à notre approbation et inséré au *Bulletin des lois*.

16. Les dispositions de la présente ordonnance ne sont pas applicables aux comptes qui, en vertu de lois ou d'ordonnances antérieures, sont soumis au jugement de la Cour des comptes.

Règlements du ministère de la guerre du 25 *janvier* 1845 *et du* 28 *juillet* 1849 ; *règlements du ministère de la marine du* 13 *décembre* 1845, *du* 23 *décembre* 1847 *et du* 8 *décembre* 1849 ; *règlement du ministère des finances sur les services des paquebots des postes du* 20 *avril* 1845 ; *règlement du ministère du commerce et de l'agriculture du* 1er *février* 1850 ; *règlement de l'intérieur du* 26 *décembre* 1853 ; *règlement des travaux publics du* 29 *avril* 1854.

Les inventaires des objets mobiliers appartenant à l'État, dressés et récolés conformément aux lois existantes, seront déposés aux archives de l'assemblée nationale et de la Cour des comptes. [Loi du 8 décembre 1848].

La situation annuelle des approvisionnements de la marine sera contrôlée par les déclarations de la Cour des comptes et arrêtés par la loi de règlement définitif du budget. [Loi du 8 mars 1850, art. 14.]

APPENDICE

SUR

LES RÈGLEMENTS SPÉCIAUX ET SUR LA JUSTIFICATION

DES RECETTES ET DES DÉPENSES PUBLIQUES.

Le règlement général du 31 mai 1838 sur la comptabilité publique a servi de base à des règlements spéciaux délibérés par la commission qui avait été chargée de rédiger les dispositions fondamentales, afin d'introduire dans toutes les administrations les mêmes principes, les mêmes formes et les mêmes procédés d'ordre et de contrôle.

RECETTES.

Les règlements relatifs aux recettes retracent les mesures concernant l'application des tarifs de l'impôt, la liquidation, l'assiette, le recouvrement et le versement des produits dans les caisses du Trésor.

Aussitôt que le budget de chaque exercice a autorisé la perception des revenus de l'État, le ministre des finances assure, de concert avec les autorités locales, la répartition entre les arrondissements, les communes et les contribuables, des contingents votés par département pour les trois impôts directs du foncier, de la personnelle et mobilière, et des portes et fenêtres. Il fait préparer, en outre, avec le concours des délégués municipaux, l'application du tarif des patentes à toutes les professions qui y sont assujetties. Il ordonne ensuite de dresser par commune les rôles des cotes individuelles de ces quatre branches du revenu public ; enfin, il en confie le recouvrement à des percepteurs dont la gestion est placée sous la responsabilité des receveurs généraux des finances, justiciables de la Cour des comptes, et qui sont tenus de lui démontrer la rentrée intégrale, ainsi que le versement exact de ces produits, par la production des rôles généraux et des récépissés du Trésor.

Les taxes indirectes sont également autorisées, chaque année, par le vote législatif ; leur liquidation s'effectue sur les lieux, où des vérificateurs, des inspecteurs et des receveurs spéciaux sont préposés par le ministre des finances pour atteindre sûrement la matière imposable, pour calculer la dette du redevable d'après les bases fixées par les tarifs, et pour établir les titres réguliers des droits constatés au profit de l'État, d'abord sur des registres authentiques, et ensuite sur des états de produits revêtus de la certification des chefs principaux de chaque service. Ces nouveaux titres de perception sont transmis à la Cour des comptes, comme les précédents, par tous les receveurs des revenus indirects, qui prennent charge de leur montant sous leur responsabilité personnelle, et qui prouvent leur libération par la production des récépissés du Trésor.

Les développements, par article et par nature de droits, qui accompagnent les comptes des comptables et qui en reproduisent avec détail les résultats généraux, permettent à la Cour des comptes de comparer la nature et le montant des recettes avec les lois de finances, et de déclarer la régularité de toutes les perceptions effectuées sur chaque revenu public et sur chaque exercice.

Nous croyons devoir nous référer, pour les nombreuses formalités exigées des préposés des recettes, aux instructions particulières et aux justifications détaillées qui ont été résumées dans les documents mentionnés ci-après :

Instruction générale du 17 *juin* 1840 sur le service et sur la comptabilité des receveurs généraux et particuliers des finances, des percepteurs des contributions directes et des receveurs des communes et des établissements de bienfaisance.

Mémorial des Percepteurs, par M. Durieu.

Code des Douanes, par M. Bourgat.

Manuel des Contributions indirectes et des Octrois, par M. Girard.

Journal de l'Enregistrement.

Recueil des circulaires émanées des différentes directions du ministère des finances.

On regrette, en parcourant la liste des documents que nous venons de rappeler, de ne pas toujours trouver dans les travaux directs de l'administration financière, la codification complète des diverses parties du service important des revenus de l'État, et d'être contraint de recourir à des publications particulières pour connaître la jurisprudence administrative applicable à chaque tarif, ainsi que le mécanisme approprié à chaque comptabilité spéciale.

DÉPENSES.

Quant au service des dépenses publiques, il a été réglementé dans toutes ses parties par les différents ministères, de concert avec la commission qui a préparé l'ordonnance du 31 mai 1838. En conséquence, nous croyons devoir présenter ici une analyse des dispositions prescrites à tous les ordonnateurs et à tous les comptables pour la justification et pour le contrôle de l'emploi des crédits du budget, en nous référant spécialement au règlement du ministère des finances.

Le travail de ce ministère, en effet, nous aparu le plus conforme, dans tous ses détails, au vœu des lois et aux véritables principes de l'ordre ; nous le désignons, en conséquence, parmi les règlements des autres départements ministériels, comme le meilleur modèle à suivre. Enfin, si l'on veut embrasser, sans reproduire les développements applicables à chaque service, la description et la justification des faits variés de la dépense de l'État, il importe de se reporter à la suite des articles réglementaires du ministère des finances, aux dispositions prescrites par la guerre et par les travaux publics pour les chapitres spéciaux de la solde, des travaux à l'entreprise et en régie et des acquisitions immobilières.

Nous sollicitons, à cette occasion, la réunion en un seul corps d'instruction, de tous les règlements de la comptabilité des dépenses; on formerait ainsi, sans difficulté sérieuse, un travail d'ensemble des meilleures dispositions prescrites par les divers ministères, et qui présenterait une codification uniforme et complète aux administrateurs, aux comptables, et à tous les contrôles de la fortune publique.

Nous ajouterons que désormais la justification des dépenses est devenue simple, facile et tout à fait satisfaisante. En effet l'administration, favorisée par le maintien d'une longue paix, s'est appliquée scrupuleusement à soumettre les services publics à des règles précises expliquées par des instructions méthodiques qui ont tracé la route et fixé la marche de tous les ordonnateurs supérieurs ou secondaires. Des nomenclatures, divisées d'après l'ordre des matières, rappellent, par chapitre et par article, les procédés détaillés de l'exécution, de la liquidation et de l'ordonnancement des dépenses, en désignant la pièce justificative qui doit être produite au payeur, à l'appui de chacun des actes relatifs à la libération de l'État. Ces preuves authentiques, destinées à démontrer la régularité de l'emploi des fonds du Trésor, portent la signature des divers fonctionnaires qui ont engagé leur responsabilité dans tous les degrés de l'administration, et garantissent à la Cour des comptes l'existence et la légalité des droits acquis par les créanciers des différents ministères. Le caractère spécial de ces justifications a d'ailleurs été sommairement indiqué par le texte même de l'article 65 de l'ordonnance du 31 mai 1838, ainsi conçu :

PERSONNEL.	États d'effectifs ou états nominatifs énonçant : Le grade ou l'emploi, La position de présence ou d'absence, Le service fait, La durée du service, La somme due en vertu des lois, règlements et décisions.

MATÉRIEL.	1° Copies ou extraits dûment certifiés des ordonnances royales ou décisions ministérielles, des contrats de vente, soumissions et procès-verbaux d'adjudication, des baux, conventions ou marchés. 2° Décomptes de livraisons, de règlement et de liquidation, énonçant le service fait et la somme due pour à-compte ou pour solde.

Les formules de ces pièces justificatives ont été tracées dans tous leurs détails et désignées si exactement au contrôle par les nomenclatures officielles qu'elles se présentent, en quelque sorte, d'elles-mêmes à l'attention des vérificateurs, et ne laissent presque aucune chance à l'erreur ni à l'incertitude. Il est à remarquer, en effet, que la plupart des dépenses acquittées dans les départements se reproduisent incessamment dans les mêmes circonstances, sous les mêmes formes et souvent pour les mêmes sommes depuis que les entreprises de travaux publics ont été remises à des compagnies industrielles. Il est dès lors à peu près impossible qu'une irrégularité de quelque importance reste inaperçue par l'ordonnateur local, par le payeur du Trésor, par la comptabilité centrale de chaque ministère, par la comptabilité générale des finances, enfin, par la Cour des comptes. Je me réfère d'ailleurs, contre la superfétation résultant de ces cinq contrôles, aux propositions présentées aux pages 505 à 514 du premier volume de cet ouvrage. Quant aux paiements faits à Paris et représentant la moitié des charges du budget, leur vérification est si fortement organisée par le comptable lui-même et par le contrôle spécial exercé sur les caisses intérieures du Trésor, qu'ils ne laissent presque rien à désirer sous le rapport de la ligne de compte, quoiqu'ils offrent à la Cour la matière de la plus grande partie de ses observations sur l'exécution des lois et des règlements de la comptabilité publique.

Pour terminer ces éclaircissements sur la justification des dépenses de l'État, nous croyons devoir insérer ici la liste des règlements spéciaux et des nomenclatures de pièces notifiées aux ordonnateurs et aux comptables par les divers départements ministériels ; nous devons également faire connaître, à la suite de ces explications, l'opinion exprimée par la Cour des comptes dans son rapport sur les comptes de l'année 1847, page 45, dans les termes ci-après :

« Depuis que l'ordonnance du 14 septembre 1822 a « déterminé les principes généraux et les formes de la « comptabilité des dépenses publiques, et que le règle- « ment général du 31 mai 1838 a confirmé et for- « tifié ses dispositions fondamentales, en améliorant « encore les procédés de ce nouveau régime d'ordre « ainsi que les pièces justificatives des créances, la « Cour des comptes a été mise à même de reconnaître « l'exactitude et la régularité de la liquidation, de l'or- « donnancement et du paiement de tous les services « exécutés, en vertu des lois de finances. Elle a pu « contrôler, dans chaque sortie de fonds d'une caisse « publique, la réalité des droits de la partie prenante, « l'emploi spécial de chaque crédit du budget et la li- « bération définitive de l'État. Ni l'ordonnateur ni le « comptable ne sauraient échapper désormais à ces vé- « rifications approfondies que par des réticences formel- « lement interdites dans la description des faits accom- « plis, par des dissimulations dans leur exposition, ou « par des altérations dans les preuves qui sont produi- « tes à l'appui de leur exécution. Le système d'écri-

« tures et de jutifications des dépenses semble donc avoir « reçu le complément de son organisation, puisqu'il « serait impossible aujourd'hui d'en éluder les garan- « ties sans recourir à des manœuvres dont la répres- « sion n'appartient qu'à la sévérité des lois.

« Cependant les efforts du gouvernement doivent « tendre incessamment à perfectionner les procédés « d'exécution, et à simplifier les formalités exigées des « fonctionnaires de tous les degrés dans les différents « départements ministériels, afin de mieux assurer, par « la suppression des détails superflus, la bonne admi- « nistration des services, en même temps que l'effica- « cité de notre action judiciaire. »

LISTE DES RÈGLEMENTS SPÉCIAUX.

COMPTES EN DENIERS.

Ministère de la justice,	28 décembre	1838.
— des affaires étrangères,	6 novembre	1840.
— de l'instruction publique,	16 décembre	1841.
— des cultes,	31 décembre	1841.
— de l'intérieur,	30 novembre	1840.
— de l'agriculture et du commerce,	3 décembre	1844.
— des travaux publics,	16 septembre	1843.
— —	28 septembre	1849.
— —	10 novembre	1851.
— de la guerre,	1er décembre	1838.
— de la marine et colonies,	31 octobre	1840.
— des finances,	26 janvier	1846.

COMPTES EN MATIÈRES.

Ministère de l'intérieur,	26 décembre	1853.
— de l'agriculture et du commerce,	1er février	1850.
— des travaux publics,	29 avril	1854.
— de la guerre,	25 janvier	1845.
— de la marine,	13 décembre	1845.

RÈGLEMENTS

SUR LES CONTROLES DU TRÉSOR.

RAPPORT AU ROI

SUR

LES CONTROLES DU TRÉSOR (1).

PARIS, 8 décembre 1832.

SIRE, mon prédécesseur m'a laissé le soin de rendre compte à Votre Majesté des mesures qu'il a prises et des dispositions qu'il a préparées pour fortifier les contrôles établis auprès des comptables publics. Je dois exposer les motifs et expliquer les conséquences des actes réglementaires et législatifs dont il m'a transmis la suite et la responsabilité. Je présenterai donc à Votre Majesté les développements qui me paraissent nécessaires pour lui faire apprécier, dans toute leur étendue, les garanties

(1) Ce rapport et les règlements qui l'accompagnent, sont le travail d'une commission nommée par M. le baron LOUIS, et composée des membres suivants :

MM. Le marquis d'AUDIFFRET, président et rapporteur ;
RIELLE, directeur du mouvement général des fonds;
RODIER, directeur de la comptabilité générale des finances ;
Le comte d'AUDIFFRET, directeur de la dette inscrite ;
DELAIRE, directeur du contentieux ;
BAILLY, inspecteur général des finances;
BOCQUET DE SAINT-SIMON, caissier central du Trésor.

qui doivent résulter de ces précautions. Je mets d'autant plus d'empressement à m'acquitter de ce devoir, qu'il me fournit une occasion de faire connaître les nouveaux services qui viennent d'être rendus par la longue expérience de cet administrateur (1).

Examen des causes du déficit de l'ancien caissier du Trésor.

Au moment où le déficit de l'ancien caissier du Trésor a été constaté par une vérification approfondie, une commission spéciale fut appelée par le ministre à reconnaître les causes de ce détournement de fonds et à chercher les moyens d'en prévenir le retour en procédant, sans retard, à la révision de tous les rouages du mécanisme des caisses intérieures, et à l'examen des différents contrôles exercés sur le maniement des deniers publics.

Il a été reconnu, dès le commencement de ces investigations, que ce déficit provenait de l'inexécution de la disposition des anciens règlements qui prescrit la délivrance de récépissés à talon et leur visa par un contrôleur spécial, pour tous les versements effectués à la caisse centrale du Trésor. Une exception faite, en 1818, à cette règle générale, pour les sommes remises en paiement des emprunts, et dont l'effet avait été maintenu, depuis cette époque, pour les recettes de même nature, a rendu possible une infidélité qui n'aurait jamais échappé à l'action des contrôles prescrits, si elle eût été complétement appliquée.

Plusieurs autres procédés, indiqués après l'événement, auraient peut-être suppléé aux moyens sagement préparés par l'ordonnance royale du 18 novembre 1817,

(1) M. le baron Louis.

et des rapprochements bien suivis entre les résultats obtenus contradictoirement par les différentes branches du ministère qui concourent à l'exécution de chaque emprunt, auraient éveillé plus tôt l'attention sur les malversations de l'ex-caissier central. Mais la liberté d'action de ce comptable si longtemps éprouvé avait été considérée comme un utile moyen de service pour le Trésor.

Au moment où s'ouvrirent en effet les premières voies de ce crédit public, dont nous avons obtenu de si grands et de si prompts résultats, on pensa qu'il ne fallait refuser aucune facilité pour accélérer et pour simplifier les relations nouvelles de la Banque, du commerce et des capitalistes avec le Trésor, et on s'attacha moins à le protéger par la lenteur salutaire des formes de comptabilité, qu'à imprimer un mouvement plus rapide à ses rapports avec le public.

Cette erreur est devenue la source d'un notable préjudice pour l'Etat ; mais elle lui a procuré des avantages qu'il serait injuste aujourd'hui de méconnaître entièrement. Une semblable considération ne saurait être une excuse suffisante du passé : on doit néanmoins la rappeler pour affermir l'administration contre tout abandon de ses contrôles, et pour la prémunir contre le danger de sacrifier la garantie de ses règles d'ordre aux convenances particulières de ses débiteurs et de ses créanciers.

Principale garantie contre les dissimulations des recettes.

Pénétré de la pensée que le déficit de la caisse centrale n'a pu se former que par suite de la suspension temporaire et exceptionnelle des formalités exigées par les règlemens, pour toutes les recettes du caissier, mon prédéceseur a dû chercher le moyen le plus propre à mettre la fortune publique à l'abri d'un semblable dommage, et il a été conduit à reconnaître qu'il était indispensable de rendre le contrôle des versemens faits au Trésor si impérieusement obligatoire en toute circonstance, qu'il ne fût au pouvoir de personne d'en suspendre, d'en modifier ou d'en atténuer les effets.

Le décret du 4 janvier 1808, qui n'a point été inséré au *Bulletin des lois*, et qui n'a, dès lors, que le caractère d'un règlement administratif, a déterminé pour la première fois la forme des récépissés à délivrer en échange des fonds remis à la caisse des recettes à Paris, et chez les receveurs généraux et particuliers des finances, et a prescrit leur visa, et la séparation de leurs talons dans les vingt-quatre heures par un contrôleur spécial. Ces dispositions salutaires ont été constamment observées auprès des comptables des départements et ont si puissamment contribué à préserver l'Etat de toute perte sur leur gestion, qu'il n'a pas été nécessaire, pendant le cours des dix-huit dernières années, de demander un seul crédit supplémentaire pour couvrir une soustraction de recette de ces préposés extérieurs.

Une ordonnance royale du 18 novembre 1817 a rendu ce même mode applicable à tous les versemens faits à la caisse du Trésor royal, devenue, dès cette époque, le centre unique de tous les mouvements de fonds qui se partageaient précémment entre quatre caisses différentes. On était ainsi parvenu à soumettre à l'action de ce nouveau contrôle des opérations très-nombreuses et très-importantes.

Toutefois, aucun de ces deux actes réglementaires

n'est assez rigoureusement obligatoire, ni pour l'administrateur, ni pour la partie versante ; ces dispositions ne les lient pas assez étroitement l'un et l'autre, parce qu'elles ne sont pas émanées du pouvoir législatif, qui a seul le droit d'imposer un commandement absolu à l'administration et aux tiers, réciproquement intéressés à la régularité de chaque versement.

L'expérience ayant démontré l'utilité de ce contrôle et les inconvénients de son inexécution, on ne peut plus différer aujourd'hui d'en soumettre le principe à la sanction de la loi, et d'en étendre l'application à toutes les comptabilités publiques. En conséquence, des articles de lói et d'ordonnance ont été préparés pour autoriser l'administration à ne reconnaître et à n'admettre, comme valables et libératoires, que les récépissés délivrés selon les formes et avec les précautions spéciales préalablement déterminées par le législateur.

Cette mesure de comptabilité se rattache trop immédiatement à l'intérêt public pour que le législateur puisse refuser de prêter l'appui direct de sa décision souveraine à l'administration, qui a le plus besoin de se défendre contre toute déviation des règles conservatrices de l'ordre. Il est à la fois juste et convenable que la loi exige le concours des parties versantes pour assurer entièrement leur libération envers le Trésor, et pour garantir en même temps les contribuables eux-mêmes contre les dissimulations de recettes, dont les résultats retomberaient définitivement à leur charge.

On a jugé utile d'adopter des précautions analogues et d'en étendre l'usage, en proposant d'assujettir les versements faits sur les contributions directes et indirectes de toute nature à la formalité d'une quittance détachée d'un journal à souche, afin de suppléer, autant que possible, à la présence d'un contrôleur local, par le double témoignage d'un enregistrement contradictoire sur le registre et sur la pièce qui en est séparée au moment du paiement, et en présence de la partie versante.

Les moyens d'exécution de ces dispositions nouvelles ont été préparés pour tous les services du ministère des finances. On a cru aussi devoir faire l'application de ce dernier contrôle aux deniers des communes et établissements publics. Enfin, il a paru convenable de rendre encore plus obligatoires les dispositions déjà adoptées pour soumettre les mandats et valeurs émis par le caissier et le payeur central du Trésor, à la formalité d'un talon et d'un visa préalable avant le paiement.

Ces utiles procédés, pour lesquels il est nécessaire de réclamer la sanction impérieuse de la loi, sont déjà éprouvés par une longue pratique, et ne présentent aucune difficulté d'exécution.

Révision des règlements de service et de contrôle.

Après avoir vérifié la cause du déficit de l'ancien caissier du Trésor, et indiqué le moyen le plus sûr pour prévenir les dissimulations et les détournements de recettes, il était indispensable d'examiner, dans tous les degrés de leur exécution, l'entrée, la sortie et la garde des valeurs de toute nature, entre les mains des divers préposés intérieurs du Trésor. En conséquence, mon prédécesseur a fait observer tous les mouvements des contrôles matériels et locaux placés auprès des agents qui ont le maniement et la responsabilité des deniers, et il a voulu revoir toutes les combinaisons de la surveillance administrative exercée par les directions du ministère plus spécialement chargées de régler et de suivre l'action des comptables.

Observations de la commission d'enquête de la chambre des députés.

Cette marche, qui était naturellement indiquée par l'objet principal de ce travail d'examen, a été également adoptée par la commission d'enquête de la chambre des députés, qui s'est dirigée, par les mêmes voies, vers le but que le ministre a cherché à atteindre avec elle, en s'aidant de ses recherches et de ses utiles avertissements. Les points qu'elle a recommandés à l'administration ont donné lieu à des discussions approfondies, et tous les efforts ont été dirigés de manière à répondre aux idées d'ordre sur lesquelles elle appelait l'attention du gouvernement dans les termes ci-après de son rapport :

« La chambre croira sans doute avec nous qu'il se-
« rait bon que la commission créée par l'arrêté du mi-
« nistre des finances, du 22 février dernier, portât spé-
« cialement son attention sur les dispositions suivantes :

« Rechercher des garanties contre les chances de dé-
« tournement que peut rencontrer le recouvrement des
« valeurs de portefeuille que le Trésor encaisse lui-
« même ;

« Prendre des précautions efficaces contre la facilité
« qu'a le caissier de disposer de tout ou partie des en-
« caisses ;

« Ordonner que les caisses et sous-caisses soient sou-
« mises à des vérifications plus fréquentes, dont les épo-
« ques ne soient pas connues à l'avance, et, pour ainsi
« dire, périodiques ;

« Assujettir les pièces des dépenses, acquittées par le « caissier et le payeur central, à des contrôles et des « vérifications qui en prouvent l'existence et la régu- « larité ;

« Rattacher la comptabilité de la dette inscrite à la « direction du mouvement général des fonds ou de la « comptabilité générale ;

« Soumettre à l'avenir la délivrance des rentes négo- « ciées à des formes telles, qu'elles ne puissent être créées « et transférées que contre la preuve que le Trésor a été « mis réellement en possession des valeurs qu'elles doi- « vent représenter ;

« Enfin régulariser, compléter et étendre la puis- « sance du contrôle, de manière qu'il saisisse toutes les « opérations du Trésor sans aucune exception. »

La commission d'enquête ajoute encore que ce qui l'a frappée le plus vivement, c'est la nécessité de lier davantage entre elles toutes les divisions du ministère, et de ramener les chefs de service à un centre commun.

Ces indications, sans rien changer à la nature des travaux commencés, ont rendu plus obligatoire une révision nouvelle et spéciale de chacun des services et des contrôles du Trésor. Il me semble indispensable d'analyser ici chacune des parties de cet ensemble d'administration et de comptabilité, et d'expliquer, dans leurs diverses dispositions, les arrêtés spéciaux et les ordres de service qui viennent de fixer, avec précision, les devoirs des divers agents d'exécution ; je présenterai donc successivement les motifs des changements dont l'organisation actuelle a paru susceptible. J'ajouterai, en même temps, qu'aucune modification nouvelle n'a été adoptée qu'après une discussion approfondie, et que, toutes les fois qu'il se présentait quelque incertitude sur une question, plusieurs délégués du ministre ont reçu la mission spéciale de vérifier les faits sur place, et d'en expliquer les conséquences dans des rapports particuliers, dont les conclusions étaient débattues avant d'être approuvées. Enfin, toutes les opinions émises, toutes les remarques présentées et tous les résultats de ces investigations, ont été consignés dans des procès-verbaux détaillés qui servent de développement et de pièce justificative aux propositions qui vous sont soumises, et aux mesures d'ordre intérieur qui ont déjà été adoptées.

CAISSES INTÉRIEURES DU TRÉSOR.

(CAISSIER CENTRAL ET PAYEUR PRINCIPAL.)

Caisse centrale du Trésor.

Les divers règlements qui ont été rendus, avant et depuis 1814, sur le service des caisses intérieures du Trésor, ont été soigneusement examinés, et ils ont été jugés dans leur application aux actes de la gestion du caissier central, soumis eux-mêmes, dans tous leurs détails, à une description circonstanciée. C'est à la suite de cette révision scrupuleuse que l'on est parvenu à se rendre un compte exact de l'état primitif de ce service, de sa situation présente, des modifications qu'il a successivement reçues, et des améliorations qu'il réclamait encore.

Il a été reconnu que l'ordonnance du 18 novembre 1817, qui avait centralisé, dans une seule caisse, les nombreuses opérations suivies autrefois séparément par la caisse des recettes, la caisse des dépenses, la caisse générale et la caisse de service, avait été l'un des progrès les plus importants de l'administration vers l'ordre et l'économie. L'effet de cette mesure a été de faire rentrer entièrement dans le sein du Trésor, en conservant les procédés simples et rapides du commerce et de la Banque, le mouvement général des fonds de l'État, exécuté jusqu'alors en dehors des formes rigoureuses de la comptabilité publique.

La simplification des écritures et les nouveaux moyens de surveillance qui ont été le résultat de ce perfectionnement de notre système de comptabilité, ont procuré des avantages notables pour le règlement des conditions et des frais du service de trésorerie, ainsi que pour l'exactitude et la clarté des comptes. Mais il était impossible de réaliser tout à coup un aussi grand changement, sans obéir encore, sur quelques points, à l'empire des préventions qui existaient alors dans le public, chez les comptables et au sein même du ministère des finances, soit contre la lenteur des formalités administratives, soit contre les exigences de la cour des comptes. On parvint cependant à satisfaire, autant que possible, aux obligations nées de ce nouveau mode de service, en conservant avec soin toutes les précautions antérieures, en les fortifiant davantage, et en y ajoutant des contrôles et des justifications plus sévères. L'expérience du passé semblait devoir offrir une entière sécurité contre des pertes qui avaient été précédemment évitées, sous un régime moins rigoureux. Mais les moyens qui avaient si bien réussi, avant que les chances de la Bourse n'eussent éprouvé la fidélité des comptables, devinrent insuffisants avec le développement de ce marché, à mesure qu'il offrait plus d'appât à la cupidité.

Le déficit du caissier Mathéo exigea bientôt des mesures plus rassurantes que celles qui avaient été la suite de l'ordonnance du 18 novembre 1817 ; l'action du contrôle spécial que cette ordonnance avait créé se rapprocha davantage de la naissance et du terme des opérations, et les suivit plus immédiatement dans tous leurs degrés. Cette dissimulation de recette avait été pratiquée à l'aide d'un retard dans les enregistrements des envois d'espèces faits au Trésor par les receveurs généraux ; on ordonna l'envoi direct à la Banque de tout le numéraire que ces comptables avaient à transmettre à Paris, et on restreignit l'importance habituelle des fonds en caisse.

L'administration, s'étant ainsi mise à l'abri de ce genre de danger, espérait n'avoir plus à en redouter un autre, et pouvait sans doute appréhender de compromettre la bonne exécution de l'important service des fonds par des précautions trop multipliées.

Éclairé par un événement récent, qui n'admet plus aucune considération morale dans la prévoyance administrative, et qui ne permet aucune restriction dans l'exercice rigoureux des contrôles, mon prédécesseur a pris, le 24 juin dernier, un arrêté qui détermine, dans tous ses détails, la marche du service de la caisse centrale du Trésor. L'exécution de ce règlement n'a apporté aucune gêne ni aucune entrave dans les rapports du Trésor et des nombreuses parties qui ont des relations si variées avec ses comptoirs de recette et de paiement. Ces dispositions plus rigoureuses ont été exactement suivies sans amener aucun embarras ni aucun retard dans les différentes opérations du comptable.

Cet arrêté fixe le nombre et la nature des caisses secondaires ; il établit entre elles la répartition du travail, et il en attribue la direction, la surveillance et la responsabilité au caissier central, sous toute réserve vis-à-vis de ses délégués, et sauf son appel et son recours, s'il y a lieu, dans les formes suivies par tous les autres dépositaires des deniers publics. Cette responsabilité est maintenant garantie par un cautionnement en numéraire de 300,000 fr., en vertu d'une ordonnance royale du 27 mai dernier.

Les relations de la caisse avec les diverses parties du ministère sont tracées dans cet arrêté de manière à ne plus laisser aucun doute sur les devoirs réciproques du comptable et des autres chefs de service.

Toutes les entrées et toutes les sorties de valeurs sont immédiatement constatées par un contrôleur placé auprès de chaque comptoir. On a cru même nécessaire d'introduire l'un de ces préposés dans l'intérieur de la sous-caisse centrale, et de lui faire suivre les mouvements de fonds qu'elle opère avec les autres sous-caisses, pendant le cours de la journée. On a voulu aussi que le contrôleur en chef fût dépositaire d'une seconde clef de la caisse principale ; qu'il fût présent, le matin et le soir, à l'ouverture et à la fermeture des coffres, et qu'il reconnût et certifiât par sa signature l'exactitude des soldes matériels, au commencement et à la fin de chaque journée. Il a été en même temps arrêté que ces soldes ne devaient se composer que de valeurs actives, et que toute exception à cette règle serait à l'instant même signalée par le contrôle à l'attention du ministre.

De même que tous les récépissés et reconnaissances

seront désormais soumis, sans exception, au visa du contrôle, au moment du versement, chaque pièce de dépense sera également visée et frappée d'un timbre, au moment de la remise des fonds à la partie prenante.

Enfin, on a rappelé par un article formel que, indépendamment de la vérification faite chaque soir par le contrôleur en chef, des vérifications partielles ou générales devaient être opérées fréquemment et à des époques indéterminées.

Il a été ainsi satisfait aux vœux exprimés par la commission d'enquête, sur la trop grande facilité laissée précédemment au caissier du Trésor pour disposer de son encaisse, sur la nécessité de soumettre ses paiements à une vérification plus prompte, et sur l'utilité de faire souvent et inopinément inspecter les diverses parties de sa gestion.

Il reste à examiner plusieurs autres objets pour lesquels des explications particulières sont indispensables.

Le premier point est relatif aux effets de portefeuille; il a été réglé qu'à leur arrivée, ces valeurs seraient contrôlées, au moment de l'ouverture des paquets, par les avis préalables d'envoi donnés au directeur du mouvement général des fonds, et par les bordereaux de chargement de la poste. Quant à leur sortie, si elle s'effectue, avant l'échéance, pour les escomptes, ou pour les renvois aux receveurs généraux, elle ne doit avoir lieu qu'en vertu d'ordres précis de l'administration et dont l'exécution est surveillée par le contrôle; si les effets sont recouvrés à l'échéance par les soins directs du caissier, ils entrent, le jour même de leur mise en recouvrement, dans le solde numéraire du sous-caissier des recettes en espèces, qui s'en charge au moment où le portefeuille s'en dessaisit. Ce double mouvement est en outre constaté par le contrôle. Ces précautions ont paru suffisantes pour éviter tout détournement et tout abus de ces valeurs à terme.

Maintenant il se présente une autre question, qui se lie aux détails précédents, et qui a occupé aussi l'attention de la commission d'enquête : elle consiste à savoir s'il est convenable de réclamer des cautionnements des sous-caissiers et des garçons de recette. Les considérations suivantes ont fixé la décision du ministre des finances.

Les sous-caissiers ne sont pas comptables directs du Trésor, ni de la cour des comptes ; ils sont les agents d'exécution du caissier central, et n'opèrent qu'en son nom et sous sa responsabilité. Ce serait affaiblir cette garantie, ce serait porter atteinte à l'autorité de ce comptable unique, que d'exiger un gage direct de ses subordonnés, pour des actes auxquels ils ne participent qu'en vertu de la délégation de ce chef de service, qui a seul reçu de l'administration une mission officielle, et qui est tenu de lui en répondre personnellement dans toutes ses parties.

Ces motifs généraux se fortifient encore de cette circonstance particulière, que les sous-caissiers n'ont pas la manutention réelle des espèces, et que les comptoirs ne restent jamais dépositaires d'aucune somme, puisqu'à la fin de chaque journée, et plus souvent encore suivant la volonté du caissier central, ils se dessaisissent des fonds qui n'ont été confiés que momentanément à leur garde.

Les garçons de recette, qui ont en effet le maniement des valeurs, ne les conservent que très-peu de temps entre leurs mains ; les garanties que l'on pourrait leur demander, d'après leurs appointements actuels et leur position ordinaire de fortune, ne pourraient pas être proportionnées à l'importance des fonds qui sont temporairement à leur disposition ; enfin, en admettant une infidélité, le Trésor ne pourrait exiger de ces subordonnés qu'une garantie insuffisante qui lui imposerait une augmentation réelle de traitements en faveur de ceux qu'il aurait grevés de la charge onéreuse d'un cautionnement illusoire.

Après avoir distribué toute l'exécution des différents services de la caisse centrale entre les sous-caissiers, sans en réserver aucune partie à l'action personnelle du caissier central, on s'est demandé s'il était convenable de lui défendre expressément, et par un article formel, toute participation directe dans les opérations matérielles de l'entrée et de la sortie des fonds. Une semblable interdiction a paru dépasser les bornes d'une prudence éclairée, et blesser à l'égard du comptable les règles de la justice ; l'entière indépendance que réclame l'exercice de sa surveillance continuelle sur un service aussi important, soit dans son propre intérêt, soit dans celui de l'administration, se trouverait gravement atteinte par la rigueur de cette mesure ; la ponctualité du service pourrait quelquefois en souffrir par suite des absences inévitables de certains agents dont le remplacement alarmerait sa confiance, s'il ne conservait pas la faculté d'y pourvoir par lui-même ; enfin, lorsque c'est lui seul que l'administration reconnaît dans la gestion de chacun de ses subordonnés, pourrait-elle s'opposer avec équité à ce qu'il prît l'initiative de l'exécution, dans les occasions où cette exception est commandée par des motifs d'urgence qui se rattachent à sa responsabilité ou à l'exactitude du travail ? D'ailleurs, les dangers qui auraient pu résulter autrefois de cette liberté d'action laissée au caissier du Trésor, ne se trouvent-ils pas prévus et écartés par l'intervention constante du contrôle, et par les dispositions qui rendront obligatoire, pour le Trésor et pour les parties, le visa immédiat des pièces de recette et de dépense, et enfin par celles qui ont renfermé dans leur véritable sphère tous les mouvements de ce grand comptable ?

L'émission des bons royaux a été l'objet de la plus sérieuse attention. Il a été reconnu que les versements faits par les particuliers, pour obtenir ces valeurs, ne présentaient pas un caractère distinct de ceux qui sont effectués à tout autre titre ; que ces versements sont saisis par le contrôle, au moment même où ils sont opérés, au moyen du visa qui est apposé sur les récépissés et de la séparation immédiate de leurs talons ; que, si les bons délivrés en échange de ces récépissés prennent un autre caractère, *lors de leur émission*, ils sont entourés des garanties qui doivent accompagner des engagements d'une nature aussi importante, puisque avant la consommation de leur échange et avant leur délivrance, le contrôleur est tenu d'en vérifier la conformité, non-seulement avec la pièce justificative de la recette, mais encore avec la recette matérielle, de les viser, d'en détacher le talon, et de les frapper d'un timbre sec.

Il est nécessaire d'ajouter, en terminant le travail relatif à la caisse centrale, que mon prédécesseur a fait revoir avec soin tous les procédés à suivre pour les emprunts de l'État. Ceux qui ont été contractés par le ministère de l'intérieur, pour les canaux et autres travaux extraordinaires, et dont le caissier du Trésor échange les titres, ont donné lieu à plusieurs rectifications de détail qui garantiront davantage pour l'avenir la régularité de ce service spécial.

Les emprunts négociés en rentes ont été soumis à l'empire des principes et des règles tracés dans l'arrêté que nous venons d'analyser, et dans ceux que nous allons examiner à sa suite. Aucune dissimulation de recette ne pourra plus menacer le Trésor sur cette nature d'opérations, soit que les versements des parties s'opèrent par anticipation, ou à l'échéance des termes des traités; et, pour donner à cet égard une plus grande sécurité, un arrêté spécial, rendu le 4 août 1832, a prévu et réglé tous les détails d'exécution et de contrôle de la rentrée des fonds et de l'émission des rentes du dernier emprunt.

Payeur central du Trésor.

Après la réforme des comptables d'ordre et la suppression des quatre payeurs généraux, qui se partageaient autrefois le service et la comptabilité des dépenses du Trésor, l'acquittement des ordonnances à Paris avait été confié à deux payeurs principaux, et la vérification de tous les acquits avait été attribuée à un directeur des dépenses; ces premières simplifications, consacrées par une ordonnance du 18 novembre 1817, avaient déjà considérablement réduit les frais et le travail de l'administration.

Une ordonnance du 27 décembre 1823, a complété ces économies et ces premières améliorations du mécanisme des caisses et du système des écritures, en rattachant le contrôle des résultats et des pièces justificatives à la comptabilité générale des finances, et en chargeant un payeur unique de tout le service matériel des paiements à faire à Paris.

Ces notables changements, exécutés à différentes reprises, sur la distribution du travail et sur l'organisation administrative, avaient laissé quelques points incertains dans la marche actuelle des opérations du nouveau comptable et dans ses rapports avec les autres parties de l'administration. Chacun des procédés suivis par le payeur central du Trésor a été discuté, et il a été ensuite rendu un arrêté qui règle définitivement la nature de ses fonctions et sa véritable situation dans le ministère. Ces dispositions, qui ont été prises le 25 juillet dernier, ont été soumises à une épreuve de plusieurs mois, et ne présentent aucune difficulté d'exécution.

Par cet arrêté, se trouvent confirmés, à l'égard de ce comptable, les règles et les principes de responsabilité qui sont applicables à tous les préposés du Trésor; il est placé, vis-à-vis des différentes directions des finances, dans une position absolument semblable à celle des payeurs extérieurs, pour les obligations de son service, la forme de ses écritures et de ses comptes, et pour les renseignements qu'il est tenu de fournir périodiquement aux divisions administratives et aux divers ordonnateurs qui ont avec lui des relations habituelles.

Les mandats à talon qu'il est autorisé à délivrer sur le caissier du Trésor, au profit des parties prenantes, ne seront désormais payables par ce dernier comptable qu'après avoir été revêtus du visa d'un contrôleur spécial placé auprès de chaque bureau de paiement, et qui est chargé, dans l'intérêt de l'administration, de vérifier et de constater l'existence régulière des ordonnances et des titres justificatifs des droits de chaque créancier, avant de détacher le talon et de remplir la formalité préalable de ce visa, qui peut seule rendre le mandat valable et définitivement exigible.

Ce mode de contrôle, précédemment exercé par le payeur lui-même dans l'intérêt de sa propre responsabilité, a été fortifié et complété dans tous ses détails d'exécution, au moment où il a été reconnu nécessaire d'en restituer la garantie à l'administration. Son adoption aura pour effet de prévenir toute sortie de fonds qui ne serait pas applicable à l'extinction d'une dette de l'État matériellement démontrée et contradictoirement reconnue, par la double vérification d'un payeur responsable et d'un agent administratif dont le contrôle s'exerce, avant le paiement, sur le mandat de l'ordonnateur, sur les titres du créancier et sur la gestion du comptable.

Les nouveaux gages de sécurité que cette mesure doit offrir, pour la régularité du service, ont paru suffisants pour dispenser le payeur central de l'obligation imposée aux préposés des départements, d'envoyer chaque mois toutes les pièces de dépense à la comptabilité générale des finances. La surveillance administrative qui doit s'exécuter, à l'avenir, au moment même de la remise des fonds entre les mains des parties prenantes, valablement reconnues et admises, a semblé assez rassurante pour ne point réclamer le travail considérable et dispendieux qu'occasionnerait un second examen de chaque opération et de chaque pièce justificative. On a satisfait d'ailleurs à toutes les exigences de l'ordre et au maintien de l'uniformité des méthodes, en assujettissant le payeur central à des vérifications partielles d'inspecteurs, qui pourront éclairer le ministre, toutes les fois qu'il le jugera convenable, sur l'exactitude apportée par le comptable dans l'exécution des règlements généraux relatifs aux formes de la comptabilité et à la nature des justifications prescrites par l'ordonnance du 14 septembre 1822.

CONTRÔLES MATÉRIELS PRÈS LES CAISSES INTÉRIEURES DU TRÉSOR.

Le contrôle immédiat et permanent de toutes les recettes, dépenses, conversions de valeurs et opérations de banque exécutées à Paris par les caisses centrales du Trésor, n'a été établi que depuis l'ordonnance du 18 novembre 1817.

Avant l'année 1818, les mouvements de fonds les plus importants et les plus nombreux n'étaient point justifiés à la cour des comptes, et n'entraient pas dans les écritures centrales du ministère ; tous les résultats du service de trésorerie étaient constatés par les formes commerciales suivies dans un établissement particulier placé auprès des anciennes caisses du Trésor public ; des vérifications fréquentes, des situations journalières et contradictoires étaient les seuls moyens de surveillance des administrateurs de cette banque de l'État.

Mais, au moment où la loi du 25 mars 1817 eut agrandi les devoirs du ministère des finances et posé les bases de la comptabilité publique, on sentit la nécessité de rassembler, dans les mains d'un seul caissier, la gestion trop compliquée des quatre comptables précédents, de livrer la totalité de leurs opérations au jugement de la cour des comptes, de les comprendre toutes, sans retard et sans exception, sur le grand-livre de la comptabilité générale, et de les exposer avec fidélité dans les comptes annuels présentés aux chambres.

Cette centralisation des fonds dans les mains d'un seul agent responsable envers l'administration et justiciable de la Cour, devait conduire à l'institution de contrôles plus sévères et plus prompts que ceux qui avaient été antérieurement pratiqués sur les divers préposés entre lesquels se trouvaient réparties les nombreuses attributions réunies sur un comptable unique. On créa donc un contrôleur spécial auprès de la caisse centrale, et on le chargea de constater, par son visa préalable et par ses enregistrements successifs, tous les faits qui engageaient ou dégageaient la responsabilité du nouveau caissier.

Le mécanisme de ce contrôle local reçut sa première organisation d'un arrêté du 21 novembre 1817; mais, quoiqu'on eût ajouté aux précautions antérieures des formes encore plus rigoureuses, ce nouveau mode de surveillance ne fut pas exempt des imperfections que l'expérience pouvait seule révéler. Les améliorations qu'il a successivement reçues ont déjà été rappelées. Il me paraît devoir se compléter par les dispositions d'un arrêté pris le 24 juin dernier, et dont l'objet est de consacrer les anciens et les nouveaux procédés destinés à contrôler les mouvements de fonds de toute nature de la caisse centrale.

Il a été jugé indispensable de placer un préposé du contrôle auprès de chaque comptoir de la caisse du Trésor, et même d'en faire pénétrer un dans l'intérieur de la sous-caisse centrale. Aucune entrée, aucune sortie de fonds, aucune conversion, aucun échange de valeurs, ne devront plus s'opérer, pour quelque motif que ce soit, qu'avec le visa et l'enregistrement préalables de ce délégué de l'administration. Le caissier du Trésor et chacun de ses agents ne pourront plus exécuter une seule opération que sous les yeux d'un témoin contradicteur. On a déterminé avec précision la place et les devoirs de ces divers contrôleurs auprès des huit comptoirs qu'ils sont tenus de surveiller, sans interruption, depuis l'ouverture jusqu'à la clôture des caisses ; enfin, pour éviter toute incertitude sur les formalités à remplir dans les différents cas qui doivent se présenter, un règlement général, annexé à l'arrêté d'organisation, trace avec détail la marche à suivre dans tous les degrés de l'exécution de chaque fait particulier.

Ainsi que l'a déjà expliqué le chapitre précédent, il a semblé nécessaire de compléter le contrôle des caisses du Trésor en y rattachant celui qui doit être exercé sur le payeur central, par des dispositions qui ont été adoptées le 20 mai dernier, et qui ont eu pour effet de répartir onze contrôleurs spéciaux entre les trois bureaux chargés d'acquitter les ordonnances des ministres et les huit bureaux de paiement de la dette publique. Les développements déjà présentés démontrent suffisamment l'utilité de l'intervention de ces agents pour mettre l'administration à l'abri de tout emploi irrégulier des deniers publics, par le visa et l'enregistrement préalables qu'ils sont tenus d'exécuter, pour chaque paiement, après examen des mandats à talon du comptable, des ordonnances ministérielles, et des pièces destinées à justifier les droits des créanciers de l'État.

A l'aide de ces moyens rapides et matériels de contrôle, l'administration parviendra à assurer la régularité de tous les actes de la gestion de ces deux grands comptables, et elle procurera la garantie qui importe le plus à la fortune publique, en rendant impossible pour l'avenir toute dissimulation de recette et toute fausse déclaration de dépense. En effet, les opérations de chaque journée sont saisies, au fur et à mesure de leur exécution, par une surveillance permanente et locale, qui ne laissera plus aucune chance à l'erreur et à la fraude.

Afin de fortifier encore ces premières précautions par la combinaison et le rapprochement de leurs nombreux résultats, un contrôleur en chef, placé à la tête de ce service spécial, est chargé de diriger l'action régulière et uniforme des contrôleurs délégués par lui, dans les différents postes où leur surveillance doit s'exercer, et de recueillir, à la fin de chaque séance, leurs feuilles d'enregistrement et les talons qu'ils ont détachés des récépissés et autres valeurs émises par le caissier du Trésor et par le payeur central.

Le résumé de ces divers documents et des pièces qui y sont annexées, lui fait connaître exactement, avant la clôture journalière de la caisse centrale, la totalité des mouvements opérés en recette et en dépense par les caisses subordonnées, et lui indique avec certitude le solde qu'il doit trouver entre les mains du caissier central, au moment même où il va procéder à la reconnaissance matérielle des espèces.

Il est également en mesure de s'assurer, par la réunion de ces pièces au point central où il est placé, de l'exactitude des opérations journalières effectuées par le payeur, en récapitulant les feuilles et les talons de mandats qui lui sont remis avant quatre heures par les sous-contrôleurs, et en comparant leur total général avec le récépissé souscrit au nom du caissier central, pour le montant de tous les fonds remis aux créanciers. Enfin le contrôleur en chef ne doit viser ce récépissé cumulatif qu'après avoir reconnu son entière conformité avec le montant des sommes partielles indiquées sur les relevés et dans les talons qu'il a reçus de ses onze contrôleurs particuliers. L'échange de tous les mandats acquittés contre ce titre unique de décharge ne se consomme, entre le caissier et le payeur, qu'après que l'identité des remises de l'un et des emplois de l'autre a été confirmée et reconnue par ce dernier rapprochement.

Ainsi tous les faits de la gestion de ces deux comptables sont suivis et contrôlés pendant le cours de leur exécution, et la situation réelle de chacun de ces principaux agents est authentiquement fixée à la fin de chaque journée.

Il a été reconnu, après une discussion approfondie de la nature et du but du contrôle des caisses centrales du Trésor, que si ce travail rentrait en principe dans les attributions de la direction du ministère qui est le plus spécialement appelée à vérifier et surveiller la gestion des comptables, il était convenable de ne point faire peser sur le chef de la comptabilité générale des finances la responsabilité d'une surveillance locale qu'il ne peut pas exercer lui-même ; on a pensé qu'il était juste et utile que la personne chargée de diriger cet important contrôle reçût sa mission du ministre seul, et en répondit, sans intermédiare, au chef de l'administration ; que ses devoirs deviendraient alors plus impérieux ; que sa sollicitude serait entretenue par un sentiment plus profond des obligations directes qu'il aurait à remplir. En conséquence, il a été décidé que le ministre choisirait et placerait lui-même cet agent administratif auprès des caisses intérieures du Trésor. Mais on a reconnu en même temps qu'il pourrait y avoir des inconvénients, pour la régularité et l'exactitude du service, à borner la mission de ce contrôleur en chef à un exercice annuel et alternatif; et que la continuité d'action était ici une condition essentielle du maintien des règles tracées et du perfectionnement de leur application. L'habitude seule doit faciliter et assurer chaque jour davantage les bons résultats de ce mécanisme de contrôles matériels. Il a été enfin statué qu'il ne fallait pas, pour cet emploi, circonscrire le choix du ministre dans le personnel de l'inspection des finances, qui, d'ailleurs, n'est point ordinairement appelé à remplir des fonctions sédentaires. Cette modification à l'art. 8 de l'ordonnance du 18 novembre 1817 est soumise à la sanction de Votre Majesté.

On a cru nécessaire de lier étroitement l'action journalière du contrôleur en chef, dans tous les détails d'exécution, par un règlement particulier qui fixe chacun de ses mouvements, et qui doit rester invariable dans ses dispositions comme dans son application, jusqu'à ce qu'une modification nouvelle, concertée entre le contrôleur et les directions compétentes, ait été consacrée par une approbation expresse du ministre. On est ainsi parvenu à éviter toute déviation des règles prescrites, et toute aberration abusive dans le système du surveillance établi. Enfin on a maintenu l'obligation, pour le contrôleur en chef, de remettre au Ministre une situation journalière des caisses, et de fournir à toutes les directions administratives les renseignements et résultats qui pourraient être nécessaires à la suite de leurs travaux.

CONTRÔLES DES COMPTABLES ET DES DÉPOSITAIRES DE TITRES DANS LES DIRECTIONS DU MINISTÈRE.

Après avoir achevé la révision de l'organisation des caisses intérieures du Trésor et des contrôles matériels institués auprès d'elles, il convient encore d'examiner les diverses parties de l'administration des finances qui sont chargées de créer, de recevoir, de remettre et de conserver des valeurs ou des titres de créances.

Contrôle des débets et créances litigieuses du Trésor.

L'arrêté qui a posé les bases du contrôle des débets et créances litigieuses à recouvrer à la diligence de l'agence judiciaire, avait été rendu le 14 décembre 1826. Les dispositions plus étendues qui ont été adoptées par mon prédécesseur ont pour objet de préciser davantage les principes qui doivent régir cette partie du service, d'en développer l'application, et de préparer plusieurs nouvelles mesures d'ordre indiquées par l'expérience.

Un projet d'ordonnance royale, que je présente à l'approbation de Votre Majesté, fixe, d'une manière certaine et explicite, la responsabilité des comptables chargés de la perception d'un rôle ou de tout autre titre de recette ; il indique ensuite les formalités qui peuvent seules assurer la décharge régulière de ces préposés et détermine en principe les cas où ils deviennent personnellement débiteurs de l'État, et où ils doivent être immédiatement soumis aux poursuites du Trésor. Cette dernière partie a fait la matière d'un arrêté ministériel destiné à tracer la limite qui sépare la gestion courante de chaque receveur de sa situation de comptable en débet, et à fixer le point où doit cesser l'intervention du directeur de chaque service particulier et commencer l'action de l'agent judiciaire.

La comptabilité générale est tenue d'assurer l'effet de cette règle d'ordre, en mettant la direction du contentieux en possession des résultats qui lui appartiennent, au moment même où les écritures officielles des comptables ont révélé l'existence des débets. La comptabilité des finances établit ainsi, par ses propres moyens, cette partie de l'actif litigieux du Trésor, et reçoit successivement des ministères et administrations publiques la notification des diverses créances dont le recouvrement doit être poursuivi par les soins du directeur du contentieux. Elle est, dès lors, à même de dresser le rôle général des titres de créances remis à ce chef de service ; elle a en outre une connaissance directe et entière des versements faits par les débiteurs dans toutes les caisses du Trésor ; elle reçoit aussi l'avis périodique des changements que la marche des liquidations fait éprouver au chiffre primitif des créances, et enfin le secrétariat général lui adresse les ampliations de toutes les déclarations de caducité régulièrement prononcées qui réduisent les sommes à recouvrer. Ainsi cette direction se trouve en état de suivre, depuis l'origine jusqu'à son terme, le sort de toutes les créances litigieuses dont elle débite et crédite successivement l'agence judiciaire du Trésor, sur des titres certains et réguliers. Aucun accroissement, aucune diminution de cette partie de l'actif ne peuvent échapper au contrôle qu'elle exerce, et les situations qu'elle établit à toutes les époques offrent des résultats complets, dont le rapprochement avec ceux que présentent les livres de la direction du contentieux, donne une entière sécurité à l'administration. Chaque mois, les mouvements et les soldes de ces débets sont constatés contradictoirement entre les deux directions. Ces comparaisons démontrent la régularité constante des écritures et des contrôles réciproquement suivis ; à la fin de l'année, un état général, dressé par la direction du contentieux et vérifié sur pièces par la commission formée en exécution de l'ordonnance du 10 décembre 1823, présente, par articles, l'actif à recouvrer au 1er janvier, les augmentations et les diminutions survenues pendant l'année et les restes à recouvrer au 31 décembre, avec la distinction des créances bonnes, douteuses et irrécouvrables. Ces renseignements administratifs, dont l'extrait est publié dans le compte général des finances, sont accompagnés de développements et d'explications détaillées sur les motifs de chacune des appréciations, et peuvent se démontrer, au besoin, par l'examen des dossiers formés pour chaque affaire et indiqués en regard de chaque résultat. Ce bilan annuel de toutes les ressources éventuelles, dont le mouvement est suivi par l'agence judiciaire, ne doit donc laisser aucune incertitude sur la situation des différents débiteurs, sur la suite des rentrées et sur la conservation des titres de cet actif litigieux.

Néanmoins on a cru devoir ajouter à ces moyens d'ordre une disposition spéciale qui prescrit la tenue d'un registre particulier destiné à constater l'entrée et la sortie des effets et autres valeurs remis à l'agence judiciaire et envoyés par elle à ses divers correspondants. Afin de faciliter la vérification de ces résultats, il a été réglé que chaque compte ouvert indiquerait le lieu où se trouve déposée la valeur elle-même, ou la correspondance qu'elle a nécessitée. Il a également été reconnu utile de faire cesser l'usage de la délivrance des duplicata de récépissés qui étaient précédemment adressés par les comptables à la direction du contentieux, et l'on a substitué à ces doubles titres, dont il était possible d'abuser, de simples déclarations de versements.

On a vérifié aussi que les livres tenus pour suivre le mouvement des titres de créances résultant d'arrêts de contraintes ou d'obligations notariées, étaient suffisants pour maintenir l'ordre dans cette partie de la comptabilité et pour prévenir tout adirement de ces pièces, dont, au surplus, le renouvellement ne serait pas difficile.

L'attention s'est fixée sur le service des oppositions; on avait eu d'abord la pensée de soumettre cette partie à l'action d'un contrôle matériel; mais il a été démontré que ce genre de garantie était inapplicable à la nature toute spéciale de ce service.

On a remarqué d'ailleurs qu'une table alphabétique, ou répertoire mobile des oppositions, facilitait les recherches, et il a été jugé convenable que le ministre fît quelquefois vérifier par un inspecteur des finances l'exactitude de ce classement méthodique.

Enfin, on a cru devoir examiner s'il ne serait pas utile de reporter la responsabilité matérielle du service des oppositions sur le payeur central des dépenses, et d'en décharger ainsi le chef du bureau des oppositions. Cette discussion a conduit à reconnaître que cette attribution, en ce qui concerne les paiemens si nombreux et si importants effectués à Paris, ne pouvait pas appartenir à ce comptable; qu'elle exigeait des connaissances particulières, une application trop variée du droit civil, et une suite trop active d'affaires contentieuses pour qu'elle pût se placer, sans inconvénients, au milieu des mouvements journaliers d'un service de paiement et entrer dans une gestion de deniers publics ; que, d'ailleurs, les actes de cette nature ne s'appliquaient pas seulement aux dépenses à faire par le payeur central, qu'ils avaient fréquemment une autre origine, et qu'ils pouvaient frapper toutes les créances sur l'État ; qu'il était indispensable, pour l'unité de jurisprudence si précieuse en cette matière, de ne pas en briser l'ensemble en la divisant entre plusieurs mains et que le directeur du contentieux était seul en mesure de préserver l'administration des embarras et des dommages qui résulteraient pour elle d'une marche incertaine et inexpérimentée dans des questions aussi litigieuses.

Les motifs précédemment développés ont également conduit à ne pas demander un cautionnement au chef du bureau chargé de la suite des travaux relatifs aux oppositions. La nature de ces fonctions ne devait pas, en effet, entraîner une responsabilité différente de celle qui pèse sur tous les autres administrateurs et particulièrement sur celui dont il reçoit les directions.

SERVICE ET CONTROLE DE LA DETTE INSCRITE.

La dette inscrite se divise en trois parties : les rentes, les pensions et les cautionnements. L'administration de ces différents services faisait autrefois l'attribution de trois divisions séparées. Leur réunion a procuré une économie considérable, malgré l'accroissement que ces divers engagements du Trésor ont reçu depuis 1814, et dont l'effet a été non-seulement de porter le nombre des titulaires de ces trois natures de créances de 450,385 à 517,471, mais encore d'en multiplier les mouvements dans une telle progression que le travail en a été quadruplé en même temps que la marche en est devenue plus rapide.

Il serait superflu de retracer ici les simplifications successives qui ont été la conséquence de cette nouvelle organisation ; mais il convient de présenter l'analyse des attributions actuelles de cette direction, dont tous les détails ont été étudiés à l'aide de la vérification qui a été faite sur place des procédés suivis par chacun des agents d'exécution.

Un arrêté ministériel du 9 octobre dernier résume les devoirs du directeur de la dette inscrite. Néanmoins, il a paru nécessaire d'y annexer un règlement qui détermine les formalités et les contrôles matériels dont on a voulu entourer la délivrance des titres et des valeurs créées sur le Trésor.

Rentes.

L'exactitude du service des rentes perpétuelles est principalement garantie par l'institution de deux agents comptables, dont la responsabilité se trouve simultanément engagée pour chacun des actes relatifs à la création de ces valeurs ou à la transmission de leur propriété. L'un est le chef des transferts et mutations, et l'autre est le chef du grand-livre. Aucune inscription ne peut être opérée au profit d'un tiers sans que le premier de ces comptables n'ait examiné et admis les titres de la partie, et sans qu'il ait signé un acte officiel qui doit être ensuite remis au second chef, chargé de vérifier à son tour s'il peut procéder en toute sécurité à l'immatricule sur le grand-livre et à la délivrance de l'extrait d'inscription. Cette combinaison, depuis longtemps justifiée par l'expérience, assure au Trésor une double garantie pour la consommation d'un même fait. Le directeur n'intervient dans cette opération importante que pour en reconnaître la régularité ; mais il ne prend aucune initiative d'exécution dans un service protégé, en même temps, par la sollicitude de deux intérêts personnels directement engagés, et par l'exactitude des contrôles administratifs. Ces garanties seront encore fortifiées par des gages matériels aussitôt que Votre Majesté aura approuvé le projet d'ordonnance que je lui propose pour assujettir à des cautionnements le chef des transferts et celui du grand-livre, qui sont déjà justiciables de la Cour des comptes.

On a cru devoir, en outre, pour que rien n'échappât à la surveillance administrative, imposer l'obligation au directeur de la dette de rapprocher chaque jour, avant la délivrance des inscriptions, les résultats contradictoires présentés, pour leurs opérations respectives, par l'un et l'autre comptable. Aussitôt que le chef du service a procédé à la comparaison des opérations comprises dans ces deux relevés, il autorise ou suspend la délivrance des rentes. Dans le premier cas, il signe ou fait signer par un délégué spécial, chaque extrait d'inscription et y ajoute ainsi, avant de le livrer à la partie, un témoignage authentique de l'accomplissement de ce dernier contrôle. Dans le second cas, il fait expliquer ou rectifier la différence reconnue. Enfin, la balance du double du grand-livre doit venir le lendemain, confirmer encore l'exactitude de tous les actes des deux comptables pendant la journée précédente. Ce double du grand-livre, qui complète la série des contrôles, est également destiné à faciliter les recherches fréquemment provoquées par les parties ; il présente, à cet effet, un répertoire alphabétique établi sur des cartons mobiles où sont textuellement copiées les inscriptions émises, et qui se renouvellent et s'annulent sans cesse, comme les rentes elles-mêmes, de manière à présenter constamment la collection méthodique des doubles de tous les titres qui sont encore inscrits sur le grand-livre. Pour mieux assurer le maintien de l'ordre et de l'exactitude dans cet important travail, un inspecteur des finances sera chargé de vérifier, à des époques indéterminées, le classement de ces pièces.

Le concours de ces précautions doit prévenir les erreurs et les doubles emplois dans l'émission des rentes.

Enfin, pour faire cesser tout motif d'inquiétude dans la délivrance des rentes aux parties, il a été décidé que leur création, leur échange et leur renouvellement, pour quelque cause que ce soit, serait soumis au contrôle central placé près des caisses intérieures du Trésor, et que son action s'étendrait aux deux agents comptables des transferts et du grand-livre. En conséquence, le contrôleur en chef ou les délégués autorisés à le suppléer, seront tenus d'apposer un timbre d'annulation sur tous les titres à convertir, et un visa préalable sur toutes les inscriptions à délivrer; de manière à assurer à la fois, par cette double vérification, la rentrée d'une valeur égale à celle qui doit être émise, et à constater toujours en même temps et pour une même somme la décharge et le nouvel engagement du Trésor.

Il a été jugé indispensable de consacrer le principe et l'application de ce contrôle par des articles de loi et d'ordonnance royale, et de rendre obligatoire, pour les parties, ce visa officiel, qui doit procurer une garantie certaine à l'administration et une véritable authenticité aux effets publics.

Pensions.

Le directeur de la dette inscrite n'est point le liquidateur des droits des pensionnaires de l'État ; leurs titres sont jugés dans les formes et par les autorités déterminées par des lois spéciales ; il se borne à faire vérifier l'accomplissement des conditions générales exigées par les règlements, avant de délivrer les certificats ou brevets aux titulaires. L'exécution de ces travaux de révision sommaire est confiée à un agent administratif justiciable de la Cour des comptes, pour la confection et la remise aux parties des titres qui ont été créés sur le Trésor. Un bureau central, placé auprès du directeur de la dette inscrite, reçoit la communication de toutes les ordonnances de concession et d'imputation, ainsi que les autres pièces qui constatent les mouvements des pensions, et présente, chaque jour, chaque mois et à la fin de l'année, le contrôle exact de toutes les opérations du chef, qui est à la fois comptable et responsable de cette branche de service.

Cette partie de la tâche de l'administration a été réglée, dans tous ses détails, par un arrêté ministériel du 9 octobre 1832.

Cautionnements.

Le service des cautionnements a paru réclamer le secours d'une nouvelle mesure qui aura pour but de faire adresser au directeur de la dette, par les différents chefs d'administrations financières, un avis immédiat de chacune des mutations survenues dans le personnel des agents sujets à cautionnements. Chaque bulletin ne sera renvoyé à celui qui en aura fait la notification que lorsque le titulaire aura versé au Trésor la garantie pécuniaire qui doit servir de gage à sa gestion. L'observation exacte de ces communications réciproques entretiendra la surveillance qui doit être exercée sur l'accomplissement de la charge imposée aux préposés des finances pour la sûreté des deniers publics. Enfin, de nouvelles relations s'établiront entre le département des finances et les ministères et administrations publiques, pour que l'on ne perde pas de vue la nécessité d'exécuter l'article 96 de la loi du 28 avril 1816, qui prescrit de n'installer les fonctionnaires que sur la justification du versement de leur cautionnement.

Les certificats d'inscription de cautionnement ne sont remis aux titulaires qu'en échange de récépissés dûment visés, et dont l'exactitude est confirmée par les résultats régulièrement constatés et vérifiés à la comptabilité générale des finances. Tous les mouvements de cette partie de la dette sont surveillés et contrôlés, non-seulement au moyen d'écritures spéciales, mais encore par des enregistrements sommaires et contradictoires faits sur pièces dans le bureau central de la direction.

Comptabilité spéciale de la dette.

Chacun des modèles établis, en exécution de l'arrêté du 30 décembre 1829, pour réunir et coordonner entre eux tous les résultats des trois parties de la dette inscrite dans une comptabilité centrale, a subi l'épreuve d'un nouvel examen, et il a été reconnu que tous les éléments de ce travail étaient disposés de manière à permettre de saisir, par une description rapide et complète, tous les faits appartenant à ces trois branches d'administration, et donnaient les moyens de suivre les mouvements et de vérifier la situation des services à toutes les époques. Pour satisfaire au vœu exprimé par la commission d'enquête, ainsi qu'à l'usage observé pour toutes les autres comptabilités spéciales, les résultats de ces écritures ont été rattachés à ceux de la comptabilité générale des finances, qui est la seule direction du ministère a portée de faire un utile usage de la communication de ces renseignements.

DIRECTIONS CHARGÉES DES SERVICES ET CONTRÔLES ADMINISTRATIFS.

Cette révision générale des règlements a commencé par l'examen du service et des contrôles des deux grands comptables du Trésor ; elle s'est étendue ensuite à tous les procédés intérieurs suivis par le ministère, à l'égard des agents chargés d'un maniement ou d'une création de valeurs dans le sein même de l'administration, et il reste maintenant à se rendre compte des dispositions générales qui ont été adoptées pour le mouvement des fonds et pour la comptabilité des finances.

Les anciennes décisions qui ont déterminé les obligations de ces deux chefs de service ont été réunies et coordonnées dans des arrêtés spéciaux qui font mieux connaître le tâche et les devoirs de chaque directeur, qui montrent davantage les liens qui unissent leurs travaux à ceux des autres branches du ministère, et qui établissent, entre les comptables et les administrateurs, des relations plus faciles et mieux définies. Enfin on est parvenu à tracer la route et à indiquer le but de chacun de ces délégués du ministre, de manière à mesurer toute l'étendue de leur action et de leur responsabilité.

Direction du mouvement général des fonds.

Les actes réglementaires qui ont organisé, à différentes époques, le service de trésorerie, ont été révisés en même temps que les opérations et les moyens de direction et de surveillance appropriés à cette partie de l'administration. Le décret du 16 juillet 1806 est le premier acte qui ait retiré cet important service aux compagnies financières, et qui en ait fait l'attribution d'une caisse particulière annexée au Trésor public, et dirigée par le ministre de ce département. C'est seulement à dater de cette époque que des règles d'ordre et d'économie ont pu s'introduire dans ce service spécial. Les arrêtés des 7 novembre et 9 décembre 1814 et les ordonnances du 18 novembre 1817 ont perfectionné ce nouveau régime, en faisant annuler les anciens engagements des comptables et toutes les autres valeurs fictives, qui, autrefois, étaient les éléments des comptes courants des receveurs généraux avec le Trésor, pour y substituer la base positive du recouvrement et du paiement, et en supprimant les quatre caisses précédemment établies, pour les remplacer par une seule. Les simplifications qu'ont amenées ces dernières mesures ont mis en évidence les résultats obtenus, et présenté une réduction considérable sur la dépense antérieure. L'administration est bientôt parvenue à saisir les ressources sur tous les points du royaume au moment même de leur réalisation, et à les appliquer, sans retard, à tous les besoins. En effet, aussitôt que le contribuable s'est libéré dans une caisse publique, cette même caisse peut s'ouvrir immédiatement au mandat de l'ordonnateur, et acquitter la dette de l'État dans la main de son créancier.

Aujourd'hui, le mécanisme de cette banque est organisé de manière à ce que les fonds disponibles dans chaque département soient mis, tous les dix jours, à la charge du receveur général, qui en supporte l'intérêt jusqu'à ce qu'il s'en soit réellement libéré. Aucune stagnation de fonds onéreuse, aucun attermoiement de dépense n'est plus à redouter, depuis que le comptable est lui-même intéressé à vider ses mains le plus promptement possible, par des emplois sur les lieux, ou par des envois au Trésor. Toute jouissance de fonds provenant des deniers publics a été ainsi restituée à l'administration.

Un arrêté du 8 octobre 1832 confirme toutes les dispositions que l'expérience a déjà consacrées, en réglant les devoirs et les attributions du directeur de cette partie.

Direction de la comptabilité générale des finances.

La comptabilité du Trésor a été soumise à un système régulier d'écritures par le décret du 4 janvier 1808, dont les principes ont été étendus à toutes les parties du service public. Les lois du 25 mars 1817, du 15 mai 1818 et du 27 juin 1819, ont prescrit aux ministres, pour la rédaction et la publicité de leurs comptes, de nouvelles obligations qui ont exigé la révision de tous les procédés antérieurs, pour faire constater, d'une manière plus authentique, et démontrer avec plus d'évidence, l'assiette et la perception des impôts, la liquidation et le paiement des droits des créanciers de l'État, et enfin les opérations intermédiaires du service de trésorerie.

Les actes réglementaires qui ont donné les moyens de remplir ces devoirs plus rigoureux envers les chambres législatives et la cour des comptes, sont trop connus, et leur utilité est trop bien appréciée aujourd'hui pour qu'il soit nécessaire d'en présenter ici le développement. On doit se borner à rappeler qu'ils ont eu pour résultat de fonder une comptabilité générale des finances, dont la tâche est de maintenir l'ordre et la régularité dans toutes les gestions de deniers publics.

Un arrêté du 9 octobre dernier a fixé ces travaux dont l'exécution n'avait pas été, jusqu'à présent, la conséquence d'une règle écrite.

Une question de principe s'est rattachée à l'examen de la comptabilité des finances : il s'agissait de vérifier s'il était convenable d'exiger des cautionnements des employés du ministère qui sont momentanément dépositaires des pièces justificatives des recettes et des dépenses publiques, et si la nature de leurs fonctions réclamait une garantie matérielle. On a bientôt reconnu que de semblables gages ne pouvaient pas être demandés à des agents chargés de vérifications administratives ; qu'il n'y avait aucune probabilité d'abus dans le maniement et la garde temporaire de ces titres et documents, qui n'ont jamais le caractère de valeurs recouvrables ; que le remplacement des pièces qui seraient adirées ne présenterait pas de difficulté assez grave pour entraver la surveillance de l'administration et pour compromettre ensuite la responsabilité des comptables; que, d'ailleurs, ces pièces se trouvent distribuées dans un trop grand nombre de mains pour qu'il soit possible, ou d'assujettir chacun des vérificateurs à cette charge nouvelle, ou d'en faire peser tout le poids sur quelques-uns d'entre eux ; qu'un pareil système entraînerait un accroissement d'émoluments, en faveur de certains employés, qui ne serait compensé par aucun avantage réel.

En conséquence, mon prédécesseur a approuvé le 6 septembre dernier l'annulation d'une ancienne décision demeurée sans exécution jusqu'à ce jour, et qui avait établi, à l'égard d'un seul chef, une exception aux principes qui viennent d'être développés.

CONCLUSION.

Je suis parvenu au terme de la mission qui m'a été laissée par mon honorable prédécesseur, de rendre compte à Votre Majesté du travail qu'il a entrepris, et des mesures qu'il a adoptées ou préparées par suite de la réunion des règlements relatifs au service des caisses intérieures du Trésor, et à la surveillance administrative de la gestion des comptables.

Son premier soin a été de chercher les moyens de rendre désormais impossible le genre de fraude qui a été récemment pratiqué par l'ancien caissier central, et il a préparé, à cet effet, des dispositions particulières, dont les unes réclament la sanction de la loi, et les autres celle de l'autorité royale.

Il a ensuite rendu deux arrêtés qui règlent le service du caissier et celui du payeur du Trésor.

Deux autres arrêtés ont déterminé les contrôles matériels et locaux qui doivent être exercés sur chacun de ces deux grands comptables; en outre, un règlement détaillé a précisé toutes les formes qui doivent être observées par le contrôleur en chef et par ses divers préposés, pour assurer la régularité de chaque opération d'entrée, de sortie et de conversion de valeurs.

Après avoir ainsi satisfait à tout ce que pouvait exiger le mécanisme du service matériel du Trésor, cet administrateur a examiné les contrôles établis, dans le sein même du ministère des finances, pour suivre la création et les mouvements, et pour assurer la conservation des titres de créances et des autres valeurs de toute nature qui sont confiés à la surveillance et placés sous la responsabilité des agents administratifs.

A la suite de cet examen, il a pris un premier arrêté applicable au contrôle des débets et créances litigieuses, et un second arrêté, développé par un règlement spécial, pour le service de la dette inscrite. Un arrêté spécial a en outre réglé l'action attribuée au contrôleur en chef sur les agents comptables des transferts et du grand-livre.

Enfin il a complété cette série de précautions et de mesures de prévoyance contre les détournements de fonds et les infidélités de tous les préposés chargés, à quelque titre que ce soit, du maniement des deniers publics, en adoptant deux arrêtés qui déterminent les devoirs à remplir par le directeur du mouvement général des fonds et par celui de la comptabilité générale des finances.

En parcourant, Sire, les différentes dispositions que je viens de retracer, et dont la plupart sont déjà mises à exécution, vous remarquerez le soin que l'on a mis à établir et à fortifier entre les directeurs et les comptables ces rapports mutuels, ces communications réciproques, qui tendent à lier les diverses parties de l'administration, qui facilitent l'exécution des services, et qui produisent cette unité et cette force administratives si justement réclamées par la commission d'enquête.

J'ai l'honneur d'annexer au présent rapport le projet de loi, les projets d'ordonnance et les arrêtés ministériels dont je viens de présenter l'analyse à Votre Majesté.

Je suis avec le plus profond respect, etc.

Signé : HUMANN.

Paris, le 8 décembre 1832.

EXPOSÉ DES MOTIFS

Du projet de loi présenté à la chambre des pairs par le ministre secrétaire d'État des finances, sur les formes et le contrôle des récépissés et autres titres délivrés par les comptables publics.

Messieurs, le déficit de l'ancien caissier du Trésor a jeté des doutes sur le régime d'une administration dont on remarquait depuis plusieurs années les notables progrès vers l'ordre et l'économie. On ne pouvait pas s'expliquer, en effet, comment la fortune publique, qui avait été longtemps à l'abri des infidélités des comptables, avait pu éprouver inopinément un semblable dommage, au moment où notre système de comptabilité avait reçu de si nombreux perfectionnements.

La chambre des députés a délégué immédiatement une commission prise dans son sein pour vérifier les causes de ce détournement de fonds, et pour préparer par une enquête l'appréciation de toutes les circonstances qui pouvaient éclairer l'opinion publique.

Le ministre des finances avait également chargé, le 22 février dernier, une commission spéciale d'examiner les procédés actuels du service et les contrôles établis, et de proposer les modifications que cette nouvelle révision pourrait suggérer encore dans le système de l'administration et les formes de la comptabilité.

Je ne répèterai pas les explications étendues qui ont été données sur ce déficit par le rapport des commissaires auxquels la chambre des députés avait confié cette mission importante. Je ne reproduirai pas non plus devant vous l'exposé que j'ai dû faire au roi des nouvelles précautions et des mesures de prévoyance qui ont été adoptées et dont tous les détails vont être incessamment publiés. Je me bornerai seulement à rappeler que ces vérifications approfondies, que ces doubles recherches n'ont fait apercevoir aucun défaut essentiel, aucun vice organique dans le mécanisme des caisses et des contrôles du Trésor ; elles n'ont eu pour résultat que de provoquer quelques dispositions complémentaires tendant à mieux assurer la régularité du service et à fortifier davantage les moyens de surveillance. Toutefois, elles ont démontré que cette soustraction de recette n'avait pu s'opérer que par suite de l'omission des formes tracées par le décret du 4 janvier 1808 et par l'ordonnance royale du 18 novembre 1817 pour le contrôle des versements.

Ces deux actes réglementaires avaient statué que tous les récépissés délivrés par les comptables du Trésor seraient accompagnés de talons, et qu'un contrôleur spécial détacherait ces talons et apposerait son visa sur la pièce libératoire, avant qu'elle fût remise à la partie versante. Néanmoins un avis officiel, publié le 9 mai 1818, pour régler les conditions et la forme d'un emprunt en rentes, indiqua, pour la libération des souscripteurs, un nouveau modèle de quittance qui a été conservé pour les emprunts subséquents, et qui n'exigeait pas l'accomplissement des formalités salutaires précédemment établies. Le simple acquit du caissier central assurait, sans l'intervention préalable d'un contrôle, la décharge des porteurs de certificats.

Cette exception à la règle avait été jugée utile au service ; on voulait satisfaire aux convenances des prêteurs en simplifiant les formes et en abrégeant les délais de leur libération. Mais l'administration ne peut plus hésiter aujourd'hui à demander de rendre impérieusement obligatoires, en toute circonstance, pour les tiers et pour elle-même, des mesures d'ordre dont on ne saurait s'écarter sans danger.

Il est indispensable désormais de défendre le Trésor contre cet entraînement de la confiance publique qui a rendu trop souvent l'ancien caissier central le mandataire officieux des parties versantes, et qui a dû le mettre à même de trahir plus facilement le double intérêt qui lui était confié. Nous vous demandons de protéger les deniers des particuliers et ceux de l'État contre toute soustraction nouvelle, en rendant obligatoire pour tous l'accomplissement préalable de cet ancien contrôle qui ne doit compléter la libération de celui qui a versé des fonds, qu'en assurant la charge du comptable qui les a reçus pour le compte du Trésor.

Nous vous proposons de généraliser les dispositions du décret du 4 janvier 1808, et de leur donner un caractère plus impératif et plus absolu, en y ajoutant toute l'autorité de la loi.

Nous sollicitons une disposition analogue pour les effets à payer, les rentes et autres engagements du Trésor, et nous vous proposons de ne les déclarer valables que lorsqu'ils auront été revêtus du visa du contrôle.

Enfin, nous vous demandons de suppléer autant que possible à l'action d'un contrôleur local, pour la validité des paiements faits sur les contributions et les revenus de l'État, en même temps que pour la conservation des intérêts municipaux, en statuant que les quittances délivrées par les percepteurs et les receveurs des communes, des hospices et des établissements de bienfaisance, ne seront libératoires pour les parties que lorsque ces pièces auront été détachées, en leur présence et au moment du versement, des registres à souche déjà prescrits par les instructions et règlements.

Nous croyons nécessaire de réclamer la sanction et l'appui du vote législatif pour ces importantes mesures de prévoyance et de sécurité.

Ce 8 décembre 1832.

Le ministre secrétaire d'État des finances,
HUMANN.

LOI

Sur les formes et le contrôle des récépissés et autres titres délivrés par les comptables publics.

Art. 1er. — Tout versement, tout envoi ou remise de fonds en numéraire ou autres valeurs, fait par des comptables, agents, correspondants ou débiteurs, à quelque titre que ce soit, envers le Trésor public, aux caisses des receveurs généraux et particuliers des finances, des payeurs et du caissier central à Paris, donnera lieu à la délivrance immédiate d'un récépissé à talon.

Art. 2. — Les récépissés à talon ne seront libératoires envers le Trésor public, qu'autant qu'ils auront été, dans les vingt-quatre heures de leur délivrance, visés et séparés de leurs talons par les agents administratifs qui seront chargés de ce contrôle.

Art. 3. — Les mandats et valeurs de toute nature émis par le caissier central et le payeur des dépenses à Paris, n'engageront le Trésor qu'autant qu'ils seront délivrés sur des formules à talon, et revêtus du visa du contrôle.

Les acceptations par le caissier central des effets et traites émis sur sa caisse, n'obligeront également le Trésor public qu'autant qu'elles auront été visées au contrôle.

Art. 4. — Tout extrait d'inscription de rente, immatriculée sur le grand-livre de la dette publique à Paris, qui sera délivré à partir de la promulgation de la présente loi, devra, pour former titre valable sur le Trésor, être revêtu du visa du contrôle.

Les extraits d'inscription des rentes immatriculées dans les départements sur les livres auxiliaires du grand-livre, n'engageront pareillement le Trésor, qu'autant qu'ils auront été délivrés, contrôlés et visés dans les formes établies par l'article 3 de la loi du 14 avril 1819.

Art. 5. — Les quittances délivrées par les divers comptables, soit aux redevables des contributions directes et indirectes, et des revenus et droits de toute nature acquis au Trésor, soit aux débiteurs des communes et des établissements publics, ne seront libératoires que lorsqu'elles auront été détachées de registres à souche.

Cette disposition ne recevra son effet qu'à partir du 1er janvier 1834, pour les versements effectués aux préposés de l'enregistrement et des domaines et aux percepteurs de la ville de Paris.

Art. 6. — Seront néanmoins considérés comme quittances valables, les reçus des droits d'enregistrement, de greffe, d'hypothèques et de visa pour timbre, apposés sur les actes par les receveurs, ainsi que les acquits donnés par les comptables sur les effets et traites à recouvrer, et les reçus énoncés aux actes des officiers ministériels agissant pour le compte du Trésor.

Donné au palais des Tuileries, le 8e jour du mois de décembre, l'an 1832.

LOUIS-PHILIPPE.

Par le Roi :

Le ministre secrétaire d'État des finances,

HUMANN.

ORDONNANCE DU ROI

Sur le contrôle des récépissés, titres et valeurs délivrés par les comptables publics.

Du 8 décembre 1832.

LOUIS-PHILIPPE, ROI DES FRANÇAIS,

A tous présents et à venir, SALUT.

Vu le décret du 4 janvier 1808, et les ordonnances des 18 novembre 1817 et 19 novembre 1826, concernant le contrôle des versements faits dans les caisses publiques ;

Sur le rapport de notre ministre secrétaire d'État des finances,

AVONS ORDONNÉ ET ORDONNONS ce qui suit :

ART. 1er. — Les récépissés à talon délivrés par les receveurs généraux ou particuliers et les payeurs, devront être visés dans les vingt-quatre heures par les préfets ou sous-préfets, qui les rendront immédiatement aux parties, après en avoir détaché les talons.

Aux armées, les récépissés délivrés par les préposés aux recettes et aux dépenses, seront visés par l'agent administratif désigné à cet effet.

ART. 2. — Les contrôles institués près du caissier du

Trésor, du payeur central et des agents comptables de la dette inscrite à Paris, seront exercés par un contrôleur en chef, à la nomination de notre ministre des finances.

Ce contrôleur remplira, en ce qui concerne les envois de fonds et autres opérations à constater par des procès-verbaux, les fonctions attribuées aux préfets et sous-préfets.

Art. 3. — Les récépissés pour versement, remise ou envoi de fonds faits au caissier du Trésor, et les récépissés du payeur central seront visés par le contrôleur désigné dans l'article 2.

Seront pareillement visées par ce contrôleur, toutes les valeurs créées, émises ou acceptées par les comptables placés dans l'intérieur du Trésor à Paris.

Art. 4. — Les mandats tirés par les receveurs généraux et particuliers des finances, soit sur la caisse centrale du Trésor, soit sur les caisses des comptables des finances seront détachés d'un registre à souche.

Les mandats des receveurs généraux et particuliers des finances sur les préposés à la perception des impôts directs et indirects, libéreront les comptables qui les auront acquittés, à la charge par eux de les comprendre dans leur plus prochain versement à la recette des finances, pour être échangés contre un récépissé à talon.

Art. 5. — Les receveurs généraux ne devront opérer de changements sur les livres auxiliaires pour conversions de rentes départementales, en rentes directes, et réciproquement, qu'autant qu'ils y auront été autorisés par une lettre de débit ou de crédit de l'agent comptable du grand-livre, visée par le contrôleur en chef.

Art. 6. — Les achats et ventes de rentes que les receveurs généraux sont chargés d'opérer d'office, à la volonté des habitants des départements, conformément à l'article 21 de l'ordonnance du 14 avril 1819, ne pourront donner lieu à aucun recours en garantie contre le Trésor public.

Art. 7. — Tout paiement fait entre les mains des percepteurs des contributions directes, des receveurs des communes, des hospices, des bureaux de bienfaisance et des établissements publics, devra donner lieu à la délivrance immédiate d'une quittance détachée d'un journal à souche.

Art. 8. — Donneront pareillement lieu à la délivrance immédiate d'une quittance détachée d'un registre à souche, les paiements et les versements effectués aux receveurs des douanes et sels et des contributions indirectes et aux entreposeurs de tabacs.

Art. 9. — Les recettes opérées par les receveurs de l'enregistrement, et des domaines autres que celles des droits d'enregistrement, de greffe, d'hypothèque et de visa pour timbre, dont les quittances sont apposées, aux termes des lois, sur les actes mêmes, donneront lieu à la délivrance immédiate d'une quittance à souche.

Art. 10. — A partir du 1er janvier 1834, les directeurs des postes délivreront un mandat détaché d'un registre à souche, en échange des articles d'argent qui leur sont remis pour en faire toucher le montant à destination.

Art. 11. — Notre ministre secrétaire d'État des finances est chargé de l'exécution de la présente ordonnance.

Au palais des Tuileries, le 8e jour du mois de décembre, l'an 1832.

LOUIS-PHILIPPE.

Par le Roi :

Le ministre secrétaire d'État des finances,

Humann.

ORDONNANCE DU ROI

Sur la responsabilité des comptables, en ce qui concerne les droits et produits appartenant à l'État.

Du 8 décembre 1832.

LOUIS-PHILIPPE, Roi des Français,

A tous présents et à venir, salut.

Vu les dispositions des ordonnances royales des 14 septembre 1822, 10 décembre 1823, 9 juillet 1826 et 23 décembre 1829, relatives à l'établissement dans les comptes publics des droits constatés à la charge des redevables de l'État, et à leur réalisation dans le délai fixé pour la durée de chaque exercice ;

Sur le rapport de notre ministre secrétaire d'État des finances,

Avons ordonné et ordonnons ce qui suit :

Art. 1er. — Tous les comptables ressortissant au ministère des finances, sont responsables du recouvrement des droits liquidés sur les redevables et dont la perception leur est confiée ; en conséquence, ils sont et demeurent chargés, dans leurs écritures et leurs comptes annuels, de la totalité des rôles ou des états de produits qui constatent le montant de ces droits, et ils doivent justifier de leur entière réalisation, avant l'expiration de l'année qui suit celle à laquelle les droits se rapportent.

Art. 2.— Les comptables peuvent obtenir la décharge de leur responsabilité, en justifiant qu'ils ont pris toutes les mesures et fait, en temps utile, toutes les poursuites et diligences nécessaires contre les redevables et débiteurs.

Art. 3. — Les receveurs généraux et particuliers des finances sont tenus de verser au Trésor, de leurs deniers personnels, le 30 novembre de chaque année, les sommes qui n'auraient pas été recouvrées sur les rôles des contributions directes de l'année précédente.

Art. 4. — A l'égard des autres receveurs des deniers publics, il sera dressé, avant l'expiration de la seconde année de chaque exercice, des états par branche de revenus, et par comptables, présentant les droits et produits restant à recouvrer, avec la distinction des créances qui devront demeurer à la charge des comptables, de celles qu'il y aura lieu d'admettre en reprise à l'exercice suivant, et de celles dont les receveurs seraient dans le cas d'obtenir la décharge.

Le montant des droits et produits tombés en non-valeurs, ou à porter en reprise, figurera distinctement dans les comptes des receveurs et il en sera justifié à la cour des comptes.

Notre ministre secrétaire d'État] des finances statuera sur les questions de responsabilité, sauf l'appel en notre conseil d'État.

Art. 5. — Les comptables en exercice verseront immédiatement, dans leurs caisses, le montant des droits dont ils auront été déclarés responsables ; s'ils sont hors de fonctions, le recouvrement en sera poursuivi contre eux à la diligence de l'agent judiciaire du Trésor public.

Art. 6. — Lorsque les comptables auront soldé, de leurs deniers personnels, les droits dus par les redevables ou débiteurs, ils demeureront subrogés dans tous les droits du Trésor public, conformément aux dispositions du Code civil.

ART. 7. — Notre ministre secrétaire d'État des finances est chargé de l'exécution de la présente ordonnance.

Au palais des Tuileries, le 8 décembre, l'an 1832.

LOUIS-PHILIPPE.

Par le Roi :

Le ministre secrétaire d'État des finances,

HUMANN.

ORDONNANCE DU ROI

Sur le cautionnement du caissier central du Trésor public.

Du 27 mai 1832.

LOUIS-PHILIPPE, ROI DES FRANÇAIS,

Sur le rapport de notre ministre secrétaire d'État des finances,

NOUS AVONS ORDONNÉ ET ORDONNONS :

ARTICLE 1er. . . . .

ART. 2. Le cautionnement du caissier central du Trésor est fixé à trois cent mille francs en numéraire. Ce comptable sera tenu de le réaliser, avant son installation, et ne sera admis à prêter serment qu'après en avoir justifié.

ART. 3. . . . .

ART. 4. Notre ministre secrétaire d'État des finances est chargé de l'exécution de la présente ordonnance, qui sera insérée au *Bulletin des lois*.

Au palais des Tuileries, le 27 mai 1832.

LOUIS-PHILIPPE.

Par le Roi :

Le ministre secrétaire d'État des finances,

LOUIS.

ORDONNANCE DU ROI

Sur les cautionnements des agents comptables de la dette inscrite.

Du 8 décembre 1832.

LOUIS-PHILIPPE, Roi des Français,

A tous présents et à venir, salut :

Vu les lois et règlements relatifs aux cautionnements à verser par les comptables, fonctionnaires publics et employés, pour sûreté des fonctions qui leur sont confiées;

Vu l'ordonnance royale du 12 novembre 1826, qui fixe le mode de présentation des comptes des divers agents comptables de la dette publique, à la Cour;

Vu l'ordonnance du 19 juin 1825, qui fixe les bases des cautionnements en rentes fournis au Trésor;

Considérant qu'il importe de compléter les garanties assurées par cette ordonnance, en assujettissant au versement d'un cautionnement matériel ceux de ces comptables qui engagent le Trésor public par la reconnaissance du droit à une créance sur l'État, ou par l'émission du titre exprimant cette créance ;

Sur le rapport de notre ministre secrétaire d'État des finances,

Avons ordonné et ordonnons ce qui suit :

Article 1er. — Le chef, agent comptable du grand-livre, et le chef, agent comptable des mutations et transferts, au Trésor, sont tenus de verser un cautionnement de cinquante mille francs, soit en numéraire, soit en rentes 5 p. 100 ou 4 1/2 p. 100 au pair, ou en rentes 3 p. 100 à 75 francs.

Art. 2.— Notre ministre secrétaire d'État des finances est chargé de l'exécution de la présente ordonnance.

Au palais des Tuileries, le 8 décembre, l'an 1832.

LOUIS-PHILIPPE.

Par le Roi :

Le ministre secrétaire d'État des finances,

Humann.

ARRÊTÉS ET RÈGLEMENTS.

SECTION Ire. — Service et contrôle des caisses intérieures du Trésor.

SECTION II. — Service et contrôle des agents comptables et dépositaires administratifs des titres et valeurs.

SECTION III. — Direction et surveillance des fonds du Trésor et des comptables publics.

DISPOSITION SPÉCIALE relative à l'emprunt de 150 millions, négocié le 8 août 1832.

NOTE EXPLICATIVE

Sur les modifications survenues depuis 1832 dans l'ordre de service du CONTRÔLE CENTRAL.

L'arrêté du ministre du 24 juin 1832 qui établit un contrôle de la caisse centrale et celui du 20 mai précédent qui constitue celui qui est placé près du payeur central du Trésor, ont été maintenus dans leurs principes; les dispositions modifiées touchent seulement au mode d'exécution ; les arrêtés rendus à cet effet motivent suffisamment les changements. On pourra remarquer qu'il en résulte généralement des améliorations, soit pour accélérer le service, soit pour fortifier les garanties.

Les deux arrêtés constitutifs des 24 juin et 20 mai 1832 ayant été réglementés, pour leurs procédés d'exécution, par l'ordre de service du 9 novembre 1832, cet ordre de service a été lui-même complété par l'arrêté du 1er décembre 1832, qui a étendu l'action du contrôle aux opérations de l'agent comptable des transferts et mutations et à celles de l'agent comptable du grand-livre.

Un arrêté du 17 février 1843 a soumis le service des pensions, concédées sur les fonds généraux de l'État, les cautionnements en numéraire et les priviléges de second ordre des bailleurs de fonds, à la surveillance du contrôle central, et celui du 8 mai 1833, rendu après la promulgation de la loi du 24 avril, en a prescrit l'application aux pensions sur fonds de retenues du ministère des finances.

Pour réglementer les dispositions relatives à la dette inscrite, un ordre de service a été approuvé par le ministre, le 31 mai 1833. Cet ordre a eu pour complément l'arrêté du 7 décembre 1844, qui soumet au contrôle les remboursements de cautionnements; le visa n'est donné pour l'ordonnancement que sur la reconnaissance du droit, d'après la situation du titulaire, constatée dans les écritures de ce contrôle sur les déclarations de versements.

Pour exposer aussi clairement que possible les modifications apportées au service du contrôle depuis 1832, on a placé à la suite des arrêtés et des règlements de 1832, des notes qui expliquent ces changements, et qui sont accompagnées des textes des arrêtés et des règlements nouveaux.

SECTION PREMIÈRE.

SERVICE ET CONTROLE DES CAISSES INTÉRIEURES DU TRÉSOR.

ARRÊTÉ DU MINISTRE

Sur le service du caissier central du Trésor.

Du 24 juin 1832.

ART. 1er. — Le service de la caisse centrale du Trésor est exécuté sous la direction et responsabilité du caissier central, par les sous-caissiers et bureaux ci-après, savoir :

SOUS-CAISSES.

1° Sous-caisse des recettes en numéraire ;

2° Sous-caisse d'émission de bons royaux, traites, obligations et autres valeurs du Trésor sur lui-même ;

3° Sous-caisse d'émission des mandats sur les départements ;

4° Sous-caisse de paiement des mandats délivrés par le payeur central, en acquit de dépenses publiques ;

5° Sous-caisse des paiements du service de trésorerie et des envois de fonds.

PORTEFEUILLES.

Portefeuille des remises sur Paris ;

Portefeuille des traites et obligations souscrites par les débiteurs de l'État.

BUREAUX.

1re SECTION. Reconnaissance des valeurs à l'arrivée ;
IIe SECTION. Correspondance ;
IIIe SECTION. Écritures et situations journalières ;
IVe SECTION. Comptabilité.

ART. 2. — Le caissier central a près de lui une sous-caisse centrale des espèces, qui réunit les soldes de chaque sous-caisse numéraire et fait les distributions nécessaires au service de chaque journée.

ART. 3. — Le caissier central est seul comptable des recettes, dépenses et mouvements de valeurs effectués, tant en numéraire qu'en effets de portefeuille, par les sous-caisses et bureaux. Les sous-caissiers et agents subordonnés sont responsables envers lui, sans préjudice de leur responsabilité directe envers le Trésor, s'il y a lieu.

ART. 4. — Le caissier central propose les nominations et les mesures relatives au personnel de la caisse.

ART. 5. — Il est en rapport direct avec le ministre, néanmoins il ne doit prendre l'initiative sur aucune mesure touchant l'administration, la comptabilité ou le service de trésorerie, qu'en proposant d'en renvoyer l'examen à la direction compétente, laquelle donne son avis et prend les ordres du ministre.

ART. 6. — Le caissier central reçoit du secrétariat général les ampliations des décisions relatives à son service, lorsqu'il n'en est pas autrement ordonné par le ministre pour des cas spéciaux.

ART. 7. — Le caissier central fait procéder à la délivrance de toutes les valeurs à terme dont la création est autorisée, suivant les règles et conditions auxquelles leur émission est subordonnée.

ART. 8. — Il est tenu de faire recouvrer, à leur échéance, les effets du portefeuille du Trésor et de faire présenter à l'acceptation ceux qui en sont susceptibles. A défaut de paiement ou d'acceptation, il doit les faire protester en temps utile, par l'un des huissiers commissionnés par le ministre. Les effets non payés sont, à moins d'ordres contraires, renvoyés aux comptables et correspondants qui les ont remis. Quand il y a lieu, pour le compte du Trésor, à des poursuites directes, elles sont faites par les soins de la direction du contentieux, à laquelle les effets sont remis, sans retard, avec le protêt et les renseignements convenables. En cas d'urgence, le caissier est autorisé à faire faire les diligences nécessaires.

ART. 9. — Les paiements à effectuer par la caisse centrale, la délivrance des valeurs, les acceptations à donner pour le compte du Trésor, doivent avoir été préalablement autorisés par le directeur du mouvement des fonds, dans la limite des attributions qui lui sont données par le ministre. Ces autorisations sont générales ou spéciales. Elles sont toutes rendues définitives, pour chaque journée, après les opérations accomplies, et doivent être produites à la cour des comptes, à l'appui du compte annuel.

ART. 10. — Le sous-caissier central supplée le caissier du Trésor dans ses fonctions, soit pour la signature, soit pour la direction des caisses et bureaux. Le caissier central peut aussi être suppléé par le sous-caissier des recettes en numéraire, pour les récépissés des versements faits à cette sous-caisse et pour les acquits à donner sur les effets à recouvrer. Il peut également déléguer sa signature, pour les mandats délivrés sur les départements, au sous-caissier chargé de leur émission. Lorsque le service exige d'autres délégations, elles doivent être spécialement autorisées par le ministre.

ART. 11. — Le caissier central est responsable des agents placés sous ses ordres, sauf son recours contre eux. En cas de force majeure ou de circonstances qu'il n'aura pas eu les moyens de prévenir, il pourra se pourvoir auprès du ministre des finances, pour obtenir, s'il y a lieu, la décharge de sa responsabilité. Les décisions à intervenir sur les réclamations de l'espèce, seront prises au vu d'une délibération du comité des finances, et sauf appel au conseil d'État.

ART. 12. — Les erreurs de caisse sont à la charge du caissier central qui reçoit, à cet effet, une indemnité annuelle à forfait.

ART. 13. — Le caissier central remet chaque soir, à la direction du mouvement des fonds, et à la comptabilité générale, les relevés, bordereaux et documents destinés à faire connaître sa situation journalière. Il est tenu, en outre, de fournir les renseignements qui lui sont demandés, à toute époque, en ce qui concerne leurs attributions respectives, par les directions administratives du ministère.

ART. 14. — Le solde numéraire de la caisse centrale, à la fin de chaque journée, sera reconnu par le chef du contrôle et immédiatement renfermé dans une serre ou caisse à deux serrures. Le chef du contrôle restera dépositaire de l'une des deux clefs ; l'autre sera conservée par le caissier central. Ce solde devra se composer exclusivement d'espèces ou billets de la Banque de France.

Aucune valeur représentative, de quelque nature qu'elle soit, ne pourra en faire partie, sans être distinctement constatée par le contrôleur.

Le caissier central et le chef du contrôle procèdent, chaque matin, à l'ouverture de la caisse ou serre renfermant les soldes de la veille. Le caissier central en suit la distribution pour le service de la journée.

Art. 15. — La caisse centrale sera soumise, en outre, à des vérifications partielles ou générales qui seront faites par les inspecteurs des finances ou les agents délégués par le ministre, à des époques indéterminées.

ARRÊTÉ DU MINISTRE

Sur le service du payeur central du Trésor.

Du 25 juillet 1832.

Art. 1er. — Le service des dépenses des ministères et de la dette publique qui sont payables à Paris, est exécuté par le payeur central, et sous sa responsabilité.

Art. 2. — Les paiements sont effectués au moyen de mandats à talon délivrés par le payeur central, ou par ses délégués, sur la caisse centrale du Trésor, et qui sont soumis au contrôle prescrit par les arrêtés des 20 mai et 24 juin 1832.

Art. 3. — Aucun mandat de paiement ne peut être délivré sur la caisse centrale s'il ne représente une dépense publique régulièrement ordonnancée, soit par les ministres directement, soit par les ordonnateurs secondaires, en vertu des crédits de délégation qui leur sont ouverts par les ministres.

ART. 4. — Le payeur central reçoit du directeur du mouvement général des fonds, en original ou en extrait, les ordonnances directes des ministres et les ordonnances de délégation, après qu'elles ont été enregistrées et visées dans cette direction.

A la réception de ces ordonnances, le payeur central est tenu d'en faire passer les écritures générales prescrites par les instructions, et au fur et à mesure des paiements, d'en établir le compte avec imputation sur lesdites ordonnances de manière à en faire connaître journellement la situation.

ART. 5. — Le payeur central se conforme, pour l'ordre de sa comptabilité, pour les justifications à exiger à l'appui des paiements, pour les bordereaux à obtenir des ordonnateurs et pour les relevés et situations à fournir à ceux-ci, à toutes les instructions qui régissent le service des payeurs : il ne peut les modifier dans l'exécution qu'en vertu d'autorisations spéciales.

ART. 6. — Les paiements des dépenses des ministères et ceux de la dette publique sont distribués en autant de bureaux que le ministre juge nécessaire d'en établir, en raison des besoins du service.

Les mandats de paiements pour les dépenses des ministères ne sont délivrés qu'après l'examen des pièces et la reconnaissance de la régularité des justifications.

Pour les sommes portées sur les états d'arrérages de la dette inscrite, la délivrance des mandats de paiement n'a lieu qu'au vu des inscriptions, des certificats de vie et des quittances, et qu'après que les inscriptions de rentes ont été revêtues du timbre de paiement des semestres acquittés, conformément aux dispositions de l'article 9 de la loi du 11 mai 1799 (22 floréal an VII).

Art. 7. — Les mandats sur la caisse centrale avec leurs talons et les pièces justificatives à l'appui sont remis signés aux contrôleurs placés près de chaque bureau de paiement, lesquels sont chargés de les viser, de les remettre aux parties, après en avoir détaché les talons qu'ils font passer à la caisse, et de rendre les pièces à l'appui au payeur, ainsi qu'il a été réglé par l'arrêté du 24 juin dernier.

Art. 8. — A la fin de chaque journée, le payeur central délivre au caissier du Trésor un récépissé comptable de la somme totale dont il a été disposé par mandat de paiement.

Après la délivrance du récépissé, les mandats qui en représentent le montant, sont remis par le caissier central au payeur.

Art. 9. — Le bureau de comptabilité du payeur central reçoit, à la fin de chaque journée, toutes les pièces justificatives des paiements effectués par les divers bureaux. Ce bureau est spécialement chargé, sous les ordres du payeur central, de tous les travaux relatifs à l'établissement de ses comptes et de la formation des borderaux et relevés qu'il doit fournir périodiquement tant à la comptabilité générale des finances qu'aux divers ministres et ordonnateurs secondaires.

Art. 10. — Le payeur central peut, sous sa responsabilité, se faire suppléer par le chef de ses bureaux, soit pour la signature des récépissés à délivrer au caissier du Trésor, soit pour la direction de son service.

Art. 11. — Le payeur central est tenu de fournir tous les renseignements qui lui sont demandés par les directions administratives du ministère, en ce qui concerne leurs attributions respectives.

Art. 12. — L'arrêté du 24 juin dernier ayant assuré, par des dispositions spéciales, le contrôle des faits de la gestion du payeur central, il est dispensé de remettre ses acquits mensuellement à la direction de la comptabilité générale des finances, et il les conserve, pour les envoyer directement à la cour des comptes, au moment où son compte annuel est transmis à la cour, après avoir été visé et certifié par le directeur de la comptabilité générale.

Art. 13. — Le payeur central est soumis à toutes les vérifications générales ou spéciales que le ministre juge à propos d'ordonner.

Art. 14. — Le payeur central est seul comptable vis-à-vis de la cour des comptes. Il lui est alloué une indemnité annuelle et à forfait en raison de la responsabilité qui lui est imposée par l'article 1er.

Art. 15. — Le payeur central propose la nomination de tous les employés placés sous ses ordres et les mesures relatives au personnel de ses bureaux.

Art. 16. — Il est en rapport direct avec le ministre. Néanmoins, il ne doit prendre l'initiative sur aucune mesure concernant l'administration, la comptabilité et le service des dépenses, qu'en proposant d'en renvoyer l'examen à la direction compétente, laquelle donne son avis et prend les ordres du ministre.

Art. 17. — Les ampliations des décisions du ministre relatives au service du payeur central lui sont transmises par le secrétariat général.

ARRÊTÉ DU MINISTRE

Sur le contrôle du caissier central du Trésor.

Du 24 juin 1832.

Art. 1er. — Le contrôle établi au Trésor est chargé,

1° De constater contradictoirement toutes les recettes et dépenses du caissier central et les diverses opérations de la caisse qui engagent le Trésor public ;

2° De vérifier la régularité des paiements faits par le payeur central, en ses mandats sur la caisse du Trésor.

Ce contrôle est exercé par un contrôleur en chef et par des contrôleurs particuliers placés sous ses ordres.

Art. 2. — A cet effet, le contrôle est tenu,

1° D'enregistrer successivement chacun des actes relatifs à l'entrée et à la sortie des fonds et valeurs ;

2° De viser immédiatement les récépissés ou reconnaissances de toute nature délivrés par le caissier central, d'en séparer et retenir les talons, et d'appliquer le timbre sec du contrôle, au moment de leur création, sur les valeurs qui doivent le recevoir.

3° De s'assurer que les paiements ont eu lieu en vertu d'autorisations et sur pièces régulières.

(Modifié par l'arrêté du 15 mars 1841. — Voir aux articles 13, 14 et 15 du règlement du 9 octobre 1832.)

Art. 3. — Le contrôle forme une section spéciale qui ne dépend d'aucune des directions du ministère ; toutefois le contrôleur en chef est tenu de fournir aux différents chefs de service tous les renseignements qui leur sont nécessaires pour leurs travaux respectifs.

Art. 4. — Le contrôleur en chef est nommé par le ministre et lui rend compte directement des opérations du contrôle. Il lui soumet ses propositions dans l'intérêt du service; mais il doit demander en même temps que l'examen en soit renvoyé aux directions compétentes, sur le rapport desquelles le ministre se réserve de statuer.

Art. 5. — Le contrôleur en chef est dépositaire du timbre sec qui doit être apposé sur les valeurs du Trésor, conformément à l'article 2 du présent arrêté, paragraphe 2.

Il est aussi chargé de faire la reconnaissance journalière du solde en numéraire, et de rester dépositaire de la clef d'une des deux serrures de la caisse.

Art. 6. — Le contrôleur en chef est suppléé par un sous-chef du contrôle dans toutes les fonctions qui lui sont attribuées.

(L'art. 12 de l'ordonnance réglementaire du 17 décembre 1844, sur l'organisation de l'administration centrale des finances, change la qualification de *contrôleur en chef* en celle de *contrôleur central* et celle de sous-chef du contrôle en celle de *contrôleur central adjoint*.)

Art. 7. — Les contrôleurs particuliers sont placés d'après les ordres du contrôleur en chef près des sous-caisses ou bureaux de recette et de paiement, de la manière suivante :

Deux contrôleurs près de la sous-caisse des recettes en numéraire.	2
[Un contrôleur.] (Arrêté du 7 janvier 1841.)	
Un contrôleur à la sous-caisse des bons et autres valeurs du Trésor sur lui-même.	1
Un contrôleur à la sous-caisse des mandats sur les départements.	1
[Ce service est réuni au service des bons du Trésor.] (Arrêté du 7 janvier 1841.)	
A reporter. . .	4

Report. . . 4

Un contrôleur au bureau d'arrivée et des distributions des valeurs parvenues par la correspondance. 1

Un contrôleur à la sous-caisse des paiements du service de trésorerie. 1

Un contrôleur à la sous-caisse de paiement des mandats délivrés par le payeur central. . . . 1

(Supprimé par la réunion des deux services en 1848.)

Un contrôleur au comptoir central. . . . 1

(Réuni au contrôle du bureau d'arrivée des valeurs.)

Onze contrôleurs aux bureaux de paiement du payeur central, savoir :

(Dix contrôleurs.) (Arrêté du 7 janvier 1841.)

Huit pour le service de la dette publique. . } 11
Trois pour le service des ministères. . . . }

(Deux.) (Arrêté du 7 janvier 1841.)

Nombre total. . . 19

(Nombre total....... 14.)

Art. 8. — Les contrôleurs aux sous-caisses des recettes en espèces et des émissions de valeurs, reçoivent, enregistrent et visent les bulletins de versement des parties, les rapprochent des récépissés, ou valeurs délivrées par les sous-caissiers, inscrivent les recettes, d'après ces pièces, sur des feuilles journalières, y apposent un visa et en séparent et retiennent les talons.

A la clôture des sous-caisses, ils additionnent leurs feuilles d'enregistrement, les certifient *, et les remettent avec les talons des récépissés et des valeurs, au contrôleur en chef.

* (Contradictoirement avec les sous-caissiers.)

Art. 9. — Le contrôleur au bureau d'arrivée des valeurs remises par correspondance, reçoit du caissier communication des lettres d'envoi et des bordereaux de ces valeurs, les enregistre, les compare aux lettres d'avis communiquées par la direction du mouvement des fonds, et remet chaque soir son relevé au contrôleur en chef, après l'avoir certifié *.

* (Contradictoirement avec le sous-caissier du portefeuille.)

Art. 10. — Le contrôleur de la sous-caisse des paiements de trésorerie prend communication des pièces de dépense, revêtues de l'acquit des parties prenantes, y appose un timbre de paiement, après en avoir reconnu la régularité, les enregistre, les rend au sous-caissier, et en remet chaque jour au contrôleur en chef le relevé certifié *.

* (Contradictoirement par le comptable.)

Art. 11. — Le contrôleur de la sous-caisse établie près du payeur central y est placé temporairement à l'ouverture de chaque semestre, à l'effet de vérifier la rentrée et le paiement des mandats délivrés par anticipation. Il les rapproche du relevé des mandats émis et les enregistre sur une feuille journalière qu'il remet au contrôleur en chef à la fin de chaque journée.

(Supprimé par suite des dispositions qui ont prescrit la réunion des deux services.)

Art. 12. — Le contrôleur du comptoir central tient note des entrées et des sorties de numéraire qui résultent des mouvements de fonds entre les sous-caisses ; il vise les reçus auxquels ces mouvements donnent lieu et en remet chaque soir le relevé sommaire au contrôleur en chef.

(Ce contrôle est suivi depuis 1841, par le contrôleur du bureau d'arrivée des valeurs qui constate les entrées et les sorties.)

Art. 13. — Les dix contrôleurs aux bureaux de paiement du payeur central remplissent les fonctions suivantes :

1° Les deux contrôleurs des dépenses des ministères, sont chargés de s'assurer que les mandats du payeur central sur la caisse n'ont été délivrés qu'en vertu d'ordonnances ou de mandats réguliers des ordonnateurs, portant l'acquit des créanciers ou accompagnées de quittances ; ils visent les mandats de paiement, les remettent aux parties après en avoir détaché les talons qu'ils passent au comptoir de la caisse ; enregistrent les mandats, par ministère et exercice, sur des feuilles journalières, et frappent du timbre du contrôle les titres émanés de l'ordonnateur, qu'ils remettent ensuite au payeur central ;

2° Les huit contrôleurs des paiements de la dette publique sont chargés de vérifier, au vu des inscriptions nominatives et du timbre de paiement dont le payeur les a revêtues, si les mandats tirés sur la caisse sont d'accord avec les arrérages réclamés ; ils apposent sur le titre même un signe de contrôle qui indique cette vérification , visent les mandats de paiement et marquent du timbre du contrôle les quittances des parties. Pour les inscriptions *au porteur*, ils rapprochent les mandats du payeur central, du coupon détaché de l'inscription, le visent et apposent un timbre de paiement sur le coupon. Ils enregistrent les paiements par échéance sur des feuilles journalières.

(Par suite des dispositions du décret du 9 novembre 1849, les états d'arrérages et les quittances individuelles sont supprimés et remplacés par des bulletins-matrice mobiles, et des bordereaux collectifs. (Voir les art. 69 à 72 du règlement du 9 octobre 1832.)

Chaque soir , les dix contrôleurs remettent leurs

feuilles partielles au contrôleur en chef, après les avoir certifiées et en avoir reconnu la conformité avec les relevés de paiement établis par les divers comptoirs de la sous-caisse des dépenses *.

* (Contradictoirement avec les sous-payeurs.)

Art. 14. — Dans le cas d'empêchement des contrôleurs particuliers, le contrôleur en chef est chargé de les remplacer par des suppléants.

Art. 15. Le contrôleur en chef recueille les feuilles journalières établies par les contrôleurs placés près du payeur central et près des sous-caisses. *

* (Près des sous-caisses des recettes et de paiements.)

Il reconnaît si le total des dix feuilles partielles des contrôleurs près du payeur central s'accorde avec le récépissé que ce comptable fournit au caissier et qui est visé au contrôle.

(Ce paragraphe n'a plus d'objet. Le service des dépenses étant sous la même direction.)

Il résume ensuite les résultats de toutes les feuilles de contrôle dans un relevé général de recettes et de dépenses qui fait ressortir le solde à la charge du caissier et dont il reconnaît chaque jour l'accord avec la situation établie par le comptable.

Il remet chaque soir au ministre, après l'avoir certifiée, la situation des caisses formée d'après les éléments journaliers du contrôle.

Art. 16. — Le contrôleur en chef est spécialement chargé de viser les récépissés et reconnaissances délivrés par le caissier central en échange des remises de valeurs ou envois de fonds pour lesquels les décharges ne peuvent être données par les sous-caissiers au moment même de la recette.

Il vise aussi les bons que le caissier délivre sur la Banque de France et qui doivent être présentés à la signature du directeur du mouvement des fonds, les acceptations du caissier central, les certificats d'actions sur les canaux, les bordereaux déclaratifs de recettes, et généralement toutes les pièces servant à constater la quotité des opérations effectuées à la caisse.

Art. 17. — Un règlement de service approuvé par le ministre déterminera les diverses mesures d'exécution du présent arrêté. Le contrôleur en chef ne pourra y apporter aucune modification avant d'en avoir obtenu l'autorisation sur un rapport motivé dont le renvoi aura été fait aux directions compétentes, conformément l'article 4 du présent arrêté.

ARRÊTÉ DU MINISTRE

Sur le contrôle du payeur central du 20 mai 1832.

Contrôle des dépenses des ministères.

Article 1er. — A partir du 15 juin 1822, un contrôleur spécial sera placé auprès de chacun des trois bureaux de paiement pour les dépenses des ministères.

Art. 2. — Après la vérification par le payeur de la lettre d'avis ou du mandat de paiement délivré par l'ordonnateur secondaire, ou de toute autre pièce en tenant lieu, et des titres justificatifs à l'appui, ces pièces seront communiquées au contrôleur avec le mandat du payeur.

Art. 3. — Le contrôleur s'assurera que ce mandat n'est délivré qu'en vertu d'une ordonnance ou d'un mandat régulier de l'ordonnateur, et qu'il est conforme, pour la somme à payer, à la pièce portant l'acquit du créancier.

Il enregistrera le mandat du payeur sur une feuille journalière, avec distinction par ministère et exercice et apposera son visa sur cette pièce.

Le contrôleur remettra à la partie le mandat de paiement en même temps qu'il fera passer le talon au comptoir, et il rendra au payeur l'acquit et les autres pièces qu'il aura reçues en communication, après avoir frappé du timbre du contrôle le titre émané de l'ordonnateur.

Contrôle du paiement de la dette inscrite.

Art. 4. — Les contrôleurs au paiement de la dette inscrite, qui font partie des bureaux du payeur central, cesseront, à partir du 15 juin 1832, d'être subordonnés à ce comptable.

Art. 5. — Dans chaque bureau, le contrôleur recevra en communication avec le mandat du payeur les inscriptions revêtues des timbres de tous les semestres réclamés et compris dans ledit mandat.

A côté de chacun des timbres de paiement, le contrôleur apposera, à l'aide d'un timbre particulier, un signe au moyen duquel on pourra reconnaître, lors des paiements ultérieurs, que les semestres réclamés sont réellement dus.

Ce contrôleur, après s'être assuré que le mandat du payeur s'accorde pour son montant avec celui des semestres échus d'après les inscriptions, enregistrera les sommes appartenant à chaque semestre sur autant de feuilles distinctes. Ces feuilles énonceront que l'enregistrement y a été fait sur la représentation, et au vu par le contrôleur de l'inscription portant le timbre de paiement du semestre acquitté. Ensuite le contrôleur visera le mandat qu'il remettra au créancier avec son inscription, et fera passer le talon du mandat au comptoir.

Les quittance d'arrérages signées par les porteurs d'inscriptions seront, à la fin de la séance, communiquées au contrôleur, qui vérifiera si chacune de ces pièces est conforme pour la somme et pour le semestre payé avec les enregistrements.

Après cette vérification, chaque quittance sera frappée d'un timbre de contrôle.

Dispositions générales.

Art. 6. — Aucun mandat ne devra être aquitté par la caisse centrale s'il n'est revêtu du visa du contrôleur.

Art. 7. — Les contrôleurs au paiement des dépenses des ministères et de la dette inscrite seront subordonnés au contrôle central, comme le sont les contrôleurs aux sous-caisses.

Art. 8. — A la fin de chaque journée, chacun des contrôleurs aux bureaux de paiement arrêtera sa feuille de contrôle, et la certifiera après avoir vérifié s'il est d'accord, quant au montant des mandats délivrés, avec les relevés faits et les écritures tenues, tant dans le bureau de paiement qu'à la caisse centrale.

Art. 9. — Les feuilles journalières des contrôleurs spéciaux seront remises le jour même, par ces agents, au contrôle central, qui vérifiera si le total des feuilles partielles s'accorde avec le montant du récépissé à talon souscrit par le payeur des dépenses centrales pour les fonds délivrés sur ses mandats par le caissier du Trésor.

Art. 10. — Dans le cas d'empêchement des contrôleurs, le chef du contrôle central y pourvoira.

RÈGLEMENT ET ORDRE DE SERVICE

du contrôle institué par l'arrêté du ministre des finances en date du 24 juin 1832.

Du 9 octobre 1832.

Ire PARTIE. — SERVCE PRÈS LA CAISSE CENTRALE.

RECETTES.

Versements en espèces contre récépissés, ou reconnaissances à talon.

1. Les bulletins de versement signés par les parties versantes sont visés avant encaissement par les contrôleurs près la sous-caisse des recettes. Ils en portent le montant sur une feuille journalière et passent ensuite les bulletins aux agents de comptoir chargés de l'encaissement des fonds.

2. Les récépissés délivrés par le caissier central sont remis immédiatement après leur confection aux mêmes contrôleurs. Ces récépissés sont accompagnés des bulletins visés avant encaissement; les contrôleurs reconnaissent la conformité de ces pièces, enregistrent les recettes d'après les indications des récépissés et en détachent les talons, qu'ils retiennent par devers eux pour les transmettre à la fin de chaque journée au contrôleur en chef.

3. Les bulletins de versement destinés à servir de pièces de recette sont rendus par les contrôleurs au sous-caissier des recettes.

Encaissement de quittances d'arrérages de rentes et d'ordonnances, ou de mandats de paiement des ministères.

4. Les bordereaux établis à l'appui des quittances d'arrérages transmises par les receveurs généraux, et dont le payeur central effectue le paiement à la caisse,

sont également visés avant encaissement par les contrôleurs de la sous-caisse des recettes.

5. Il en est de même des ordonnances, lettres d'avis et mandats de paiement délivrés par les ministres au nom du caissier central; pour ces dernières pièces de recette, les contrôleurs apposent leur visa sur le titre même.

6. Ils inscrivent le montant de ces bordereaux d'arrérages, ordonnances, lettres d'avis ou mandats de paiement sur la feuille journalière destinée à l'enregistrement des bulletins visés avant encaissement.

7. A l'égard des récépissés que le caissier central doit délivrer pour ces recettes, soit aux ministères, soit aux receveurs généraux, soit aux correspondants du Trésor qu'elles concernent, le visa et la constatation contradictoire s'en opèrent ainsi qu'il a été dit au paragraphe 2.

8. La feuille des visa avant encaissement, ainsi que le livre des enregistrements sur récépissés, doivent ainsi présenter à la fin de chaque journée des résultats conformes au montant des recettes sur imputation déclarées par les écritures de la sous-caisse des recettes.

Versements des retenues exercées par le payeur central.

9. Cette règle est observée à l'égard des retenues exercées par le payeur central et dont il fait le versement le dernier jour de chaque mois après la clôture de ses opérations. Les contrôleurs, au vu de la pièce justificative de la recette, en inscrivent le montant sur la feuille des visa avant encaissement et sur le registre destiné à la constatation contradictoire des recettes. Le lendemain, et après la confection des récépissés auxquels ces retenues donnent lieu, ils les visent et en complètent l'enregistrement fait la veille d'une manière sommaire.

Versements par anticipation à passer le lendemain dans les écritures.

10. Quant aux versements accidentels effectués après la clôture des écritures et dont il n'est délivré de récépissé qu'à la date du lendemain, ils sont soumis comme tous les autres versements à la formalité immédiate du double visa et de l'enregistrement contradictoire en recette.

Les contrôleurs en portent le montant sur des feuilles préparées pour la journée du lendemain, et en remettent la note spéciale au contrôleur en chef.

Versements sans désignation d'imputation.

11. Les contrôleurs signalent également à leur chef et prennent immédiatement note de l'entrée des fonds qui, par quelque circonstance fortuite ou exceptionnelle, sont versés ou arrivent à la caisse sans désignation d'imputation. Dans ce cas, et si l'encaissement de ces fonds donne lieu à la rédaction d'un bulletin ou d'un reçu provisoire, le bulletin et le reçu sont visés par les contrôleurs, et le montant en est enregistré comme recette sans imputation, sous la désignation de versement par anticipation.

Émissions de valeurs et communication des autorisations relatives à ces émissions.

12. Le contrôle reçoit de la direction du mouvement général des fonds communication de toutes les autorisations générales ou spéciales en vertu desquelles les bons royaux et les traites du caissier sur lui-même doivent être émis. Il tient note de ces autorisations.

Bons royaux à ordre et au porteur délivrés contre espèces.

13. Les versements effectués à la sous-caisse des bons

royaux donnent lieu à l'établissement préalable d'une pièce de recette, subdivisée en bulletin de versement, reçu provisoire et talon.

Le reçu provisoire, que le contrôleur sépare du bulletin destiné à la caisse, est visé par lui avant encaissement. Il en prend note sur une feuille de déclaration de versement, en détache et garde le talon, et passe le reçu provisoire à l'agent du comptoir chargé d'en faire, après encaissement, la remise à la partie versante.

14. Lorsque le bon royal est confectionné et signé par le caissier central, le contrôleur en constate la recette sur son registre ; le bon est ensuite frappé du timbre du contrôle et rapporté au contrôleur, qui le vise et en détache le talon.

15. Les bons au porteur ne reçoivent la formalité du visa qu'au moment de leur remise aux parties.

(Les art. 13, 14 et 15, sont remplacés par l'arrêté du 15 mars 1841.

Le ministre secrétaire d'État des finances :

Considérant que le mode actuellement suivi pour l'émission des bons du Trésor donne lieu à la délivrance d'un reçu provisoire expédié au moment du versement des espèces et échangeable dans les 24 heures contre les bons eux-mêmes; qu'il en résulte pour les parties l'obligation d'un double déplacement et pour le Trésor l'inconvénient de créer deux titres différents, l'un portant promesse de fournir le bon, l'autre constituant une valeur définitive et tous deux obligatoires ;

Considérant qu'il importe que les déposants soient mis le plus tôt possible en possession de la valeur qui leur appartient et que la délivrance des bons s'effectue sans qu'il soit nécessaire d'employer un titre provisoire ;

Sur le rapport du directeur du mouvement général des fonds, avons arrêté et arrêtons :

Art. 1er — Il ne sera plus délivré de récépissés provisoires pour les versements effectués contre les bons du Trésor ; ces bons seront immédiatement fournis aux déposants.

Art. 2. — Le caissier central est autorisé sous sa responsabilité à se faire suppléer pour la signature des bons par le sous-caissier chargé de leur délivrance.

Art. 3. — Les versements faits avec demande de bons du Tésor devront être appuyés de bulletins, qui seront fournis par la caisse et signés par les parties versantes. Ces bulletins seront visés avant l'encaissement des fonds par le contrôleur près la sous-caisse des bons qui en fait l'enregistrement sur le livre d'émissions, et en prendra note sur le registre des déclarations de versements.

Art. 4. — Les formules des bons seront revêtues à l'avance du timbre sec de la caisse centrale et de celui du contrôle, elles seront remises dans la proportion des besoins au sous-caissier des bons qui en rendra compte d'après les procédés suivis pour les formules des mandats et des traites.

Art. 5. — Les bons après avoir été confectionnés et signés seront soumis au visa du contrôleur qui sera chargé d'en faire écriture contradictoire et d'en opérer la remise aux parties versantes.

Art. 6. — Le remboursement des bons ne sera effectué à leur échéance lorsque l'escompte en aura été dûment autorisé qu'après le rapprochement qui en sera fait avec les souches dont ils auraient été détachés.

Art. 7. — Les dispositions du règlement du 9 octobre 1832 continueront d'être exécutées en tout ce qui n'est pas modifié par les articles ci-dessus.

Art. 8. — Le présent arrêté sera déposé au secrétariat général et notifié à qui de droit.

Fait à Paris le 15 mars 1841.

(Par suite des dispositions de l'art. 4, le sous-caissier des bons remet au contrôle central les formules qu'il a reçues du garde magasin, après les avoir frappées du timbre de la caisse et s'être assuré de leur nombre.

Le contrôle central constate ces délivrances et fait appliquer son timbre sec sur les formules.

Les formules ainsi timbrées sont renvoyées au sous-caissier des bons, le contrôleur de cette sous-caisse, sur la notification qui lui en est faite par le contrôle central, porte à la charge du sous-caissier le nombre des formules reçues.

Ce contrôleur suit chaque jour la sortie des formules employées d'après l'émission, de manière à faire ressortir en fin de séance, sur son carnet, le solde des formules non employées.

A la fin de chaque mois, le solde est vérifié matériellement et contradictoirement arrêté entre le sous-caissier et le contrôleur.

Les formules fautées sont remplacées en nombre égal par de nouvelles formules, de manière à ce que le solde n'en soit pas réduit.

Ces formules fautées sont incinérées chaque mois en présence d'un contrôleur, qui en donne décharge au garde magasin.

Les dispositions qui précèdent sont observées en ce qui concerne la conservation des formules de mandats sur les départements.

A l'égard de la conservation des formules servant à l'émission des traites du caissier central, le contrôle n'applique son timbre sec que sur celles dont l'émission est autorisée et qui ont reçu la signature du caissier central.

D'où il suit que la décharge du garde magasin, de ces formules, ne résulte que des émissions.

Il doit justifier toutefois, pour complément des impressions dont il est chargé, des formules fautées par la caisse, mais non timbrées au contrôle.

Ces formules sont incinérées comme celles des bons et des mandats sur départements, à la fin de chaque mois.

Le contrôle est tenu de suivre l'émission des bons du Trésor par échéances mensuelles.

A cet effet, il est fait un bulletinage des bons émis.

Ce bulletinage sert au classement par mois d'échéance des bons à rembourser.

Les bons remboursés sont relevés par le contrôleur du paiement sur des feuilles disposées pour en faire connaître l'échéance.

Au moyen de ce renseignement, un contrôleur spécial est chargé d'extraire du casier où il les a classés, les bulletins des bons remboursés, de frapper ces bulletins d'un timbre de date du remboursement.

Chaque mois, il est formé une situation des bons en circulation, développée par mois d'échéance, lesquelles échéances sont justifiées matériellement par l'existence des bulletins restant dans les casiers.

A l'égard des traites du caissier central sur lui-même, le contrôle central tient des carnets d'émission par service et par coupure. Ces carnets sont émargés pour chaque traite de la date du remboursement.

A cet effet, les feuilles du contrôleur du paiement sont également disposées de manière à faire connaître le service, le numéro et la somme de chaque traite remboursée. Tous les mois les registres du contrôle des traites sont arrêtés; les résultats en sont résumés dans une situation qui présente par service, nombre et coupures, les traites en circulation au commencement de l'année, les émissions et les remboursements survenus, jusqu'au dernier jour du mois, et enfin le solde des traites restant en circulation.)

Bons royaux émis en compte-courant ou en paiement des dépenses publiques.

16. Ceux qui sont destinés à être remis en compte courant ou en paiement de dépenses publiques, sont seulement visés et constatés en recette par le contrôleur. Le contrôle s'assure en outre, par leur rapprochement avec les avis qu'il a reçus de la direction du mouvement général des fonds, que ces bons ne sont délivrés qu'en vertu d'autorisations préalables.

Émissions de traites du caissier sur lui-même.

17. Les traites du caissier sur lui-même, émises pour le service des armées et des colonies, sont déposées au bureau du contrôleur en chef, signées du caissier central et accompagnées d'un bordereau énonciatif du montant de l'émission. Le contrôle s'assure que cette émission est autorisée, appose son timbre sur les traites, les vise, en constate immédiatement la recette sur un registre particulier, et les rend au caissier central pour en faire la remise à qui de droit.

18. Les traites émises en paiement d'ordonnances ou contre espèces, sur la demande particulière des ministères de la guerre et de la marine, sont soumises aux mêmes formalités.

Versements contre mandats sur départements.

19. Les versements contre mandats sur départements donnent lieu, comme les recettes contre bons royaux, à la délivrance d'un reçu provisoire divisé en trois parties : le contrôleur vise ce reçu avant encaissement, et en détache le talon, énonçant la somme à verser.

20. Les mandats, après leur confection, lui sont remis, dûment signés et accompagnés du bulletin de versement.

Il compare ces pièces, reconnaît leur conformité, en constate la recette sur un registre, appose son visa sur le mandat, qu'il rend au sous-caissier après en avoir détaché et retenu le talon.

Émissions des mandats par le caissier de la caisse des marchés de Sceaux et de Poissy pour le compte du Trésor.

21. Le contrôleur tient un registre particulier pour la constatation en recette des mandats délivrés par la caisse des marchés de Sceaux et de Poissy. Cet enregistrement est effectué d'après les talons remis à la caisse par l'agent spécial du service et détachés des mandats au moment même de leur émission.

Le contrôleur, après s'être assuré que le montant de ses enregistrements est conforme au résultat du bordereau dressé par l'agent du service, vise le reçu donné sur ce bordereau par le sous-caissier des mandats. Il appose également son visa sur les lettres d'avis relatives à ces dispositions spéciales et adressées par le caissier central aux receveurs généraux ou particuliers sur lesquels les mandats ont été fournis.

Commissions bonifiées au Trésor sur les mandats émis.

22. Le contrôleur relève d'après les indications por-

tées sur les reçus provisoires qu'il a visés, et tient note des commissions bonifiées au Trésor par les parties versantes sur les mandats émis a courts jours. Il en récapitule le montant pour le rapprocher de la recette périodique que le caissier central doit en faire.

Recette d'intérêts, d'escomptes et de commissions.

23. La constatation en recette des intérêts, escomptes et commissions dont le caissier central doit se charger dans ses écritures, est justifiée par un relevé ou bordereau mensuel dûment certifié, lequel, après avoir été vérifié par la direction du mouvement général des fonds, est visé par le contrôle, qui en reconnaît la conformité avec les recettes successivement constatées. Le bordereau sert de pièce justificative de recette à l'instar des talons de récépissés.

Remises en effets à termes et autres valeurs de portefeuille adressées par correspondance au caissier central.

24. Le contrôleur au bureau d'arrivée des valeurs transmises au caissier central par correspondance, reçoit communication des lettres et bordereaux qui accompagnent ces valeurs et en constate la recette sur son registre.

25. Il rapproche cet enregistrement des lettres d'avis communiquées au contrôle par la direction du mouvement des fonds, et remet chaque soir au contrôleur en chef :

1° Le relevé de ses enregistrements en recette ; 2° celui des remises dont l'envoi se trouve annoncé par les lettres d'avis sans avoir figuré en recette dans les écritures du caissier central.

26. Le contrôle comprend le jour même dans ses

situations contradictoires, et dans le solde de la caisse, les valeurs de portefeuille dont il a constaté la recette sur son registre, et que le caissier central ne porte en recette définitive que le lendemain après un examen détaillé.

(L'art. 26 devient sans objet, le courrier du jour entre en recette dans la séance même.)

27. Les récépissés délivrés en contre-valeur de ces remises sont communiqués au contrôleur du bureau de l'arrivée. Celui-ci les compare à ses enregistrements de la veille et les remet après ce rapprochement au contrôleur en chef, qui les vise.

28. Le contrôleur en chef signale à la direction du mouvement des fonds chargée de donner suite à ce renseignement, les envois de valeurs dont la constatation en recette se trouve retardée dans les écritures de la caisse, ainsi que les remises dont les comptables omettent de donner avis.

Envois de fonds et versements à la banque.

29. Le contrôle reçoit chaque jour, de la direction du mouvement des fonds, le relevé des procès-verbaux de chargements et les avis de versements destinés à faire connaître les envois et remises de fonds adressés par les comptables à la banque. Il rapproche ces documents des articles de recette portés sur le carnet, s'assure que les récépissés délivrés par le caissier central, sont conformes aux énonciations de ce carnet, et en constate contradictoirement la recette sur ses registres. Lorsque ces vérifications sont opérées, le contrôleur en chef vise les récépissés, et les rend à la caisse après en avoir fait détacher les talons.

30. Le contrôle signale au directeur du mouvement des fonds les envois ou remises de fonds en retard dont la recette ne se trouve pas constatée sur le carnet de la banque.

(Sur le rapport d'une commission formée par suite d'une note du contrôle central, en date du 9 octobre 1833, est intervenue *le 9 novembre* 1833, *une décision* qui institue un *contrôle d'échéances* pour le recouvrement des valeurs de portefeuille de la caisse centrale. L'ordre de service de ce contrôle est réglé ainsi qu'il suit :

Le contrôle établira des carnets des valeurs de portefeuille, entrées au Trésor ; il prendra, pour point de départ de ces carnets, les effets reconnus exister en portefeuille à la suite d'une vérification à faire par un inspecteur général des finances.

A partir de l'établissement de ce carnet, le contrôle reçoit chaque jour de la caisse centrale un relevé sommaire des effets entrés avec indication du montant de chaque échéance.

Le lendemain, à l'ouverture de la séance, les bordereaux ou lettres d'envois de valeurs lui sont communiqués.

Il en fait le dépouillement par échéance et compare les sommes obtenues par le dépouillement avec la déclaration d'échéances remises la veille par la caisse.

L'accord étant reconnu, le contrôle en rapporte les résultats sur des feuilles d'entrées dites *d'échéances*, lesquelles présentent pour chaque échéance une colonne de date et somme.

Outre cette feuille d'entrée, il est établi une autre feuille en rapport avec celle-ci pour y constater les sorties.

Les entrées successivement enregistrées sur la première feuille sont additionnées au jour de l'échéance, et e même travail se fait, en cas de retrait avant échéance, sur les feuilles de sorties, afin de mettre en regard ces deux termes et de tirer le solde à recouvrer.

Ce solde étant établi, le contrôleur chargé de ce service reconnaît si les déclarations de la sous-caisse des recettes, ou celles qui résultent des remises d'effets en recouvrement à la Banque, s'accordent avec le solde à sortie.

En cas de différence, la justification en est demandée à la caisse.

Chaque mois, les carnets d'échéances du contrôle sont arrêtés, et une situation du portefeuille, développée par nature de valeurs et par échéances, est établie.

Une expédition de cette situation est adressée au mouvement des fonds afin de lui servir pour le choix des échéances, qu'il doit vérifier matériellement aux termes de l'article 3 d'une décision du 21 septembre 1841.)

Réalisation ou renvoi des espèces altérées, rejetées des envois parvenus à la banque.

31. Les contrôleurs suivent la réalisation ou le retrait des pièces fausses ou altérées non admises par la banque et remises par elle à la sous-caisse des recettes. A cet effet, le sous-caissier des recettes leur donne communication du carnet sur lequel se trouve consigné le dépôt de ces pièces, et lorsqu'à défaut du renvoi pur et simple, la réalisation s'en opère au profit des comptable, ils en constatent contradictoirement la recette sur leur registre et visent les récépissés délivrés à cette occasion par le caissier central après en avoir détaché et retenu les talons.

Mandats émis sur la banque pour retraits de fonds.

32. Les mandats émis sur la banque par le caissier central sont visés au contrôle avant d'être présentés au visa du directeur du mouvement des fonds. Le contrôleur près la sous-caisse centrale est chargé de remplir cette formalité. Il vise le registre de la caisse, constate contradictoirement sur un carnet spécial l'émission de ces mandats et en adresse chaque jour un relevé qu'il certifie et que le contrôle remet à la direction du mouvement des fonds.

Recettes provisoires de valeurs à réaliser pour le compte de divers.

33. A l'égard des titres et valeurs que le caissier central n'admet que provisoirement, soit pour les réaliser au compte de divers, soit pour en faire la restitution aux parties et dont l'entrée ne donne lieu qu'à la délivrance

d'un bulletin de dépôt ou accusé de réception, le contrôleur au bureau de l'arrivée de la correspondance en constate contradictoirement la recette provisoire sur son registre et vise le bulletin ou accusé de réception à talon délivré par la caisse.

TITRES ET VALEURS EN DÉPÔT.

Recettes des inscriptions en dépôt pour cautionnements et de divers titres de créances.

34. Le contrôle constate également en recette l'entrée des inscriptions en dépôt pour cautionnements et celle des titres divers de créances déposées entre les mains du caissier central chargé ou d'en recevoir les arrérages, ou d'en opérer la régularisation ou de les conserver seulement à titre de gage. Les décisions ou autorisations administratives en vertu desquelles les dépôts doivent avoir lieu, sont notifiées au contrôleur en chef, lequel vise, après en avoir fait détacher les talons, les récépissés que le caissier central en délivre.

DÉPENSES.

Paiements effectués par la sous-caisse des paiements de trésorerie.

35. Le contrôleur de la sous-caisse des paiements de trésorerie prend communication sur place des pièces de dépense revêtues de l'acquit des parties prenantes. Il y appose un timbre de paiement après en avoir reconnu la régularité; il les enregistre, rend les pièces au sous-caissier et en remet chaque jour au contrôleur en chef le relevé certifié.

36. Il vérifie si les bons royaux, les traites du caissier sur lui-même et les mandats des receveurs généraux et

des correspondants présentés au paiement sont bien arrivés à leur échéance.

37. Il s'assure, en cas d'acquittement avant échéance, que le sous-caissier n'admet ces valeurs au paiement, qu'au moyen d'un escompte autorisé par le caissier central, lorsque ces valeurs en sont susceptibles.

38. Le contrôleur se fait représenter le bordereau d'escompte visé à la direction du mouvement des fonds; prend note de son produit, afin que le contrôle puisse en rapprocher le montant de la recette que la sous-caisse des recettes doit en faire à la fin de la journée.

39. Relativement aux frais de service et de trésorerie, aux bordereaux d'intérêts se rattachant à des valeurs du portefeuille de la caisse acquittées avant terme, aux retraits de fonds des correspondants du trésor et paiements faits pour leur compte, aux paiements faits pour le compte des receveurs généraux et payeurs extérieurs, aux fonds remis à titre de subvention aux comptables des administrations des finances, aux remboursements et restitutions diverses; il s'assure que la dépense n'en est effectuée qu'en vertu des autorisations préalables, générales ou spéciales de la direction du mouvement des fonds, et n'en constate contradictoirement la dépense qu'après cette vérification.

Dépenses des intérêts attachés aux bons royaux lors de leur émission.

40. Le contrôle, conformément aux règles tracées à la caisse, enregistre chaque soir la dépense résultant des intérêts attachés aux bons royaux émis dans la journée; mais il n'effectue cette constatation contradictoire, qu'après avoir reconnu qu'il a été simultanément fait

recette, au compte des bons royaux émis, du montant de ces intérêts.

Envois de fonds.

41. Pour la constatation des envois de fonds à faire par le caissier central, le contrôle s'assure qu'ils ont été prescrits par la direction du mouvement des fonds, et délègue un contrôleur chargé d'assister à la pesée et à l'emballage des espèces ; le procès-verbal qui le constate est signé par le contrôleur, concuremment avec le sous-caissier des recettes et le caissier central. L'une des expéditions du procès-verbal reste déposée au contrôle ; le bulletin de chargement lui est communiqué ; il le timbre et annote sur l'expédition du procès-verbal le jour du départ de l'envoi.

42. Lorsque les comptables ou les correspondants du Trésor ont reçu les fonds dont la caisse leur a fait l'envoi, les récépissés qu'ils en délivrent pour couvrir le caissier central sont également communiqués au contrôle, qui en prend note et les frappe du timbre qu'il fait appliquer sur toutes les pièces de dépense de la caisse.

Paiements effectués par la sous-caisse établie près du payeur central.

43. Le contrôle constate les dépenses de la sous-caisse chargée d'acquitter les mandats du payeur central, au moyen des feuilles que rédigent les contrôleurs placés auprès de ce dernier comptable, et du récépissé cumulatif que le payeur délivre à la caisse à la fin de chaque journée. Ce récépissé est estampillé du timbre du contrôle.

(Article supprimé en 1848, par la réunion des deux services.)

Envois et remises de valeurs de portefeuille.

44. Le contrôle tient registre de la sortie de toutes les valeurs de portefeuille comprises dans le solde général de la caisse. Il vise les reçus qui en déchargent les sous-caissiers des portefeuilles, et en constate contradictoirement la sortie d'après les autorisations régulières de la direction du mouvement des fonds. Les récipissés délivrés par les comptables ou les accusés de réception, transmis par les correspondants auxquels les valeurs ont été adressées, lui sont communiqués au fur et à mesure de leur arrivée à la caisse. Il émarge les envois parvenus aux destinataires, timbre les récépissés de son visa et les réintègre à la caisse.

Bons royaux et mandats remis en compte courant.

45. A l'égard des bons royaux et des mandats émis pour être adressés en compte courant à des comptables ou à des correspondants du Trésor, il en constate la sortie, en recourant d'abord aux autorisations de la direction du mouvement des fonds qui en ont motivé la délivrance et indiqué la destination, et de plus en s'assurant que les sous-caisses d'émissions ont fait recette de ces valeurs pour une somme égale à leur sortie.

Restitution d'inscriptions de rentes en dépôt pour cautionnement.

46. Les décisions du ministre en vertu desquelles la caisse doit opérer la restitution aux parties, des rentes en dépôt pour cautionnements, sont notifiées au contrôle ; les quittances ou décharges données par les parties lui sont représentées. Il s'assure de la conformité

des restitutions avec les dispositions des décisions qui les ont autorisées. Il en constate la sortie sur ses registres et timbre de son visa les pièces justificatives de ces dépenses.

Restitution des titres de créances et des valeurs de diverses natures en dépôt pour garantie.

47. Il en est de même à l'égard de la restitution des titres de créances et des valeurs de diverses natures en dépôt pour garantie. Les autorisations d'après lesquelles ces restitutions sont opérées, ainsi que les reconnaissances ou pièces de décharge signées par les parties, sont présentées au contrôle, qui en vérifie la conformité, les enregistre en dépense et les estampille de son visa.

Sortie des valeurs entrées à titre provisoire.

48. Lorsque la sortie des valeurs entrées à titre provisoire s'opère par leur remise pure et simple à qui de droit, cette dépense est justifiée au contrôle par la production des reçus signés des parties ; le contrôle frappe ces reçus de son timbre de visa, en constate le montant en dépense sur ses livres et les réintègre à la caisse. Si leur sortie donne lieu au contraire à un enregistrement définitif en recette, l'accusé de réception est converti en récépissé à talon.

Le contrôle estampille de son visa la première de ces deux pièces, vise le récépissé dont il sépare et garde le talon, et en constate également la dépense sur ses livres, en s'assurant que le caissier central s'est bien constitué en recette d'une somme égale à cette dépense.

49. Au trente et un décembre de chaque année, l'entrée et la sortie des valeurs admises et enregistrées pendant l'année à titre provisoire, seront contre passées par un article d'annulation dans les écritures; et celles de ces valeurs demeurées entre les mains du caissier sont l'objet d'un nouvel article d'entrée dont il est fait enregistrement le 2 janvier de l'année suivante, et qui donne lieu à la délivrance de nouveaux bulletins à talon; le contrôle appose son timbre d'annulation sur les anciennes pièces de recette, retient les nouveaux bulletins et ne les remet à la caisse revêtus de son visa, qu'après s'être assuré que la recette en a été rétablie par le caissier central dans les écritures de l'année suivante.

Le contrôle s'assure également que la présence de ces mêmes valeurs entre les mains du caissier central est déclarée sur la situation de la caisse, parmi les valeurs à passer dans les écritures, de manière à pouvoir être saisies par la vérification de fin d'année.

VIREMENTS ET MOUVEMENTS DES FONDS ENTRE LES SOUS-CAISSES.

Remises par les sous-caissiers de portefeuille des valeurs à encaisser par la sous-caisse des recettes.

50. Les reçus provisoires donnés par le sous-caissier des recettes en espèces pour les valeurs qui lui sont remises par les portefeuilles, afin d'en faire opérer l'encaissement, sont produits à l'un des contrôles de cette sous-caisse.

Le contrôleur vise les reçus, en prend note, en porte le montant sur la situation de la sous-caisse dont il justifie la conformité avec ses écritures et s'assure le jour suivant que ces valeurs sont comprises dans la déclaration de recette de la sous-caisse pour une somme égale au montant des reçus qu'il a visés la veille.

Remises de valeurs à la banque pour en opérer l'encaissement.

51. Le contrôle s'assure chaque soir que les déclarations de recettes inscrites par la banque sur le carnet, sont conformes aux sorties de valeurs constatées par les sous-caissiers des portefeuilles. Ce n'est qu'après cette vérification qu'il consigne ces virements dans le résumé destiné à présenter contradictoirement l'ensemble des opérations de la caisse.

Mouvements de fonds entre les sous-caisses.

52. Les mouvements de fonds nécessités par le service des caisses s'opèrent tous exclusivement par l'intermédiaire de la sous-caisse centrale. Le contrôleur placé près de cette sous-caisse est chargé de constater contradictoirement les entrées et les sorties de fonds auxquelles ces mouvements donnent lieu. A cet effet, le contrôleur vise les reçus des sous-caissiers et du chef de comptoir de la sous-caisse centrale, et en constate à la fois le montant sur un compte ouvert par la sous-caisse et sur une feuille journalière destinée à faire ressortir le solde en numéraire dont le contrôleur en chef doit reconnaître l'existence avant la fermeture des caisses.

Recettes ou paiements que la sous-caisse centrale peut être chargée d'effectuer.

53. Lorsque la sous-caisse centrale se trouve dans le cas de coopérer momentanément aux opérations de recette et de dépense des autres caisses d'espèces, le contrôleur de cette sous-caisse remplit les obligations im-

posées aux contrôleurs de recette et de dépense. S'il s'agit de recouvrement, il vise les bulletins de versement avant encaissement, et les récépissés provisoires que délivre le caissier central, et tient note de leur montant. S'il s'agit de paiement, les pièces de la dépense lui sont communiquées revêtues de l'acquit des parties; il y appose le timbre de paiement, et en constate contradictoirement la dépense. Les feuilles d'enregistrement qu'il tient dans ces deux cas sont distinctes de celles destinées à la constatation des virements et des mouvements de fonds entre les sous-caisses.

VISA DES ACCEPTATIONS ET DES TITRES
A L'ÉGARD DESQUELS LA SIGNATURE DU CAISSIER ENGAGE LE TRÉSOR.

Acceptations.

54. Les mandats et traites susceptibles d'acceptations sont présentés au bureau de la direction du mouvement des fonds chargé de la comptabilité des effets à payer. Il en est formé des bordereaux qui sont ensuite remis au contrôle avec les traites et mandats. Ces bordereaux ne sont signés par le directeur du mouvement des fonds qu'après avoir été enregistrés et visés au contrôle, qui les rapproche des autorisations dont il a été précédemment informé. Les traites et mandats sont alors rendus au bureau des effets à payer, qui les remet au caissier central pour être revêtus de l'acceptation.

Titres à l'égard desquels la signature du caissier central engage le Trésor.

55. Les actions de canaux échangées, renouvelées, reconstituées ou libérées, que le caissier central est tenu de signer ou de quittancer, sont également soumises au

visa du contrôle. Les bordereaux établis par les parties, ainsi que les titres échangés, lui sont présentés; il en vérifie l'identité; s'assure que les termes que résument les quittances finales ou cumulatives ont bien été libérés; appose le timbre d'annulation sur les titres échangés, renouvelés ou reconstitués; garde l'un des bordereaux établis par les parties; vise les nouvelles actions et les remet après ces formalités à la caisse. Il est tenu au contrôle des registres spéciaux où ces diverses opérations sont consignées.

OPÉRATIONS DU CONTROLE CENTRAL.

Résumé des opérations en recette et en dépense constatées contradictoirement par les contrôleurs particuliers.

56. Les résultats tant en recette qu'en dépense que présentent les feuilles remises chaque jour par les contrôleurs, sont résumés dans un relevé général, avec distinction des opératione effectives et des opérations de virement.

Sur ce relevé, qui a pour base le solde constaté la veille à la caisse centrale, sont rapportées les opérations de recette et de dépense du jour par nature de valeur. Il comprend aussi les valeurs entrées dans le jour, mais que le caissier central ne peut admettre définitivement qu'à la date du lendemain. Cet état se résume par le solde général de toutes les valeurs présentes le soir à la caisse, avec la distinction du solde numéraire dont le contrôleur en chef doit reconnaître contradictoirement l'existence avant la fermeture des caisses.

Situation à remettre au ministre.

57. La situation que le contrôle doit remettre chaque jour au ministre est extraite de ce résumé. Cette situation est certifiée par le contrôleur en chef.

58. Il est tenu au contrôle central un registre sur lequel sont relevées les recettes et les dépenses consignées sur les feuilles journalières établies par les contrôleurs.

Le contrôleur en chef vise chaque jour le bordereau de recette et de dépense que le caissier central remet à la comptabilité générale.

Classement et remise des talons de récépissés à la comptabilité générale.

59. Les talons de recette retenus au contrôle y sont classés, par chapitre et par article de compte, et remis à la comptabilité générale accompagnés de bordereaux.

Documents de comptabilité et pièces justificatives à fournir ou à communiquer au contrôle par la caisse centrale.

60. Le contrôle reçoit chaque jour de la caisse centrale ,

1° Les états de mouvement ou situation de chaque sous-caisse, certifiés ;

2° Le relevé des envois de fonds et des versements reçus par la banque ;

3° Celui des annulations, changements d'imputation et redressements opérés dans les écritures de la caisse.

Autorisations de dépenses délivrées à la caisse par la direction du mouvement de fonds.

61. Les bordereaux et états établis par la caisse pour obtenir de la direction du mouvement des fonds les au-

torisations régulières de dépense qui doivent être produites à la cour des comptes, à l'appui du compte annuel du caissier central, sont communiqués chaque jour au contrôle, qui les vise après en avoir reconnu la conformité avec ses enregistrements.

Contrôle relatif au papier filigrané, et formules servant à l'émission des valeurs du Trésor.

62. Le contrôle tient note de l'emploi du papier filigrané et des valeurs du Trésor ; il vise les bons à imprimer, établit contradictoirement, à des époques périodiques, la situation de ce matériel, et en reconnaît la conformité avec les déclarations des sous-caissiers dépositaires, vise ces déclarations qu'il rend au caissier central.

IIe PARTIE.

SERVICE PRÈS LE PAYEUR CENTRAL.

DÉPENSES DES MINISTÈRES.

Paiement sur ordonnances des ministères et mandats des ordonnateurs secondaires.

63. Le contrôleur reçoit en communication du payeur, la lettre d'avis ou mandat délivré par l'ordonnateur, les titres justificatifs indiqués à l'appui de la dépense et le mandat de paiement émis sur la caisse du Trésor.

64. Le contrôleur s'assure de la régularité du mandat de l'ordonnateur et de la production des pièces justificatives dont le paiement doit être appuyé ; il reconnaît la conformité de la somme à payer portée au mandat, et que la caisse doit acquitter avec celle qui est énoncée au titre quittancé par le créancier. Après cette vérifica-

24 juin dernier, les quittances des porteurs sont frappées immédiatement du timbre du contrôle, et ce n'est que dans le cas de la trop grande multiplicité des paiements que l'accomplissement de cette formalité peut être différée jusqu'à la fin de la journée.

(En exécution des dispositions du *décret du* 9 *novembre* 1849, les bulletins-matrice établis à la direction de la dette inscrite, sont communiqués au contrôle central à l'ouverture de chaque semestre.

Ces bulletins classés par nature de fonds, sont accompagnés des états d'accréditement, pour y être frappés du timbre sec du contrôle. Ce travail fait, le contrôle central renvoie ces pièces dans le même ordre aux payeurs.

A leur réception, le payeur et le contrôleur du bureau de paiement procèdent ensemble à la collation des bulletins, en les rapprochant des états d'accréditement après quoi ces bulletins sont introduits dans les casiers.

En ce qui concerne la onzième série; attendu qu'elle se compose des comptes courants dont la mobilité exclut la permanence d'une même somme de rente; il est établi par la dette inscrite des états d'accréditement nominatifs au lieu de bulletins-matrice.

Ces états sont également communiqués au contrôle et revêtus de son timbre sec.

Les quittances individuelles étant supprimées, il est dressé par les porteurs d'inscriptions, un bordereau collectif de celles qu'ils ont à toucher; ce bordereau portant le nom et l'adresse de la partie est remis au payeur accompagné des titres; celui-ci, d'après le bordereau, dresse le mandat de la somme à payer, qu'il fait signer par la partie.

Après cette opération, le payeur passe au bulletineur le bordereau et les inscriptions auxquelles est joint le talon du mandat, afin que cet agent puisse retirer du casier le bulletin-matrice, reconnaître le droit au paiement et timbrer les inscriptions du semestre payé.

Le bulletineur remet les pièces au teneur de feuilles qui fait enregistrement partiel des inscriptions et du mandat à payer.

Le contrôleur reçoit l'ensemble de ces pièces des mains du teneur de feuilles; il reconnaît le droit et le constate par inscription et par mandat collectif sur sa feuille de journée. Il timbre ensuite les inscriptions du visa du contrôle portant la date du paiement. Après avoir reconnu l'accord de ses écritures avec le talon du mandat, il appelle la partie, lui demande la somme à toucher, vise le mandat qu'elle lui présente et passe le talon de ce mandat au comptoir après avoir rendu les inscriptions au créancier.

A la fin de la séance, il s'opère entre le contrôleur et le payeur un rapprochement des opérations de la journée.

Ce rapprochement se fait de la manière suivante :

Les bulletins-matrice extraits du casier et libérés du paiement sont remis au contrôleur ; celui-ci de son côté remet sa feuille de paiement au payeur et l'on procède à l'appel.

Le payeur nomme le numéro, le contrôleur répond par la somme d'après le bulletin-matrice et timbre de visa ce bulletin au semestre payé, il le remet immédiatement au bulletineur qui de son côté y appose un timbre indicatif de la date du paiement.

Le teneur de feuilles assiste à l'opération et pointe sa feuille d'enregistrement au fur et à mesure que se fait l'appel.

L'accord étant ainsi établi entre les divers agents responsables de la régularité du paiement, les feuilles du contrôleur destinées à être produites à la cour des comptes sont arrêtées, selon la forme adoptée, par le payeur et le contrôleur de chaque bureau.

Afin de justifier l'application exacte des paiements journellement constatés par les contrôleurs sur les différents semestres payés, il est tenu par ces agents une feuille récapitulative par semestre, des paiements de chaque jour; les résultats de cette feuille totalisée en fin de mois sont communiqués à la comptabilité du payeur central qui en certifie l'accord contradictoire.

Il est tenu au contrôle central un registre ouvert par séries et par semestres pour y inscrire chaque mois les paiements constatés par les divers bureaux de série. Ce registre présente :

1° Les restes à payer sur les différents semestres au commencement de l'année ;

2° Les crédits succesivement ouverts d'après les ordonnances délivrées ;

3° Les annulations d'ordonnances résultant de virements et changements de dispositions ;

4° Les paiements mensuels ;

5° Les annulations de paiements par suite du reversement de sommes irrégulièrement payées.

A l'aide des résultats constatés sur ce livre, le contrôle central établit chaque année pour le service des rentes un résumé des opérations qui lui ont été justifiées sur la production des titres et dont l'accord doit exister avec le compte du payeur central, produit à la cour des comptes.

Ce résumé, partant des restes à payer au 1er janvier, auxquels sont ajoutés les accréditements de l'année, modifiés des annulations d'ordonnances, doit présenter la somme des arrérages à payer par semestres et par séries; appliquant aux sommes à payer les paiements de l'année, il doit en ressortir les restes à payer au 31 décembre de chaque année, sur chaque nature de rente, de manière à ce que le rapprochement de ce document, avec le compte rendu par le caissier payeur central à la cour, devienne la justification des paiements faits sous la garantie du contrôle, en l'absence des états d'arrérages que le décret du 9 novembre 1849 a supprimés.)

71. Le contrôleur opère ses enregistrements sur des feuilles de journée distinctes par nature de dettes; à la fin de la séance, il récapitule les feuilles d'enregistrement, en compare les résultats, tant pour les sommes que pour les imputations, avec les écritures du payeur. Il certifie ces feuilles contradictoirement avec le comptable, et les remet au contrôleur en chef.

Paiement d'arrérages de rentes au porteur.

72. Le contrôleur reçoit en communication du payeur qui les a rapprochés du talon, les coupons d'arrérages détachés des inscriptions au porteur et le mandat de paiement. Il les compare, reconnait les sommes dues d'après l'échéance du semestre indiqué sur chaque coupon. Il frappe ceux-ci du timbre du contrôle, enregistre la dépense, vise le mandat, le remet à la partie et en passe le talon au comptoir.

Paiements sur quittances visées des arrérages de rentes en cours de transfert.

73. Le paiement des arrérages de rentes s'effectue sur des quittances visées à la direction de la dette inscrite, lorsque les inscriptions auxquelles ces arrérages se rattachent sont en cours de transfert. Dans ce cas, le cer-

tificat d'inscription annulé a été frappé aux bureaux du grand-livre d'un timbre particulier de paiement, et n'est point produit au payeur, qui ne communique au contrôleur, avec le mandat de paiement, que la quittance visée; le contrôleur reconnaît, pour les noms et les sommes, la conformité des mandats avec les quittances, et s'assure de l'identité des signatures accréditées par la direction de la dette inscrite * pour revêtir ces quittances d'un visa d'autorisation ; il enregistre les paiements sur sa feuille journalière d'après ces pièces, et y appose le timbre du contrôle avant de les rendre au payeur.

* (Et par le contrôle central.)

Paiements d'arrérages de rentes sur certificats de dépôts de procurations.

74. Les certificats de dépôt de procuration sont assimilés aux inscriptions elles-mêmes, et ils en tiennent lieu pour réclamer le paiement des arrérages échus. Dans ce cas, le contrôleur se conforme aux règles tracées par l'article 69 ; mais, de plus, lorsque le porteur d'un certificat de procuration réclame pour la première fois sur ce titre le paiement d'un ou plusieurs semestres, le contrôleur doit s'assurer que le montant en est exigible d'après l'époque de la cessation du paiement, sur les inscriptions originales que la direction de la dette inscrite a indiquées en marge du certificat de procuration.

(Les certificats de procurations devraient être soumis au visa du contrôle ; par cette formalité, il assurerait la présence du titre d'inscription en dépôt à la caisse du Trésor, ce que lui seul peut affirmer, puisque la caisse n'intervient pas dans la formation du certificat de procuration.)

Mandats délivrés sur dépôt des inscriptions avant l'ouverture des semestres.

75. Le contrôleur reçoit du payeur, au fur et à mesure que les vérifications sont opérées, le bordereau de dépôt auquel sont jointes les inscriptions revêtues du timbre du payeur. Il appose sur les certificats d'inscription le signe du contrôle, opère l'enregistrement de la dépense, en compare le montant avec le mandat qui lui est communiqué, en reconnaît la concordance, et rend au payeur le mandat non visé, après en avoir détaché le talon, qu'il retient ainsi que les inscriptions.

(Par suite de la réunion des deux services du payeur central et du caissier du Trésor, les dispositions suivantes ont été réglées entre le caissier payeur central et le contrôle, à partir du *semestre de décembre* 1849.

Les dépôts d'office faits au Trésor avant l'échéance du semestre sont reçus par un bureau spécial ouvert à cet effet pour les semestres de mars et septembre, du 22 du mois qui précède celui de l'échéance jusqu'au 15 de ce dernier mois; pour les semestres de juin et décembre, du 1er au 15 du mois de l'échéance seulement.

Ce bureau est divisé en autant de sections que les besoins du service l'exigent; à chacune d'elles est attaché un contrôleur.

Les dépôts sont préparés par les parties au moyen d'un bordereau par série dont la récapitulation doit être faite sur une feuille spéciale servant de couverture et dont le total représente la somme du dépôt; ce bordereau est signé et porte l'adresse du déposant.

Le payeur vérifie la présence des titres et souscrit un bulletin portant reçu du dépôt avec son numéro d'ordre.

Le contrôleur tient pour les dépôts deux espèces de feuilles; l'une pour l'enregistrement de chaque dépôt en masse, l'autre pour le développement de ces dépôts par série. Après avoir inscrit sur les feuilles et selon leurs divisions l'entrée du dépôt, il vise le bulletin dont préalablement il a reconnu l'accord.

A la fin de chaque jour, il totalise la feuille de séries et en constate l'accord avec les écritures du payeur.

Les dépôts de la journée sont distraits des chemises récapitulatives et réunis par séries pour être transmis aux bureaux qui en doivent préparer le paiement.

Lorsqu'il est fait par les mêmes parties des dépôts subséquents, ils prennent place sous le même numéro additionnellement au premier dépôt.

Ce supplément s'ajoute alors au premier reçu délivré à la partie.

Le travail préparatoire du paiement se fait dans les bureaux, conformément aux dispositions de l'art. 75 du règlement en ce qui concerne la reconnaissance et l'enregistrement du droit. Il n'est dérogé à ces dispositions que relativement aux quittances individuelles et à l'émission du mandat qui se fait au bureau des dépôts pour chaque déposant.

Le contrôleur frappe les inscriptions admises d'un timbre de paiement portant la date du 22 du mois de l'échéance, mais comme le travail est préparé par journée de dépôt portant différentes dates, le timbre apposé sur l'inscription porte la lettre D pour indiquer que le paiement a eu lieu sur dépôt d'office.

Le contrôleur de chaque série enregistre chaque journée de dépôt sur une feuille spéciale; toutes ces feuilles déjà arrêtées contradictoirement entre le contrôleur et le payeur sont ensuite réunies et récapitulées pour n'en former qu'une seule sous la date du 22.

Au fur et à mesure que les contrôleurs des bureaux de série ont expédié une journée de dépôt, le payeur de son côté renvoie au bureau central des dépôts les dossiers avec indication des changements survenus à la vérification et le contrôleur fait passer au contrôleur des dépôts sa feuille de paiement.

Le contrôleur des dépôts fait le rapprochement de la feuille de paiement avec ses enregistrements de détail et opère les changements ou rectifications indiqués par le bureau de série.

Après ce travail, les feuilles de paiement sont retournées aux contrôleurs des séries afin qu'ils en opèrent la réunion comme il est dit plus haut.

A la clôture des dépôts, le 15 au soir, les contrôleurs et les payeurs arrêtent contradictoirement le chiffre total des dépôts de leur série; après en avoir reconnu l'accord, le payeur souscrit un mandat collectif au nom du caissier payeur central; ce mandat est visé par le contrôleur.

Tous ces mandats réunis forment l'article dont le caissier payeur central se charge en recette à un compte intitulé : *Divers, leur compte de rentes déposées.*

Le payeur du bureau central des dépôts procède à la formation des mandats à joindre au dossier de chaque déposant. Ces mandats sont passés au contrôleur des dépôts pour en assurer la régularité.

A cet effet le contrôleur, après avoir tenu compte des augmentations et des déductions qui ont affecté les dépôts, fixe la somme revenant définitivement à chaque déposant.

Après cette vérification, le contrôleur reconnaît que la totalisation générale de ses feuilles présente un chiffre conforme à celui du payeur des dépôts. Ces deux agents signent alors contradictoirement l'accord sur leurs feuilles respectives.

Le paiement des arrérages sur dépôts d'office étant constaté d'une manière définitive dans les écritures du payeur, le jour même où il souscrit les mandats d'ordre dont il a été parlé plus haut, le paiement matériel fait aux déposants devient une opération de trésorerie.

Au jour de l'ouverture du paiement, tous les bordereaux couvrant les inscriptions provenant d'un même déposant, sont réunis en un seul dossier prêt à être remis aux porteurs des reçus de dépôts.

Lorsque le déposant présente son reçu provisoire au payeur, celui-ci passe au cotrôleur les inscriptions et le talon du mandat.

Le contrôleur reconnaît l'identité du talon avec l'enregistrement de dépôt, appelle la partie, vise le mandat qu'il lui remet avec les inscriptions et passe le talon au comptoir.

Les paiements sont enregistrés sur une feuille spéciale et constatés dans les écritures du contrôle, sous le titre d'opération de trésorerie, au compte : *Divers, leur compte de rentes déposées.*)

76. L'enregistrement des mandats d'arrérages sur inscriptions déposées se fait sur des feuilles distinctes, présentant la date de l'émargement, du semestre, et celle de l'échéance donnée aux mandats de paiement. Ces feuilles sont récapitulées à la fin de la séance ; le contrôleur en reconnaît et certifie la conformité avec les écritures du payeur : il dresse un bordereau nominatif des mandats à payer, arrête ce bordereau contradictoirement avec le comptable, y joint les talons et remet ces pièces, ainsi que la feuille d'enregistrement, au contrôleur en chef.

77. Ces inscriptions dont le paiement a été enregistré sont déposées dans une armoire dont le contrôleur garde la clef.

Remises des dépôts.

78. Pour obtenir la remise des titres, les porteurs présentent au contrôleur le mandat qu'ils ont reçu du payeur en échange du bulletin de dépôt ; le contrôleur vise ce mandat et le rend au porteur, ainsi que les inscriptions.

79. Les inscriptions déposées et les mandats préparés, dont le retrait n'a point été fait l'avant-veille au soir du jour de l'ouverture du semestre, sont réunis dans un bureau spécial près duquel le contrôleur en chef établit un contrôleur chargé de viser les mandats et d'opérer la remise des titres aux parties.

Remises des talons de mandats à la sous-caisse des dépenses.

80. Le contrôleur en chef transmet jour par jour au sous-caissier des dépenses les bordereaux nominatifs des mandats délivrés sur inscriptions déposées, ainsi que les talons qui lui ont été remis par les contrôleurs ; il lui en est donné reçu en marge du bordereau de remise.

Annulation de mandats préparés sur dépôts par suite du retrait d'inscriptions après émargement et remise du talon à la caisse.

81. Lorsque, par suite de demandes faites par les parties avant l'ouverture du semestre, il y a lieu d'opérer des modifications et changements dans les mandats déjà préparés, le contrôleur reçoit du payeur, en communication, un nouveau mandat dont il retient le talon ; il rectifie la feuille d'enregistrement sur laquelle avait été porté l'émargement du semestre à payer, se fait représenter la quittance du porteur, biffe sur cette quittance le visa du contrôle, et sur l'inscription le tim-

bre du semestre payé, et rend les pièces au payeur, qui en fait donner décharge par la partie sur le bordereau du dépôt. Le contrôleur remet immédiatement au chef du contrôle le talon du nouveau mandat, qui doit être échangé contre le talon primitif à rendre au payeur.

Paiement des mandats délivrés sur inscriptions déposées.

82. Le jour d'ouverture du paiement du semestre, le contrôleur placé temporairement près la sous-caisse chargée d'acquitter les mandats délivrés sur inscriptions déposées, reçoit du sous-caissier les mandats en communication au fur et à mesure qu'ils sont payés. Il en fait le relevé par bureau, numéros et sommes sur une feuille de journée, il opère le rapprochement des sommes qu'il a inscrites avec les feuilles d'enregistrement des contrôleurs de la dépense, certifie leur conformité, et remet son travail au contrôleur en chef pour compléter la somme de paiements du jour, représentée par le récépissé cumulatif du payeur.

Paiement des rentes viagères et pensions et des arrérages de rentes perpétuelles, constituées en majorats ou en usufruit avec mention spéciale de n'être acquittées que sur la représentation de certificats de vie.

83. Indépendamment des formalités de contrôle prescrites par les articles 68 et 69 du présent règlement, à l'égard du paiement des arrérages des rentes perpétuelles et qui sont applicables au paiement des rentes viagères, pensions et rentes perpétuelles constituées en majorats ou usufruit avec mention spéciale de n'être acquittées que sur la représentation de certificats de vie, le contrôleur doit s'assurer de la production des certificats de vie des titulaires et des droits acquis au paiement des arrérages réclamés.

Retenues pour divers motifs opérées par le payeur, soit sur les ordonnances, soit sur les pensions.

84. Les contrôleurs indiquent, sur leurs feuilles journalières et en regard du paiement, les retenues exercées soit sur les ordonnances des ministres, soit sur les arrérages réclamés des rentes et pensions : ils les additionnent, à la fin de la journée, et en transportent le montant sur une feuille cumulative; ils récapitulent cette feuille le dernier jour du mois et la remettent au contrôleur en chef, qui fait vérifier la concordance de ces résultats avec les récépissés de recette visés au contrôle.

OPÉRATIONS DU CONTROLE CENTRAL SUR LES DÉPENSES DU PAYEUR.

85. Les paiements effectués chaque jour sur les mandats du payeur central sont récapitulés au contrôle par ministère et exercice, et pour la dette publique, par nature de dette.

Le montant total de la récapitulation est rapproché de celui du récépissé cumulatif que le payeur a souscrit au nom du caissier central lorsque l'accord en a été reconnu. Le récépissé reçoit le timbre du contrôleur, et le contrôleur en chef vise le talon, qu'il détache et retient entre ses mains.

(Ce dernier alinéa est supprimé par suite de la réunion des deux services.)

86. Chaque jour il est formé un bordereau général des paiements. Le contrôleur en chef certifie ce bordereau conforme au montant des mandats partiels qui ont

été visés par les contrôleurs, et le transmet au directeur de la comptabilité générale des finances.

87. Il transmet également à la comptabilité générale à l'expiration de chaque mois les talons des récépissés fournis par le payeur central.

(Supprimé par suite de la réunion des deux services.)

88. Il est tenu au contrôle un sommier pour l'enregistrement cumulatif des opérations du * payeur central constatées chaque jour par les contrôleurs.

* (Caissier payeur central sur le service des dépenses publiques budgétaires.)

SECTION DEUXIÈME.

SERVICE ET CONTROLE DES AGENTS COMPTABLES

ET DÉPOSITAIRES ADMINISTRATIFS DES TITRES ET VALEURS.

ARRÊTÉ DU MINISTRE

Sur le service de la dette inscrite.

Du 9 octobre 1832.

Rentes.

ARTICLE 1er. — Le directeur de la dette inscrite est chargé, sous les ordres du ministre des finances, de suivre et de diriger les travaux relatifs à l'inscription sur le grand-livre du Trésor public, des rentes de toute nature, perpétuelles et viagères, dont les lois de finances ont autorisé la création.

Il est tenu de surveiller et de contrôler tous les actes des divers comptables ou agents chargés d'opérer ou de constater, soit à Paris, soit dans les départements, les mouvements de ces deux espèces de dette.

Il doit, en vertu des décisions royales ou ministérielles, faire opérer les radiations provisoires ou définitives des inscriptions portées au grand-livre, et les rétablissements qu'il y a lieu d'admettre.

ART. 2. — Il est chargé de veiller à l'insertion, dans les immatricules, des clauses qui peuvent modifier la nature de la propriété des rentes ; il concourt, en ce qui le concerne, et dans les cas réservés par les lois et les règlements, à assurer l'effet des oppositions judiciaires ou administratives, ainsi que l'exécution des jugements et autres actes signifiés au Trésor par suite des inscriptions faites ou à faire.

Les rémobilisations, divisions, réunions, rectifications, renouvellements de titres ; les conversions de rentes nominatives en rentes au porteur, et réciproquement, ainsi que les conversions de rentes directes ou payables à Paris en rentes départementales, et *vice versa*, sont effectués sous sa direction et sous sa surveillance.

Pensions.

Art. 3. — Le directeur de la dette inscrite est également chargé de suivre et de diriger le travail relatif à l'inscription, sur les livres du Trésor public, des pensions de toute nature imputables sur les fonds généraux de l'État ; de surveiller et de contrôler l'action des agents chargés d'opérer ou de constater les divers mouvements de cette nature de dette.

Il soumet à l'approbation du ministre les liquidations qui doivent être arrêtées par lui, et prépare le travail de révision prescrit par la loi du 25 mars 1817, pour celles de ces liquidations qui sont établies dans les autres ministères.

Il présente au ministre les projets d'ordonnance relatifs, soit à l'inscription, soit à l'imputation sur les crédits législatifs, quand la pension a été liquidée dans un autre ministère, il prépare seulement le projet d'ordonnance pour l'imputation de la dépense.

Il propose les suspensions, les radiations ou les rétablissements des pensions, et fait exécuter les prélèvements et retenues à exercer sur les pensionnaires en vertu de jugements ou de dispositions législatives.

Il doit veiller à l'exécution des lois prohibitives du cumul et à celle des jugements qui suspendent le paiement des retraites militaires.

Il veille à l'application des règlements relatifs au séjour à l'étranger des militaires pensionnés par l'État.

Cautionnements.

Art. 4. — Le directeur de la dette inscrite est chargé de faire inscrire tous les capitaux qui sont versés en numéraire à titre de cautionnements, soit à Paris, soit dans les départements, par les divers comptables et les fonctionnaires et les employés publics ; de délivrer les certificats qui servent à l'installation des titulaires.

Il fait enregistrer les déclarations du privilége de second ordre, et en donne acte au bailleur de fonds.

Il fait opérer, en vertu des décisions du ministre, les applications des cautionnements déja versés à la garantie d'une gestion nouvelle.

Paiement d'intérêts et remboursement de capitaux.

Art. 5. — Les bordereaux de mois, de trimestre, de semestre ou d'années, qui servent à la délivrance des ordonnances de paiement, tant à Paris que dans les départements, des sommes dues pour arrérages de rentes et pensions, pour remboursements de capitaux ou pour intérêts de cautionnements, sont établis par les soins et sous la surveillance du directeur de la dette inscrite.

Il est chargé de recevoir toutes les demandes adressées par les parties pour changer le lieu de leur paiement, et de faire viser toutes les quittances remises après l'ouverture des semestres, lorsque le paiement des arrérages est demandé dans un département autre que celui où la dépense est ordonnancée.

Il fait établir les bordereaux et décomptes servant à l'annulation ou à la réduction des ordonnances applicables au paiement des capitaux des cautionnements ou des intérêts de la dette.

Contrôle et comptabilité.

Art. 6. — La direction de la dette inscrite tient les livres et écritures destinés à retracer les opérations de son service, et qui sont nécessaires pour la suite et le contrôle administratif de ses différentes parties.

En exécution de l'arrêté du 30 décembre 1829, elle est de plus chargée de la tenue d'une comptabilité centrale qui résume toutes ses opérations.

Elle doit fournir chaque mois à la comptabilité générale des finances, la situation des comptes ouverts en vertu de l'arrêté précité. Dans le cas de la négociation d'un emprunt en rentes, la situation des inscriptions qu'elle a délivrées pendant le jour doit être fournie tous les soirs au ministre, et communiquée à la comptabilité générale.

Le directeur de la dette inscrite se fait remettre par le contrôle des caisses du Trésor, les bordereaux et bulletins des versements opérés à la caisse centrale, soit en mandats du payeur, pour les créances des exercices arriérés, soit en numéraire à valoir sur les emprunts.

Art. 7. — Le directeur de la dette inscrite arrête et signe tous les ans, le 31 décembre, les livres qui servent à constater les divers mouvements qui se sont opérés dans les fonds qui composent ce service.

Ces livres sont soumis à l'examen et à la vérification de la commission instituée par l'ordonnance du roi du 10 décembre 1823.

La commission vérifie les écritures spéciales à la comptabilité des cautionnements, et en constate la conformité avec les résultats présentés par le compte général des finances.

Agents de change.

Art. 8. — Le directeur de la dette inscrite est spécialement chargé du travail résultant des dispositions de l'ordonnance royale du 29 mai 1816, relatives à la compagnie des agents de change près la Bourse de Paris, tant pour les nominations à proposer au roi, que pour l'exécution des règlements. Il prépare la correspondance avec le syndic sur tous les objets qui peuvent intéresser la surveillance attribuée au ministre.

Il se concerte avec les directeurs du mouvement général des fonds et du contentieux pour les affaires qui exigent leur intervention, et dépose au secrétariat particulier les projets d'ordonnance relatifs au personnel.

Dispositions générales.

Art. 9. — Il correspond, au nom du ministre, avec les administrations, les fonctionnaires publics, les comptables et les particuliers pour les affaires qui sont dans ses attributions ou qui dérivent des instructions générales arrêtées par le ministre.

Il est spécialement chargé de transmettre aux notaires certificateurs les instructions relatives à la délivrance des certificats de vie, et de veiller à l'exécution des règlements et à l'application des tarifs arrêtés par l'administration pour le prix des actes qui intéressent les pensionnaires ou les rentiers viagers.

Division du travail.

Art. 10. — Le travail de la direction de la dette inscrite est distribué en cinq bureaux ;

Savoir :

1° Le bureau central et de contrôle administratif ;
2° La section des transferts et mutations ;
3° La section du grand-livre ;
4° La section des pensions ;
5° La section des cautionnements.

Le travail se répartit de la manière ci-après, entre ces cinq sections :

Section des transferts et mutations.

Réception des déclarations des titulaires de rentes ;

Réception des certificats des agents de change, des notaires, et des différentes pièces produites à l'appui des transferts et des mutations ;

Expédition des certificats de transfert et de mutations sur lesquels le grand-livre inscrit les créanciers ;

Formation et envoi au directeur du relevé des opérations faites pendant la journée ;

Présentation à la cour, du compte annuel des opérations de transfert et de mutation ;

Section du grand-livre.

Inscription nominative sur le grand-livre des créanciers de l'Etat ; rétablissements autorisés par le ministre, et radiations ordonnées par les lois et ordonnances;

Formation des bordereaux servant à l'ordonnancement des arrérages de rentes et des décomptes pour la réduction ou l'annulation des ordonnances ;

Tenue des registres nécessaires à l'établissement, à

l'ordonnancement et au paiement des rentes de toute nature ;

Formation et remise au directeur de la dette inscrite du relevé journalier des inscriptions délivrées ;

Présentation, à la cour, du compte annuel des opérations relatives à l'accroissement ou à la diminution de la dette en rentes sur l'État, perpétuelles et viagères ;

Les deux sections ci-dessus sont confiées à deux agents comptables, personnellement responsables, vis-à-vis du Trésor, et assujettis au versement d'un cautionnement de 50,000 francs en numéraire ou en rentes représentant ce capital ;

Section des pensions.

Liquidation, révision et inscription des pensions de toute nature, sur les fonds généraux de l'État ; suspension et radiation définitive de ces pensions ;

Tenue des écritures relatives à ce service, préparation des bordereaux et décomptes d'arrérages, rédaction des rapports, des projets d'ordonnance et de la correspondance ;

Présentation, à la cour, d'un compte faisant connaître la nature et l'origine des accroissements et des diminutions survenus dans les pensions pendant l'année.

Le chef de cette section, quoique rendant compte à la cour, n'est pas assujetti au versement d'un cautionnement ; c'est un comptable d'ordre.

Section des cautionnements.

Inscription des cautionnements, priviléges consentis par les titulaires aux noms des bailleurs de fonds ;

Tenue des livres et écritures qui constatent les versements opérés, ainsi que les remboursements des capitaux et les paiements d'intérêts effectués ;

Préparation des bordereaux servant à l'ordonnancement des ces divers paiements, ainsi que la correspondance et les rapports au ministre ;

Section du bureau central et du contrôle administratif.

Tenue des relevés contradictoires et des registres établissant le contrôle administratif des services confiés à la direction de la dette ;

Établissements des écritures centrales prescrites par l'arrêté du 30 décembre 1829 ;

Détails du personnel et du matériel de la direction ; correspondance, rapports, projets d'ordonnance et de règlements relatifs au service des rentes de toute nature.

Le double du grand-livre et les archives de la dette font partie de cette section.

Le directeur peut déléguer le chef du bureau central pour la signature et le visa du contrôle à mettre sur les pièces qui sortent de cette direction.

Art. 11. — Un règlement spécial, pour l'ordre du travail et l'exécution des contrôles administratifs propres au service de la dette inscrite, approuvé par nous, sera annexé au présent arrêté.

RÈGLEMENT

Pour l'ordre des travaux et l'exécution des contrôles de la direction de la dette inscrite.

Du 9 octobre 1832.

CHAPITRE Ier.

Rentes de toutes natures.

Article 1er. — L'inscription sur le grand-livre du

Trésor public s'acquiert, soit par l'achat d'une rente déjà inscrite, soit par la remise des titres et pièces constatant le droit à la propriété d'une rente sur l'État.

Action et responsabilité de l'agent comptable des transferts et mutations.

Dans le cas de l'achat d'une rente, l'inscription est remise à l'agent comptable des transferts et mutations, avec une déclaration indicative des noms et prénoms de celui ou de ceux à qui elle doit être transférée : cette déclaration est signée par le vendeur et certifiée par un agent de change, qui atteste l'identité de la personne, et la validité des pièces jointes à la déclaration, et qui, pendant cinq ans, est responsable de l'exactitude de son certificat, aux termes de l'article 16 de l'arrêté du 27 prairial an X.

Sur la remise de cette pièce, l'agent comptable rédige et signe un certificat qui constate le droit de l'ancien propriétaire à vendre la rente, et le droit de la personne indiquée par la déclaration à être inscrite sur le grand-livre.

Le certificat est envoyé dans la journée à l'agent comptable du grand-livre, accompagné du titre ancien dont les signatures sont préalablement biffées et annulées.

L'agent comptable des transferts et mutations est personnellement responsable de l'exactitude des actes signés par lui et par ses délégués, spécialement autorisés par le ministre à le suppléer.

Action et responsabilité de l'agent comptable du grand-livre.

ART. 2. — Le certificat de transfert est reçu au Trésor par le chef agent comptable du grand-livre, qui s'assure de la régularité du certificat délivré par l'agent des transferts, rapproche l'inscription vendue de la souche qui est conservée au Trésor, vérifie si l'immatricule au grand-livre est conforme au libellé de l'extrait présenté ; et quand il a reconnu la régularité des pièces, fait inscrire sur le grand-livre les noms, prénoms et qualités des nouveaux propriétaires indiqués dans le certificat de transfert : il fait expédier un extrait de l'inscription nouvelle qui doit être signé par lui ou par ses délégués, autorisés à cet effet par le ministre ; et le lendemain, à six heures du matin, il doit renvoyer cet extrait à l'agent comptable des transferts.

L'agent comptable du grand-livre engage sa responsabilité par les signatures qu'il donne lui-même, ou qui sont apposées par ses délégués au bas des extraits d'inscription. Il est également responsable des immatricules portées sur le grand-livre de la dette publique.

Visa et signature des extraits par l'agent comptable des transferts.

Art. 3. — Au moment où les extraits d'inscription délivrés la veille parviennent le matin à l'agent comptable des transferts et mutations, il compare le libellé de ces extraits avec les déclarations restées entre ses mains : vérifie si les noms et prénoms, les sommes et les clauses qu'ils énoncent sont conformes à ces déclarations, ainsi qu'aux certificats de transferts qu'il a délivrés la veille ; et, quand il a reconnu cette conformité, il signe l'extrait d'inscription qui ne peut être remis aux parties que revêtu d'un visa, pour contrôle, donné par le directeur de la dette inscrite, ou par l'un de ses délégués.

Par cette signature sur l'extrait d'inscription, l'agent comptable des transferts et mutations se rend responsable, conjointement avec l'agent comptable du grand-livre, de la régularité de l'extrait délivré.

Surveillance et contrôle du directeur.

Art. 4. — Le directeur de la dette inscrite est spécialement chargé de contrôler l'émission des extraits d'inscription et leur délivrance aux parties.

A cet effet :

L'agent comptable des transferts est tenu de remettre tous les jours, à quatre heures de relevée, au directeur de la dette inscrite, un bordereau signé de lui, constatant les numéros et les sommes portés dans les certificats délivrés par lui ou par ses délégués pendant le cours de la journée.

L'agent comptable du grand-livre est tenu de remettre au directeur tous les matins, à huit heures, le relevé des inscriptions qu'il a faites la veille sur le grand-livre, et des extraits qui ont été signés par lui ou par ses délégués, en conséquence des certificats délivrés par les bureaux des transferts et mutations.

Le directeur de la dette inscrite fait opérer tous les matins, à neuf heures, dans le bureau central placé près de lui, le rapprochement de ces relevés.

Si la conformité des deux déclarations est reconnue, le directeur met au bas du bordereau fourni la veille par l'agent comptable des transferts, l'autorisation de délivrer les extraits.

Cette autorisation est immédiatement envoyée au préposé spécial qu'il a délégué près de l'agent comptable des transferts, pour le suppléer dans l'apposition des visa qui doivent être placés sur tous les extraits d'inscription avant qu'ils ne soient livrés aux parties.

Le visa est donné après la signature de l'agent comptable des transferts. Il est signé du délégué du directeur, et en son nom. Après cette formalité, l'extrait est délivré à la partie, ou à l'agent de change chargé de la représenter, sur la remise du bulletin de dépôt délivré la veille en échange des pièces servant au transfert.

Si le rapprochement des relevés fournis par les deux agents comptables fait reconnaître quelque différence, la délivrance des extraits d'inscription aux parties est suspendue jusqu'à ce que cette différence ait été régulièrement expliquée.

DOUBLE DU GRAND-LIVRE.

Contrôle en résultant.

ART. 5. — Au moment où l'agent comptable du grand-livre transmet au bureau des transferts les extraits d'inscription, il fait passer au double du grand-livre les certificats de transferts.

Le directeur de la dette fait inscrire par l'employé chargé de la conservation et de la tenue du double du grand-livre, et sur des cartons mobiles, toutes les indications portées dans les certificats de transferts, de manière à ce que chaque carton reproduise la copie exacte des extraits délivrés aux parties. Ces copies signées par le dépositaire de ces doubles sont classées par ordre alphabétique, et forment un contrôle permanent des rentes immatriculées sur le grand-livre par ordre numérique d'inscription.

Le montant de toutes les copies expédiées est porté sur des relevés journaliers, par débit et par crédit, divisés en séries comme les comptes établis au grand-livre ; et tous les soirs la balance des séries est remise au directeur de la dette, qui en reconnaît l'accord avec les déclarations qui lui ont été fournies la veille, et le jour même, par les deux agents comptables des transferts et du grand-livre.

Tous les jours les copies des extraits d'inscription annulés par suite de transferts sont retirés des casiers fermés où sont classées les inscriptions restant à comprendre dans les états des paiements à ordonnancer.

A des époques indéterminées, et quand le ministre le juge nécessaire, l'inspection générale des finances vérifie la conformité des copies d'inscription rédigées au double, et des immatricules portées sur le grand-livre.

Mutations qui ne proviennent pas d'une vente d'inscription.

Art. 6. — Lorsque l'inscription nouvelle n'est pas le résultat d'une vente de rente, elle peut être produite par différentes causes :

1° Par la liquidation en rente d'une créance imputable sur les crédits restant ouverts pour le paiement de l'arriéré ;

2° Par un versement applicable à un emprunt fait par l'État ;

3° Par la liquidation de l'indemnité accordée en rentes par la loi du 27 avril 1825 ;

4° Par la remise de certificats délivrés par des notaires, juges de paix, greffiers de tribunaux, en vertu de jugements, ou de tous autres actes, ou pièces constatant le droit à la propriété d'une ou de plusieurs rentes, et délivrés en conformité des dispositions de la loi du 28 floréal an VII ;

5° Par l'effet d'une réunion, division ou rectification d'inscriptions existantes ;

6° Par la production de pièces constatant le droit au rétablissement sur le grand-livre de rentes dont le paiement aurait été suspendu, en exécution des lois, ordonnances et décisions du ministre ;

7° Par la demande d'un nouvel extrait d'inscription en remplacement de l'extrait primitif déclaré perdu.

Inscription d'une rente imputable sur les crédits ouverts pour le paiement de l'arriéré.

Art. 7. — Aucune rente imputable sur les crédits de l'arriéré ne peut être inscrite sur le grand-livre au profit d'un créancier de l'État, qu'elle n'ait fait l'objet d'une liquidation spéciale par le ministre compétent qui délivre l'ordonnance à laquelle le créancier a droit.

Cette ordonnance est acquittée à la partie en mandats du payeur des dépenses sur le caissier central du Trésor.

Le bordereau des paiements à faire en rentes est dressé par le payeur des dépenses, et remis au directeur du mouvement général des fonds, qui vise le bordereau et le fait passer au directeur de la dette inscrite.

Le directeur fait établir dans le bureau du contrôle administratif placé près de lui, le calcul du produit en rentes de la créance que le bordereau exprime au capital.

L'accroissement que doit amener dans le chiffre de la dette inscrite l'inscription nouvelle à délivrer est constaté sur un registre spécial tenu au bureau central. Il est dressé un bordereau au bas duquel le ministre des finances, sur la proposition du directeur, signe l'autorisation d'imputer les rentes sur les crédits législatifs ouverts.

Cette autorisation est remise à l'agent comptable des transferts et mutations.

L'opération se consomme de la même manière que

pour les transferts ordinaires par suite de ventes de rentes.

L'agent comptable des transferts délivre son certificat pour opérer le transfert du compte du Trésor public (rentes de l'arriéré) au compte du créancier à inscrire. Il signe ce certificat et le remet à l'agent comptable du grand-livre qui, après avoir passé les écritures spéciales qu'exige cette opération, immatricule la rente sur le grand-livre, signe l'extrait d'inscription, et le renvoie au bureau des transferts et mutations, où l'extrait est signé par l'agent comptable, et visé pour contrôle.

L'extrait d'inscription à délivrer à la partie, au lieu de lui être remis comme pour un transfert ordinaire contre le bulletin de dépôt des pièces, doit être renvoyé au bureau central pour qu'il y soit pris note du numéro et de la somme portés à l'extrait d'inscription, et que le directeur puisse ainsi s'assurer que l'imputation autorisée par le ministre, et dont il doit suivre l'exécution, a été régulièrement opérée.

L'extrait d'inscription est ensuite rendu à l'agent comptable des transferts, qui en fait remise au caissier central contre son récépissé à talon dûment visé au contrôle.

Inscription par suite de versements applicables à des emprunts en rentes.

ART. 8.—Lorsqu'en vertu d'une loi de finances, un emprunt en rentes a été négocié par le Trésor, le secrétariat général fait remettre au directeur de la dette inscrite des copies officielles 1° de l'ordonnance royale qui a autorisé la négociation; 2° de l'arrêté du ministre des finances qui a prescrit les conditions et la forme de l'adjudication; 3° du procès-verbal de cette adjudication.

Le directeur de la dette inscrite prend les ordres du

ministre relativement à l'inscription des rentes adjugées et aux coupures des certificats à délivrer.

Si le versement de la somme empruntée a lieu à des termes successifs, le contrôle des caisses doit faire passer au directeur de la dette inscrite le double des bulletins des versements d'à-compte, à mesure qu'ils sont opérés à la caisse centrale. Ces bulletins doivent énoncer les termes de l'emprunt auxquels elles sont applicables.

Ce n'est que sur la remise des bulletins constatant l'encaissement de la totalité de la somme applicable à la garantie exigée par le Trésor, et sur le dépôt des récépissés à talon délivrés par le caissier central, et dûment visés au contrôle, que le directeur de la dette inscrite fait remettre aux prêteurs les certificats de négociation dont le modèle est joint à l'ordonnance royale, et dont les coupures et le nombre ont été préalablement déterminés par un arrêté spécial du ministre.

A ces certificats sont annexés autant de coupons qu'il y a de termes indiqués pour les versements. Ces coupons énoncent à la fois le montant de la somme à verser pour chaque terme, et celui de la rente à délivrer en contre-valeur du versement. Les certificats sont signés par l'agent comptable du grand-livre, et visés, pour le directeur de la dette, par le chef du bureau central chargé du contrôle administratif.

L'échange de ces certificats contre les récépissés à talon du caissier central rapportés par les parties, est opéré par l'agent comptable du grand-livre : cet échange est constaté dans un compte d'ordre ouvert à cet effet au grand-livre.

Au moment de la remise des certificats, deux comptes sont ouverts contradictoirement. L'un est établi par l'agent comptable du grand-livre, et comprend au crédit la somme totale des rentes adjugées. Il est successivement débité des rentes qui, à mesure des versements, sont transférées aux ayants droit.

L'autre compte est tenu dans le bureau central et de contrôle. Il est établi par chaque certificat, et présente, d'une part, le montant et l'échéance de chaque terme à payer, la rente afférente aux certificats pour chaque paiement ; et, d'autre part, les sommes versées avec indication des numéros et des dates des bulletins de la caisse.

Il y est fait une mention spéciale des sommes devant rester en réserve, et qui ne peuvent donner lieu à la délivrance des rentes qu'après le paiement de tous les termes. Enfin, il est tenu dans le même bureau un compte récapitulatif dans la même forme pour chaque série de certificats émis.

Les bulletins de versements envoyés par le contrôle des caisses, chaque jour, sont immédiatement remis au bureau central ; et il en est fait écriture au compte des certificats.

Les parties intéressées dans l'emprunt déposent au bureau des transferts et mutations les coupons dûment quittancés par le caissier, et visés au contrôle des caisses. Ces coupons sont détaillés dans des bordereaux en double expédition, dont l'une reste jointe aux coupons, et l'autre est remise à la partie par l'employé commis au dépôt, revêtue du reçu de ce dernier. Les talons sont rapprochés de la souche. Les coupons sont ensuite remis au bureau du contrôle chargé par le directeur de s'assurer qu'ils sont conformes aux bulletins de versements enregistrés avant de les rendre au bureau des transferts et mutations.

L'agent comptable des transferts et mutations, après avoir biffé et annulé les signatures des coupons, dresse le certificat de mutation du compte du Trésor au compte à ouvrir au nouveau créancier.

L'agent comptable du grand-livre, sur la remise du certificat de mutations, où sont détaillés les coupons fournis en contre-valeur des rentes, émarge sur un compte d'ordre les coupons rentrés, inscrit les rentes sur le grand-livre, et expédie les extraits d'inscription qu'il signe, et qu'il renvoie à l'agent comptable des transferts. Celui-ci, après en avoir reconnu la conformité avec son certificat de transfert, signe l'extrait et le transmet au bureau central et de contrôle, où l'on porte au compte de chacun des certificats le numéro, la date et le montant de l'inscription correspondante à chaque terme payé.

Après ces formalités, les extraits d'inscription sont délivrés aux parties contre la remise de la double expédition du bordereau portant reconnaissance du dépôt.

La délivrance des extraits contre les coupons déposés doit avoir lieu, au plus tard, le cinquième jour après le dépôt.

Tous les jours le directeur de la dette inscrite fait dresser une situation présentant, d'une part, les versements effectués antérieurement, ceux que les bulletins de versement ont fait reconnaître pendant la journée; et de l'autre part, les rentes inscrites précédemment, et celles dont l'inscription a eu lieu pendant le jour, avec indication des termes auxquels s'appliquent les versements, ainsi que les rentes fournies en contre-valeur. Cette situation, qui est mise tous les jours sous les yeux du ministre, fait ressortir la somme en réserve, et en cas d'escompte, les rentes inscrites sur cette réserve.

Un extrait de cette situation est remis tous les jours, à quatre heures, à la comptabilité générale des finances.

Des rapprochements journaliers ont lieu entre les écritures tenues dans le bureau du grand-livre, et les écrirures contradictoires tenues au bureau central et de contrôle ; et tous les mois, les résultats fournis par ces deux bureaux doivent être reconnus d'accord, et compris dans le résumé que présente la comptabilité centrale de la dette.

Inscription provenant d'une indemnité aux émigrés dépossédés.

ART. 9. — Aucune rente 3 p. 100, imputable sur le crédit ouvert au Trésor public par la loi du 27 avril 1825, relative à l'indemnité allouée aux émigrés dépossédés, ne peut être inscrite sans que l'indemnité qu'elle représente n'ait été l'objet d'une liquidation dûment arrêtée.

Les allocations résultant de cette liquidation doivent être portées sur des bulletins signés du secrétaire de la commission, et dont une expédition est adressée au directeur de la dette inscrite au moment où le travail est arrêté par cette commission.

Ces bulletins doivent être récapitulés dans des bordereaux énonciatifs des noms et qualités des émigrés dépossédés, des noms et prénoms des ayants droit à l'indemnité, et des sommes allouées à chacun d'eux en capital et en rente.

Ces bordereaux sont adressés au directeur du contentieux du Trésor, après qu'un agent commis à cet effet par le ministre, s'est assuré que les sommes qu'ils énoncent sont conformes à celles qui sont portées dans les arrêtés pris par la commission. Sur l'attestation de cet agent, le directeur du contentieux fait approuver par le ministre des finances la distribution à faire entre les divers ayants droit des sommes portées dans les bordereaux; et il les fait passer, revêtus de l'approbation du ministre, au directeur de la dette inscrite.

Ces bordereaux sont remis immédiatement au *bureau central* et de *contrôle*, où ils sont confrontés avec les bulletins transmis par le secrétaire de la commission, et dépouillés ensuite sur un compte spécial, sur lequel sont portés les numéros des bordereaux et le montant de chaque liquidation opérée.

Ces pièces sont ensuite adressées à une section spéciale du bureau des transferts et mutations, chargée de la suite du travail relatif à l'inscription de l'indemnité, et d'en tenir un compte contradictoire.

Avant de procéder à la délivrance du certificat de mutation du compte du Trésor au compte de l'ayant droit, l'agent comptable est tenu de vérifier au bureau des oppositions au Trésor, s'il n'y a pas d'opposition ou de transport signifiés, et d'en assurer l'effet, s'il y en a. Si la créance est liquidée, l'agent comptable délivre son certificat de mutation, auquel est joint un extrait de la liquidation autorisée par le ministre, lequel extrait est certifié par le directeur de la dette et visé par le chef du bureau des oppositions.

L'agent comptable du grand-livre inscrit les noms et prénoms des ayants droit portés dans le certificat de mutation, fait expédier et signe l'extrait d'inscription qu'il renvoie au bureau des transferts, où la seconde signature est apposée par l'agent comptable, après qu'il s'est assuré de la régularité des noms et des sommes portées dans l'extrait.

Cet extrait est alors communiqué au bureau du contrôle, qui enregistre les numéros et les sommes des inscriptions en regard des liquidations autorisées par le ministre.

Les extraits d'inscription, visés au contrôle, conformément à l'article 4, sont remis aux parties par l'agent comptable des transferts et mutations, en échange de la lettre d'avis qui leur a été adressée directement par le directeur du contentieux du Trésor, et sur laquelle elles mettent leur reçu.

Inscription par suite de dépôt de pièces constatant la propriété. Divisions, réunions, rectifications.

ART. 10. — Dans le cas d'inscription par suite de dépôt de pièces, telles que certificats délivrés par les notaires, juges de paix ou greffiers de tribunaux, jugements, et toutes autres pièces conférant le droit à la propriété d'une rente déjà inscrite sur le grand-livre, l'agent comptable des transferts délivre le certificat de mutation sur la production des justifications prescrites par la loi du 28 floréal an VII et par les instructions administratives (instruction du 1er mai 1819).

Il en est de même pour les réunions, divisions, rectifications, changements de qualités, etc., réclamés par les parties.

Toutes les pièces exigées pour ces mutations doivent être remises par les parties au bureau des mutations au Trésor, ou être jointes à la déclaration de transfert, toutes les fois que l'acte de transfert comprend à la fois une vente et une mutation de propriété; elles peuvent encore être adressées par correspondance sous le couvert du ministre.

Dans le cas de dépôt des pièces, il est fourni à la partie un bulletin de dépôt ; dans le cas de l'envoi par correspondance, il en est accusé réception par lettre signée du directeur.

Après la vérification des pièces, et lorsque l'agent comptable du transfert ou ses délégués ont reconnu que les titres fournis constatent le droit à la propriété, l'agent comptable délivre le certificat de mutation, et l'opération s'exécute de la même manière que pour le transfert d'une rente vendue.

Les changements et rectifications à effectuer dans les immatricules des rentes ne peuvent être opérés qu'après qu'ils ont été l'objet d'une décision du ministre, provoquée par le directeur de la dette inscrite, et qui est produite par l'agent comptable à l'appui de son compte à la cour.

Lorsque les arrérages d'une rente n'ont pas été réclamés pendant cinq ans par le titulaire, aux termes de l'article 2277 du Code civil, et de l'article 156 de la loi du 24 août 1793, ces arrérages étant prescrits, l'inscription cesse d'être comprise dans les états de paiement, elle est rayée du grand-livre et portée à un compte spécial intitulé : *Compte des portions non réclamées*, et ne peut plus être rétablie qu'en vertu d'une décision du ministre, toutes les fois qu'il faut délivrer un titre nouveau.

Dans le cas d'adirement d'un extrait d'inscription, un nouveau titre ne peut être délivré à la partie qu'après qu'elle a fait devant le maire de son domicile la déclaration prescrite par le décret du 3 messidor an XII, et le remplacement de l'inscription ne peut avoir lieu que dans le semestre qui suit celui où la demande a été formée.

Dans les divers cas indiqués ci-dessus, lorsqu'une décision du ministre autorise la rectification à opérer, le rétablissement du titre, cette décision est communiquée d'abord au bureau central et de contrôle qui en prend note, ainsi que de l'époque à partir de laquelle la jouissance des arrérages doit recommencer : la décision est ensuite remise à l'agent comptable des transferts, qui rédige le certificat de mutation en vertu duquel la rente est transportée du compte des portions non réclamées ou du compte ancien ouvert à la partie, au compte nouveau qui doit lui être ouvert.

Conversion des rentes nominatives en rentes au porteur et réciproquement.

Art. 11. — La conversion d'une rente nominative en rentes au porteur a lieu au moyen d'une déclaration accompagnée des mêmes formalités que celles qui sont exigées pour la vente d'une inscription ; elle s'opère également par le ministère d'un agent de change qui certifie, sous sa responsabilité, l'identité du propriétaire vendeur, et la validité des pièces jointes à sa déclaration.

L'agent comptable des transferts accompagne l'envoi qu'il fait au Trésor des titres nominatifs à convertir d'un bordereau qui les récapitule : ce bordereau est remis au bureau central de contrôle, où il est fait mention sur un compte spécial ouvert à cet effet, des coupures au porteur réclamées par les parties.

En échange du certificat de transfert signé par l'agent comptable, le chef agent comptable du grand-livre, au lieu de remettre le lendemain, comme pour les rentes nominatives, le nouvel extrait d'inscription, fait seulement dresser un bulletin énonciatif des sommes qui seront à inscrire et des noms de ceux qui auront droit de retirer les extraits. Ces bulletins sont remis par l'agent des transferts aux parties ou à leurs fondés de pouvoirs, afin qu'ils puissent faire retirer leurs titres au porteur.

Le lendemain à midi les coupures de rentes au porteur qui ont été expédiées par le bureau du grand-livre sont signées par l'agent comptable, qui les fait passer au bureau central et de contrôle, où les coupures délivrées sont comparées avec le bordereau envoyé par l'agent comptable des transferts; et quand la conformité est reconnue, le directeur les fait viser et signer par le chef du bureau central.

Les coupures délivrées sont enregistrées sur un compte spécial ouvert dans le bureau du contrôle. Les extraits d'inscription sont envoyés le lendemain matin dans un portefeuille à deux clefs à l'agent comptable des transferts qui, après les avoir comparés avec les déclarations restées entre ses mains, les vise, quand il en reconnaît l'exactitude.

Avant la livraison aux parties, les extraits au porteur doivent être visés pour contrôle, par le directeur de la dette : la livraison ne doit avoir lieu que sur le vu du bulletin de dépôt.

Tous les soirs une situation des rentes au porteur émises dans la journée, est fournie au ministre. Cette situation récapitule les omissions précédemment faites.

Les reconversions de rentes au porteur en rentes nominatives, ne sont l'objet d'aucune formalité spéciale : sur la déclaration faite par le porteur, et sur la remise du titre joint à sa déclaration, l'inscription a lieu au grand-livre, après que les signatures des titres au porteur ont été biffées, et qu'ils ont été annulés par l'agent comptable des transferts. La diminution opérée au compte des rentes au porteur est constatée sur les livres tenus dans le bureau central.

Conversion d'une rente directe en rentes départementales et réciproquement.

Art. 12. — La conversion d'une rente directe en une rente départementale et réciproquement, l'échange d'une rente de cette nature contre un pareil titre sur le grand-livre d'un autre département, ont lieu d'après les formes tracées dans l'instruction spéciale jointe à la circulaire du 1er mai 1819, et dont un extrait est annexé au présent règlement.

Rentes viagères.

Art. 13. — Le rétablissement de rentes viagères et leur transfert s'opère de la même manière que ceux des rentes perpétuelles.

Les rectifications dans les noms, prénoms et qualités des têtes sur lesquelles elles reposent doivent, aux termes de l'ordonnance royale du 2 juillet 1814, être autorisées par une ordonnance spéciale.

Comptes rendus à la cour par les deux agents comptables.

Art. 14. — En exécution de l'ordonnance royale du 12 novembre 1826, le chef agent comptable des transferts et mutations et le chef agent comptable du grand-livre, rendent un compte annuel des opérations qu'ils ont effectuées pendant l'année.

Les formes de ce compte sont tracées par l'ordonnance précitée qui est annexée au présent règlement, ainsi que par l'arrêté d'exécution du 1er avril 1827 qui y est également joint.

Avant d'être envoyés à la cour, ces deux comptes

sont vérifiés d'après les écritures contradictoires tenues au bureau central et certifiées conformes par le directeur.

CHAPITRE II. — PENSIONS.

Nature des pensions ; mode de liquidation générale.

ARTICLE 1er. — Les pensions imputables sur les fonds généraux de l'État, et qui ont été déterminées par les lois, sont de plusieurs natures :

Les pensions de l'ancien sénat et de la pairie,

Les pensions civiles anciennes et nouvelles,

Les pensions ecclésiastiques anciennes et nouvelles,

Les pensions militaires, des veuves et des orphelins,

Les pensions des donataires,

Les pensions pour récompenses nationales.

Aucune pension ne doit être inscrite, et ne peut être imputée sur les crédits législatifs qu'en vertu de deux ordonnances distinctes autorisant, l'une, la concession, l'autre, l'inscription ou l'imputation de la dépense.

L'ordonnance d'imputation est toujours proposée par le ministre des finances, quel que soit le département dans lequel le fonctionnaire a été employé.

L'ordonnance de concession est rendue sur la proposition du ministre au département duquel appartenait le fonctionnaire admis à la pension.

Toute liquidation de pension faite dans un ministère autre que celui des finances, est communiquée au ministre de ce département, pour y être soumise, avant la concession, aux vérifications prescrites par la loi du 25 mars 1817.

Pensions de l'ancien sénat et de la pairie.

ART. 2. — Les pensions accordées aux membres de

l'ancien sénat et à leurs veuves, ainsi qu'aux pairs de France, en vertu de l'ordonnance du 4 juin 1814, et qui ont été inscrites au Trésor public en exécution de la loi du 28 mai 1829, se composent ainsi qu'il suit :

Pensions accordées aux anciens sénateurs qui n'ont pas été nommés pairs,

Pensions accordées à leurs veuves et à celles des pairs,

Pensions accordées aux anciens sénateurs devenus pairs, et aux nouveaux pairs nommés,

Pensions accordées aux fils de pairs par reversion de celles dont jouissaient leurs auteurs.

L'ordonnance de concession pour toutes ces pensions est rendue sur la proposition du ministre des finances.

Pensions des anciens sénateurs non appelés à la pairie.

ART. 3. — Aucune inscription nouvelle ne doit avoir lieu pour les pensions accordées par l'ordonnance du 4 juin 1814, et inscrites en vertu de la loi du 28 mai 1829, en faveur des anciens sénateurs non appelés à la pairie.

Le compte ouvert à ces pensions dans les livres du Trésor ne peut recevoir d'inscription que par suite du rétablissement d'une pension temporairement suspendue.

Pensions aux veuves des anciens sénateurs et de pairs.

ART. 4. — La concession des pensions autorisée par l'ordonnance du 4 juin 1814 et par la loi du 28 mai 1829, en faveur des veuves des anciens sénateurs et des pairs, leur inscription sur les livres du Trésor et leur imputation sur les crédits ouverts, s'opèrent ainsi qu'il suit :

Chaque veuve est tenue de faire, entre les mains du

grand référendaire de la chambre des pairs, une déclaration de l'état de sa fortune personnelle au décès de son mari. Cette déclaration est consignée dans un procès-verbal que le grand référendaire adresse au ministre des finances.

La dette inscrite propose au ministre, en vertu de ce procès-verbal, un projet d'ordonnance qui est communiqué au comité des finances et appuyé de son avis.

Le ministre, s'il y a lieu, soumet ensuite ce projet, ainsi préparé, à la signature du roi, et l'ordonnance de concession est insérée au *Bulletin des lois*. Elle énonce les noms et prénoms de la pensionnaire, la somme accordée et l'époque de l'entrée en jouissance.

Le numéro du *Bulletin des lois* qui renferme cette ordonnance est envoyé par le secrétaire général au directeur de la dette inscrite.

Un exemplaire de ce Bulletin est remis au bureau central et de contrôle qui enregistre à un compte spécial l'article d'accroissement au livre des pensions; un autre exemplaire du même Bulletin est remis au bureau des pensions.

L'agent comptable des pensions fait enregistrer contradictoirement la nouvelle pension concédée.

Cette concession est comprise dans un projet d'ordonnance soumis, chaque mois, au roi, et qui autorise l'imputation des concessions de toute nature faites pendant le cours de ce mois.

L'ordonnance d'imputation est enregistrée au bureau central et au bureau des pensions.

L'agent comptable des pensions rédige et signe un certificat qui énonce les noms et prénoms de la pensionnaire, la somme à laquelle elle a droit, l'époque de l'entrée en jouissance et le lieu où doit se faire le paiement. Ce titre porte au dos les principales indications nécessaires à la partie pour l'observation des règles relatives aux certificats de vie, aux cumuls, etc.

Avant la délivrance à la partie, et après la signature de l'agent comptable, le certificat est communiqué au bureau central qui est chargé par le directeur de s'assurer, d'après l'enregistrement fait sur les ordonnances, de l'exactitude des indications qu'il renferme, et de le viser.

Après le visa du contrôle, signé par le directeur, l'extrait est remis à la partie.

Pensions aux pairs et aux fils de pairs.

Art. 5. — Conformément aux dispositions de la loi du 8 août 1830, et à l'article 23 de la Charte, aucune inscription ne doit être faite en faveur des anciens sénateurs devenus pairs, des nouveaux pairs et des fils de pairs.

Pensions civiles.

Art. 6. — Chacun des ministres propose la liquidation des pensions civiles dues aux fonctionnaires ou employés qui ressortissent à son département, en se renfermant dans les limites posées par la loi du 24 août 1790, le décret du 13 septembre 1806, et la décision du 30 juillet 1807, dont les principales dispositions sont détaillées dans l'instruction ci-jointe spéciale aux pensions.

Le projet de liquidation est soumis à l'un des comités du conseil d'État attaché à chaque ministère.

Après approbation par le ministre de l'avis du comité, l'ordonnance est communiquée, en projet, au ministre des finances qui opère la révision prescrite par la loi du 25 mars 1817. L'ordonnance est enregistrée au *Bulletin des lois*, enregistrée à la fois sur les livres de la section des pensions et sur ceux qui sont établis au bureau central.

Il en est de même de l'ordonnance d'imputation que le ministre propose, ainsi qu'il a été expliqué à l'article précédent ; le certificat est délivré par l'agent comptable et visé au contrôle.

Pour les pensions des membres et employés de la cour des comptes et de leurs veuves, des employés de l'administration des monnaies, des inspecteurs généraux des salines, et généralement pour toutes les pensions des employés et fonctionnaires civils ressortissant au ministère des finances, et qui n'ont pas subi de retenues, l'agent comptable des pensions établit leur liquidation, et le ministre des finances propose l'ordonnance de concession (1).

Pensions ecclésiastiques.

Art. — 7. Aucune des pensions ecclésiastiques dont l'inscription a été autorisée par les lois des 25 février, 16 août et 14 octobre 1790, 18 août 1792, 2 frimaire et 7 nivôse an II, ne peut être liquidée qu'autant que les prétendants à cette pension justifient, conformément à l'avis du comité des finances du 18 avril 1831, approuvé par le ministre, qu'ils ont rempli des fonctions salariées suspensives de la pension pendant un temps suffisant pour que la prescription trentenaire ne puisse leur être opposée.

(1) Ces dispositions ont été modifiées par la loi du 9 juin 1853, et par le règlement du 9 novembre 1853.

Les conditions d'admissibilité à la pension sont détaillées dans une inscription spéciale ci-jointe.

L'inscription s'opère de la même manière que pour les pensions civiles proposées par le ministre des finances.

Cette inscription, l'imputation de la dépense, l'expédition du titre, et sa remise aux parties s'exécutent par les mêmes procédés, et sont soumises aux mêmes contrôles.

Pensions militaires, des veuves et des orphelins.

ART. 8. — L'inscription des pensions de l'armée de terre a lieu d'après les ordonnances de concession provoquées par le ministre de la guerre, et dont les projets sont présentés à la révision du ministre des finances.

Les bases légales pour la liquidation de ces pensions sont fixées par la loi du 11 avril 1831, par le tarif et par le règlement qui y sont joints.

L'inscription, l'imputation et la remise des pièces, soit aux parties, soit aux sous-intendants militaires chargés de les leur faire parvenir, sont soumises aux mêmes formes et et aux mêmes contrôles que les pensions civiles.

La pension accordée aux orphelins des militaires doit cesser dès que le plus jeune des enfants a atteint l'âge de vingt-un ans. (*Article 2 de la loi du* 11 *avril* 1831.)

Pour assurer l'exécution de cette disposition sur l'envoi des ordonnances de concession provoquées par le ministre de la guerre, il est ouvert dans le bureau central et de contrôle un compte spécial où sont enregistrés l'âge des orphelins admis à la pension et l'époque à laquelle doit cesser la jouissance pour chacun d'eux. Il est formé un état, par année, de toutes ces extinctions.

Le même compte est tenu contradictoirement par le bureau des pensions, qui, à mesure que les orphelins atteignent l'âge prescrit, retire les pensions des états d'arrérages, et doit les porter au compte des extinctions.

L'exactitude des radiations opérées par le bureau des pensions doit être contrôlée au bureau central, d'après les relevés qui y sont établis.

Pensions aux vétérans des camps de Juliers et d'Alexandrie.

Art. 9. — Les inscriptions qui peuvent avoir lieu par suite de la reversion ouverte aux veuves et aux orphelins des vétérans des camps de Juliers et d'Alexandrie s'exécutent conformément à l'ordonnance du 2 décembre 1814 et à la loi du 14 juillet 1819, sur la remise, par les parties, des pièces et titres établissant leurs droits.

La liquidation préparée d'après les bases posées par cette loi, et détaillées dans l'instruction spéciale ci-jointe, est communiquée au comité des finances, qui donne son avis. L'ordonnance de concession est soumise à la signature royale par le ministre.

L'inscription, l'imputation et la remise des titres ont lieu de la même manière que pour toutes les pensions proposées par le ministre des finances.

Pensions des donataires dépossédés.

Art. 10. — Aucune inscription nouvelle ne peut avoir lieu, en exécution de la loi du 26 juillet 1821, sur les donataires dépossédés, si ce n'est en faveur des veuves et des orphelins de ces donataires, qui, aux termes de cette loi, ont droit à la reversion de cette pension.

Lors du décès des donataires, les prétendants à la reversion doivent faire parvenir au Trésor les pièces qui constatent leurs droits. Ces pièces sont l'objet d'une liquidation sur laquelle le comité des finances donne son avis.

L'inscription, l'imputation et la remise des certificats aux parties sont soumises aux mêmes contrôles que toutes les pensions proposées par le ministre.

Pensions à titre de récompenses nationales.

Art. 11. — Aucune inscription nouvelle ne peut avoir lieu, en exécution de la loi du 13 décembre 1830, à titre de récompenses nationales, qu'au profit des orphelins qui, par une ordonnance du 25 août 1831, sont admis, à mesure qu'ils atteignent leur septième année, à convertir en un secours de 700 francs, payable jusqu'au dernier jour du trimestre dans lequel ils ont atteint leur dix-huitième année, celui de 250 francs que leur assure la loi précitée.

L'ordonnance d'inscription est soumise à la signature du roi par le ministre de l'intérieur : elle est comprise dans les ordonnances d'imputation collectives proposées chaque mois par le ministre des finances. Les formes pour cette inscription et pour l'imputation sont les mêmes que pour toutes les pensions dont la proposition n'est pas faite par le ministre des finances.

La remise des titres, au lieu d'être opérée entre les mains des parties, est effectuée au ministre de l'intérieur, qui se charge de les faire parvenir aux maires, délégués par l'article 4 de l'ordonnance du 25 août, pour les recevoir et pour toucher les arrérages à chaque trimestre.

Il est tenu, pour l'extinction des secours de 250 francs, à servir aux orphelins jusqu'à leur septième année, et pour celle de secours de 700 francs, qui doivent également cesser lorsque les orphelins ont atteint leur dix-huitième année, deux comptes contradictoires, l'un par le bureau central et de contrôle, et l'autre par le bureau des pensions.

Compte à la cour.

Art. 12. — En exécution de l'ordonnance royale du 12 novembre 1826, le chef agent comptable des pensions rend un compte annuel des accroissements et des diminutions opérées pendant l'année dans les pensions inscrites sur les fonds généraux. Les formes de ce compte sont fixées par l'ordonnance précitée annexée au présent règlement.

Chacun des articles portés dans ce compte est contrôlé au bureau central, savoir : pour les accroissements, au moyen des enregistrements contradictoires qu'il opère sur la communication des ordonnances de concessions et de celles d'imputation ; pour les diminutions, 1° par la remise qui lui est faite des états d'extinction transmis par les payeurs ; 2° par l'enregistrement sur ses livres des certificats de rejet délivrés par l'agent comptable des pensions ; 3° enfin, par la communication de toutes les décisions qui prononcent la suspension ou la radiation définitive des pensions.

Le compte annuel est visé au contrôle, et toutes les copies de décision remises à l'appui sont certifiées par le directeur de la dette inscrite.

CHAPITRE III.— CAUTIONNEMENTS.

ARTICLE 1er. — Les cautionnements en numéraire applicables à la garantie des fonctions publiques et déterminées par les lois, doivent être versés à la caisse centrale, au Trésor public ou aux caisses des receveurs des finances dans les départements.

Le secrétariat général des finances, pour les comptables, chefs de service et autres agents à la nomination du ministre, et les directeurs des administrations financières pour les employés à leur nomination, fournissent, à chaque mutation d'emploi, au directeur de la dette inscrite, un bulletin, en double expédition, indicatif des noms, prénoms et qualité des titulaires nouveaux et du montant des cautionnements auxquels il sont assujettis. Le bulletin reste déposé au bureau des cautionnements jusqu'au moment où le versement intégral lui est justifié.

Après cette justification, l'une des expéditions du bulletin est renvoyée au secrétariat général du ministère ou au directeur de l'administration à laquelle appartient le titulaire.

Chaque mois, le directeur de la dette inscrite remet au ministre l'état des cautionnements dont le versement est en retard.

Versement opéré à la caisse centrale du Trésor.

ART. 2. — Aucun certificat d'inscription de cautionnement n'est délivré,

1° Que le récépissé comptable du versement, fait dans une des caisses publiques, n'ait été rapporté au chef de bureau des cautionnements chargé par le directeur de la dette de faire effectuer l'inscription sur les livres du Trésor;

2° Que les sommes versées n'aient été contradictoirement enregistrées dans le bureau central de la dette et dans la section spéciale des cautionnements.

Lorsque le versement a lieu à Paris, le titulaire verse ses fonds à la caisse centrale; le caissier lui délivre un récépissé à talon dûment visé au contrôle.

Tous les versements de cette nature opérés pendant le mois, sont récapitulés dans un bordereau signé par le caissier central et visé au contrôle, lequel détaille les sommes versées, les noms et prénoms du titulaire et les fonctions qu'il exerce.

Ce bordereau est dressé au bureau central où il est dépouillé sur des bulletins mobiles qui détaillent toutes les indications données par la caisse. Chacun des versements reçoit un numéro d'enregistrement au contrôle, lequel numéro est répété sur le bulletin.

Les bordereaux sont ensuite transmis au bureau des cautionnements où l'enregistrement s'opère par catégorie de titulaire, par département et par arrondissement de sous-préfecture. Un compte spécial est ouvert à chaque titulaire; la date à partir de laquelle les intérêts commencent à courir est indiquée sur ces registres.

Au moment où le récépissé est remis par le titulaire au bureau des cautionnements, le chef de cette section confronte les indications qu'il porte avec son enregistrement; et après avoir reconnu la conformité, il expédie et signe le certificat d'inscription, sur lequel il indique le numéro donné par le contrôle au versement.

Le directeur de la dette fait vérifier par le bureau du contrôle l'identité du certificat avec le bulletin, le fait viser et le revêt ensuite de sa signature avant qu'il soit remis à la partie.

Versements des cautionnements dans les départements.

ART. 3. — Les versements de cautionnements effectués aux caisses des receveurs dans les départements, donnent lieu à la délivrance d'un récépissé à talon visé par le préfet ou par le sous-préfet.

Ces versements sont récapitulés dans les bordereaux mensuels adressés à la comptabilité générale des finances qui, après s'être assurée qu'ils sont d'accord avec les écritures des comptables, les transmet à la dette inscrite revêtus de son visa.

Ces bordereaux sont dépouillés par le bureau central sur des bulletins individuels qui détaillent toutes les indications fournies par les receveurs.

Les versements reçoivent un numéro d'ordre que répète le bulletin.

Les bordereaux sont transmis au bureau des cautionnements où les versements sont enregistrés à des comptes spéciaux ouverts aux titulaires. Il est fait mention dans l'enregistrement du numéro donné au versement donné par le contrôle. Le certificat n'est délivré à la partie qu'après la remise du récépissé de versement et la confrontation du récépissé tant avec l'enregistrement fait au bureau des cautionnements qu'avec le bulletin conservé au bureau central.

Déclarations de priviléges ; certificats délivrés aux bailleurs de fonds.

ART. 4. — Les déclarations de priviléges consenties par les comptables et faites en vertu du décret spécial du 22 décembre 1812, en faveur des créanciers ou des bailleurs de fonds, sont adressées au ministère des finances.

Il est dressé, toutes les semaines, par le bureau des cautionnements, dépositaire des titres, un bordereau des déclarations reçues. Ce bordereau, énonciatif des noms des titulaires des cautionnements et de ceux des bailleurs de fonds, ainsi que des sommes pour lesquelles le privilége est déclaré, est adressé au bureau central et de contrôle où sont enregistrées chacune des sommes sur les bulletins individuels aux noms des titulaires des cautionnements : ces bulletins indiquent les noms des bailleurs de fonds et des créanciers.

Le directeur fait vérifier par ce bureau, près de la section des cautionnements, l'existence matérielle de la déclaration.

Le chef des cautionnements fait expédier le certificat de privilége, et signe l'expédition qui est envoyée par lui au bureau central et de contrôle pour que l'identité des indications fournies par le certificat avec l'enregistrement porté sur ses bulletins, y soit reconnue ; le certificat de privilége y est visé et remis ensuite au directeur de la dette inscrite qui le signe.

Le certificat est remis à la partie.

Application de cautionnements d'une gestion à une autre.

ART. 5. — L'application des fonds versés en garantie d'une première gestion à une gestion nouvelle, autorisée par l'ordonnance royale du 26 novembre 1818, a lieu au moyen d'une demande adressée par le titulaire au ministre, et dont le modèle est tracé par l'instruction spéciale aux cautionnements jointe au présent rapport, laquelle indique également toutes les pièces à fournir.

L'application ne doit avoir lieu qu'en vertu d'une autorisation du ministre.

Le bordereau des sommes à appliquer est joint à la décision ; il indique les numéros donnés par le contrôle aux versements primitifs.

La décision est remise au bureau central chargé de retirer de la case des titulaires en activité, le bulletin applicable à la gestion première, et de dépouiller sur les bulletins nouveaux les indications fournies par le bureau, en donnant un numéro spécial au versement résultant de l'application autorisée.

La décision est renvoyée au bureau des cautionnements, qui délivre la nouvelle inscription sur laquelle il porte le numéro d'ordre donné par le contrôle à l'application, ainsi que ceux des versements qui ont complété le cautionnement quand l'application n'est pas suffisante.

Cette inscription comme les précédentes est visée au contrôle.

CHAPITRE IV.

Bordereaux servant à l'ordonnancement et au paiement des arrérages des rentes et des pensions, des capitaux et des intérêts des cautionnements.

ARTICLE 1er. — Le paiement des arrérages des rentes perpétuelles et viagères, celui des arrérages de pensions ; le remboursement des capitaux de cautionnement et le paiement des intérêts ont lieu sur les ordonnances du ministre des finances en vertu des crédits législatifs.

Le compte de l'emploi de ces crédits est tenu contradictoirement par le bureau central et par les sections chargées de l'exécution de chacun des services attribués à la direction des services inscrits.

Etats servant à l'ordonnancement et au paiement des rentes de toutes natures.

ART. 2. — Les états d'arrérages de rentes à payer chaque semestre, sont dressés par le bureau du grand-livre, et signés par l'agent comptable ; ils sont divisés par nature de rentes et par départements.

Le montant de chacun de ces états est porté dans des bordereaux récapitulatifs par chaque nature de rentes et par exercice, qui sont également établis au bureau du grand-livre et signés de l'agent comptable.

Ces bordereaux sont remis au bureau central où ils sont rapprochés : 1° des balances journalières tenues au double du grand-livre, indiquant les rentes transférées dans l'intervalle des semestres et celles qui subsistent lors de la fermeture ; 2° des comptes d'accroissements et de réduction par chaque nature de rentes tenues dans le bureau central.

Aussitôt que l'exactitude des sommes portées dans les bordereaux récapitulatifs est reconnue et constatée par un visa au bureau central, le directeur de la dette les signe et les adresse au secrétariat général du ministère.

Ils sont compris par le secrétariat dans les ordonnances à soumettre à la signature du ministre.

Les états par départements sont adressés aux payeurs pour être rattachés aux ordonnances du ministre.

Les rentes viagères font l'objet d'états distincts indiquant le nombre des têtes sur lesquelles elles sont assises.

Le paiement des rentes au porteur n'a lieu qu'à Paris : les arrérages afférents à ces rentes sont compris dans les bordereaux remis au payeur central.

Il en est de même des rentes pour lesquelles des procurations ont été déposées au Trésor, ou sur lesquelles des certificats de participation ont été émis.

Les noms des usufruitiers seuls sont indiqués dans les états de paiement.

Pour les rentes de nouvelle création, et pour les rétablissements opérés pendant le semestre, lorsque la jouissance accordée donne lieu à un décompte d'arrérages échus, il est formé chaque mois des bordereaux spéciaux de la même nature et soumis aux mêmes contrôles que les bordereaux de semestre.

Lorsqu'il y a lieu à la réduction ou à l'annulation d'une somme d'arrérages ordonnancés, le décompte est établi par le chef agent comptable du grand-livre qui le signe. Ce décompte, qui indique l'exercice sur lequel porte la réduction ou l'annulation, est communiqué au bureau central, chargé d'enregistrer au compte des ordonnances la réduction ou l'annulation. Le décompte, visé du contrôle, est adressé au secrétariat général qui réduit l'ordonnance ou fait opérer le reversement de la somme trop perçue. Dans ce dernier cas, le récépissé délivré par le receveur général est envoyé au Trésor à l'appui du compte de réduction des ordonnances.

Paiement d'arrérages à Paris d'une rente ordonnancée dans un département.

Art. 3. — Lorsqu'un rentier désire recevoir à Paris les arrérages d'une rente ordonnancée payable dans un autre département, aux termes de la décision du ministre du 4 mai 1832, il doit remettre son inscription accompagnée de la quittance du semestre à la caisse centrale, qui lui délivre en échange un bulletin indiquant, d'après la distance des lieux, l'époque à laquelle le paiement pourra avoir lieu à Paris. Le caissier central communique ces pièces au directeur de la dette inscrite qui fait vérifier si la somme est réellement comprise dans le bordereau de département indiqué. Il vise la quittance et signe son visa.

La quittance est transmise au receveur général, et sur l'avis que le paiement n'a pas eu lieu par lui et sur le récépissé qu'il en fournit, le caissier central effectue le remboursement à la partie sur le rapport du bulletin de dépôt.

États servant à l'ordonnancement et au paiement des pensions.

Art. 4. — Les états d'arrérages des pensions à payer par chaque trimestre ou par semestre sont dressés dans le bureau des pensions et signés du chef agent comptable.

Ces états sont remis au visa du bureau central et de contrôle qui, après en avoir reconnu l'exactitude, les vise et les remet à la signature du directeur de la dette.

La remise des bordereaux récapitulatifs au secrétariat général, l'ordonnancement par le ministre, l'envoi aux payeurs des états pour départements sont soumis aux formalités et aux contrôles prescrits pour le paiement des arrérages des rentes.

Les arrérages de pensions réclamés dans l'intervalle des semestres sont également l'objet d'états supplémentaires mensuels, soumis aux mêmes formes et aux mêmes contrôles.

Les retenues spécialement autorisées par les lois sur les pensions font l'objet d'un compte particulier ouvert aux titulaires.

Elles sont portées dans une colonne spéciale des états de paiement.

États servant au paiement des intérêts et au remboursement des capitaux de cautionnements.

Art. 5. — Les états qui servent à ordonnancer les intérêts dus à la fin de chaque année sur les capitaux de cautionnements sont dressés dans le bureau des cautionnements et signés par le chef de ce bureau.

Ils sont remis au bureau central qui, après avoir reconnu si les capitaux auxquels s'appliquent les intérêts sont bien enregistrés sur les bulletins qu'il conserve, les vise et les remet à la signature du directeur de la dette.

L'état indique les noms des titulaires et ceux des bailleurs de fonds pour les sommes sur lesquelles ils ont privilége.

Le remboursement des capitaux est ordonnancé de la même manière que les intérêts. Il a lieu au profit des bailleurs de fonds privilégiés.

Dans le cas du remboursement intégral, le bureau central retire le bulletin de versement, qui est porté dans une série spéciale de cautionnements remboursés.

Les prélèvements ordonnés sur les cautionnements en atténuation de débet ou pour toute autre cause que ce soit, font l'objet d'un ordonnancement particulier autorisé par le ministre.

Les pièces à fournir pour obtenir le remboursement de la totalité ou seulement d'une partie d'un cautionnement par chaque espèce de gestion, sont détaillées dans l'instruction spéciale jointe au présent règlement, laquelle fait également connaître les pièces à fournir pour obtenir l'application d'un cautionnement d'une gestion à une autre.

ARRÊTÉ DU MINISTRE

Sur le contrôle des agents comptables de la dette inscrite.

Du 1er décembre 1832.

ARTICLE 1er. — A dater du 1er janvier 1833, les extraits des inscriptions immatriculées au grand-livre de la dette publique devront être contrôlés et visés par un contrôleur spécial délégué par le contrôleur en chef.

Il sera adjoint à ce contrôleur spécial le nombre d'auxiliaires qui sera jugé nécessaire au service.

Le contrôle aura pour objet de constater qu'aucun extrait d'inscription n'est délivré qu'en échange, soit d'une ancienne inscription, soit d'une reconnaissance de versement, soit d'un bordereau de liquidation, ou de tout autre titre établissant, pour une somme égale, une créance régulière sur le Trésor public.

Ce contrôle s'exercera conformément aux dispositions ci-après :

Inscription résultant de transfert.

ART. 2. — Les certificats de transfert, signés par l'agent comptable des transferts et mutations seront, au moment de leur arrivée au bureau du grand-livre, remis à un contrôleur placé près de ce bureau : ces certificats devront être accompagnés des anciens extraits des inscriptions, dont les signatures ont été probablement biffées.

Le contrôleur s'assurera, par le rapprochement du titre ancien avec le certificat de l'agent comptable, qu'il y a identité entre les sommes portées sur l'une et sur l'autre de ces pièces : il enregistrera chaque certificat sur une feuille journalière présentant au *débit* les numéros des inscriptions vendues, et au *crédit* les sommes des nouvelles inscriptions à expédier.

Il frappera les anciens extraits du timbre du contrôle, et les remettra, avec les certificats, à l'agent comptable du grand-livre chargé de procéder à l'immatricule des inscriptions et à l'expédition des nouveaux extraits.

Les nouveaux extraits seront envoyés, le lendemain, à six heures du matin, au bureau des transferts à la Bourse, pour y être classés par ordre de certificats de transfert : à huit heures, le contrôleur devra être rendu à ce bureau.

Après que les extraits expédiés par l'agent comptable du grand-livre auront été vérifiés et signés, tant par l'agent comptable des transferts et mutations que par le délégué du directeur de la dette, ils seront aussitôt remis au contrôleur qui s'assurera qu'ils sont conformes aux articles de crédit portés la veille sur sa feuille.

Il constatera cette vérification, en enregistrant, en regard de chaque article de crédit, le numéro du nouvel extrait, et il signera le visa qui doit être apposé sur chaque inscription.

Inscription par suite du dépôt de titres et pièces établissant le droit à la mutation de propriété.

Art. 3. — Lorsqu'une inscription devra avoir lieu par suite du dépôt de titres et pièces constatant le droit à la propriété d'une rente, le certificat de mutation sera accompagné du titre ancien annulé.

Le contrôleur s'assurera de la conformité des sommes portées dans les extraits, ou titres en tenant lieu, avec le certificat de mutation ; il enregistrera ces sommes sur sa feuille journalière, prendra note des inscriptions à délivrer, frappera les anciennes du timbre du contrôle, et les remettra au bureau du grand-livre avec le certificat de mutation.

Après que les extraits nouveaux auront été signés par l'agent comptable du grand-livre, qu'ils auront été vérifiés et signés par l'agent comptable des transferts et par le directeur de la dette ou par son délégué, ils seront remis au contrôleur, qui reconnaîtra s'ils sont conformes à l'enregistrement fait par lui, et annotera sur sa feuille les numéros des extraits nouveaux qu'il revêtira de sa signature.

La même marche sera suivie à l'égard des divisions et réunions d'inscriptions.

Dans le cas de rectifications ou de rétablissement de rentes sur le grand-livre, le contrôleur se conformera aux dispositions ci-dessus ; il devra, en outre, se faire représenter les ordonnances ou décisions du ministre qui auront autorisé ces opérations, et les frapper du timbre du contrôle.

Il en sera de même dans le cas de remobilisation d'une rente, temporairement immobilisée par un majorat, pour cautionnement, ou pour toute autre cause que ce soit, et toutes les fois qu'il y aura lieu à la délivrance d'un titre nouveau.

Quand un extrait de rente adiré devra être remplacé, en exécution de la loi du 3 messidor an XII, la décision du ministre qui aura autorisé la délivrance du nouvel extrait, sera communiquée au contrôle, où elle sera enregistrée et frappée du timbre ; le nouvel extrait sera soumis aux formalités ci-dessus détaillées.

Conversion de promesses d'inscription et de certificats de participation.

Art. 4. — Les promesses d'inscription pour appoint au-dessous de dix francs de rente, et les certificats de participation à une inscription déposée, seront joints aux certificats de mutation, toutes les fois qu'un porteur de ces valeurs ou titres en réclamera la conversion en une inscription définitive.

Les formalités à remplir par le contrôle, pour la conversion des promesses d'inscription, seront les mêmes que pour les réunions de plusieurs inscriptions définitives en une seule : les promesses seront frappées du timbre du contrôle.

A l'égard des certificats de participation, l'extrait déposé à la caisse centrale, et sur lequel la nouvelle inscription devra être prélevée, sera remis à l'agent comptable des transferts par le caissier central du Trésor. Sur une autorisation du directeur de la dette inscrite, et sur un reçu mis au bas de ladite autorisation, le titre sera joint au certificat de mutation ; et, après la vérification de l'enregistrement au contrôle, il sera frappé du timbre.

Les nouveaux extraits, signés par l'agent comptable du grand-livre, vérifiés et signés par l'agent comptable des transferts, et par le directeur de la dette inscrite, ou par son délégué, seront remis au contrôleur qui, après avoir constaté la conformité avec son enregistrement, portera les numéros des nouvelles inscriptions sur sa feuille, et signera les extraits.

Les nouvelles inscriptions devant rester en dépôt entre les mains du caissier central, lui seront remises contre son récépissé visé et contrôlé.

Inscription en paiement d'une créance de l'arriéré.

Art. 5. — Lorsqu'une inscription aura pour cause une créance de l'arriéré, le certificat de l'agent comptable des transferts sera remis au contrôleur, accompagné du bordereau des ordonnances de paiement , signé par le payeur central, et visé par le directeur du mouvement général des fonds.

Le contrôleur s'assurera que les sommes en rentes , portées dans le certificat de mutation, sont la représentation de la créance énoncée en capital dans le bordereau du payeur; il portera, sur sa feuille journalière, la rente nouvelle à inscrire, et frappera du timbre du contrôle le bordereau qu'il remettra au bureau du grand-livre avec le certificat de mutation.

Lorsque les extraits d'inscriptions nouvelles auront été expédiés et revêtus des signatures des agents comptables du grand-livre et des transferts et mutations , ainsi que du visa du directeur de la dette , ils seront remis au contrôleur, qui ne les signera qu'après avoir reconnu que les sommes qu'ils énoncent sont conformes aux enregistrements faits sur sa feuille, et après avoir apposé, en regard des articles de crédits correspondants, les numéros des inscriptions nouvelles.

Inscription provenant du versement sur emprunt.

Art. 6. — Lorsqu'une inscription sera demandée pour versement sur emprunt en rentes, le certificat devra être accompagné des coupons rentrés au Trésor, et dont les signatures auront été préalablement biffées par l'agent comptable des transferts. Le bordereau des coupons acquittés, signé du déposant, devra également être joint au certificat de mutation.

Le contrôleur s'assurera que les coupons déposés sont d'une somme égale au montant des inscriptions à délivrer d'après les certificats de mutation. Il fera son enregistrement sur sa feuille journalière, et frappera les coupons du timbre du contrôle.

Après que les extraits d'inscriptions auront été signés par l'agent comptable du grand-livre, par celui des transferts et mutations, et par le directeur de la dette ou son délégué, le contrôleur comparera la somme portée sur l'extrait avec l'enregistrement sur sa feuille ; et, s'il y a identité, il annotera sur cette feuille les numéros de chaque inscription, et revêtira les extraits de sa signature.

A l'égard des termes réservés en garantie par le Trésor, et pour lesquels il n'est pas établi de coupons, les certificats de l'emprunt, qui mentionnent le paiement de ces termes, et qui doivent être rapportés après l'entier acquittement des sommes pour lesquelles ils ont été délivrés, tiendront lieu des coupons à l'appui du certificat de mutation.

Les extraits d'inscription à remettre aux porteurs de ces certificats d'emprunt, seront assujettis aux mêmes formalités, de la part du contrôle, que ceux qui seront délivrés en échange des coupons.

Conversion d'un récépissé ou d'une obligation de l'emprunt national.

Art. 7. — Lorsque le porteur d'un récépissé de versement sur l'emprunt national de 1831, ou d'une obligation de même origine, en demandera la conversion en une inscription sur le grand-livre, ces valeurs ou titres devront être joints aux certificats de mutation.

Le contrôleur, après s'être assuré de leur conformité,

enregistrera sur sa feuille journalière les inscriptions à délivrer ; il frappera les valeurs et titres joints aux certificats de mutation du timbre du contrôle.

Après que les extraits auront été revêtus des trois signatures des agents comptables et du directeur, le contrôleur reconnaîtra l'identité des sommes avec l'enregistrement sur sa feuille, inscrira en regard de chaque article de crédit, les numéros des inscriptions nouvelles, et signera les extraits.

Inscription en paiement d'une indemnité à un propriétaire dépossédé.

Art. 8. — Le bordereau, approuvé par le ministre, des indemnités liquidées en vertu de la loi du 27 avril 1825, sera remis au contrôle.

Le certificat de mutation devra être accompagné de ce bordereau.

Le contrôleur comparera les sommes énoncées dans l'une et l'autre de ces pièces, les enregistrera sur sa feuille, et frappera le bordereau du timbre du contrôle.

Lorsque les extraits auront été revêtus des trois signatures, désignées dans les articles précédents, le contrôleur, après avoir reconnu la conformité des extraits avec son enregistrement, en portera les numéros sur sa feuille, et y apposera sa signature.

Conversion d'une rente directe en rente départementale et réciproquement.

Art. 9. — Lorsque le porteur d'une rente directe demandera à la convertir en une rente sur un grand-livre départemental, le certificat de mutation devra être accompagné du titre à convertir.

Le contrôleur prendra note sur sa feuille de l'ancienne inscription annulée, et de la nouvelle à opérer ;

et la lettre de crédit à expédier au receveur général par l'agent comptable du grand-livre, signée par l'agent comptable des transferts et mutations, et par le directeur de la dette inscrite, sera revêtue du visa du contrôleur, après qu'il se sera assuré de la conformité de la somme énoncée dans cette lettre de crédit, avec l'enregistrement pris sur le certificat de mutation.

L'ancien extrait sera frappé du timbre du contrôle, et le numéro de la lettre de crédit sera porté sur la feuille d'enregistrement.

Lorsque le porteur d'une rente départementale en demandera la conversion en une inscription directe, le titre à échanger sera joint au certificat de mutation, et l'opération aura lieu de la même manière que pour un transfert de rente directe. La lettre de débit, adressée au receveur général, sera également visée au contrôle, qui frappera de son timbre l'inscription départementale.

Conversion d'une rente nominative en rente au porteur, et réciproquement.

ART. 10. — Lorsque le porteur d'une rente nominative en demandera la conversion en une rente au porteur, le certificat de mutation devra être accompagné du titre à convertir, et dont les signatures auront été préalablement biffées par l'agent comptable des transferts.

Le contrôleur, après s'être assuré de l'exactitude des sommes portées dans le certificat, les enregistrera sur sa feuille, et frappera du timbre du contrôle les extraits anciens à échanger.

Les extraits d'inscription au porteur ne devant être remis aux parties que le second jour après la signature du certificat de transfert, ne seront revêtus du visa du directeur de la dette inscrite et de celui du contrôleur qu'au moment où la remise en sera faite aux parties.

Les extraits de cette nature feront l'objet d'une feuille spéciale, qui détaillera chaque coupure de rente au porteur.

La conversion des rentes au porteur en rentes nominatives s'opérera de la même manière que le transfert des rentes nominatives : le titre ancien sera frappé du timbre du contrôle.

Au moyen de ces dispositions, le chef du bureau central cessera de signer les extraits d'inscription au porteur. (Voir *l'arrêté précédent du* 9 *octobre* 1832.)

Rectification d'un extrait erroné.

Art. 11. — Lorsque, par suite d'une erreur dans l'expédition d'un extrait signé, la veille, par l'agent comptable du grand-livre , il y aura lieu à recopier cet extrait, sans qu'il y ait à opérer aucun changement dans la propriété de la rente, le contrôleur ne devra apposer sa signature sur la nouvelle expédition rectifiée, que sur le vu de la première annulée, qu'il frappera du timbre du contrôle.

Il sera fait annulation de l'article sur la feuille d'enregistrement de la journée, et les articles annulés seront reportés dans la feuille de la journée où se fera la livraison du titre.

Remise au contrôleur en chef des feuilles journalières d'enregistrement.

Art. 12. — Chaque jour, à onze heures du matin, et après la signature des extraits expédiés la veille, le contrôleur remettra au contrôleur en chef les feuilles des enregistrements faits par lui : ces feuilles devront être divisées par nature de rentes émises.

Les résultats des opérations constatées par le contrôle, et d'accord avec ceux que recueille le directeur de la dette inscrite, seront mis, chaque jour, sous les yeux du ministre par le contrôleur en chef.

(La loi du 2 avril 1852, et les articles des 1er février et 8 mai 1833, ayant complété le contrôle en créant ceux des rentes viagères, des pensions, des cautionnements, les priviléges du second ordre des bailleurs de fonds, l'arrêté du 1er décembre 1852 a été fondu dans le *règlement de contrôle en date du* 31 *mai* 1833, ci-dessous.

ORDRE DE SERVICE DU CONTROLE

PRÈS LA DIRECTION DE LA DETTE INSCRITE.

—

Transfert des rentes.

Travail du soir au ministère.

ARTICLE 1er. — Les certificats de transferts, accompagnés des inscriptions à annuler sont, aussitôt leur arrivée de la Bourse, remis au contrôleur par l'agent comptable du grand-livre.

ART. 2. — A leur réception, le contrôleur principal classe les certificats de transferts par nature de rentes et en compte le nombre dont il prend note; il examine s'ils sont revêtus de la signature de l'agent de change et de celle de l'agent comptable des transferts, il compare les inscriptions anciennes avec les sommes portées au débit du certificat de transfert, en vérifie l'addition, et après avoir reconnu que les signatures ont été biffées sur les titres, il les frappe du timbre d'annulation et appose une estampille portant les mots : *Vu au contrôle* *, sur les certificats de transferts.

* (.. .. Avec date de l'opération.....)

ART. 3. — Lorsque le contrôleur principal ne peut suffire seul, pour cette vérification, il se fait aider par le contrôleur chargé de le suppléer; dans ce cas, le travail se divise entre eux par nature de rente.

ART. 4. — Les certificats vérifiés sont immédiatement passés aux employés qui en font l'enregistrement sur des bulletins particuliers de contrôle conformes au modèle n° 1.

Cet enregistrement porte les indications suivantes au débit :

Le nombre d'inscriptions annulées ;

Le numéro des certificats de transferts ;

Le montant du certificat lorsqu'il s'agit des rentes inscrites aux comptes courants ;

Le détail des inscriptions annulées lorsqu'elles concernent les comptes particuliers.

Au crédit :

Le détail des nouvelles inscriptions à délivrer.

(C'est à la Bourse, d'après les inscriptions nouvelles, que s'établit le crédit.)

ART. 5. — Après la confection des bulletins de contrôle, ils sont classés par ordre numérique, et frappés d'un timbre particulier du contrôleur en chef.

(On a substitué au timbre, la signature, en paraphe seulement du contrôleur chargé du dépouillement. Le crédit des bulletins est également certifié à la Bourse, par l'agent de vérification.)

ART. 6. — Les formules des bulletins sont tenues en compte, les bulletins fautés ou sans emploi sont frappés du timbre du contrôle et la cause de leur annulation est sommairement indiquée sur le bulletin même.

(On a cessé de tenir les formules de bulletins en compte à cause du nombre considérable de ces bulletins.)

Travail du matin à la Bourse.

ART. 7. — Le contrôleur principal se rend chaque jour à la Bourse, à huit heures précises du matin, porteur des bulletins de contrôle, et avec le nombre d'employés nécessaire au travail de vérification, il se fait représenter les inscriptions nouvelles *; en opère le rapprochement avec les sommes du crédit portées au bulletin de contrôle et émarge sur ce bulletin le numéro des inscriptions : la conformité étant reconnue, elle s'indique par le mot *vérifié*, mis en abrégé sur chaque inscription.

* (..... En porte le numéro et la somme au crédit du bulletin de

contrôle, afin d'en assurer l'accord avec le débit constaté la veille au vu des anciens titres.)

Art. 8. — Les inscriptions ainsi revêtues du signe de vérification sont remises aux employés de l'agent comptable, qui en font la collation sur les déclarations de transferts, les signent et les remettent au délégué du directeur de la dette inscrite ; ce délégué y appose sa signature et les fait passer au contrôleur principal qui les vise et les rend au comptable.

Art. 9. — Le contrôleur principal doit diriger son travail de manière à ce que le tiers au moins des inscriptions soit vérifié et mis à la disposition de l'agent comptable à huit heures et demie, le deuxième tiers à neuf heures et le dernier à neuf heures et demie ; il doit commencer la signature à huit heures trois quarts, et l'avoir terminée à dix heures; dans le cas où le nombre des inscriptions est trop considérable, il se fait aider pour le visa par le contrôleur chargé de le suppléer.

Art. 10. — Lorsqu'une irrégularité est reconnue par les contrôleurs, ils la signalent de suite à l'agent comptable et en prennent note sur le bulletin *; ils prennent également note sur le bulletin du contrôle des causes qui ont fait rejeter par l'agent comptable les inscriptions fautées et qui doivent être réexpédiées.

* (Il est actuellement pris note sur un carnet spécial, ce qui conserve la permanence des renseignements.)

Art. 11. — Les inscriptions fautées et celles qui ont été refaites sont représentées, au retour de la Bourse, au contrôleur principal par l'agent comptable du grand-livre. Le contrôleur reconnaît l'identité des inscriptions nouvelles, en vérifie la correction, les rapproche du bulletin * et les vise.

* (..... Du carnet de rectification.....)

Dans ce cas seulement son visa et la signature du directeur de la dette inscrite précèdent la signature de l'agent comptable des transferts, celui-ci ne pouvant donner la sienne qu'à la Bourse.

Art. 12. — A son retour de la Bourse, le contrôleur principal rend compte au contrôleur en chef des résultats de son travail. Ces résultats sont présentés dans la forme du modèle ci-joint n° 2. Il fait immédiatement procéder à la récapitulation des bulletins de contrôle, sur une feuille, modèle n° 1 *bis*.

Rentes au porteur annulées.

ART. 13. — Les certificats de transferts des rentes au porteur sont communiqués au contrôle comme il a été dit à l'article 2, mais sans être accompagnés des inscriptions à annuler, dont l'agent comptable des transferts reste dépositaire.

Les inscriptions au porteur sont reçues chaque jour à la Bourse par l'agent comptable, depuis dix heures du matin jusqu'à une heure de relevée. Il en est délivré immédiatement un récépissé à talon, visé par le contrôleur.

C'est sur l'exhibition de ce récépissé que le comptable remet plus tard le nouveau titre à la partie. Quant à l'ancien, le comptable biffe, au moment même de sa réception, toutes les signatures dont il est revêtu et le contrôleur le frappe du timbre d'annulation.

Rentes au porteur émises.

ART. 14.— Lorsqu'il y a lieu d'émettre des rentes au porteur*, le contrôleur principal l'indique sur les bulletins ou les feuilles de contrôle.

Après la confection des inscriptions par l'agent comptable du grand-livre, elles sont communiquées au contrôleur, il les compare avec les feuilles d'enregistrement, en inscrit le numéro et le montant sur un carnet particulier, modèle n° 3, et appose sur l'inscription, sans la viser, une marque indiquant qu'il l'a vérifiée.

* (..... Le contrôleur principal en fait former un bulletin spécial collectif d'après les certificats de transferts ; ce bulletin est envoyé le lendemain matin à la Bourse, afin d'être rapproché du reçu des titres préparé par l'agent comptable du grand-livre. Au moyen de ces reçus, les contrôleurs portent sur le bulletin spécial le numéro d'ordre des inscriptions à délivrer. Le contrôleur principal de la Bourse, chargé du visa des titres, opère le rapprochement de ce bulletin avec les inscriptions que lui remet l'agent comptable des transferts. Ce rapprochement étant fait et la conformité reconnue, il appose sur les inscriptions son signe de vérification et les rend à cet agent comptable pour être renfermées dans la caisse à deux clefs, et renvoie le bul-

letin au contrôle central pour qu'il soit passé écriture des émissions de la journée.)

Au moment de leur délivrance aux parties, les inscriptions revêtues de la signature de l'agent comptable du grand-livre sont, en présence du contrôleur et du délégué du directeur de la dette inscrite, frappées d'un timbre sec tant au corps de l'inscription que sur les coupons d'arrérages.

Le contrôleur reçoit en communication l'inscription revêtue des signatures ainsi que le bulletin délivré à l'ayant droit et portant sa décharge*; il reconnaît l'identité de l'inscription avec l'enregistrement au carnet, y appose son visa et émarge la remise.

* (..... Il reconnaît l'identité de son signe de vérification et de la somme dont on lui présente le reçu, appose son visa sur l'inscription et prend note de la délivrance.)

(Disposition additionnelle. — Une situation présentant le solde des inscriptions au porteur restant à délivrer, est adressée chaque jour au contrôle central.)

Art. 15. — Le contrôleur principal établit chaque jour sur le carnet, et avant de quitter la Bourse, le solde des inscriptions au porteur restant à délivrer. Il reconnaît l'existence matérielle des titres entre les mains de l'agent comptable des transferts et contradictoirement avec lui. Il reste dépositaire de l'une des deux clefs de la caisse qui renferme ces inscriptions.

Les inscriptions au porteur annulées seront également renfermées chaque jour dans la caisse à deux clefs, après avoir été décrites par numéros, séries, dates et sommes, sur le carnet du contrôleur*.

* (Et les bulletins de contrôle dressés par lui au moment de l'annulation des titres.)

Communication de ces pièces devra être donnée aux inspecteurs des finances qui seront appelés à vérifier la gestion de l'agent comptable des transferts.

Art. 16. — Le contrôleur reste également dépositaire de l'une des deux clefs des timbres secs. Il veille à ce qu'il ne soit fait usage de ces timbres qu'en sa présence, et au moment de la délivrance des inscriptions réclamées.

Art. 17. — La remise des inscriptions au porteur n'a lieu qu'à la Bourse de dix à onze heures du matin.

Mutations.

Art. 18. — Le délégué * de l'agent comptable des transferts au Trésor communique chaque jour au contrôle, à la fin de la séance, les certificats de mutations, auxquelles sont jointes les inscriptions à annuler, ainsi que les autres pièces à l'appui **.

* (Il n'y a plus de délégué de l'agent comptable des transferts au Trésor, les mutations se font à la Bourse, elles sont communiquées au contrôle par l'agent comptable du grand-livre, qui les reçoit de celui des transferts.)

** (Ce sont actuellement des registres sur lesquels sont constatées les mutations au contrôle.)

Art. 19. — Le jour suivant, à son arrivée de la Bourse, le contrôleur principal vérifie si les certificats sont revêtus de la signature de l'agent comptable des transferts, il extrait du dossier les titres anciens, les compare avec chaque article de débit porté au certificat de mutations, frappe les inscriptions du timbre d'annulation, estampille les certificats des mots : *Vu au contrôle*, et opère l'enregistrement des mutations sur sa feuille de journée (modèle n° 4).

Art. 20. — La feuille * d'enregistrement constate le numéro du certificat, la nature des mutations, le numéro et le montant des inscriptions annulées et le détail des inscriptions à délivrer.

* (Le livre.....)

Art. 21. — Les nouveaux extraits d'inscriptions revêtus de la signature des agents comptables et de celle du directeur de la dette inscrite sont communiqués à moins de suspens motivés dans le délai de 48 heures au contrôleur principal, qui les rapproche de sa feuille d'enregistrement ; après en avoir reconnu la conformité, il émarge sur cette feuille le numéro des inscriptions, les vise et les remet à l'agent comptable * qui en opère la délivrance.

* (Au grand-livre qui les transmet à la Bourse où s'en fait la délivrance.)

Rectifications.

Art. 22. — Les certificats de mutations n'ayant pour objet que de faire opérer des rectifications, dont il n'est passé aucune écriture au journal, mais pour lesquelles on change seulement l'immatricule au grand-livre, sans ouvrir de nouveaux comptes, ni donner de nouveaux numéros aux inscriptions, sont enregistrés par le contrôleur principal sur des feuilles distinctes, en se conformant, pour la tenue de cette feuille, aux dispositions prescrites par les articles 19 et 20 à l'égard des mutations.

Ces rectifications sont présentées d'une manière spéciale dans la situation à remettre chaque jour au ministre et les différentes natures de dette y sont comprises cumulativement.

Surveillance particulière du contrôleur à l'égard des certificats de mutations.

Art. 23. — Le contrôleur principal doit s'assurer très exactement de la conformité du certificat de mutation avec les titres qui y sont joints et qu'il doit frapper d'annulation. Il vérifiera soigneusement aussi l'accord du débit justifié par les pièces, avec le crédit représentant les nouvelles inscriptions qu'il aura ultérieurement à revêtir de son visa.

Conversion des promesses d'inscriptions et de certificats de participation en rentes; de rentes nominatives en rentes départementales et réciproquement; de rentes au porteur en rentes nominatives ou départementales et réciproquement, rétablissements, immobilisations et rémobilisations.

Art. 24. — La conversion des promesses d'inscriptions et celle des certificats de participation en rentes; la conversion des rentes départementales, en rentes nominatives et réciproquement; la conversion des rentes au porteur en rentes nominatives ou départementales et réciproquement; les rétablissements, immobilisations ou rémobilisations, enfin toute espèce de mouvement de titres, constaté par des certificats de mutations que l'agent comptable des transferts communique au contrôle, est vérifié et constaté par le contrôleur principal au vu des pièces justificatives et selon la marche tracée aux articles 19 et 20.

Création des rentes résultant des emprunts.

Emprunts.

Art. 25. — Le contrôleur principal reçoit du délégué de l'agent comptable des transferts au Trésor, la communication des certificats de mutations qui autorisent la conversion en rentes, des récépissés ou quittances de versement et dont les porteurs ont effectué le dépôt sur bordereaux dûment signés ; au moyen de cette communication, il s'assure que les titres quittancés par le comptable préposé à l'encaissement, visés au contrôle des recettes et qui donnent droit à l'inscription, sont réellement d'une valeur égale à la création, des rentes, autorisée ; il frappe ces titres du timbre d'annulation et en fait l'enregistrement sur une feuille spéciale (modèle n° 5). Cette feuille indique le nombre de quittances, leur montant et la somme de rentes à inscrire.

Art. 26. — Les inscriptions revêtues de la signature des agents comptables et de celle du directeur de la dette inscrite sont communiquées au contrôleur principal ; il en reconnaît la conformité, pour les noms et les sommes avec les enregistrements portés sur sa feuille ; il émarge celle-ci des numéros des inscriptions, les vise et les rend au délégué de l'agent comptable chargé d'en faire la délivrance *.

* (..... Qui les transmet au caissier central du Trésor, dans les bureaux duquel, conjointement avec un agent de la caisse, le contrôle est chargé d'en faire la délivrance.)

Rentes créées en vertu de la loi du 25 avril 1825 pour indemnités des anciens propriétaires dépossédés.

Art. 27. — La délivrance des inscriptions de rentes créées en vertu de la loi du 25 avril 1825 est autorisée préalablement par des états nominatifs de liquidation signés du directeur du contentieux, visés par l'inspecteur général des finances ayant mission pour cet objet, et approuvés par le ministre des finances. Le contrôleur principal reçoit du délégué de l'agent comptable des transferts, un certificat de mutation signé par lui, renfermant l'extrait de l'état de liquidation ; cet extrait doit être certifié par le délégué de l'agent comptable des transferts, visé au bureau des oppositions et signé par le directeur de la dette inscrite.

Art. 28. — Le contrôleur principal s'assure que le certificat de mutation, ainsi que l'extrait de liquidation, sont revêtus des signatures sus-indiquées, et surtout qu'il y a visa sans oppositions; il compare la somme de rentes, dont l'inscription est autorisée, avec celle qui est portée au certificat de mutation, appose le timbre d'annulation sur l'extrait du bordereau de liquidation et le timbre du contrôle sur le certificat de mutation.

Art. 29. — Après cette vérification, le contrôleur enregistre sur sa feuille, modèle no 6, d'après l'extrait de liquidation, le numéro de l'État approuvé par le ministre, le montant des rentes à inscrire et le nom des parties au profit desquelles elles sont délivrées. Cet extrait frappé du timbre d'annulation est renvoyé au délégué de l'agent comptable des transferts et le certificat de mutation est passé à l'agent comptable du grand-livre.

Dispositions particulières au visa des suscriptions émises en vertu de la loi du 25 avril 1825 pour l'indemnité.

Art. 30. — Les inscriptions émises pour le paiement de l'indemnité, n'étant revêtues de la signature des agents comptables et de celle du directeur de la dette inscrite qu'au moment de leur délivrance aux parties, le contrôleur principal s'abstient également d'y opposer son visa; lorsque les inscriptions formulées, lui sont représentées, il les compare avec la feuille d'enregistrement, reconnaît leur conformité, prend note du numéro et indique sur l'inscription que cette vérification est faite. Au moment où les inscriptions réclamées sont présentées pour être visées, le contrôleur enregistre sur sa feuille la date de leur visa.

Inscriptions de l'indemnité émises au 31 décembre 1832 et non délivrées à cette époque.

Art. 31. — Il devra être dressé par les soins de la direction de la dette inscrite, un bordereau en double expédition dûment certifié des inscriptions non délivrées existant entre les mains de l'agent comptable des transferts au 1er janvier 1833. Le contrôleur principal joindra ce bordereau aux feuilles des inscriptions de même nature qui auront été émises depuis le 1er janvier, et il émargera sur cette pièce les titres qui seront ultérieurement présentés à son visa et portant une date antérieure à 1833.

(Les art. 27, 28, 29, 30 et 31, sont supprimés par la cessation des opérations auxquelles ils se rattachent.)

Suscriptions en paiement des créances de l'arriéré.

Art. 31 *bis*. — Quant aux inscriptions données en paiement des créances de l'arriéré, le contrôleur devra se conformer exactement aux dispositions prescrites par l'art. 5 de l'arrêté du 1er décembre 1832.

Transferts des rentes viagères.

Art. 32. — Le mouvement des rentes viagères opéré par l'entremise des agents de change à la Bourse, donne lieu, de la part de l'agent comptable des transferts, à l'établissement d'un certificat dans la forme réglée pour le transfert de rentes perpétuelles. Ce certificat ainsi que les titres anciens sont communiqués au contrôleur principal qui s'assure de la conformité des sommes portées au débit du certificat, avec le montant des inscriptions qu'il doit annuler, il enregistre * l'opération sur une feuille spéciale qu'il émarge du numéro des inscriptions nouvelles et il s'assure de l'identité, avant de les revêtir de son visa.

* (..... Sur un registre spécial...)

Mutations de rentes viagères par suite de réversibilité.

Art. 33. — Les mutations des rentes viagères par suite de réversibilité, sont l'objet du certificat de mutations énonçant le droit du survivant au paiement des arrérages; le contrôleur principal reçoit du délégué de l'agent comptable des transferts, communication du certificat et des pièces à l'appui; il frappe d'annulation les titres anciens et enregistre la mutation; lorsque l'inscription nouvelle lui est représentée, il en fait le rapprochement pour les noms et les sommes avec sa feuille d'enregistrement, et après l'accord reconnu, il y inscrit le numéro de l'inscription qu'il vise et rend au délégué de l'agent comptable.

Rétablissement de droit au paiement des arrérages des rentes viagères.

Art. 34. — Les rétablissements de *droit* au paiement des arrérages de rentes viagères n'ont lieu qu'en vertu de décisions spéciales du ministre; dans ce cas il est aussi formé par le délégué de l'agent comptable des transferts, un certificat dit de mutations au moyen duquel le rétablissement s'opère au grand-livre; ce certificat, ainsi que le titre ancien et la décision ministérielle, sont communiqués au contrôleur principal, qui vérifie pour les noms et les sommes, la conformité du titre à annuler avec le rétablissement autorisé et enregistre l'opération * sur sa feuille.

* (..... Sur le livre des rétablissements.)

Lorsque les inscriptions nouvelles lui sont représentées, il les compare aux enregistrements, en inscrit le numéro sur sa feuille *, revêt les inscriptions de son visa et les rend au délégué de l'agent comptable des transferts et mutations.

* (..... Sur son registre.)

ART. 35. — La réexpédition des titres de rentes viagères pour cause de vétusté, ne donne lieu à aucune écriture au journal tenu par l'agent comptable des transferts et mutations; néanmoins le contrôleur principal constate ce fait sur sa feuille d'après le certificat dit de mutations que l'agent comptable des transferts expédie et qui lui est communiqué; il frappe d'annulation le titre ancien et vise le nouveau après en avoir reconnu la conformité avec l'enregistrement qu'il a opéré.

Dispositions de service relatives à l'arrêté du 17 février 1833.

Pensions concédées.

ART. 36. — Le contrôleur principal tient un registre où sont inscrits d'après les ordonnances royales de concession :

1° Les numéros d'insertion au *Bulletin des lois*.

2° Les noms des pensionnaires.

3° L'époque de jouissance.

4° Le montant de la pension.

ART. 37. — Lorsque des certificats d'inscription accompagnés des ordonnances d'imputation sont communiqués au contrôleur principal par l'agent comptable des pensions, il en fait le rapprochement pour les noms, les époques de jouissance et les sommes avec les énonciations du registre, et après en avoir reconnu la conformité, il y émarge la date de l'ordonnance d'imputation, le numéro et le montant du certificat d'inscription, vise ce titre et le rend ainsi que l'ordonnance d'imputation à l'agent comptable, après avoir apposé sur l'ordonnance le timbre des mots *Vu au contrôle.*

Rétablissements des pensions présumées éteintes.

ART. 38. — Le contrôleur principal enregistre sur un livre spécial, les certificats d'inscriptions des pensions présumées éteintes dont le rétablissement, opéré en vertu de décisions ministérielles, donne lieu à la délivrance d'un titre nouveau soumis à son visa; à cet effet, lorsqu'il reçoit de l'agent comptable des pensions, communication de la décision ministérielle autorisant le rétablissement, l'ancien certificat à frapper d'annulation et le nouveau titre à viser, et qu'il a reconnu entre ces pièces l'identité qui doit exister, il inscrit sur son registre la date de la décision, le nom du pensionnaire, l'époque de jouissance, le numéro du certificat annulé, le numéro, le montant et la date du visa de l'inscription nouvelle ; il frappe d'annulation l'inscription ancienne, timbre du visa du contrôle la décision ministérielle et réintègre les pièces entre les mains de l'agent comptable.

Duplicata de certificats délivrés pour cause de perte du titre primitif.

ART. 39. — Le contrôleur reçoit en communication de l'agent comptable des pensions, la demande adressée au directeur de la dette inscrite, la déclaration faite devant l'autorité municipale en présence de deux témoins constatant l'individualité du titulaire ; il fait le rapprochement du nouveau titre émis avec l'immatricule, et après avoir reconnu leur conformité, il vise le certificat d'inscription, timbre la déclaration des mots *Vu au contrôle* et rend les pièces au comptable.

(La déclaration de perte doit toujours être appuyée du certificat du payeur de la résidence du pensionnaire, indiquant le dernier paiement, afin de justifier le point de départ des arrérages sur le nouveau titre.)

Renouvellement de titres pour cause de vétusté.

ART. 40. — Dans le cas de renouvellement de titres pour cause de vétusté, le contrôleur principal reçoit en communication l'ancienne inscription qu'il frappe d'annulation, et après avoir reconnu que la nouvelle y est identiquement semblable, il la vise et la remet à l'agent comptable ainsi que le titre annulé.

Réexpédition de certificats pour cause de rectification.

Art. 41. — Les titres réexpédiés pour cause de rectification dans l'immatricule, sont communiqués au contrôleur principal, ainsi que les pièces justificatives des redressements opérés ; il s'assure de la réalité de l'erreur énoncée et de l'exactitude de la rectification, frappe le titre ancien d'annulation et vise le nouveau qu'il rend à l'agent comptable.

Art. 42. — Les certificats d'inscription délivrés pour les motifs énoncés aux art. 39, 40 et 41 qui précèdent, donnent lieu à la tenue d'un registre spécial énonçant la date et la nature des pièces justificatives, le nom des pensionnaires, le motif des réexpéditions, le numéro du titre ancien annulé, celui du titre nouveau soumis au visa et le montant de chaque inscription.

Pensions des orphelins du camp de Juliers.

Art. 43. — Outre les dispositions de service réglées par les articles 36 et 38, etc., qui sont applicables aux pensions des orphelins du camp de Juliers, le contrôleur tient, conformément à l'art. 8 de l'arrêté du 17 février, un carnet d'immatricule où les noms, prénoms et âges des pensionnaires sont inscrits ainsi que la somme à leur payer ; il fait ressortir sur le registre dans une colonne spéciale, l'époque à laquelle le plus jeune des orphelins doit atteindre sa vingt et unième année, afin de pouvoir vérifier ultérieurement l'exactitude des extinctions indiquées dans les états certifiés que l'agent comptable des pensions doit présenter au visa du contrôle.

Pensions et secours de 250 fr. et 700 fr. accordés aux orphelins de juillet 1830.

Art. 44. — Le contrôleur principal tient également un carnet spécial pour constater d'après les ordonnances de concession, le nom et l'âge des orphelins auxquels des pensions ou secours de 250 francs sont accordés, jusqu'à ce qu'ils aient atteint leur septième année, ainsi que les noms et prénoms de ceux qui sont appelés à jouir jusqu'à leur dix-huitième année révolue d'une pension de 500 ou 700 francs.

Il fait ressortir, dans le but exprimé à l'article précédent, l'époque à laquelle le droit des titulaires doit cesser et veiller à ce que la radiation des pensions éteintes soit exactement opérée *.

* (Les mêmes dispositions sont applicables aux pensions et secours temporaires dont le contrôle doit assurer l'extinction à l'expiration du délai prescrit par les lois ou ordonnances de concessions.)

Pensions de retraites des finances.

(Article additionnel.) Les règles tracées par les art. 36, 37, 38, 39, 40 et 41 seront observées en ce qu'elles ont d'applicable, d'après l'arrêté du 8 mai 1833, au contrôle des pensions et indemnités temporaires inscrites, soit à la charge du budget, soit à la charge des fonds de retraites des finances.

Inscriptions des titulaires de cautionnements.

ART. 45. — Le récépissé de versement et le certificat d'inscription sont communiqués par le chef du bureau des cautionnements au contrôleur principal ; il vérifie leur conformité pour les noms et les sommes, s'assure que l'époque de jouissance des intérêts correspond à la date des versements, frappe le récépissé d'annulation et vise les certificats.

En cas d'application de cautionnement à une gestion nouvelle, le contrôleur reçoit avec le certificat ancien, communication de la décision ministérielle qui autorise l'application. Il vérifie si cette décision est appuyée * d'un certificat de non-opposition, du consentement du bailleur de fonds, s'il y a privilége * d'une déclaration de la comptabilité générale constatant que le cautionnement est libre, et s'assure que l'époque de jouissance des intérêts indiqués au nouveau certificat correspond à la date de la décision ministérielle qui autorise l'application ; après avoir reconnu que le titre ancien est conforme au nouveau pour les noms et les sommes, il frappe le premier d'annulation et vise le dernier **.

* (Le certificat de non-opposition et la déclaration de la comptabilité générale sont du domaine administratif, et le contrôle est couvert par la signature du ministre, approbative de la proposition de l'administrateur des cautionnements. Ce certificat et cette déclaration sont donc supprimés.)

** (Il est tenu au contrôle un premier registre pour l'inscription d'après les bordereaux des agents de la recette, des versements devant donner lieu ultérieurement à la délivrance des certificats d'inscriptions.)

Le contrôleur principal tient un registre où sont inscrites les dates des récépissés de versements, celles des anciens certificats en cas d'application, les noms et qualités des titulaires, le numéro et le montant du certificat nouveau et la date du visa au contrôle.

(Les certificats d'inscriptions, soumis au visa du contrôle, sont inscrits sur un deuxième registre indiquant la date des récépissés de versements, celle des anciens certificats, en cas d'application ou de réunion; les noms et qualités des titulaires, le numéro et le montant des certificats et la date du visa au contrôle.

L'enregistrement, fait sur ce livre, donne lieu d'opérer, par un numéro d'ordre de renvoi, la sortie du versement au premier registre qui en a reçu l'inscription, de manière à ce que ce premier registre puisse toujours faire connaître au contrôle les versements non régularisés par un titre définitif d'inscription.) (1)

---

(1) ARRÊTÉ DU 7 DÉCEMBRE 1844

Qui applique l'action du contrôle aux remboursements de cautionnements.

Les certificats d'inscriptions de cautionnements à rembourser sont communiqués au contrôle, où d'après leur numéro de visa ils sont rapprochés du registre d'émission; le contrôleur s'assure de l'existence du cautionnement, au crédit du titulaire, et que le cautionnement peut être remboursé; il enregistre sur un livre spécial le certificat et le vise d'un timbre portant la date du visa de remboursement; il émarge ensuite le numéro de cet enregistrement en regard de celui de l'émission du titre à rembourser; en cas de remboursement partiel, il indique le reste du crédit du titulaire.

S'il y a des priviléges, le contrôleur se fait remettre les certificats qui ont été délivrés aux bailleurs de fonds et les frappe également d'un timbre de visa portant la date du remboursement.

En cas de l'absence du certificat de privilége, la mainlevée doit être produite en une déclaration de perte de titres.

Redressements et modifications sur des cautionnements antérieurs.

Lorsqu'il y a lieu de modifier une première inscription par suite, soit de rectifications de noms et de fonctions, soit d'accroissement ou de réduc-

Certificats de priviléges délivrés aux bailleurs de fonds.

ART. 46. — Les certificats de priviléges sont, ainsi que les déclarations notariées *, communiqués au contrôleur, il reconnaît leur identité pour les noms et les sommes, timbre du visa du contrôle la déclaration et vise le certificat de privilége.

* (..... Et tous autres actes établissant la propriété.....)

En cas d'application des cautionnements à une gestion nouvelle, le certificat de privilége ancien, le consentement du bailleur de fonds et le certificat nouveau, sont communiqués au contrôleur principal, il s'assure de leur conformité, frappe d'annulation le premier titre et vise le dernier.

(Dans tous les cas où il y a lieu de renouveler le titre d'inscription de privilége, les certificats anciens ou une déclaration de perte en tenant lieu, sont produits au contrôle. S'il s'agit d'application, le consentement du bailleur de fonds doit être joint.

Le contrôleur s'assure de la conformité, frappe d'annulation le premier titre et vise le dernier.)

Le contrôleur principal tient un registre où sont inscrits : la date des déclarations, celle du consentement des bailleurs de fonds en cas d'application, les noms et qualités des titulaires, le nom des bailleurs de fonds, le numéro et le montant du certificat et la date du visa.

(Chacune des parties inscrites sur ce registre doit être annotée, en regard du crédit des titulaires, au livre des émissions de certificats de cautionnements, afin de connaître sa situation au moment où le contrôle sera appelé à viser la demande de remboursement.)

---

tion de quotité d'un cautionnement, le contrôleur, après avoir enregistré le nouveau titre sur le registre d'émission, remonte à l'origine du cautionnement inscrit sur ce même registre, et l'émarge du numéro du titre nouveau.

Certificats de situation délivrés sur la demande des créanciers opposants.

Les certificats rédigés et signés par le chef du bureau des cautionnements, sont produits au contrôle avec la demande, afin d'en vérifier l'exactitude et d'y apposer son visa de conformité.

Certificats de cautionnements ou de priviléges réexpédiés pour cause de perte, de vétusté ou autres motifs.

Art. 47. — La réexpédition des certificats d'inscriptions de cautionnements ou de priviléges donne lieu à la production au contrôleur principal des titres anciens qu'il doit frapper d'annulation et des pièces justificatives en vertu desquelles de nouveaux certificats sont délivrés; dans ce cas, le contrôleur s'assure toujours de la conformité du titre nouveau avec le titre ancien, en ayant égard toutefois aux modifications qui peuvent résulter des pièces justificatives produites au soutien de ces opérations qu'il inscrit sur un livre particulier, lequel indique la date des titres anciens annulés, la nature des pièces justificatives, les noms des titulaires, celui des bailleurs de fonds, le numéro, la date et le montant des nouveaux titres expédiés et enfin la date de leur visa *.

* (Supprimé par ce qui est dit des redressements et modifications au dernier paragraphe de l'art. 45.)

Clôture des opérations de la journée et formation de la situation à remettre au ministre.

Art. 48. — La journée qui commence à trois heures de l'après-midi, est close pour le contrôle de la dette inscrite, le matin du lendemain au retour de la Bourse et aussitôt après l'établissement de la feuille récapitulative des bulletins de contrôle des transferts.

Art. 49. — Le contrôleur principal opère sous les yeux du contrôleur en chef le rapprochement de ses feuilles avec les déclarations certifiées des agents comptables qui ont été remises le matin au contrôle central; après l'accord reconnu, ou les différences expliquées, le contrôleur en chef vise les feuilles et les rend au contrôleur principal qui établit la situation destinée au ministre.

Art. 50. — Cette situation (modèle n° 7) présente, d'après le visa des pièces, le mouvement de la journée close, elle indique la cause de ce mouvement, l'espèce de dette qui en a été l'objet et la nature des titres frappés d'annulation ou revêtus du visa du contrôle ; elle fait connaître subsidiairement, d'une part, les titres anciens annulés et dont la valeur en inscriptions nouvelles, reste à délivrer, et, d'une autre part, les inscriptions visées après la clôture des opérations du jour et qui ne recevront leur classification régulière que le jour suivant.

ART. 51. — Le contrôleur principal indique comme renseignements, dans la situation destinée au ministre, les inscriptions immatriculées dont il a reconnu la conformité avec les titres frappés d'annulation, mais que par des mesures de garantie il ne doit revêtir de son visa, aux termes des art. 14 et 30, qu'au moment de leur délivrance aux parties.

ART. 52. — Le contrôleur principal tient un sommier récapitulatif des opérations du contrôle. Ce sommier présente l'enregistrement successif du mouvement des rentes, dans l'ordre établi chaque jour par la situation remise au ministre. Ce registre doit servir de base à tous les rapprochements qui pourraient être opérés entre les écritures de la dette inscrite et les résultats constatés sur pièces par le contrôle.

ART. 53. — Ce sommier récapitulatif sera mis chaque année sous les yeux de la commission de vérification des comptes de finances; il sera également représenté à l'inspection toutes les fois que le service sera vérifié par ordre du ministre.

Paris, ce 31 mai 1833.

ARRÊTÉ DU MINISTRE

Sur la comptabilité et le contrôle des débets et créances poursuivies par l'agent judiciaire du Trésor.
Du 9 octobre 1832.

CHAPITRE Ier.

ÉTABLISSEMENT ET LIQUIDATION DES DÉBETS ET CRÉANCES LITIGIEUSES.

Section 1re. — Débets des comptables des finances.

ARTICLE 1er. — Aussitôt qu'un comptable ressortissant au ministère des finances est remplacé pour cause de débet constaté, soit par l'examen des écritures et des pièces, soit par des vérifications de caisse et de régie, soit par des arrêts de la cour des comptes, le compte de sa gestion courante est clos et arrêté, et le montant du débet est transporté dans les écritures de la comptabilité générale des finances, au compte général des comptables en débet, et à un compte individuel.

Art. 2. — En même temps, le directeur de la comptabilité générale remet au directeur du contentieux des finances, avec les pièces à l'appui, un état dûment certifié, présentant la situation du comptable débiteur, et énonçant les renseignements qui auraient été recueillis, tant sur les causes qui peuvent accroître ou atténuer le débet, que sur les diverses parties de l'actif du comptable.

Art. 3. — A la réception de cet état de situation, il est ouvert un compte à chaque débiteur dans les bureaux de la direction du contentieux, qui prend, pour la prompte réalisation des débets, toutes les mesures que réclament les intérêts du Trésor.

Art. 4. — Dans la notification faite à la direction du contentieux par la comptabilité générale, le débet ne figure qu'en principal seulement ; mais l'état de situation indique les dates à partir desquelles les intérêts sont exigibles, afin que la liquidation puisse en être faite ultérieurement par qui de droit, lors du paiement partiel ou intégral du débet.

Art. 5. — Les intérêts des débets qui ressortent des écritures de l'administration et des comptables, sont calculés d'après les décomptes que l'administration en fait établir, savoir :

1° Pour les receveurs généraux des finances, jusqu'au jour de l'arrêté de leur compte courant avec le Trésor.

2° Pour tous les autres comptables des finances, jusqu'au jour où le compte final à rendre à la cour des comptes est arrêté par l'administration.

Les intérêts courus sur ces mêmes débets, depuis les époques ci-dessus indiquées, sont calculés d'après les arrêts de la cour des comptes qui en fixent le point de départ.

A l'égard des débets résultant des forcements en recette ou radiations de dépenses, qui seraient prononcés par la cour des comptes, les intérêts en sont calculés d'après les époques fixées par les arrêts mêmes de la cour.

Art. 6. — Toutes les fois que la direction du contentieux établit le décompte des intérêts à la charge d'un comptable en débet, elle notifie à la comptabilité générale des finances le résultat de la liquidation, afin que le montant du décompte soit porté en augmentation de débet; il en doit être de même des frais de poursuites qui auraient été payés à la charge du comptable.

Art. 7. — Tous les arrêts de la cour des comptes adressés au ministère des finances sont renvoyés par le secrétariat du ministère à la comptabilité générale qui provoque, en ce qui la concerne, les mesures relatives, soit à la levée des charges imposées par la cour, soit au versement des débets provenant de radiations de dépenses ou des forcements de recettes qui sont prononcés contre des comptables en exercice.

Art. 8. — Si le comptable constitué en débet par arrêt de la cour des comptes a cessé ses fonctions, la comptabilité générale, après avoir gardé copie de l'arrêt, le transmet sans retard à la direction du contentieux, en accompagnant cet envoi d'un avis indiquant si le débet peut être soldé, soit par de simples régularisations, soit par l'application d'un actif dont la connaissance résulte des écritures, et dont la réalisation doit être provoquée par la comptabilité générale.

Dans ce cas, le directeur du contentieux se borne à faire faire par l'agence judiciaire, les actes conservatoires qui peuvent être nécessaires ; dans le cas contraire, il fait commencer immédiatement les poursuites.

Art. 9. — La comptabilité générale transmet également au directeur du contentieux les arrêts constatant la libération définitive des comptables, et autorisant la mainlevée des inscriptions hypothécaires prises sur leurs biens.

Section 2. — Débets divers et créances litigieuses.

Art. 10. — Le directeur du contentieux reçoit des ministères et administrations publiques, avec le titre à l'appui, la notification des débets liquidés par eux à la charge des entrepreneurs, fournisseurs, agents comptables et préposés divers, autres que les comptables des finances, ainsi que l'avis des réductions que ces débets ont éprouvées par suite de rectifications ou de décharges.

De son côté, le directeur de la comptabilité générale reçoit tous les mois, des ministères et administrations, un état récapitulatif des débets et des réductions qu'ils ont successivement notifiés à la direction du contentieux.

Art. 11. — Le directeur de la comptabilité générale des finances reçoit en outre du directeur du contentieux l'avis de toutes les créances parvenues à la connaissance de l'agence judiciaire du Trésor, par suite de révélations, de découvertes, de condamnations, et par tous autres moyens que ceux qui sont indiqués à l'article précédent.

ART. 12. — Il est ouvert un compte individuel à chaque débiteur sur les registres tenus à la direction du contentieux des finances, laquelle prend en même temps, pour le recouvrement du débet, toutes les mesures que réclament les intérêts de l'État. Il est également suivi, dans les mêmes bureaux, des comptes par section, où sont classés tous les débiteurs d'une même catégorie.

CHAPITRE II.

RECOUVREMENT DES DÉBETS ET CRÉANCES LITIGIEUSES.

ART. 13. — Les versements sur les débets et créances litigieuses sont opérés, soit à la caisse centrale du Trésor, soit aux caisses des receveurs généraux et particuliers des finances dans les départements. Les comptables s'en chargent au compte des recettes accidentelles avec la distinction spéciale de recettes sur débets, et la comptabilité générale en fait l'application dans ses écritures au crédit de chaque débiteur.

Le comptable entre les mains duquel le paiement a eu lieu, en délivre un récépissé à talon à la partie versante, et il transmet immédiatement une déclaration de ce versement au directeur du contentieux des finances.

ART. 14. — Le directeur de la comptabilité générale remet à la fin de chaque mois, et plus tôt, s'il y a lieu, au directeur du contentieux un état certifié de tous les versements effectués tant à Paris que dans les départements, à valoir sur les débets de toute nature poursuivis à la requête de l'agence judiciaire du Trésor.

ART. 15. — Le directeur du contentieux, au reçu de

ces états et documents, fait enregistrer les versements aux comptes des débets et créances ouverts sur les livres de sa direction, et il informe successivement les ministères et les administrations de la situation des recouvrements opérés sur l'actif des agents dont ils lui ont notifié les débets.

CHAPITRE III.

CONTROLE DES DÉBETS, CRÉANCES ET VALEURS DIVERSES A RECOUVRER PAR L'AGENCE JUDICIAIRE.

ART. 16. — Le directeur de la comptabilité générale des finances tient le contrôle des débets et créances de toute nature dont le recouvrement est poursuivi à la requête de l'agence judiciaire du Trésor.

Il fait ouvrir sur un registre spécial un compte à chaque comptable ou débiteur.

Ce compte est chargé du montant du débet ou de la créance, et il ne peut en être déchargé que par des versements effectifs dans les caisses du Trésor public et par la réduction, l'abandon ou la caducité des créances, prononcés par ordonnances royales, arrêts de la cour des comptes, jugements, décisions ministérielles ou autres titres réguliers.

ART. 17. — Les éléments des écritures du contrôle sont :

1° Pour le débit :

Les liquidations des débets de comptables, opérées par la comptabilité générale et notifiées à l'agence conformément à l'article 1er ;

Les liquidations de débets divers opérées dans les ministères et les administrations, et dont les états mensuels sont fournis à la comptabilité générale (art. 10 et 18);

Les liquidations d'intérêts et de frais, susceptibles

d'augmenter le montant des débets et qui sont notifiées par la direction du contentieux à la comptabilité générale (art. 6) ;

Enfin les déclarations de l'agence judiciaire pour tous les débets ou créances dont la connaissance lui est parvenue autrement que par les moyens ci-dessus spécifiés (art. 11).

2° Pour le crédit :

Les recouvrements opérés sur les débets dont il est donné connaissance à l'agence (art. 13 et 14) ;

Les réductions prononcées sur les débets divers par les ministères et administrations, et notifiées tous les mois à la comptabilité générale (art. 10) ;

Les décharges et déclarations de caducité provoquées par l'agence, et dont les ampliations dûment certifiées devront être transmises mensuellement à la comptabilité générale.

Art. 18. — Dans les premiers jours de chaque mois, le directeur du contentieux remet à la comptabilité générale un état présentant par débiteur le mouvement des accroissements et diminutions que les débets et les créances ont éprouvés pendant le mois précédent.

Art. 19. — Le directeur du contentieux fait dresser, chaque année, un état sommaire, et par nature de créance, de la situation de tous les débets et créances dont le recouvrement lui est confié.

Cet état indique le montant des sommes dues, celles qui ont été recouvrées, réduites, abandonnées ou déclarées caduques dans le cours de l'année, et celles qui restent à recouvrer.

Le directeur de la comptabilité générale vérifie ledit état qui est inséré au compte annuel des finances et soumis à la commission chargée de l'examen des comptes ministériels.

Art. 20. — La commission s'assure de l'exactitude des résultats par l'examen des pièces indiquées à l'article 17.

Art. 21. — Le directeur du contentieux fait former également, chaque année, pour être inséré au compte annuel des finances, un état sommaire de tous les débets et créances. Cet état contient, d'après la situation des poursuites et les documents existants, la distinction des créances en créances bonnes, douteuses et irrecouvrables.

Les motifs de l'appréciation de chaque débet sont consignés sur des états détaillés que le directeur du contentieux fait dresser par classe et par débiteur, et qui sont mis sous les yeux de la commission avec les pièces et dossiers dont la communication serait jugée nécessaire.

Art. 22. — Il est tenu à la direction du contentieux un registre d'ordre destiné à constater les mouvements, la situation et le lieu du dépôt des traites, effets, annuités, engagements, lettres d'avis, inscriptions de rentes, etc., etc., qui lui ont été envoyés.

Ce registre se compose d'un compte général d'entrée et de sortie desdites valeurs, et d'un compte spécial indiquant la nature des valeurs et le nom des personnes entre les mains desquelles elles auront été transmises.

Le ministre se réserve de faire vérifier ce registre d'ordre, à des époques indéterminées, par des agents de l'inscription générale des finances.

Art. 23. — Tous les arrêtés antérieurs sur l'établissement et le contrôle des débets et créances litigieuses sont et demeurent rapportés.

SECTION TROISIÈME.

DIRECTION ET SURVEILLANCE DES FONDS DU TRÉSOR ET DES COMPTABLES PUBLICS.

ARRÊTÉ DU MINISTRE

Sur le service du mouvement général des fonds.

Du 9 octobre 1832.

Service de trésorerie sur tous les points du royaume.

1. Le directeur du mouvement général des fonds du Trésor public est chargé, sous les ordres du ministre, d'appliquer les recettes aux dépenses sur tous les points du royaume, de prescrire les mouvements de fonds qui doivent assurer le service, de donner les directions convenables aux excédants de recettes que présentent les départements, de pourvoir aux insuffisances, de proposer et de suivre, dans leur exécution, les négociations, escomptes et émissions d'effets publics et autres valeurs du Trésor; d'établir et de régler les comptes courants du Trésor avec les receveurs généraux et autres correspondants, d'arrêter ces comptes aux époques prescrites par les instructions, de proposer les conditions du service de chaque année avec les comptables et correspondants du Trésor, et de liquider toutes les dépenses inhérentes au service de trésorerie d'après les dispositions préalablement arrêtées par le ministre.

Service aux armées.

2. Le service de trésorerie aux armées et à l'étranger est aussi dans les attributions du directeur du mouvement des fonds, tant pour la réalisation des fonds que pour le personnel et le matériel.

Distributions mensuelles.

3. Le compte des crédits ouverts aux ministres par les lois de finances est tenu à la direction du mouvement des fonds, où est préparée l'ordonnance de distribution soumise, chaque mois, à la signature du roi, en conséquence des demandes et états transmis par les ministres.

Enregistrement et mise en paiement des ordonnances ministérielles.

Les ordonnances délivrées par les ministres sont remises à la direction du mouvement des fonds, qui en fait écriture avec imputation par chapitre sur le montant des crédits qui leur sont ouverts par les lois et les ordonnances royales. Le directeur vise ces ordonnances et les met en paiement ; il les transmet à cet effet, soit en original, soit par extrait, aux payeurs du Trésor, et leur ouvre des crédits correspondants sur les caisses chargées d'en fournir les fonds.

Les pièces justificatives envoyées par les ministres ordonnateurs à l'appui de leurs ordonnances, sont déposées avec ces ordonnances à la direction de la comptabilité générale, qui les rattache à la gestion des comptables extérieurs. Les ordonnances payables à Paris sont remises au payeur des dépenses centrales du Trésor avec les pièces à l'appui. La direction du mouvement des fonds fournit à la comptabité générale des bordereaux énonciatifs de ces dernières ordonnances.

Admission ou rejet des dispositions faites sur le Trésor par les receveurs généraux et autres correspondants.

4. Le directeur du mouvement des fonds admet ou rejette les dispositions faites sur le Trésor par les receveurs généraux et autres correspondants au débit de leur

compte courant ; il en autorise le paiement au fur et à mesure des échéances. Les dépenses, envois, escomptes et délivrances de valeurs à effectuer par la caisse centrale sont également autorisés par lui.

Acceptation des traites tirées sur le Trésor.

5. Toute traite tirée sur le Trésor n'est acceptée qu'autant qu'il en a donné l'autorisation, après s'être assuré que l'enregistrement en a été fait au contrôle de la caisse.

Mandats sur les départements.

6. Le directeur du mouvement des fonds fixe la quotité et les échéances des mandats à délivrer sur les départements et les arrondissements, en échange des fonds versés au Trésor. Il peut déléguer au caissier central la signature des lettres d'avis à transmettre aux comptables chargés d'acquitter ces mandats, lesquels sont soumis préalablement au contrôle des caisses.

Dispositions sur la Banque de France.

7. Les bons du caissier central sur la Banque de France ne sont valables qu'autant qu'ils ont été visés par le directeur du mouvement des fonds, qui ne doit les signer qu'après s'être assuré de leur visa et de leur enregistrement au contrôle.

Correspondances avec les comptables et les particuliers.

8. Le directeur du mouvement des fonds correspond avec les receveurs généraux, les receveurs particuliers, les payeurs, les administrations et les particuliers, pour toutes les affaires qui sont dans ses attributions et qui dérivent des instructions générales arrêtées par le ministre.

Documents à exiger des comptables.

9. Il se fait remettre par les receveurs généraux, par le caissier central, et par tous les comptables dont le concours lui est nécessaire, les états de situation, documents et aperçus qui doivent le mettre à portée de faire les dispositions qu'exige la régularité du service.

Dispositions et virements des receveurs généraux entre eux.

10. Il autorise les dispositions et virements des receveurs généraux entre eux, dans les limites tracées par les instructions.

Achats et ventes de rentes demandés pour compte des habitants des départements.

11. Il reçoit et fait exécuter les commissions des receveurs généraux pour ventes et achats de rentes, qui lui sont adressées pour compte des habitants des départements, en exécution de l'article 21 de l'ordonnance du 14 avril 1819. Son intervention dans ces opérations se borne à la transmission aux agents de change des bordereaux adressés par les receveurs généraux, aux autorisations à donner pour les recettes et paiements qui en résultent, et aux écritures à prescrire pour en débiter ou créditer les comptables.

Le directeur du mouvement des fonds n'admet ces commissions que pour rentes et effets publics dus par le Trésor, et pour les opérations au comptant.

Surveillance de la gestion des comptables.

12. Il concourt avec la comptabilité générale, à la surveillance de la gestion des comptables, réclame les vérifications qui lui paraissent nécessaires, et est tenu de

rendre compte exactement au ministre des irrégularités qu'il reconnaît.

Examen des remises faites au Trésor.

13. Il fait examiner, mais sans déplacement, les remises effectuées à la caisse centrale par les receveurs généraux, et adresse à ces comptables les observations dont elles sont susceptibles.

Comptabilité des opérations de trésorerie.

14. La direction du mouvement des fonds tient une comptabilité qui lui est spéciale, et qui a pour objet de faire connaître les ressources et valeurs actives applicables au service de trésorerie, le passif de ce service, la situation individuelle des comptables et correspondants en relation avec la direction, la balance journalière des comptes, les intérêts, frais et dépenses résultant des opérations de trésorerie.

Écritures et pièces sur lesquelles elles s'appuient. — Relations avec le contrôle. — Rapports avec la direction de la comptabilité générale. — Balances et relevés à fournir à la comptabilité générale.

15. Les écritures de la direction du mouvement des fonds s'appuient sur les bordereaux de recette et de paiements qui lui sont adressés, chaque dizaine, par les receveurs généraux ; sur la correspondance, sur les éléments de comptabilité fournis par la caisse centrale, sur les pièces qui justifient les faits de recette et de dépense, et enfin sur les renseignements contradictoires qui doivent être puisés au contrôle des caisses et à la comptabilité générale. Le contrôle remet en conséquence à la direction tous les documents qu'elle est dans le cas de lui demander. Les directions de la comptabilité et du mouvement des fonds se doivent mutuellement toutes

communications de pièces et états qui sont de nature à assurer la régularité de leurs opérations respectives. La direction du mouvement des fonds est tenue spécialement de fournir les balances et relevés sommaires de ses écritures à la direction de la comptabilité générale.

Extraits des comptes courants arrêtés par trimestres.

16. Les extraits de comptes courants et d'intérêts du Trésor avec les receveurs généraux , administrations et correspondants, sont arrêtés par le directeur du mouvement des fonds , qui les signe conjointement avec le chef des comptes courants et écritures.

Liquidation des dépenses de trésorerie et bordereaux servant à leur ordonnancement.

17. Les dépenses liquidées par la direction du mouvement des fonds , en conséquence des dispositions préalablement arrêtées par le ministre, sont présentées à son ordonnancement par le secrétariat général, d'après les bordereaux dûment établis par le directeur du mouvement des fonds, lequel signe des extraits de ces ordonnances et transmet aux receveurs généraux ceux qui doivent être joints à l'appui de leurs comptes.

Compte général des frais de trésorerie et de la dette flottante. — Vérification dudit compte par une commission spéciale.

18. La direction du mouvement des fonds établit, pour chaque année , le compte général des dépenses faites pour frais de trésorerie, intérêts de la dette flottante et frais de négociation. Ce compte est soumis à l'examen et à la vérification d'une commission nommée par le roi , conformément aux dispositions des ordonnances royales des 18 novembre 1817 , 19 janvier 1820, 8 juin 1821 et 15 janvier 1823. Une ampliation

du procès-verbal de la commission est transmise à la cour des comptes.

Travail avec le ministre.

19. Le directeur du mouvement des fonds prend, chaque jour, les ordres du ministre, il lui présente la situation journalière du Trésor, il lui rend compte de la marche du service.

Répartition des travaux de la direction.

20. Le travail de la direction du mouvement des fonds est distribué entre trois sections.

La première est chargée de la correspondance générale du service à Paris, de l'enregistrement et de la mise en paiement des ordonnances, des distributions mensuelles, des aperçus généraux et journaliers des ressources et des besoins, de l'exécution des commissions pour ventes et achats de rentes.

La deuxième, du service extérieur et de la correspondance y relative.

La section de comptabilité, confiée à un sous-directeur chef des comptes courants et écritures, réunit tous les éléments de la comptabilité de la direction et des comptes ouverts par le Trésor aux receveurs généraux et aux autres correspondants ; elle établit ces comptes, en forme la balance journalière, liquide les dépenses, et dresse les extraits de comptes courants et d'intérêts qui doivent être arrêtés par le directeur.

ARRÊTÉ DU MINISTRE

Sur le service de la comptabilité générale des finances.

Du 9 octobre 1832.

Direction des comptabilités de deniers publics, et centralisation de leurs résultats.

1. Le directeur de la comptabilité générale des finances est chargé, sous les ordres du ministre, de régler les formes de toutes les comptabilités de deniers publics, d'en réunir périodiquement les éléments et les pièces justificatives, d'en contrôler les résultats, et de les constater dans des écritures centrales qui servent de base aux comptes et situations à soumettre au ministre, à présenter au roi et à distribuer aux chambres.

Réalisation des droits constatés et apurement des exercices.

2. Il veille à ce que les comptables constatent dans leurs écritures toutes les liquidations de droits qui établissent soit des recouvrements à faire pour le compte de l'État, soit des dépenses à acquitter au profit de ses créanciers ; il suit la rentrée des impôts dans les délais prescrits ; il prépare et propose toutes les mesures relatives au règlement législatif des budgets et à l'apurement des exercices.

Surveillance de la gestion des comptables.

3. Il concourt, avec la direction du mouvement des fonds, à la surveillance de la gestion des comptables, réclame les vérifications qui lui paraissent nécessaires, et est tenu de rendre compte exactement au ministre de toutes les irrégularités qu'il reconnaît. Il lui soumet, de concert avec les directions compétentes, les mesures de sûreté ou de répression qu'il juge dans l'intérêt du service.

Vérification et apurement des comptes annuels.

4. Il reçoit les comptes annuels de tous les comptables des finances, en reconnaît et certifie la conformité avec les écritures et pièces successivement vérifiées, et les adresse à la cour des comptes avec les titres justificatifs à l'appui, à l'exception des pièces de dépenses du payeur central et du caissier central du Trésor, qui sont soumises, par l'arrêté du 24 juin dernier, à des mesures spéciales de contrôle. Il transmet à la cour des comptes les résumés généraux des comptes individuels par classe de comptables et nature de services, ainsi que les états comparatifs qui la mettent en mesure de rapprocher les résultats des comptes individuels avec les comptes généraux des finances, et de prononcer ses déclarations annuelles, en exécution de l'ordonnance royale du 9 juillet 1826.

Les expéditions des arrêts de la cour des comptes lui sont envoyées, et il veille à ce qu'il soit satisfait aux charges et injonctions qu'ils peuvent contenir.

Commission d'examen des écritures, et comptes des ministères.

5. Il fournit à la commission instituée par l'ordonnance du 10 décembre 1823 tous les documents nécessaires à l'effet de vérifier et d'arrêter, chaque année, les écritures de la comptabilité générale au 31 décembre, et d'en constater la concordance, tant avec celles des comptables et des ordonnateurs, qu'avec le compte général des finances.

Éléments d'écritures, états et renseignements à fournir par les comptables.

6. Il se fait remettre les copies des journaux, balances, bordereaux et états de développements, les pièces justi-

ficatives de recette et de dépense, et tous autres documents nécessaires, soit pour le contrôle et la surveillance de la gestion des comptables, soit pour l'ordre des écritures et des comptes généraux.

Rapports avec les ministères ordonnateurs, et avec les directions du ministère des finances.

7. Il reçoit des ministères ordonnateurs et des différentes divisions du ministère des finances, les éléments de comptabilité et de contrôle qu'exigent les besoins de son travail.

Il doit réciproquement aux divers ministères et à chacune des directions du ministère des finances toutes les communications de résultats, pièces ou états qui sont de nature à assurer la régularité de leurs opérations respectives.

Suite du recouvrement et des poursuites en matière de contributions directes.

8. Il est spécialement chargé de suivre et d'assurer l'exécution des règlements et instructions sur la perception et sur les poursuites en matière de contributions directes, sauf les questions judiciaires ou administratives qui sont du ressort du directeur du contentieux des finances et de l'administration des contributions directes.

Questions de responsabilité.

9. Il traite, selon ses attributions et en se concertant, s'il y a lieu, avec les autres directions administratives, les questions relatives à l'application des règlements sur la responsabilité imposée aux comptables, tant pour les actes de leur propre gestion que pour ceux de leurs subordonnés.

Règlement des bonifications sur le recouvrement des contributions directes.

10. Il propose au ministre, de concert avec le directeur du mouvement des fonds, les conditions d'après lesquelles sont réglées, chaque année, les bonifications à allouer aux receveurs des finances sur le recouvrement anticipé des contributions directes.

Liquidation de ces bonifications, des remises des percepteurs et des taxations des receveurs des finances.

11. Il fait vérifier les décomptes de ces bonifications et ceux qui établissent les sommes à prélever par les percepteurs pour leurs remises, et par les receveurs des finances, pour leur traitement fixe et leurs taxations sur les contributions directes, les produits de bois et les recettes diverses. Il transmet ces états de liquidation au secrétariat général, chargé d'en provoquer l'ordonnancement.

Installations ; gestions intérimaires ; cautionnements.

12. Il suit, de concert avec les directions compétentes, les dispositions concernant l'installation des comptables, les gestions intérimaires, le versement et le remboursement des cautionnements.

Comptabilité des communes et établissements de bienfaisance ; placement de leurs fonds libres.

13. Le directeur de la comptabilité générale concourt à la surveillance de la gestion et de la comptabilité des receveurs des communes et des établissements de bienfaisance ; il veille à la remise exacte des budgets, ainsi qu'à la reddition et à l'apurement des comptes.

Il fait tenir le compte récapitulatif, par département, des placements faits au Trésor par les communes et établissements publics ; il contrôle, en fin d'année, les résumés des décomptes d'intérêts que lui adressent les receveurs généraux, les certifie et les transmet au secrétariat général pour être ordonnancés.

Liquidation des débets de comptables et contrôle des débets et créances poursuivis par l'agence judiciaire.

14. Il établit la liquidation des débets de comptables, d'après les procès-verbaux de vérification, les renseignements que lui fournit la direction du mouvement des fonds, les écritures et les arrêts de la cour des comptes, et il en transmet des situations certifiées au directeur du contentieux des finances.

Il tient, conformément à l'arrêté spécial en date de ce jour, le contrôle des débets et créances litigieuses dont le recouvrement est poursuivi par l'agence judiciaire du Trésor, et pour lesquelles il fait ouvrir un compte à chaque débiteur. Il entretient, à cet effet, avec le directeur du contentieux, des relations périodiques au moyen desquelles les accroissements et les atténuations qu'éprouvent les débets et créances, sont constatés contradictoirement et justifiés sur pièces, et il met tous les résultats et éléments de ce travail sous les yeux de la commission nommée annuellement en exécution de l'ordonnance du 10 décembre 1823.

Correspondance.

15. Le directeur de la comptabilité générale correspond avec les comptables, les chefs de service à Paris et dans les départements, les administrations et les particuliers, pour toutes les affaires qui sont dans ses attributions et qui dérivent des instructions générales arrêtées par le ministre.

Travail avec le ministre.

16. Il met sous les yeux du ministre, les relevés et documents propres à lui faire connaître périodiquement la situation de chaque comptable, la marche des services de recette et de dépense, l'état des budgets et le bilan de l'administration des finances.

Personnel des bureaux.

17. Il propose la nomination des employés placés sous ses ordres et les mesures relatives au personnel de ses bureaux.

Division du travail.

18. Le travail de la comptabilité générale est distribué ainsi qu'il suit :

Un bureau d'ordre et de correspondance ;

Cinq bureaux de contrôle des diverses comptabilités élémentaires ;

Un bureau central d'écritures et de résultats généraux.

Ces bureaux ont les attributions suivantes :

1° Bureau d'ordre et de correspondance.

Réception et mouvement des dépêches et pièces ;

Question de comptabilité générale ou contentieuse ;

Application des règlements sur la responsabilité des comptables et sur le service financier des communes et établissements publics ;

Correspondance relative aux vérifications des inspecteurs des finances, à la surveillance de la perception et aux poursuites en matière de contributions directes.

2° Bureaux de contrôle des comptabilités élémentaires.

Vérification des éléments d'écritures adressés par les

différents comptables des finances; contrôle des recettes au moyen des talons de récépissés, des relevés de rôles, des états de produits et autres documents certifiés par les agents administratifs chargés de constater les droits et perceptions; contrôle des paiements par les acquits et les pièces justificatives de dépenses ; contrôle des mouvements de fonds et des opérations en compte courant par les déclarations contradictoires des comptables et des correspondants ;

Formation de bordereaux mensuels de recette et de dépense, établis par classe de comptables, d'après leurs déclarations vérifiées sur pièces et servant de base aux écritures centrales de la comptabilité des finances ;

Vérification et apurement des comptes annuels de tous les comptables des finances ; établissement des résumés généraux de ces comptes par classe de comptables et par nature de services, à transmettre à la cour des comptes comme éléments du contrôle prescrit par l'ordonnance du 9 juillet 1826.

Préparation de la correspondance et des instructions générales ou particulières sur tous les détails de la comptabilité.

3° Bureau central des écritures et des résultats généraux confié à un sous-directeur.

Description sur un journal, sur un grand-livre et sur des livres auxiliaires, par nature spéciale de services, des résultats constatés sur les bordereaux mensuels de recette et de dépense et de liquidations de droits, formés, soit par les bureaux chargés des comptabilités élémentaires, soit par les directions administratives du ministère des finances, soit par les ministères ordonnateurs.

Établissement d'après les balances de ces livres, des

comptes de mois, de la situation générale des finances et de tous les résultats généraux qui doivent être mis périodiquement sous les yeux du ministre.

Rédaction du compte général des finances, réunion des comptes spéciaux qui y sont rattachés, des comptes de dépense des différents ministères et de tous les documents nécessaires pour le règlement législatif des budgets. Préparation des divers éléments du travail de la commission nommée annuellement pour l'examen des comptes des ministères, en exécution de l'ordonnance du 10 décembre 1823.

Contrôles généraux concernant les mouvements de fonds, les opérations en compte courant, les débets de l'agence judiciaire, et autres résultats constatés contradictoirement dans les diverses comptabilités.

Formation du Résumé général des virements de comptes, dans la forme prescrite par l'arrêté ministériel du 21 juillet 1826, et travaux relatifs au contrôle attribué à la cour des comptes par l'ordonnance royale du 9 du même mois.

DISPOSITION SPÉCIALE.

ARRÊTÉ DU MINISTRE

Réglant l'exécution et le contrôle des opérations relatives à l'emprunt de 150 millions négocié le 8 août 1832.

Du 4 août 1832.

Art. 1er. — Les rentes à créer pour le montant de l'emprunt de 150 millions, d'après le prix de l'adjudication, seront portées, dans les écritures de la dette inscrite, au crédit d'un compte spécial intitulé : *Trésor public, son compte de rentes vendues en vertu des crédits ouverts par les lois des* 5 *janvier*, 25 *mars*, 18 *avril* 1831 *et* 21 *avril* 1832 (ordonnance royale du 7 juillet 1832).

Le dixième de cette somme qui doit rester en réserve, pour la garantie du Trésor public, jusqu'au paiement du solde définitif, y figurera par un article distinct. Ce compte sera successivement débité des rentes inscrites au nom des porteurs de certificats, en raison des termes acquittés.

Art. 2. — Les certificats de négociations seront conformes au modèle ci-annexé ; les coupures et le nombre des certificats seront déterminés aussitôt après l'adjudication de l'emprunt : ils seront signés par le chef agent comptable du grand-livre, et ne pourront être délivrés qu'après avoir été visés pour le directeur de la dette inscrite, par le chef du bureau central chargé du contrôle.

Art. 3. — La remise des certificats sera faite à la compagnie adjudicataire par les soins et sous la surveillance du directeur de la dette inscrite, en échange des récépissés à talon du caissier central, visés au contrôle des caisses, et constatant le paiement des deux premiers termes de l'emprunt. Ces récépissés ne feront qu'une seule et même chose avec le certificat portant mention de l'acquittement des deux premiers termes, et qui devra être rapporté à la dette inscrite après le paiement intégral de tous les termes.

Art. 4. — Le directeur de la dette inscrite fera établir un compte pour chaque certificat de l'emprunt. Ce compte présentera d'une part, le montant et l'échéance de chaque terme à payer, la rente afférente aux certificats pour chaque paiement, et d'autre part, les sommes versées, avec indication des numéros des bulletins de la caisse et des dates, et enfin les rentes inscrites, avec les numéros des inscriptions et leurs dates. Il y sera fait distinction spéciale des sommes versées sur les deux premiers termes et qui, étant réservées pour la garantie du Trésor, ne doivent donner lieu à une délivrance de rentes qu'après le paiement de tous les termes. Il sera tenu un compte récapitulatif dans la même forme, pour chaque série de certificats.

Art. 5. — Le directeur de la dette inscrite devra recevoir, chaque jour, du contrôle de la caisse, les bulletins des versements qui auront été faits sur chaque terme. Ces bulletins indiqueront les numéros des certificats et les termes auxquels s'appliquera chacun des versements.

Art. 6. — Le dépouillement des bulletins de versement sera fait immédiatement par le bureau central et de contrôle de la dette inscrite, qui en fera écriture au compte des certificats, et s'assurera, lors de la remise des coupons qui seront rapportés quittancés, pour être échangés contre des rentes, que les quittances données par le caissier sont conformes aux bulletins des versements.

Art. 7. — Les coupons quittancés, destinés à être échangés contre des inscriptions de rentes, seront remis, par les parties, à un bureau spécial de dépôt, avec un bordereau en deux expéditions, dont l'une, signée de l'agent commis au dépôt sera, après vérification sommaire, rendue à la partie déposante.

Art. 8. — Après la confrontation prescrite par l'article 6 et le rapprochement des coupons avec leurs talons restés entre les mains de l'agent comptable du grand-livre, les signatures desdits coupons seront biffées, et l'agent comptable des transferts dressera le certificat de mutation du compte du Trésor au compte de l'ayant droit. L'agent comptable du grand-livre, sur la remise qui lui sera faite du certificat de transfert énonçant les coupons qui donneront droit à la délivrance de la rente, devra en faire l'émargement sur un compte d'ordre tenu par certificat pour la rentrée des coupons, inscrire la rente, en expédier l'extrait d'inscription et le remettre, signé de lui, à l'agent comptable des transferts. Celui-ci, après en avoir reconnu l'exactitude et la conformité avec son certificat de transfert, signera les extraits et les transmettra au bureau central et de contrôle de la dette inscrite où seront enregistrés, au compte de chacun des certificats, le numéro, la date et le montant de l'inscription correspondant à chaque terme payé.

Ces formalités étant remplies, les extraits d'inscription seront délivrés aux parties contre la remise de l'expédition du bordereau portant reconnaissance de dépôt.

La délivrance des inscriptions devra être effectuée, au plus tard, dans les cinq jours de la date du dépôt, non compris les jours fériés.

Art. 9. — La direction de la dette inscrite remettra, chaque jour, à la direction de la comptabilité générale des finances, un bordereau des rentes inscrites, avec indication des termes sur lesquels elles auront été imputées. Ce borderau fera connaître en même temps les mouvements du fonds de garantie et la situation sommaire des coupons non rentrés.

Art. 10. — Le caissier central du Trésor est autorisé à faire recevoir les versements sur l'emprunt de 150 millions par la sous-caisse des recettes et auxiliairement par le comptoir de la sous-caisse centrale, lequel recevra spécialement les versements de la compagnie adjudicataire, ou des souscripteurs qui en font partie, les sommes présentées après l'expiration du délai de cinq jours fixé par l'article 14 de l'arrêté formant cahier des charges, et enfin les sommes dont l'anticipation aurait été autorisée. Toutefois, la comptabilité du paiement des termes de l'emprunt sera centralisée dans les écritures de la sous-caisse des recettes.

Art. 11. — Aucun versement ne sera reçu à la sous-caisse des recettes ou au comptoir auxiliaire que sur un bulletin signé par la partie versante et énonciatif des coupons qu'elle entend acquitter. Ce bulletin sera de couleur semblable au certificat de chaque série auquel le versement se rapportera. Il sera fait en double expédition, dont l'une seulement sera garnie d'une souche portant reconnaissance de dépôt des coupons, et obligation de les rendre quittancés dans le délai de 24 heures (les jours fériés non compris).

Les bulletins devront être présentés au contrôle avant encaissement.

Le bulletin sans souche sera retenu par le contrôle, qui le visera et le transmettra à la direction de la dette inscrite. L'autre bulletin sera retenu par la caisse. La souche en sera détachée, visée par le contrôle et remise ensuite à la partie versante.

Art. 12. — Les coupons des certificats seront quittancés, pour le caissier central, par le chef de la sous-caisse des recettes, qui pourra se faire suppléer par le sous-chef de la même caisse. Ces coupons, dont la forme est déterminée par le modèle du certificat, seront visés par le contrôle qui en détachera les talons èt les transmettra à la direction de la comptabilité générale.

Art. 13. — Les comptoirs chargés de recevoir les versements sur l'emprunt seront ouverts à neuf heures du matin et fermés à deux heures après midi. Néanmoins, les personnes entrées avant deux heures ne pourront être privées de la faculté de consommer leur versement.

Art. 14. — Les versements ne seront admis par la sous-caisse des recettes et le comptoir auxiliaire que pour l'intégralité d'un ou plusieurs termes de l'emprunt.

Art. 15. — Dans le cas où les parties feraient entrer dans leurs versements des valeurs échues dues par le Trésor, ces valeurs ne seront admises qu'avec l'autorisation du caissier central : elles seront ramenées à l'état de comptant au moyen d'un virement préalable et dûment contrôlé entre la sous-caisse chargée de les acquitter et la sous-caisse des recettes en espèces. Lorsque des valeurs dues par le Trésor ne seront pas échues, l'escompte devra en avoir été autorisé par le directeur du mouvement général des fonds. Cet escompte sera fait dans les formes ordinaires et constaté distinctement, sans que les recettes sur l'emprunt, qui devront toujours être présentées intégralement, puissent en être affectées ou modifiées.

Art. 16. — Les versements dont le ministre pourrait autoriser l'anticipation sous escompte seront également reçus et enregistrés pour l'intégralité de chaque terme acquitté, sauf à la caisse à faire dépense du montant de l'escompte bonifié par le Trésor.

Art. 17. — Les bordereaux des escomptes formant recettes pour le Trésor seront dressés, suivant les formes établies, par les soins du caissier central, dans les sous-caisses compétentes, et seront régularisés, pour chaque journée, par l'autorisation du directeur du mouvement général des fonds. Les décomptes d'intérêts à la charge du Trésor seront préparés par les bureaux de la caisse centrale, vérifiés et arrêtés par la direction du mouvement général des fonds.

Art. 18. — Les intérêts dus par le Trésor seront calculés d'après le décompte, dont le modèle sera fourni par la direction du mouvement général des fonds.

Ce décompte sera employé pour toutes les sommes à ramener au comptant, conformément à l'article 15.

Art. 19. Lors du paiement des troisième, septième et treizième termes, les porteurs de certificats seront admis à précompter les arrérages des semestres échéant les 22 septembre 1832, 22 mars et 22 septembre 1833, pour les coupons qui n'auront point été détachés des certificats.

A cet effet, ils établiront, indépendamment du double

bulletin mentionné à l'article 11, qu'ils auront également à fournir, un bordereau distinct de précompte. Ce bordereau indiquera, par certificat, le nombre de coupons non détachés ; il sera certifié et quittancé par les parties.

Chaque soir, la caisse fera dépense du montant des arrérages précomptés dans la journée ; elle en sera couverte ultérieurement par le payeur central du Trésor, sur la remise des bordereaux de précompte quittancés.

Art. 20. Le caissier central, indépendamment des écritures générales et sommaires auxquelles il est tenu, fera établir à la sous-caisse des recettes un livre de détail, dans lequel seront décrits, par ordre chronologique, avec les numéros et sommes, les versements effectués à cette sous-caisse.

Les mêmes renseignements seront reproduits dans les sommiers, qui devront présenter distinctement, par chaque terme et par numéros d'ordre, les versements imputables sur chaque coupon de certificat, le total par journée et le total général par terme.

Enfin, les sommes à recouvrer sur chaque certificat et sur chaque terme seront l'objet d'un carnet d'échéance, sur lequel seront inscrits les versements effectués dans l'ordre de leur réalisation. Ce carnet d'échéance devra être tenu constamment à jour pour présenter, à toute époque, la situation de chaque certificat.

Art. 21. Le caissier central remettra, chaque jour, à la direction du mouvement général des fonds, en outre de ses situations ordinaires, et à l'appui de la copie du journal de la sous-caisse des recettes, une copie du livre de détail prescrit par l'article 19.

Il dressera, à la date du 20 de chaque mois et remettra, à la direction du mouvement général des fonds, l'état par numéros des certificats en retard de paiement et des sommes restant dues sur chaque terme.

Il fera connaître, tous les jours, à la direction de la comptabilité générale, le montant des recettes effectuées sur chaque terme.

Art. 22. — Le contrôleur des caisses fera enregistrer les recettes provenant de l'emprunt sur des feuilles particulières de journée, d'après les bulletins de versements présentés au visa du contrôle. Ces feuilles contiendront des colonnes destinées à recevoir, après les opérations de la journée et au moyen du classement par termes des coupons quittancés, l'indication des versements effectués sur chacun de ces termes. Le contrôle suppléera, à cet égard, la direction de la comptabilité générale, et fournira chaque jour à la direction du mouvement des fonds le relevé sommaire de ce travail.

Art. 23. — Les directions de la dette inscrite, de la comptabilité générale et du mouvement général des fonds, le caissier central, le contrôleur des caisses et le payeur central, sont chargés, en ce qui concerne leurs obligations respectives, de l'exécution du présent arrêté.

RAPPORT DE LA COMMISSION (1)

Chargée par l'arrêté de M. le Ministre des Finances, du 25 septembre 1840, de l'examen des garanties existant pour le Trésor public, et de celles qu'il pourrait être opportun d'y ajouter, afin d'assurer la conservation des valeurs de portefeuille de la caisse centrale du Trésor.

D'après les considérations exposées dans le rapport fait sur les résultats de ses opérations, la commission chargée de la vérification des comptes des ministres, pour l'année 1838 et l'année 1839, avait émis le vœu « que l'administration recherchât les moyens de com- « pléter le contrôle du service de la caisse centrale du « Trésor, en assurant la conservation des valeurs de « portefeuille et qu'elle prescrivît les mesures propres à « prévenir l'abus possible de ces effets par des négocia- « tions frauduleuses. »

C'est par suite de ce vœu que S. Ex. le ministre des finances a pris, le 25 septembre 1840, un arrêté portant « qu'une commission spéciale serait chargée d'examiner « les dispositions réglementaires auxquelles sont sou- « mises *l'entrée, la sortie et la conservation* jusqu'à leur « échéance, des effets de portefeuille de la caisse centrale « du Trésor, et de proposer les mesures qu'il y aurait « lieu de prendre, pour fortifier les garanties du Trésor « contre tout détournement desdites valeurs. »

Pour répondre aux intentions du ministre, la commis-

(1) Cette commission était composée de MM. le marquis d'Audiffret, Président, président de la Cour des comptes ; Rielle, directeur du mouvement des fonds ; Rodier, directeur de la comptabilité générale des finances ; Bailly, inspecteur général des finances ; Bruzzo, id., rapporteur.

sion créée par ledit arrêté, a d'abord délégué plusieurs de ses membres pour examiner, de concert avec le chef du contrôle et le caissier central, tout le mécanisme des opérations et des écritures, concernant la manutention des valeurs de portefeuille remises au caissier central du Trésor, depuis le moment où ces valeurs parviennent à ce comptable jusqu'à celui où elles sont, ou échangées contre du numéraire, ou transmises en compte courant, soit à la Banque de France, soit aux comptables et autres correspondants du Trésor.

Un examen analogue et pour lequel les délégués de la commission ont obtenu toutes les communications désirables du gouverneur de la Banque de France, a été fait dans les bureaux de cet établissement, afin de pouvoir comparer, pour ce qui a rapport aux garanties propres à assurer la conservation des valeurs de portefeuille, les procédés en usage, à la Banque, avec ceux qui existent au Trésor.

La commission a provoqué, en outre, sur la question, pour laquelle elle était appelée à émettre son avis, les observations du chef du contrôle et celles du caissier central; observations qui ont été consignées par eux dans les deux notes ci-jointes n°s 1 et 2. Elle a entendu, ensuite, dans leurs explications verbales ces deux agents supérieurs. Elle a consulté les avis émis sur la matière, par deux commissions spéciales instituées, au sein du ministère, en 1832 et 1833, a discuté dans plusieurs séances successives, tous les moyens de contrôle et de surveillance qui existent maintenant pour garantir les intérêts du Trésor contre la possibilité de tout abus, relativement aux valeurs de portefeuille de la caisse centrale, enfin ceux qu'on a proposé d'y ajouter;

elle va rendre compte des résultats de son examen et de ses délibérations.

Les actes de comptabilité, par lesquels sont constatés et contrôlés tous les mouvements des valeurs de portefeuille de la caisse centrale ont été scrupuleusement décrits dans le procès-verbal des séances des 9 et 10 juillet 1832 tenues par la commission créée en vertu de l'arrêté ministériel du 28 février précédent.

Ainsi qu'il a été établi dans ce procès-verbal, il est de toute impossibilité que, sous l'action régulière et complète des contrôles existants, les intérêts du Trésor puissent être lésés, par erreur ou par fraude, en ce qui concerne la constatation, sur les écritures de la caisse centrale, de l'entrée et de la sortie des valeurs de portefeuille ; sans entrer de nouveau dans tous les détails présentés en 1832 par ladite commission, il suffira, pour ne laisser aucun doute à cet égard, de rappeler que les moyens de reconnaître si le caissier central se charge, intégralement et ponctuellement, en recette de toutes les remises, sont fournis au contrôle, non-seulement par la représentation que lui fait le caissier, des lettres et bordereaux qui accompagnent ces remises, mais encore au moyen de la communication qu'il reçoit de la direction du mouvement des fonds, des lettres, par lesquelles les comptables et les correspondants du Trésor sont tenus de donner *directement* avis, à cette direction, du montant des valeurs successivement envoyées au caissier central.

Nous rappellerons, ensuite, quant aux sorties d'effets, que, déjà, il a été établi par la commission de 1832 que le contrôle possède des moyens de rapprochement ou de vérification tels, qu'il serait impossible que le caissier se déchargeât dans ses écritures de sommes supérieures au montant effectif des valeurs à recouvrer qui sortent de ses portefeuilles, sans que ces excédants pussent être aussitôt reconnus ; car, indépendamment des moyens de vérification que l'on peut appeler intérieurs, et qui ont été indiqués dans le procès-verbal déjà mentionné, il existe, pour les transmissions de valeurs, à encaisser par d'autres que par la caisse centrale elle-même, des contrôles extérieurs certains, consistant : 1° pour les remises à la Banque, dans l'inscription qui en est faite, jour par jour, par cet établissement lui-même, sur le carnet présentant son compte courant avec le Trésor : carnet qui doit être exhibé tous les soirs aux agents du contrôle ; 2° pour les envois faits aux comptables ou autres correspondants du Trésor, dans les récépissés qu'ils doivent en adresser au caissier central : récépissés qui sont successivement soumis au visa du contrôle et dont les talons sont détachés pour être remis à la comptabilité générale des finances ; et à ce sujet, il convient même de remarquer, que les envois de valeurs faits par le caissier central, sont régulièrement confirmés par les avis de la direction du mouvement des fonds, contenant l'invitation aux destinataires de signaler sans retard les valeurs qui ne leur seraient pas exactement parvenues.

Enfin, les contrôles des actes de la caisse centrale ne sont pas moins impossibles à éluder, quant aux déclarations de sortie des effets à encaisser par cette caisse elle-même ; en effet, comme il ne s'agit dans ce cas, que d'une simple conversion de valeurs, ou d'une transformation du solde du caissier central, il suffit, pour acquérir sur ce point, la preuve de l'exactitude de ses déclarations, de reconnaître s'il s'est bien chargé en recette en *espèces* d'une somme égale à celle dont il a fait dépense en *effets*.

Mais, ne serait-il point possible que, tout en constatant des sorties qui auraient eu effectivement lieu, et dont la réalité serait bien démontrée par les contrôles que nous venons d'indiquer, le caissier central, ou ne constatât pas la sortie, à leur échéance, d'une partie des effets existants dans ses portefeuilles, et que ce fait négatif, échappant aux contrôles indiqués, demeurât plus ou moins longtemps inconnu ; ou, encore, qu'il transmît, par anticipation, à des comptables et correspondants du Trésor, des effets encore éloignés de leur échéance, et dont l'envoi matériel se trouverait, cependant, justifié par les récépissés des destinataires ?

C'est pour se préserver des chances d'erreur de cette nature, qu'un contrôle subsidiaire, portant sur les échéances des valeurs de portefeuille a été établi, conformément à l'avis émis, à ce sujet, le 10 novembre 1833, par une seconde commission, créée par le ministre pour l'examen de différentes questions concernant la conservation desdites valeurs.

Au moyen de ce contrôle, les agents chargés de son application peuvent et doivent s'assurer, si les effets successivement entrés dans les portefeuilles de la caisse centrale, en sortent exactement, pour être recouvrés, soit par cette caisse elle-même, soit par les correspondants du Trésor, au fur et à mesure de leurs échéances ; comme aussi, s'ils n'en sortent qu'à cette époque, ou seulement au moment opportun, pour que les diligences et, au besoin, les observations nécessaires puissent être faites par les correspondants auxquels ils sont adressés.

Il serait superflu d'insister sur l'importance de ce moyen permanent de surveillance, par suite duquel la caisse centrale ne pourrait, à l'insu du contrôle, ni omettre de constater la réalisation par ses encaissements ou par ses remises, des valeurs de portefeuille parvenues à leur échéance, ni en constater prématurément la sortie.

Nous arrivons, maintenant, à la question de la conservation matérielle des valeurs de portefeuille de la caisse centrale du Trésor, qui, d'après les observations de la commission de vérification des derniers comptes des ministres, et aux termes de l'arrêté du ministre des finances du 25 septembre 1840, a dû faire particulièrement l'objet de l'examen de la commission spéciale créée par cet arrêté.

Chaque jour doit, comme on vient de le voir, apporter la preuve que les effets, qui étaient entrés dans les portefeuilles du Trésor, en sortent exactement, lorsqu'ils doivent être recouvrés pour son compte (1), et par conséquent qu'ils n'ont point cessé d'exister, dans ces mêmes portefeuilles; car on ne saurait point s'arrêter à l'hypothèse impossible qu'on pût y replacer à leur échéance les valeurs qui auraient été précédemment et frauduleusement négociées.

Mais, si le contrôle, fondé sur le relevé des échéances, est pleinement suffisant pour faire ressortir, à des époques données, les valeurs qui, par quelque cause que ce soit, auraient disparu, et qui se trouveraient, par cela

(1) Quant aux effets dont la sortie doit avoir lieu, par exception, avant leur échéance, la régularité de cette sortie est justifiée au contrôle par les décisions de la direction du mouvement des fonds qui ont autorisé le renvoi ou la négociation des effets.

même, manquer, aux sorties, les jours de leurs échéances, ne pourrait-il pas arriver, à la rigueur, que ce moyen de contrôle ne mît en évidence les disparitions dont il s'agit que *trois*, *quatre*, *six*, *neuf*, ou *douze* mois, après le moment où elles auraient eu lieu, suivant la prolongation des échéances des *effets sur Paris*, des *traites de douanes*, de celles de *coupes de bois*, etc. ?

Ainsi, par exemple, si dans une autre hypothèse, dont nous démontrerons, tout à l'heure, que la réalisation est à peu près impossibile, il arrivait que les valeurs de portefeuille déjà parvenues et qui parviendraient encore au Trésor, à une échéance postérieure au 31 mars 1841, fussent soustraites des portefeuilles de la caisse centrale, et qu'une telle soustraction, pouvant s'élever jusqu'au chiffre de 40 à 50 millions, dût échapper au contrôle qui s'exerce d'après les échéances; le problème à résoudre consisterait à savoir par quelles mesures il serait possible de donner au Trésor, pour ce qui concerne la conservation de ses valeurs de portefeuille, plus de garanties que ne peuvent lui en procurer les contrôles, auxquels sont assujetties les écritures et les déclarations du caissier.

Pour atteindre ce but divers moyens ont été proposés.

Ils consisteraient :

1° Dans une disposition législative portant que les valeurs de portefeuille du Trésor sont incessibles, ce qui rendrait impossible, et, dans tous les cas, sans danger pour l'État, toute négociation frauduleuse de ces mêmes valeurs.

Mais pour écarter cette mesure, il suffit de faire observer qu'elle priverait le Trésor, lui-même, des moyens de négocier les effets dont il est possesseur, sans parler des inconvénients qu'il pourrait y avoir à recourir à une mesure exceptionnelle qu'il faudrait solliciter de la puissance législative.

2° Dans une autre disposition de la loi, en vertu de aquelle aucune négociation desdits effets ne pourrait avoir lieu, et ne serait valable, qu'autant qu'elle aurait été spécialement autorisée par le ministre des finances.

Mais en adoptant cette mesure, pour laquelle l'intervention du pouvoir législatif serait encore nécessaire, il faudrait que le Trésor délivrât, pour chaque négociation, autant d'autorisations spéciales qu'il y aurait eu d'effets négociés, et dont le nombre pourrait, souvent, s'élever à plusieurs milliers ; car comment les banquiers, auxquels une certaine masse d'effets aurait été transférée par le Trésor, pourraient-ils en disposer, eux-mêmes, en les remettant à leurs correspondants ou en les escomptant sur la place, si la décision ministérielle, qui en aurait autorisé la négociation, se trouvait placée au bas d'un bordereau collectif?

On peut donc dire que la disposition dont il s'agit, et par suite de laquelle chaque effet négocié devrait être accompagné d'une autorisation qui lui fût propre, serait tout à fait impraticable.

3° Dans la conservation sous la double clef du caissier central et du chef du contrôle, de toutes les valeurs de portefeuille, autres que les effets à faire viser ou accepter et ceux dont l'échéance ne serait pas reculée de plus de cinq jours ; effets qui seraient laissés, les uns et les autres, à la libre disposition du caissier central.

Cette proposition, qui a été présentée par le chef du contrôle dans la note ci-jointe (pièce n° 1), est celle qui a dû fixer davantage l'attention de la commission.

Déjà l'idée de faire concourir ledit agent supérieur à la conservation des valeurs de portefeuille de la caisse centrale avait été soumise à la commission de 1833.

Il s'agissait, alors, de faire constater, chaque jour, l'existence matérielle des valeurs de portefeuille et de rendre le chef du contrôle dépositaire des doubles clefs des armoires ou caisses qui les renferment ; mais cette mesure fut reconnue inadmissible par ladite commission, qui, dans son avis du 10 novembre 1833, motiva son opinion comme il suit :

« Le moyen proposé (disait-elle) semblerait au premier coup d'œil n'imposer au contrôle d'autre travail « que celui qu'il fait actuellement pour le numéraire ; « mais, en l'examinant plus attentivement, on reconnaît « qu'il est impraticable, puisque, indépendamment du « comptage des effets, dont le nombre moyen ne peut pas « être évalué à moins de 10 à 12,000, il y aurait, encore, « à s'assurer de l'exactitude des calculs et de la conformité des résultats consignés sur les registres de détail « de la caisse. »

Le nouveau procédé, par lequel on propose, maintenant, de faire intervenir le chef du contrôle dans la conservation des effets à recevoir de la caisse centrale n'exigerait point, sans doute, la vérification journalière et matériellement impossible (1) de tous ces effets, mais

(1) Des vérifications de cette nature sont faites, il est vrai, de temps

il aurait des inconvénients, et présenterait des difficultés telles que la commission a été unanimement d'avis, qu'il ne pouvait pas être proposé à l'approbation du ministre. Il est à remarquer, en effet, que les effets à recevoir, provenant de remises faites par des correspondants, diffèrent essentiellement des signes monétaires (numéraire ou billets de banque) dont la valeur réelle et invariable est assurée au moment même où on les reçoit, et qui, depuis le jour de leur recette jusqu'à celui de leur dépense, n'exigent aucune espèce d'examen ou de révision.

Il n'en est pas ainsi des effets de portefeuille dont la valeur n'est, en réalité, complétement acquise que le jour de leur encaissement : ce sont, à vrai dire, autant de titres de créances dont il importe d'assurer la validité et le recouvrement par tous les soins et les diligences qu'ils réclament, par la scrupuleuse exactitude de leur classement d'après les échéances, et par de fréquents recensements propres à prévenir ou à faire reconnaître en temps utile toute négligence ou toute erreur commise au préjudice du Trésor.

Un autre motif se joint à celui que nous venons de rappeler, pour que les remises qui sont faites au Trésor par ses correspondants puissent être revues et vérifiées

en temps, par l'inspection des finances; mais, alors, les écritures des sous-caisses sont exceptionnellement arrêtées plus tôt que de coutume, et malgré le concours simultané de douze, quinze, et jusqu'à vingt agents vérificateurs différents (inspecteurs des finances ou employés du ministère détachés auprès d'eux), il arrive rarement que ces vérifications puissent être terminées avant six ou sept heures du soir. Encore faut-il, pour cela, qu'elles soient opérées avec une rapidité qui rendrait impossible tout examen approfondi des valeurs de portefeuille.

plus souvent qu'il ne serait possible, ou du moins facile de le faire, si les valeurs dont elles se composent devaient être tenues enfermées, sous la garde de deux agents différents, durant à peu près tout le temps qu'elles auraient à courir pour arriver à leur échéance : c'est de permettre au caissier et aux sous-caissiers de la caisse centrale de se livrer à un examen assez approfondi de la contexture et de tous les caractères propres à faire apprécier la solidité des effets remis par les comptables ou les correspondants du Trésor pour pouvoir être toujours à même de fournir, à ce sujet, à la direction du mouvement général des fonds, les renseignements qu'elle peut juger convenable de leur demander, et même pour leur faire part spontanément des observations que provoqueraient des circonstances nouvelles ou des variations survenues dans la situation des comptables depuis l'admission primitive des valeurs.

Une autre considération se présente encore contre le système proposé; c'est que les soins et diligences nécessaires pour assurer le recouvrement des valeurs de portefeuille de la caisse centrale, ou les recours utiles du Trésor contre qui de droit, se trouvant placés sous la responsabilité du caissier central, il paraît juste de laisser, dans tous les moments, à ce comptable, l'usage des divers moyens qui peuvent contribuer à mettre à couvert cette responsabilité.

Or, le caissier central déclare positivement dans sa note ci-jointe (pièce n° 2) que sa responsabilité pourrait se trouver gravement compromise, par l'adoption d'une mesure qui le priverait temporairement, ainsi que les sous-caissiers, de la libre disposition des effets dont ils sont comptables.

La commission a reconnu que les observations présentées à ce sujet étaient fondées.

Les effets qui parviennent, chaque jour, à la caisse centrale sont, sans doute, classés le même jour, à leurs échéances respectives, dans les portefeuilles des sous-caissiers qui en sont les dépositaires, mais ce n'est là qu'un premier classement qui est ultérieurement et plus d'une fois vérifié, les jours suivants, par les agents responsables, de manière à pouvoir, en temps opportun, ou réparer les erreurs matérielles ou faire les diligences préparatoires exigées par une partie des effets et dont la nécessité n'aurait pas été précédemment reconnue.

Pour prévenir les dangers auxquels la mesure en question exposerait les intérêts du Trésor ou ceux des agents de la caisse centrale, il a été proposé de faire procéder à la vérification des effets composant chaque échéance, cinq jours avant qu'elle soit arrivée; mais, si les démarches convenables ne pouvaient plus *être* faites utilement, les sous-caissiers des deux portefeuilles de la caisse centrale et par suite le caissier central lui-même ne seraient-ils pas fondés à décliner la responsabilité qui pèse sur eux, en arguant de l'impossibilité où ils auraient été placés de reconnaître, en temps utile, les erreurs ou les omissions commises?

Ainsi, pour que le système proposé n'entraînât pas avec lui les graves inconvénients que nous venons de signaler, il serait nécessaire que chaque contrôleur délégué ouvrît et refermât la caisse dont il aurait *une* des clefs, autant de fois qu'il faudrait, chaque jour, vérifier les effets à échoir cinq jours après; il devrait également extraire ceux qui seraient parvenus le jour même à leur échéance, ou qui pourraient être transmis, à l'avance, dans les départements; classer par échéance, dans les portefeuilles, les effets reçus dans la journée ou revenus de l'acceptation ou du visa; renvoyer aux correspondants du Trésor les valeurs redemandées par eux; communiquer à la direction du mouvement des fonds celles que, dans l'intérêt de sa haute surveillance, elle jugerait à propos d'examiner, pour discuter la solvabilité de leurs souscripteurs et réintégrer ensuite ces valeurs dans les caisses; enfin il aurait encore à les retirer toutes les fois que le caissier central, et ses sous-caissiers croiraient convenable, pour la garantie de leur responsabilité respective, de se livrer à des examens plus ou moins approfondis des effets contenus dans les portefeuilles et dont ils sont, personnellement, chargés d'assurer le recouvrement.

Il résulterait de ces remaniements, ou que les caisses devraient, à tout moment, être ouvertes et fermées à deux clefs; ce qui, par la seule force des choses, ne manquerait pas de tomber bientôt en désuétude; ou qu'elles resteraient ouvertes pendant toute la durée de chaque séance, sous la garde commune du sous-caissier et du contrôleur délégué.

Au lieu d'un seul comptable, on aurait donc, pour chaque portefeuille, deux véritables sous-caissiers, dont l'un serait constamment occupé à justifier à l'autre le but et la régularité de ses manipulations et des mouvements à peu près incessants des valeurs.

Il paraît enfin évident que la marche du service se trouverait, ainsi, continuellement entravée, en même temps que la responsabilité des agents de la caisse serait affaiblie, en cas de disparition (ne fût-elle que momentanée) des effets, en raison de la part plus ou moins directe qu'auraient prise à leur garde et à leur maniement les agents du contrôle.

4° Une autre proposition a été soumise à la commission afin de prévenir toute substitution d'effets fictifs à des effets véritables, qu'on voudrait soustraire des portefeuilles.

Elle consisterait à fermer à deux clefs le timbre dont la caisse centrale fait usage pour frapper sur tous les effets qu'elle reçoit, les mots *Trésor public*, — *Caisse centrale*, et de rendre dépositaire de l'une de ces clefs le chef du contrôle.

La commission a considéré , à ce sujet , que déjà le timbre dont il s'agit , est apposé, par les soins du caissier central, en présence de l'agent du contrôle qui est attaché au bureau de l'arrivée des valeurs ; qu'à moins d'entraver , encore , sur ce point la marche du service, par la nécessité où l'on serait d'ouvrir et de fermer sans cesse la boîte contenant le timbre, la formalité proposée se réduirait, en réalité, à fàire tenir cette boîte fermée par deux clefs, au lieu d'une seule, depuis la fin d'une séance jusqu'au commencement d'une autre; mais que cette mesure serait loin de mettre le Trésor à couvert des substitutions qu'on supposerait, par ce moyen, pouvoir rendre impossibles ; car, pour que ces substitutions pussent avoir lieu, il faudrait que les agents infidèles qui seraient disposés à les commettre, se livrassent à une série de falsifications de signatures et de timbres, auxquelles il paraîtrait facile d'ajouter celle du timbre intérieur du Trésor.

5° Pour n'omettre aucun des procédés indiqués comme pouvant prévenir tout détournement des valeurs de portefeuille du Trésor, la commission ne passera pas sous silence celui qui a été proposé dans une note présentée par l'un des agents du contrôle, et qui consisterait à couper les effets à recevoir, en deux parties, qui, après être restées, l'une aux mains des agents de la caisse centrale, et l'autre sous la garde du chef du contrôle, seraient rattachées ensemble, de nouveau, au fur et à mesure des échéances.

Tout en rendant justice aux intentions qui ont dirigé l'auteur de cette proposition, la commission a dû la repousser, comme présentant à peu près les mêmes inconvénients que celle qui ferait tenir enfermés sous une double clef les effets de la caisse centrale, et comme entraînant, en outre, des embarras matériels d'exécution, qui pourraient s'étendre jusqu'à la détérioration des valeurs ; la commission a cru pouvoir d'autant plus se dispenser d'énumérer ici ces inconvénients, que la proposition dont il s'agit n'a pas été appuyée, auprès d'elle, par le chef du contrôle.

Après avoir exposé et discuté les différentes mesures proposées, examinons, enfin, jusqu'à quel point il serait possible que des soustractions de valeurs de portefeuille de la caisse centrale, dissimulées par des substitutions frauduleuses, fussent commises au préjudice du Trésor.

A ce sujet, il convient, d'abord, de faire observer que déjà la commission de 1832 avait établi, dans le procès-verbal de ses séances des 9 et 10 juillet, qu'il était à peu près impossible que des malversations de cette nature fussent commises par les sous-caissiers dépositaires desdites valeurs, nonobstant la surveillance qu'exerce le caissier central et la responsabilité dont il couvre leur gestion.

« Au moyen des diverses précautions indiquées (di-

« sait cette commission) les effets à échéance ne constituent entre les mains des sous-caissiers qu'un dépôt « de valeurs non disponible, *dont ils ne peuvent point « abuser*. »

Les soustractions de ces valeurs ne seraient donc à craindre, pour le Trésor, qu'autant que le caissier central lui-même tenterait de les commettre ; mais, pour cela, il faudrait de deux choses l'une : ou que cet agent supérieur retirât, d'office, une certaine quantité d'effets des mains de l'un de ses sous-caissiers, qui, sans doute, et à moins qu'il ne s'agît d'une communication momentanée, ne consentirait pas à se dessaisir, pour une somme de quelque importance, des valeurs dont il est lui-même personnellement responsable, sans exiger un récépissé comptable, qui porterait immédiatement cette opération à la connaissance du contrôle, ou que (par une supposition dont l'invraisemblance paraît manifeste) ce même sous-caissier devînt le complice du caissier central, dans les détournements que celui-ci aurait l'intention d'opérer et que, dans l'incertitude du succès, il fût disposé, comme lui, à sacrifier sa position, son honneur et son avenir.

Nous disons dans l'incertitude du succès, car il ne suffirait pas que les valeurs de portefeuille fussent détournées; il faudrait encore que les agents infidèles parvinssent à les négocier et qu'ils réussissent à consommer cette opération avec tout le secret nécessaire pour pouvoir se mettre, par la fuite, à l'abri des poursuites dont ils ne tarderaient pas à être l'objet, aussitôt que ces négociations frauduleuses seraient dévoilées, et, comme nous l'avons établi, elles le seraient toujours inévitablement, par l'effet de l'action du contrôle, à l'époque des échéances des valeurs détournées : elles pourraient être même reconnues beaucoup plus tôt, en cas de demandes de renvois, portant sur des effets soustraits, qui seraient faites par des comptables ou correspondants du Trésor ; demandes dont l'éventualité et la prévision peuvent être considérées comme formant déjà des garanties sérieuses de la conservation des valeurs de portefeuille de la caisse centrale, par cela même qu'elles auraient nécessairement pour résultat de mettre immédiatement en évidence, soit les disparitions d'effets, soit leur remplacement par des effets fictifs, qu'on ne pourrait pas sans doute transmettre aux expéditeurs.

Les difficultés des manœuvres dont il s'agit sont si graves et si nombreuses qu'on peut dire que, malgré la vérification des espèces qui est faite, à la fin de chaque journée, par le chef du contrôle, mais qui ne saurait être tous les jours également approfondie, il y aurait évidemment beaucoup plus de facilité, pour le caissier central, dans le détournement d'une partie des billets de banque qui entrent dans la composition du solde matériel des espèces.

Aussi, tandis que des détournements de cette nature ont pu être faits, à deux époques antérieures, il n'y a pas eu d'exemple jusqu'ici de soustractions de valeurs de portefeuille qui aient été faites au préjudice du Trésor.

Il n'existe pas, non plus, d'exemples de soustractions semblables qui aient été opérées au préjudice de la Banque de France dont la sécurité paraît complète à cet égard, et cependant il résulte des renseignements pris auprès d'elle que la conservation des effets existants dans ses portefeuilles ne se trouve pas environnée d'autant de garanties que celle des effets du Trésor.

Seulement, la méthode adoptée dans les bureaux de la Banque, pour le classement des effets dans ses portefeuilles, peut fournir, au besoin, un moyen de vérification subsidiaire, qui pourrait être utilement ajouté, ainsi que nous le proposerons plus loin, à ceux que possède déjà le Trésor.

Quelle que soit au surplus la presque impossibilité des détournements de valeurs à termes de portefeuille, il suffit qu'elle soulève un seul doute, pour qu'il convienne de rechercher par quels moyens on pourrait parvenir à fortifier davantage, sur ce point, les garanties du Trésor.

C'est ici qu'il importe de faire remarquer la différence qui existe nécessairement entre les mesures propres à assurer l'exactitude des déclarations des comptables et qui sont l'objet des contrôles de leurs actes journaliers et de leurs écritures, et celles qui, devant garantir la conservation des valeurs dont ils sont les dépositaires, ne peuvent consister que dans la vérification de soldes matériels.

Ainsi, à moins d'avoir recours au système des doubles clefs, système qui, par tous les motifs que nous avons indiqués, ne saurait être appliqué aux valeurs de portefeuille du Trésor, ce n'est que par des vérifications fréquentes et bien dirigées qu'il est possible d'exercer, sur la conservation de ces valeurs, une surveillance assez efficace et assez vigilante, pour donner à l'administration toute la sécurité qu'elle peut obtenir, sans retirer, pour cela, à ses agents, cette juste liberté d'action, qui est la condition nécessaire des charges de leur responsabilité et de la bonne exécution du service.

Le moyen que nous venons d'indiquer est aussi celui

NTRIBSTREM

LIEU ET DATE de LA NAISSANCE.	AILLITE. SON OUVERTURE U JUGEMENT la déclare.	NOMS ET PROFESSION DU MARI ou de la femme du contribuable.	NUMÉRO de son COMPTE.
Versailles. 0 janvier 1780.		DUCHESNOI (JULIE).	10

ACQU

MS ouveaux sseurs.	NUMÉ de l compt	Expliquer s'il git seulement de nue propriété u de l'usufruit.	s	NUMÉRO de leur compte.	OBSERVATIONS où l'on mentionnera les clauses de retour ou de réméré, et, en cas de renvoi, le bureau où l'acte a été enregistré.	NUMÉROS des articles de découverte.

JES LÉGAI

S. Montant du remploi.	o	NCES. Date l'enregistrement.		OBSERVATIONS où l'on mentionnera les actes et jugements portant réduction de l'hypothèque légale à certains immeubles.
fr. c.		uin.		
		nai.		
15,000 »				

IATION DI

rt.	DATE de la déclarat	ment.	ACCEPTATION. Date de l'act	Date de enregistrement.	OBSERVATIONS.	NUMÉROS des articles de découverte.

NUS

OR.

fr.

,280

,980

233 8
388 3
098 9
035 5
582 4
»
»
»
»
063
345

768

NUS

OR.

fr. c.

,280 30

,980 98

33 88
88 34
98 94
35 52
82 45
» »
» »
» »
» »
63 29
45 39

68 67

OBSERVATIONS.

(A) Les produits du Budget de 1850 ont été adoptés pour base de l'examen des revenus publics, parce qu'ils sont complets et que cet exercice est le dernier dont le règlement ait été prononcé par la législature.

(B) Les ressources extraordinaires attribuées au Budget de l'exercice 1850, se décomposent ainsi :

Produit de la consolidation de la réserve de l'amortissement	72,962,932 07
Remboursements faits au trésor par la compagnie du chemin de fer du Nord	12,000,000 00
Produit de la négociation des obligations du chemin de fer de Rouen	11,585,781 41
Produit de la négociation des rentes provenant des caisses d'épargnes et du rachat du chemin de fer de Lyon	38,527,792 53
Somme égale	135,076,506 01

qui avait été proposé par la commission de 1833.

« Les vérifications partielles ou générales (disait-elle) « que le ministre aura ordonnées porteront, selon qu'il « l'aura prescrit, soit sur le solde des valeurs de porte- « feuille à représenter, soit sur l'identité de leurs « échéances avec les écritures. »

Et plus loin :

« En ordonnant des vérifications, plusieurs fois renou- « velées dans l'année, le ministre pourra les faire porter « sur telle ou telle partie des valeurs de portefeuille qu'il « croira devoir désigner, comme sur la totalité de ces « valeurs. »

Il convient, toutefois, de rappeler que les vérifications dont il s'agit, n'ont jamais porté, jusqu'ici, que sur les soldes matériels de la caisse centrale, et que, dans ce cas, la rapidité qu'exige le travail d'inspection s'oppose à ce que les vérificateurs puissent y apporter tous les soins et toute l'attention qui seraient nécessaires.

Une autre observation doit être faite à cette occasion : c'est que, pour répondre aux vœux émis par la commission de vérification des comptes des ministres, il serait à désirer que l'obligation de faire opérer des vérifications partielles des soldes matériels de portefeuille de la caisse centrale fût placée (sans préjudice de toutes les autres vérifications que le ministre jugerait à propos de prescrire) dans les attributions de l'un des directeurs du ministère ; en sorte que l'administration supérieure qui, pour la conservation des soldes en espèces (numéraire ou billets de banque) trouve déjà une garantie, indépendante de celles que lui présentent les agents mêmes de ladite caisse, obligés de reconnaître ces soldes, à la fin de chaque journée, pût avoir, désormais, la certitude que les soldes des effets à recevoir, sont soumis, chaque mois, à un nombre de vérifications suffisant, pour donner la preuve de la présence, dans les portefeuilles du Trésor, d'une partie, au moins, des valeurs qu'ils doivent renfermer, et pour qu'il soit rationnellement permis d'en conclure l'existence de toutes les autres.

Une dernière remarque enfin a été faite par la commission ; c'est que, si, d'après les instructions en vigueur, les receveurs généraux et les préposés des administrations financières sont tenus, lors de chacun de leurs envois à la caisse centrale, d'en porter immédiatement le montant à la connaissance de la direction du mouvement général des fonds, par un avis direct et distinct de la dépêche renfermant lesdites valeurs, l'accomplissement d'une telle prescription n'est peut-être pas garanti par une sanction suffisante.

D'après les faits et les observations qui viennent d'être exposés et en considérant que c'est dans les attributions du directeur du mouvement général des fonds que rentre plus particulièrement la surveillance de l'origine, des souscriptions, de la nature et de l'emploi des valeurs de portefeuille, qui sont successivement transmis à la caisse centrale par les comptables ou par les correspondants du Trésor, la commission croit devoir proposer au ministre de prendre les décisions qu'elle a formulées dans le projet d'arrêté ci-après :

Le Ministre secrétaire d'État des finances,

Vu les observations contenues dans le rapport de la Commission de vérification des comptes des ministres pour l'année 1838 et l'année 1839, en ce qui concerne la conservation des valeurs de portefeuille de la caisse centrale du Trésor;

Vu l'ordonnance du roi, du 8 décembre 1832, sur le contrôle des actes des comptables de deniers publics;

Vu les arrêtés et règlements administratifs des 24 juin et 8 novembre 1832, sur le service du caissier central du Trésor et sur le contrôle de ses écritures;

Vu les observations qui ont été consignées, relativement aux valeurs susmentionnées, dans le procès-verbal de la Commission spéciale, créée par l'arrêté ministériel du 22 février 1832 (*séances des* 9 *et* 10 *juillet*);

Vu l'avis émis le 9 novembre 1833 par une seconde Commission, qui avait été chargée de l'examen de différentes questions sur le même objet;

Vu le rapport de la Commission spéciale, instituée par l'arrêté du 25 septembre 1840, à l'effet de rechercher et de proposer les mesures qu'il y aurait lieu de prendre, pour fortifier les garanties du Trésor;

Vu les instructions et circulaires qui ont prescrit aux receveurs généraux et aux receveurs des administrations financières, d'adresser au directeur du mouvement général des fonds, un avis spécial et sommaire des remises par eux faites au caissier central du Trésor;

Vu les autres dispositions des règlements en vigueur;

Considérant que les contrôles auxquels sont soumis les actes journaliers de la gestion du caissier central suffisent pour justifier de l'exactitude de ses déclarations de recette et de dépense en valeur à recouvrer, et pour faire reconnaître que ces valeurs sortent régulièrement du portefeuille au fur et à mesure de leurs échéances;

Considérant qu'indépendamment de ces contrôles, lesquels ont déjà été jugés comme donnant à l'administration la sécurité nécessaire, une soustraction d'effets, dont la négociation frauduleuse serait d'ailleurs entravée par de nombreuses difficultés, ne pourrait avoir lieu, sans qu'elle fût reconnue, sinon immédiatement, au moins lors de l'arrivée des valeurs à leur échéance;

Considérant, toutefois, qu'il suffit qu'une soustraction ne soit pas matériellement impossible, et qu'il se soit élevé des craintes à ce sujet, pour qu'il devienne opportun d'accroître les garanties du Trésor, contre toute chance de malversation, en conciliant les mesures à prendre à cet effet, soit avec les exigences du service, soit avec la responsabilité imposée aux comptables ;

Arrête ce qui suit :

ART. 1er. — Les effets remis à la caisse centrale du Trésor seront classés dans ses portefeuilles, d'après leurs échéances et d'après leurs jours d'entrée.

ART. 2. — Indépendamment des vérifications générales et spéciales prescrites par le ministre, les valeurs de portefeuille seront soumises à des vérifications partielles, qui devront être faites au moins une fois par semaine. Chaque vérification portera sur un ou plusieurs jours d'échéance ou d'entrée, et sur l'espèce d'effets que déterminera le directeur du mouvement général des fonds. Le procès-verbal qui en sera dressé constatera si le montant des valeurs reconnues s'accorde, quant à l'échéance ou à l'entrée de chaque jour, avec la somme portée dans les écritures de la caisse centrale et dans celles du contrôle.

ART. 3. — Le directeur du mouvement général des fonds fera opérer les vérifications pareilles ci-dessus prescrites, et déléguera les agents de sa direction qui devront y procéder.

ART. 4. — Sont maintenues les dispositions des instructions et circulaires qui ont prescrit aux receveurs généraux et aux receveurs des administrations financières, d'adresser au directeur du mouvement général des fonds, pour être transmis au contrôle, un avis spécial et sommaire des remises par eux faites au caissier central du Trésor en traites, obligations et effets à recouvrer.

Cet avis devra continuer d'être donné, le jour même du départ des valeurs, par une lettre spéciale et distincte de la dépêche qui les contiendra. Les comptables seront responsables des conséquences résultant de l'absence ou du retard des avis.

ART. 5. — Le présent arrêté sera déposé au secrétariat général des finances et notifié à qui de droit.

Fait à Paris, le 21 *janvier* 1841.

En proposant les dispositions dont il s'agit à l'approbation du ministre, la Commission croit avoir répondu à tous les doutes qui se sont élevés et avoir résolu la question soumise à son examen, sans créer aucune entrave à la marche du service, ni à la rapidité de son action.

Elle se fortifie dans cette opinion par l'expérience du passé et par l'exemple d'un établissement commercial qui présente le modèle des procédés et des précautions suggérés par l'intelligence de l'intérêt privé.

Paris, le 21 janvier 1841.

FIN DU TOME V.

ANAL ANES EN 1850 ET 1851.

ENCES EN 1851.

DÉS	LLES.	SUR LES DROITS PERÇUS.	
	lus.	En moins.	En plus.
	fr.	fr.	fr.
Les sucre		5,476,987	»
Cafés . . .	45,262	»	3,469,951
Poivres .		119,883	»
Cacaos. .	98,198	»	77,058
Indigos .	1,384	70,603	»
		»	
		31,231	
1° Denré		1,699,211	»
2° Produ		5,808,949	»
3° Produ	8,383	31,231	»
	8,383	7,539,391	»
4° Droit	5,652	4,688	»
5° Acqui		»	430
	75,035	7,544,079	430
		»	
		7,543,649	

— Corbeil, typ. et s

TABLE DES MATIÈRES

CONTENUES DANS LE TOME CINQUIÈME.

RÈGLEMENT GÉNÉRAL

SUR LA

COMPTABILITÉ PUBLIQUE.

EXPOSÉ GÉNÉRAL

SUR LA COMPTABILITÉ PUBLIQUE ET SUR LA COUR DES COMPTES.

RAPPORT AU ROI

ARRÊTÉ DU MINISTRE DES FINANCES

APPENDICE SUR LES RÈGLEMENTS SPÉCIAUX

FIN DE LA TABLE DES MATIÈRES.

CORBEIL, typographie de CRÉTÉ.

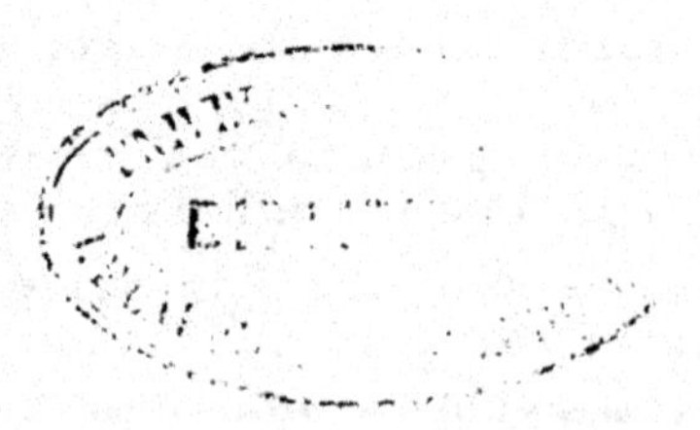

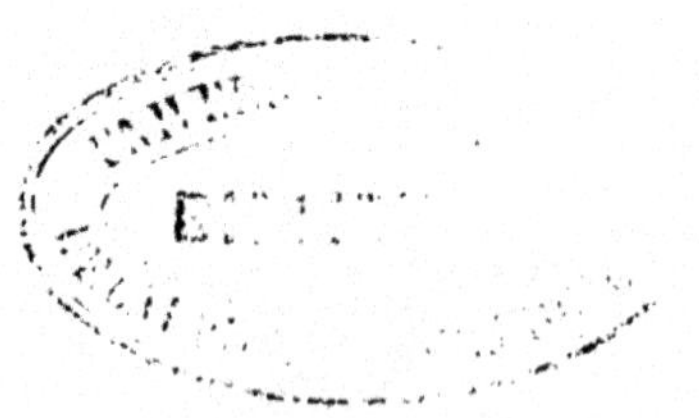

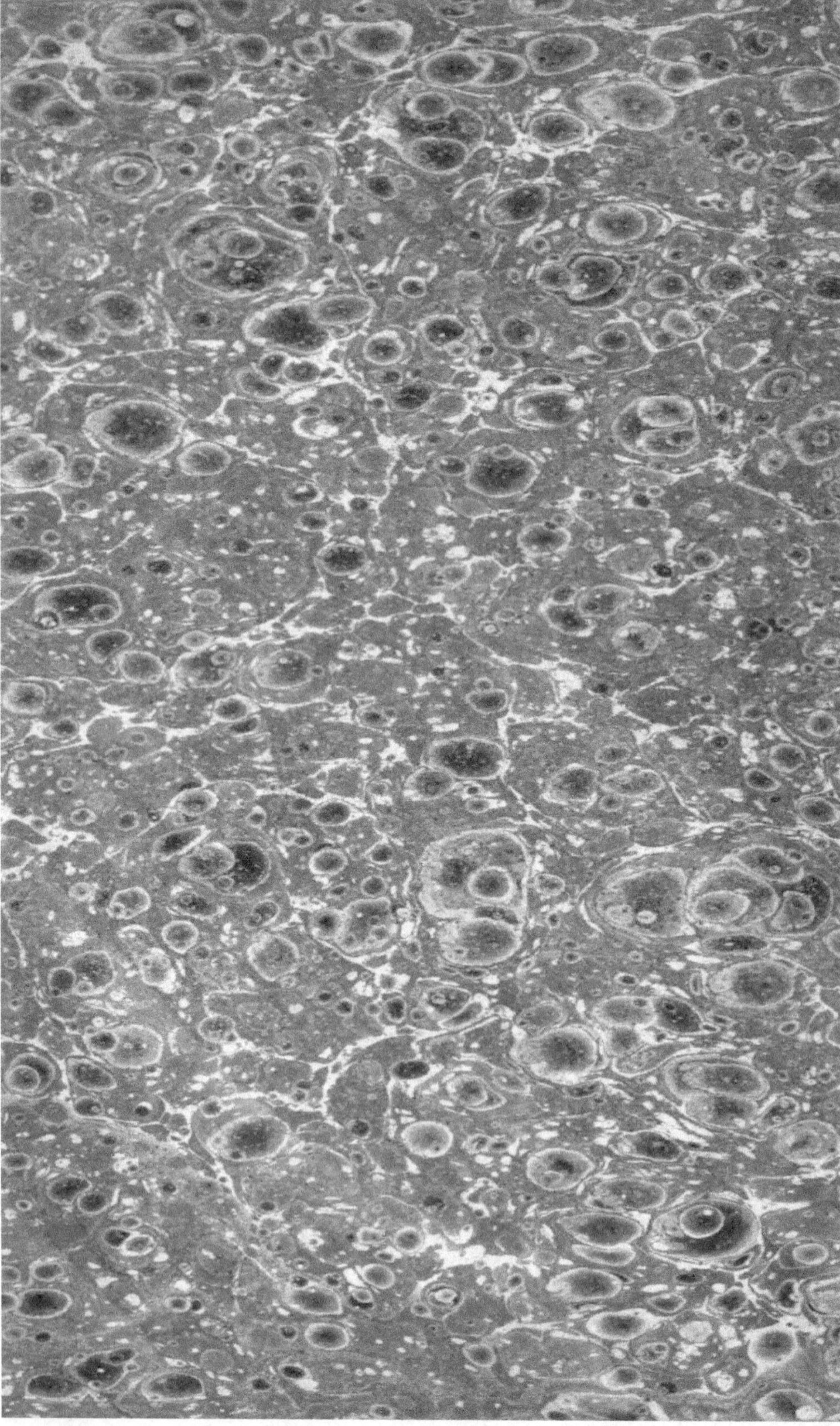

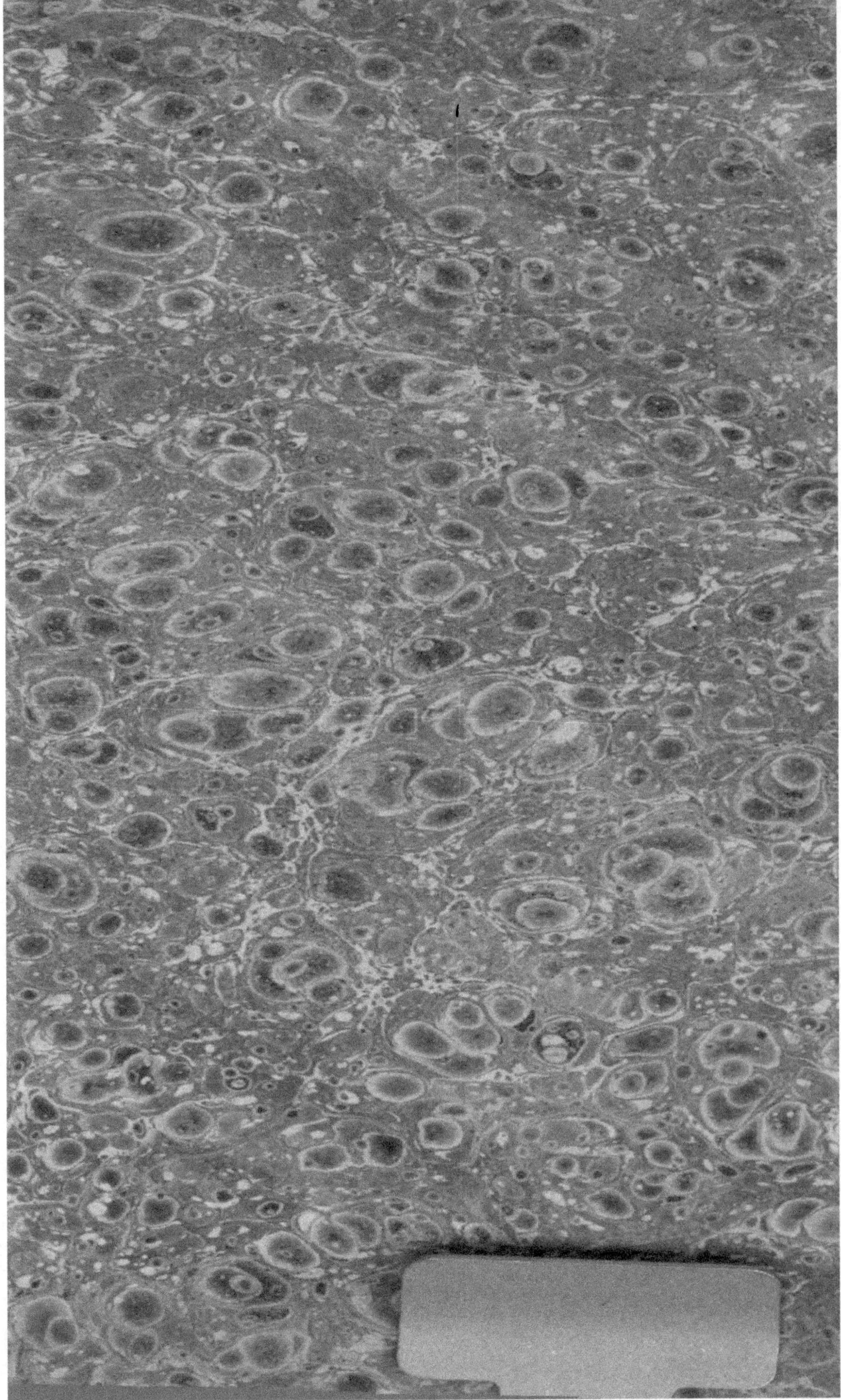

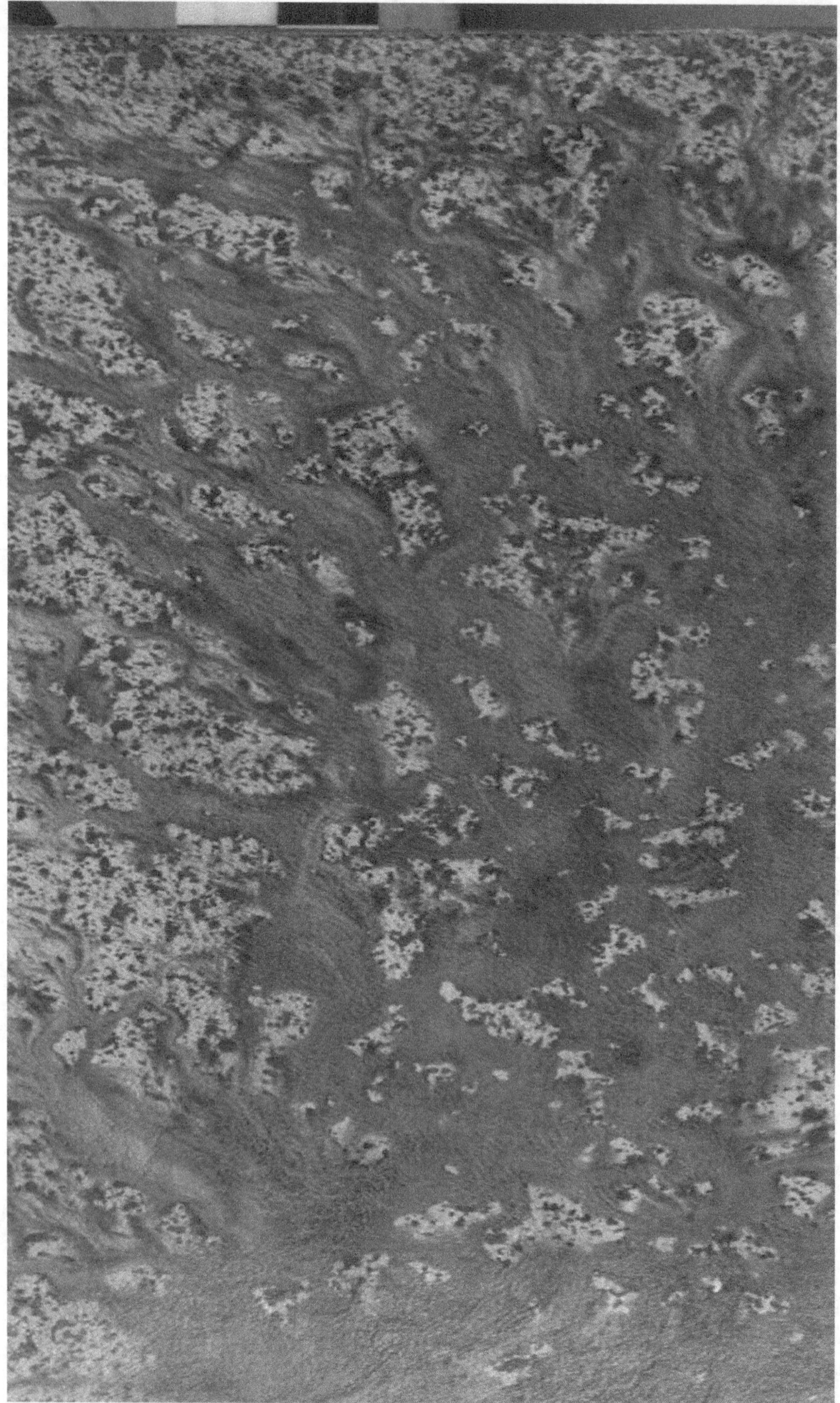